马克思主义哲学教程

MAKESI ZHUYI ZHEXUE JIAOCHENG

赵家祥 聂锦芳 张立波 著

北京大学出版社

北京

图书在版编目(CIP)数据

马克思主义哲学教程/赵家祥,聂锦芳,张立波著. —北京:北京大学出版社,2003.1

(博雅大学堂·哲学)

ISBN 978-7-301-06091-9

Ⅰ.①马… Ⅱ.①赵…②聂…③张… Ⅲ.①马克思主义哲学—教材 Ⅳ.①B0-0

中国版本图书馆 CIP 数据核字(2002)第 107142 号

书　　　名：马克思主义哲学教程
著作责任者：赵家祥　聂锦芳　张立波　著
责　任　编　辑：王立刚
标　准　书　号：ISBN 978-7-301-06091-9/A·0031
出　版　发　行：北京大学出版社
地　　　址：北京市海淀区成府路 205 号　100871
网　　　址：http://www.pup.cn　新浪微博:@北京大学出版社
电　子　邮　箱：pkuwsz@126.com
电　　　话：邮购部 62752015　发行部 62750672　出版部 62754962
　　　　　　编辑部 62755217
印　刷　者：三河市北燕印装有限公司
经　销　者：新华书店
　　　　　　650 毫米×980 毫米　16 开本　26 印张　440 千字
　　　　　　2003 年 1 月第 1 版　2023 年 1 月第 17 次印刷
定　　　价：45.00 元

未经许可,不得以任何方式复制或抄袭本书之部分或全部内容。
版权所有,侵权必究
举报电话:010-62752024;电子信箱:fd@pup.pku.edu.cn

目录

引　言　马克思主义哲学概观 /1
　第一节　哲学与哲学观 /1
　　一　哲学和哲学的基本问题 /2
　　二　哲学思维方式的特点 /5
　　三　哲学的社会功能 /7
　　四　哲学理论形态的更迭 /12
　第二节　马克思主义哲学的形成与发展 /17
　　一　马克思主义哲学形成的实践基础 /17
　　二　马克思主义哲学的创立过程 /19
　　三　马克思主义哲学的演变轨迹 /22
　第三节　马克思主义哲学的性质与特点 /28
　　一　马克思主义哲学的称谓及其相关争论 /28
　　二　马克思主义哲学关注的对象 /30
　　三　马克思主义哲学理解世界的方式 /32
　　四　马克思主义哲学的特征 /35
　第四节　马克思主义哲学与当代现实 /38
　　一　世纪之交的境遇 /38
　　二　马克思主义与资本主义的新变化 /39
　　三　马克思主义与社会主义的命运 /42
　　四　马克思主义与全球化态势 /46
　第五节　学习马克思主义哲学的目的和方法 /49
　　一　树立正确的世界观、人生观、价值观 /49
　　二　学习、研究马克思主义哲学原理需要注意的几个问题 /50

第一章　实践基础上人、自然、社会的统一 /57
　第一节　实践及其基本特征和基本形式 /57
　　一　实践概念的规定 /57

二　实践的基本特征/58
　　三　实践的基本形式/60
　　四　实践观点在马克思主义哲学中的地位/62
第二节　人与自然的关系/65
　　一　人对自然的依赖性/65
　　二　人对自然界的认识和改造/71
　　三　人与自然共同进化/74
第三节　人与社会的关系/81
　　一　现实的人及其与社会的统一/81
　　二　历史过程的主体和客体/83
　　三　环境创造人和人创造环境/87
第四节　人与自然关系的社会性和实践基础/91
　　一　人与自然关系社会性的基本含义和内容/91
　　二　人与自然关系的一般社会性/92
　　三　人与自然关系的具体社会性/93

第二章　世界的存在方式/98

第一节　世界的物质统一性/98
　　一　不同哲学派别对世界物质统一性的
　　　　不同回答/98
　　二　世界的物质性在于其客观实在性/102
　　三　科学对世界物质统一性的证明/104
　　四　哲学对世界物质统一性的论证/106
第二节　运动是物质的根本属性和存在方式/107
　　一　运动是物质的固有属性/107
　　二　运动的绝对性和静止的相对性/111
第三节　时间和空间是物质存在的基本形式/113
　　一　时间、空间概念及其特征/113
　　二　时间、空间与物质/114
　　三　时间、空间的绝对性与相对性/116
　　四　时间、空间的无限性与有限性/117
第四节　物质运动的客观规律性/120
　　一　规律的含义/120

二　规律的特性/121
　　三　对规律的认识和利用/123
第五节　意识的起源、本质和作用/124
　　一　意识的起源/124
　　二　意识的本质/130
　　三　意识对存在的反作用/134
　　四　意识论与人工智能/137

第三章　世界的辩证图景/143
第一节　世界的普遍联系/143
　　一　联系的含义/143
　　二　联系的特点/144
第二节　世界的永恒发展/147
　　一　发展的含义与实质/147
　　二　两种对立的发展观/149
第三节　联系和发展的基本规律/150
　　一　对立统一规律/150
　　二　质量互变规律/157
　　三　否定之否定规律/163
第四节　联系和发展的基本环节/167
　　一　现象和本质/167
　　二　内容和形式/169
　　三　原因和结果/171
　　四　必然性和偶然性/174
　　五　可能性和现实性/177
第五节　面对质疑与争论/180
　　一　辩证法的"主体向度"和矛盾观/180
　　二　辩证法体系再探讨/187
　　三　唯物辩证法与系统科学/191

第四章　人对世界的认识/198
第一节　认识的前提、基础和本质/198
　　一　认识的前提/198
　　二　认识的基础/203

三　认识的本质/206
　第二节　认识的要素/209
　　一　认识主体/209
　　二　认识客体/212
　　三　认识中介/214
　第三节　认识的具体机制/216
　　一　认识的主体性和主体性原则/216
　　二　理性因素在认识中的功能与作用/219
　　三　非理性因素在认识中的功能与作用/222
　第四节　认识的过程/224
　　一　从感性认识到理性认识/224
　　二　从理性认识到实践/228
　　三　认识过程的多次反复和不断发展/230
　第五节　认识的真理性/232
　　一　对几种真理观的评论/232
　　二　真理的客观性/236
　　三　真理的绝对性和相对性/240
　　四　实践是检验真理的惟一标准/242

第五章　社会结构/248
　第一节　社会存在和社会的经济结构/248
　　一　社会物质生活条件/248
　　二　社会的经济结构/254
　第二节　国家政权和社会的政治结构/258
　　一　国家的起源/259
　　二　国家的特征/260
　　三　国家的职能/261
　　四　国体和政体/262
　第三节　精神生产和社会的意识结构/263
　　一　社会的精神生产/263
　　二　社会的意识结构/272
　　三　社会意识与精神文明建设/277
　第四节　人群共同体的历史形式/279

    一　家庭/279
    二　氏族和部落/284
    三　民族/287
第六章　社会运行机制/292
  第一节　需要和利益在社会发展中的作用/292
    一　需要与利益是社会发展的动因/292
    二　需要与利益内容的丰富与发展
        推动社会进步/294
    三　需要与利益的协调发展是社会
        进步的趋势/295
  第二节　分工在社会发展中的作用/297
    一　分工的本质和结构/298
    二　分工的起源和历史形态/300
    三　分工的社会作用/304
    四　分工发展的未来趋势/309
  第三节　交往及其在社会发展中的作用/313
    一　交往概念的含义和界定/313
    二　交往形式和交往类型/315
    三　交往的社会作用/317
  第四节　社会的运筹性因素和自我调节功能/318
    一　社会的运筹性因素/318
    二　社会的自我调节功能/318

第七章　社会发展的动力系统/322
  第一节　社会基本矛盾在社会发展中的作用/322
    一　生产力和生产关系的矛盾/322
    二　经济基础和上层建筑的矛盾/328
  第二节　阶级斗争在社会发展中的作用/332
    一　阶级的产生和实质/332
    二　阶级斗争是阶级社会发展的直接动力/334
    三　阶级的消灭和国家的消亡/335
  第三节　革命和改革在社会发展中的作用/336
    一　社会革命及其在社会发展中的作用/336

二　改革及其在社会发展中的作用/339
第四节　个人和人民群众在历史上的作用/343
　　一　历史观上两种根本对立的观点/343
　　二　人民群众在历史上的作用/346
　　三　历史人物在历史上的作用/348
　　四　无产阶级政党的群众观点和群众路线/350
第五节　科学及其在社会发展中的作用/351
　　一　科学的本质/351
　　二　科学发展的社会制约性和科学的社会功能/352
　　三　科学技术是第一生产力/353
第六节　各种动力之间的相互关系/357
　　一　社会基本矛盾和阶级斗争的关系/357
　　二　社会基本矛盾、阶级斗争、人民群众推动社会发展作用的一致性/360
　　三　科学技术推动社会发展作用的特殊性/361

第八章　社会形态更替和社会进步/365

第一节　社会形态的划分/365
　　一　经济社会形态/365
　　二　技术社会形态/368
第二节　社会发展的客观性和人的自觉活动/372
　　一　社会形态的发展是自然历史过程/372
　　二　人的活动的合目的性和合规律性/374
　　三　社会历史发展的主体性和客观性/378
　　四　社会历史发展的决定性和选择性/382
　　五　社会历史发展的统一性和多样性/386
第三节　社会进步和历史发展的总趋势/390
　　一　社会进步的内涵和根据/391
　　二　社会进步的评价尺度/393
　　三　社会进步的代价/396
　　四　共产主义的实现和人的全面发展/400

参考文献/404
后　　记/407

引　言
马克思主义哲学概观

当我们把马克思主义哲学置于人类思想演变的总进程和总图景中予以观照的时候,就会发现,它既是这一发展之链中的重要环节和阶段,与其他形形色色的思想体系相比,又显现出无可比拟的科学性、革命性和长远的实践意义。从来没有一种思想体系或哲学理论,像马克思主义哲学那样,引起整个人类思想的巨大震撼,从根本上动摇了人们的传统观念,改变了人们观察和把握世界的思维方式,开辟了人类思想史的新纪元,并且迄今为止仍然是我们时代"不可超越"的哲学。

为了更加深刻地理解马克思主义哲学在人类思想史上的重大作用和意义,在具体阐述其基本原理之前,需先从总体上对它做一宏观概述,简要阐明马克思主义哲学与一般哲学的关系、它创立和发展的历程、它的性质与特点,以及包括哲学在内的整个马克思主义与现时代的关系等问题。

第一节　哲学与哲学观

在马克思主义哲学与一般哲学的关系问题上,有两种观点值得特别注意:

一种观点是把马克思主义哲学看作是哲学的惟一形态,而排斥其他思想理论体系进入哲学领地,或者认定它们只具有谬论的性质或反面的意义。这种观点表面上是拨高了马克思主义哲学的地位,实质上是堵塞了它向人类文明的其他成果吸取有益的养分以发展自身的途径,既不符合马克思主义哲学产生和发展的实际,更背离马克思主义哲学的本性和特征。

另一种观点是将马克思主义哲学混同于其他形形色色的哲学形态,认为它们之间无对错之别、高下之分,都是"一种文化样态,一种'人类交流中的声音'",谁也不具有真理的占有权。很显然,这是一种相对主义论调,它抹杀了马克思主义哲学在思想史、哲学史上所实现的革命性变革,更不利于体现马克思主义哲学特有的科学价值和当代意义。

对此,我们的看法是,一方面,马克思主义哲学是哲学的一种形态,它是哲学大家族中的一员;另一方面,它又不是普通的一员,而是业已达到科学水准的哲学形态,是迄今为止我们观照和把握世界最有效的思维方式和理论体系。这就意味着,一方面马克思主义哲学符合哲学的一般性质,但另一方面它更有自己的特殊性。

一 哲学和哲学的基本问题

"元哲学"(metaphilosophy)一词虽是在20世纪西方分析哲学兴起之后才出现的,但过去每个时代的哲学家大都从自己的哲学体系出发对"哲学究竟是什么?"的问题进行过反思,从而形成各自不同的哲学观[1]。黑格尔说:"哲学系统的纷歧和多样性,不仅对哲学本身或哲学的可能性没有妨碍,而且对于哲学这门科学的存在,在过去和现在都是绝对必要的,并且是本质的。"[2] 换句话说,对哲学自身的这些理解虽然充满"纷歧和多样性",但这种"纷歧和多样性"与其说是对立的,还不如说是互补的,把这些不同角度的阐释综合起来可以大致明了哲学这门学科的一般特点和共同性质。

1. 哲学是什么

从词源考证的角度,可以把哲学理解为"智慧学"或"爱智之学"。英文"哲学"一词 philosophy 是由古希腊文 philein 和 sophia 这两个词演化而来的,philein 是"爱"的意思,sophia 是"智慧"的意思,这两个词组合起来的含义就是"爱智慧"。在古汉语中,"哲"也被解释为"智也"(参看《尔雅》)。因此,从字面上讲,哲学可以说是智慧之学。

从与人们自发形成的世界观的关系看,哲学可以说是系统化、理论化的世界观,或称之为世界观的理论体系。世界观是人们对整个世界的总的和根本的看法,但一般人的世界观是自发形成的,不系统,不完整,也不是以理论的形式表现出来的。而哲学作为世界观的学问,是哲学家把一定的世界观用一定的哲学术语、按一定的逻辑结构、采取概念体系的形式,即理论的形态完整地表达出来。

从哲学与具体科学的关系看,哲学是关于自然知识、社会知识和思维知识的概括和总结。哲学与其他科学一样,都以现实世界作为自己的研究对象。但是,各种具体的知识部门只研究世界的某一领域、某一方面或某一事物及其过程,而哲学作为世界观的学问,是从总体上把握和处理人和世界之间复杂而重大的关系和问题,研究的是整个世界的普遍本质和一般规律,关涉整个世界的一切领域的一般知识。当然,这不是说哲学的知识和具体科学的知识是割裂的,相反,哲学的知识只能是在各种具体知识的基础上,从具体知识中概括出来的,"哲学之功外在于哲学",来自非哲学,但哲学较之具体科学又有不可替代的超越性。

从哲学与其他意识形态的关系来看,哲学是以最普遍的范畴及其构成的逻辑体系反映社会存在的社会意识形态。哲学属于观念上层建筑,是意识形态的一种形式。它作为一种意识形态和其他意识形态一样,由社会存在决定,是社会存在的反映,又反作用于社会存在。但是,由于哲学与其他社会意识形态对社会存在所反映的内容不同、方式不同,各有特点,哲学又不同于政治观点、法律观点、道德、艺术、宗教等意识形态,对其他意识形态起指导作用,并以世界观和方法论的一般原则规范和影响人们的行动,为一定的经济基础服务,对社会存在起巨大的反作用。

概括起来,可以说,哲学作为智慧之学,以世界整体为研究对象,以人类实践及其具体科学的成果为其"活水源头",力图从总体上把握人与世界的关系,概括世界的普遍本质和一般规律,既是一种系统化的理论体系,也是一种重要的思维方式。

2. 哲学的基本问题

在解决了对哲学自身的认识之后,我们来谈哲学的基本问题。

以世界整体为研究对象的哲学,其所涉略的问题是多种多样的,举凡有关自然、社会、思维和人生领域的重大问题,几乎没有一个不曾归属哲学的研究范围。但这些问题之间又不是无差别的"绝对同一"和"抽象同一",在哲学的"问题域"中有一类问题是哲学需要着重加以解决的基本矛盾,一切哲学派别在本质上回避不了、必须给予直接或间接的回答,因而是各种问题中最重要的问题,它的解决规约和影响着解决其他哲学问题的原则、方向。这就是哲学的基本问题或"最高问题"。

那么,究竟什么问题是哲学的基本问题呢?恩格斯认为,"全部哲学,特别是近代哲学的重大的基本问题,是思维和存在的关系问题。"[3]

恩格斯的论断是对人类几千年的认识史、哲学史的概括和总结。他在阐释这一问题时回顾了思维与存在关系的演变史,说明它贯穿于人类几千年的认识史、哲学史的始终,只是在不同的时代有不同的表现形式。远古时代是它的"萌芽形式",表现为梦与肉体、"灵魂对外部世界的关系","灵魂不死的观念"、"万物有灵的观念"反映的就是原始人处理思维与存在关系所达到的水准。古希腊罗马时代是它的"朴素形式",表现为对世界的本原、基质是"原初物质"还是理念问题的思考。中世纪的经院哲学也是它的一种表现形式,即神与世界的关系问题,经院哲学内部唯名论与实在论之间关于个别与一般关系的争论是在神学的外衣下对这一问题的解决。到近代思维与存在关系的解决获得了它的"完全形式",即主要探究"精神对自然界的关系问题"。可以看出,哲学的基本问题"像一切宗教一样,其根源在于蒙昧时代的愚昧无知的观念。但是,这个问题,只是在欧洲人从基督教中世纪的长期冬眠中觉醒以后,才被十分清楚地提了出来,才获得了它的完全的意义。"[4]

思维和存在的关系问题的具体展开,显示的是其本体论内涵与认识论内涵。

思维和存在或者精神与物质何者是本原的,即何者是第一性的问题,是最重要的方面。世界是思维或精神创造的还是从来就存在的?世界的本质和基础是思维或精神还是物质?对这个问题所作出的哲学回答,是关于世界的存在及其本质的学说,即本体论。本体论是一切哲学理论体系得以建立和展开的基础和根本出发点,它规定着解决其他一切哲学问题的基本方向。因此,恩格斯把对这个问题的回答,作为划分唯物主义和唯心主义两个基本派别的惟一标准。

思维和存在或者精神与物质何者是本原的,即何者是第一性的问题,并不是思维和存在或者精神与物质关系问题的全部内容。"思维和存在的关系问题还有另一个方面:我们关于我们周围世界的思想对这个世界本身的关系是怎样的?我们的思维能不能认识现实世界?我们能不能在我们关于现实世界的表象和概念中正确地反映现实?用哲学的语言来说,这个问题叫做思维和存在的同一性问题。"[5]这是思维和存在、精神与物质的关系问题的第二个方面。这一方面所涉及的是世界是否可知、人的思维能不能正确反映现实的问题,属于哲学中的认识论问题。

哲学基本问题的本体论方面与认识论方面是相互联系的。其一,认识论必须以本体论为前提和出发点。无论是从逻辑上说,还是从人的认识的实际发生过程来说,都只有在回答了哲学基本问题的第一方面的问题之后,才能回答第二方面的问题,并使这种回答具有确定性的内容。认识论总是包含着一定的本体论前提的。其二,认识论是本体论的进一步延伸和归宿。如果我们断定世界的本原是物质的,思维、精神是物质发展到一定阶段的产物,是物质的派生物,那么,我们就可以对于我们关于周围世界的思想对这个世界本身的关系做出"同一性"的回答,就承认了世界的可知性和人的思维能够达到对现实问题的正确反映；反之，就会得出不可知论或精神决定的论断，从而拒绝对外部世界的认识，或返回到自我。

思维和存在的关系问题是整个哲学的基本问题，而社会存在和社会意识的关系问题，则是作为哲学的重要组成部分的社会历史观的基本问题。对社会存在和社会意识的关系问题如何回答，是划分历史唯物主义和历史唯心主义的根本标志。凡是认为社会存在决定社会意识的，是历史唯物主义；凡是认为社会意识决定社会存在的，就属于历史唯心主义。这两种历史观的斗争，归根结底是围绕着社会存在和社会意识的关系问题而展开的。

在现当代哲学中，有一种否定哲学基本问题的思潮，借口哲学基本问题的"形而上学性质"而加以拒斥，否定本体论研究的意义。但仔细剖析现代西方哲学各个派别的实质，就会发现，它们对思维与存在的关系问题的回答采取了更为复杂的方式，已经由直接形式进入到间接形式，但在它们解决其他哲学问题的基本倾向和态度里，无一例外地已经默默地包含了对哲学基本问题的回答。如存在主义所探讨的人的选择、自由等问题实质上就是思维与存在的关系。这表明，现代西方哲学的发展在实质上没有也不可能否定思维与存在的关系问题，也没有否定唯物主义和唯心主义的划分。虽然我们不能只满足于把现代西方哲学简单地划分为唯物主义或唯心主义，但认真剖析它本身的发展历程，一个流派对另一个流派的否定，往往内在地透视出唯物主义和唯心主义原则的分歧。

二　哲学思维方式的特点

面对自然界、人类社会和思维领域纷纭复杂的各种现象，要正确处理人与外部世界以及自我与他人、社会的关系和问题，哲学是一种不可或缺、不可替代的思维方式。哲学思维的特征在于：

其一，反思性

按照黑格尔的说法，哲学"乃是一种特殊的思维方式，——在这种方式中，思维成为认识，成为把握对象的概念式的认识。所以哲学思维无论与一般思维如何相同，无论本质上与一般思维同是一个思维，但总是与活动于人类一切行为里的思维，与使人类的一切活动具有人性的思维有了区别。"[6]这种区别就在于，"哲学的认识方式只是一种反思，——意指跟随在事实后面的反复思考。"[7]既然人与世界的关系中包含着人与世界的认识关系或观念关系，那么，哲学要把握人与世界的总体关系，就不能不研究人们在处理同外部世界关系中的思想过程。而对这种思想进程的认识，按照黑格尔的说法,就是一种反思,是对思考着对象的思维的思考。在更宽泛的意义上说,哲学的反思还包括对既定秩序、传统观念、流行见解等大胆的质疑,对现实状况的重新审视和批判。哲学史上的许多哲学家都是深具这种批判性品格的人。反思是人类理性思维所具有的基本形式和方式。

其二,总体性

现实的人总是面对着和生活于统一的世界。人们作为不同的主体往往从不同角度以不同方式去认识这个多样性统一的世界的不同方面、不同层次。这样就在实际上把外部世界的不同方面、不同层次纳入到了不同的认识活动结构之中,使之成为具体的认识对象。哲学作为人类理论思维的最高形式,在人类认识结构和知识体系中肩负着自己特殊的使命,这就是从总体上把握人与世界关系的整体结构、普遍本质和一般规律,其中包括这种关系建构的前提、基础和实现形式,从而既立足于各门具体科学又保持着对于各门具体科学的超越性。因此哲学与各门具体科学虽然都是从人类思维出发的与同一个现实的统一世界发生关系,但由于思维的任务、目的和方式的不同,因而哲学与各门具体科学的对象在范围、层次上也是不同的。这里的区别实质上个别与一般、局部与全局、部分与整体、有限与无限之间的区别。如果否认这种区别,哲学与具体科学之间的划分便失去了客观基础。应该说,随着各门具体科学的发展,对于人与世界关系的各个具体方面、各个具体层次和环节的研究越深入、越细致,哲学就越在实证的意义上被"驱逐"出各个具体科学的对象领域,则哲学在总结概括各门具体科学研究成果的基础上而对人与世界的关系进行总体性把握就越显得必要和重要。

其三,本质性

我们所面对的大千世界,千姿百态,变化多端,表面现象极其复杂,而以哲学的方式去把握它们就是要透过多变的外在方面,揭示事物内在的、相对稳定的本质与规律。现象是多样的,但在本质上却是有规律可循的;如果没有一定的哲学素养和哲学意识就会陷入现象的汪洋大海,不看底里,不明秩序。黑格尔说:"哲学的任务或目的在于认识事物的本质"[8],这就是说,哲学不能让事物停留在它的表面现象的直接性里,而须指出它如何以别的事物为中介或根据,有什么样的变化发展的规律。从哲学思维形成的具体机制看,这种本质性的把握不仅是必要的,而且是可能的。哲学把无限世界的整体作为自己探讨的对象,因而追求一种最普遍、最一般的知识,然后以最普遍、最一般的知识作为世界观和方法论,构成最高的思维方式,用它去观照对于有限的、特殊的对象的认识,由此形成哲学思维。这就是说,哲学思维是从普遍性和特殊性的联结上去看待客体,是用普遍性去观照特殊性,或者说是用无限性去观照有限性的。诚如黑格尔所说:"认识矛盾并且认识对象的这种矛盾特殊性就是哲学的本质"[9],所谓"认识对象的矛盾特殊性",就是哲学用关于事物最普遍属性的原理去观照具体事物,进一步说,"就是教导人们要善于去观察和分析各种事物的矛盾的运动,并根据这种分析,指出解决矛盾的方法。"[10]

其四,抽象性

哲学思维作为人们自觉从事的高度思辨和抽象的理性认识活动,其重要的根据和手段,是具有高度抽象性和普适性的哲学范畴体系。哲学的概念、范畴,是哲学借以把握对象的中介。黑格尔说:"哲学与科学的区别乃在于范畴的变换。所以思辨的逻辑,包含有以前的逻辑与形而上学,保存有同样的思想形式、规律和对象,但同时又用较深广的范畴去发挥和改造它们。"他指出:"对于思辨意义的概念与通常所谓概念必须加以区别。认为概念永不能把握无限的说法之所以被人们重复了千百遍,直至成为一个深入人心的成见,就是由于人们只知道狭义的概念,而不知道思辨意义的概念。"[11]一般地说,哲学范畴之区别于具体科学概念,主要是在于它的高度抽象性、广泛深远的普适性。有些概念即使为哲学与具体科学所共用,但它们作为哲学范畴和具体科学概念仍可从抽象性、普适性的程度上加以区别。就具体科学概念来说,其实指性、实证性表现得比较突出。而当哲学要从具体科学中引进某些概念时,必须从哲学上加以提炼和改造,使之成为具有抽象性、普适性的哲学范畴。当然,哲学范畴和具体科学概念之间的区别不是绝对的,而是相对的。实际上,哲学往往将一些具体科学概念引入到自己的范畴体系,而具体科学也往往将一些哲学范畴引入到自己的概念体系,并使之通行有效。然而,这种相互引入,实际上是经过了范畴或概念的变换的。无论如何,哲学总是通过自己特有的概念、范畴、体系来实现自己对对象的哲学把握的。

三 哲学的社会功能

具有上述特点的哲学思维有什么样的社会功能呢?这是一个众说纷纭的问题,有两种极端的观点,一种是"哲学万能论",认为哲学是"科学之科学",可以左右甚至替代一切具体科学,能够"并吞六合"、"包涵环宇",解决一切问题;另一种是"哲学无用论",认为它创造不了物质财富,也不能立竿见影地发挥功效,因而主张"消解哲学"、"终结哲学"。在我们看来,这两种观点貌视对立,其实两极相同,都不是对哲学应有的公正态度,都偏离了哲学的本性。公允地说,哲学既不像某些论者所认为的那样威力巨大,也不似另一些论者所判定的那样价值全无。盲目夸大哲学的功能和作用当然是错误的并且是有害的。作为一种社会意识形式,哲学既受特定生产方式的制约,也受到其他社会意识形态比如政治、法律制度以及宗教、文化、科学的制约。它的功能发挥的程度、范围与效果都是有限的。如果把不属于它应有的功能与属性强加到它头上,不惟起不到应有的作用,反会走向反面,比如刺激人们不公正的判断与逆反心理。但是,如果藉此而走向另一个极端,完全无视或抹杀哲学的功能,也是不对的。无论是作为理论体系还是作为思维方式存在的哲学,都内在地与人们的日常生活、与民族的精神、与时代的发展密切相关,以其特有的方式规约人与社会的视野、行为和发展。企图否定哲学、消解哲学,是短视的表现。

1. 哲学与人的生活世界

自古以来哲学就与人生、生活密切相关。在西方哲学发源地的古希腊,苏格拉底就认为,哲学是关于人生知识和道德行为的一种学问,学哲学就是学做人;柏拉图认为哲学是研究理念的一种学问;亚里斯多德认为,哲学要研究"形而上学"问题即经验之后的实在的问题。"希腊三哲"都非常强调哲学追问人生的意义,注重道德践履。现代西方哲学家对哲学的理解莫衷一是,但认为学习哲学对于人安身立本、探究生活意义和价值至为重要。新托马斯主义认为,哲学的任务是帮助建立一种基于信仰的真理,对神学的神秘部分进行解释,对坏的信仰的谬论进行驳斥,这是一种精致的神学;法兰克福学派认为,哲学研究的对象是社会,哲学的真正社会作用在于批判现存的不合理社会,探索一个合理社会,社会问题是哲学的中心问题,哲学是批判的社会理论;存在主义者认为,哲学是人学,是一种关于人的本体论和伦理学。中国哲学的发展有自己的特点,但与西方哲学不无相似之处,那就是认为,哲学必须研究人生的意义,关注伦理实践。甚至可以说,从一开始,中国哲学就把伦理学置于哲学的中心,无论是谈天人关系、身心关系、形神关系、知行关系、名实关系,都是为了人生的目的,规范人的行为。例如《礼记·表记》谈到殷人思想时说:"殷人尊神,率民以事神,先思而后礼",这里的"礼"既有祭礼仪式又含有伦理规范的含义;孔子提倡"正名",认为名不正则言不顺,言不顺则事不成,好像是在谈名实相符的逻辑问题,实质是在辨正礼制等级方面的名称和名分。老子著书上下篇,言道德之意五千余言,《道德经》宣扬"无为而无不为"的思想,实际上是一种伦理思想,美学思想。这样看起来,尽管古今中外哲学家们的哲学观五花八门,各种各样,但对哲学究竟是什么也有共识:那就是哲学与人生密切相关,哲学应洞察人生真谛,关注人的生活世界。

当然,哲学关注人的生活世界,并不是说它能提供物质生活资料来满足人民的需要,它确实没有这样的能力;但从更深刻的意义上说,哲学的功用在于为人的生活提供终极意义的支撑,是一种植根于现实生活的终极关怀。人类活动形式多种多样,可以归结为经济、政治、文化三大基本领域,它们分别满足人类生存和发展的三大基本需要。经济活动满足人类一定的物质生活资料的需要,政治活动满足人类一定的社会秩序的需要,文化活动则满足人类一定的生活意义的需要。哲学当然是一种文化,或者说首先是一种文化,并且是文化的核心,它的首要的功能无疑是满足人类生活意义的需要。但哲学又不同于一般的文化,它是满足人们形而上的精神需要,即对于生活的终极意义的追求。在现代条件下,哲学的这种基本功能更加凸显了。工业革命以来科技理性的恶性膨胀,市场经济的负面影响等等,造成了社会物质欲求与精神追求的分裂,使整个人类文明向物欲倾斜。社会因素的复杂多变,也使得人们很难弄清生活的最终意义,许多人甚至怀疑生活的最终意义,所谓"意义失落"、"信仰迷茫"是在许多社会成员中存在的精神现象。这说明,生活在社会大变动时期的人们,特别需要哲学的帮助,需要哲学提供生活意义的支撑。

必须注意到,随着现代高等教育体制和学科结构的确立,哲学日益学院化、专业化和职业化,哲学也就日益疏远了它的生活世界之根。在更加精巧和技术化的形式中各种哲学派别相互分离、彼此隔绝,以致不仅一个哲学家无法理解另一个哲学家的陈述和论证,而且他对另一个哲学家所从事的是一种什么性质的工作也感到迷惑不解。哲学的危机某种意义上说,根源在于哲学与生活的严重脱离。哲学如果一味驰骋旁骛,极尽巧智,而不返本归原,终将在智慧的卖弄中而消散。正因为如此,20世纪后半叶以来哲学家们竭力呼吁"面向事情本身"、"转向生活世界",试图重建哲学与生活的联系,以结束哲学的"无家可归"与民众意识的"无依无靠"的景况。

2. 哲学与民族精神

对于一个民族来说,哲学的作用还在于塑造这个民族的民族精神或培养一种优良的国民性格。什么是民族精神?民族精神是这个民族大多数成员信奉的价值观念、思维方式和行为准则的总和,它是社会存在的反映,又由民族文化传统孕育而成。比如,中国自古以来就有崇尚气节的优秀传统,儒家所主张的"杀身成仁"、"舍生取义",要求做到"富贵不能淫,贫贱不能移,威武不能屈",等等,构成中华民族伦理道德行为的规范,是中国古典哲学观念的深刻体现。当然,中国传统中也有落后的方面,诸如等级思想、特权思想、宗法思想、保守思想等。鲁迅曾经着力批判过传统中的这些痼疾,列举过诸如盲从、自私、虚荣、软弱、卑劣、落后、趋炎附势等表现,特别是他提出"拯救国民性"的设想,试图用一种"全新的哲学"(早期用尼采的"权力意志"、"超人"哲学,晚年用马克思的"唯物论哲学")来改造或重塑我们的国民性,亦即培育一种优良的国民性。再比如,美国很多有识之士在反思美国的发展道路及其民族精神的时候,特别注意到作为一种思维方式和哲学形态的实用主义所起的关键作用。前国务卿基辛格认为,实用主义就是美国的民族精神,美国人的求实精神、开拓精神、进取精神、科学与民主精神是实用主义培养的。《美国的哲学精神》一书的编者杰德勒·迈尔斯也指出:"文化的精神是其传统。贯穿于美国文化的传统之一是植根于殖民地马萨诸塞的清教主义。它是一种宗教,一种哲学,同时也是一种生活方式,它的基督教神学解释了人类生存的目的;它的哲学反思探究了借以实现人类生存的方式。"[12]杰德勒·迈尔斯所特别注意到的清教徒当时都过着一种忠实、节约、简朴的道德生活,他们的伦理是一种严肃负责的工作和讲求实际的伦理。而实用主义从清教主义那里吸取的营养,对美国资本主义发展产生了重大作用。

　　为什么哲学能够塑造一种民族精神呢?首先是因为,哲学可以为一个民族提供正确的价值观念。一个民族的活力首先表现在组成该民族的成员能够从思想上明辨什么是真、善、美,什么是假、恶、丑;什么是新事物,什么是旧东西;什么是社会正义,什么是社会不公正;它的所有成员能够对后者疾恶如仇,为前者努力奋斗。其次,哲学可以为我们提供一种正确的思维方式。思维方式是认识世界、改造世界的架构和工具。没有正确的思维方式我们既不能反映世界,又不能改造世界,相反却要犯主观性、片面性错误。所以,思维方式的变革比任何科学技术的变革更重要、更根本。抛弃旧的过时的思维方式,要比抛弃旧的过时的生产工具更重要。第三,哲学是民族文化的理论基础和指导思想。如果我们把文化理解为科学技术、知识、信仰、哲学、艺术、法律、道德、风俗习惯和社会成员通过学习而获得的能力和技能的总和,那么,哲学是一种文化的"体",而文化的其他形式只不过是它的"用"。哲学为其他文化形式提供指导思想、理论基础和方法论。没有发达的哲学就不可能有发达的自然科学、人文科学和社会科学。正因为哲学具有上述重要作用,所以,它成为是塑造民族精神的有效手段和切实途径。诚如恩格斯所说,一个国家或民族要攀登科学文化的高峰,要自立于世界文明先进行列,决不能没有高度的理论思维,而理论思维的培养离开对各种哲学思想的学习和研究,没有别的途径。

3. 哲学与社会发展

哲学功能的另外一个方面,体现在它与现实、与时代的关系中,即哲学是"一个时代理论上的自我理解",是"思想中的时代"。

任何哲学都是一定时代的哲学,只有真正触摸到了自己所处的时代的脉搏,映现了自己所处时代的精神,从总体上把握时代的内容,反映时代的本质特征,才是真正的哲学。时代的内容是由时代的人们创造的,是时代的人们积极地处理自己同外部世界关系的成果。人的智慧是在人们处理自身与外部世界的关系的过程中形成、发展、发挥、表现的;因此,人的智慧也就是人们处理自己同外部世界的关系的活动中的精髓。哲学作为一种智慧之学,作为时代精神的精华,就是人们处理同外部世界的关系的一种升华。但是,哲学要成为现实的智慧学,要成为现实的时代的精华,必须通过一定时代的哲学家的头脑,把人们处理同外部世界的关系的活动中最精致、最珍贵的看不见的智慧、精髓集中到哲学思想里来。这样,哲学也就能以自己的特殊方式把握自己时代的物质文明和精神文明,成为其中活的灵魂。因此可以说,哲学是"一个时代理论上的自我理解",是"思想中的时代"。美国出版的"导师哲学家丛刊"曾以下列标题来表征中世纪以来各个时代的哲学:"信仰的时代"(中世纪哲学)、"冒险的时代"(文艺复兴时期的哲学)、"理性的时代"(17世纪的哲学)、"启蒙的时代"(18世纪哲学)、"思想体系的时代"(19世纪哲学)、"分析的时代"(20世纪哲学)。不管这种概括恰当与否,但它确实显示了哲学与社会、与时代的重要关联。

有一种观点认为,哲学关注现实、关注时代就是做时代的传声筒。这是一种误解。从总体来看,哲学与现实、时代的关系体现在三个方面:一是诠解现实。它将从哲学的角度对复杂的社会现象给予客观、全面的反映和合理的说明与解释,在错综复杂的关系中梳理出线索,在表面平行的结构中看到等级与次序,在茫无头绪的过程中寻找到问题的症结与支点。不能想象,正常发展着的马克思主义哲学对现实漠不关心或无力诠解。二是审视现实。马克思主义哲学对现实的关注,不是简单、刻板地反映社会现象与社会关系。对它来说,现实永远是不令人满意或满足的,它总是以一种反思性的态度对现实提出质疑,看出其不足或缺陷。在对现实的这种审视与批判中,蕴含着它对未来理想的追求与构想。三是超越现实。哲学将"不得不以超越和反对他们的时代的方式进行思考",因为"没有这种理智上和道德上的勇气,哲学是不可能完成它在文化和社会中的使命的"[13]。哲学超越时代,超越现实,不是脱离时代,脱离现实,而是从现实出发示范与引导时代。在时代与哲学的关系上,不光是时代创造哲学,哲学也创造时代;不光时代修正哲学,而且哲学也改造时代。

四 哲学理论形态的更迭

人类历史上,每一个时代都有反映该时代社会状况、体现其时代精神和实践水平的特有的哲学形态,历史不断发展,哲学也就不断改变着自己的形态。哲学形态的更替是哲学发展的主要形式。在哲学史上,既有本体论意义上唯物主义与唯心主义的尖锐对立,同时交织着作为不同的思维方式的辩证法与形而上学的斗争,还有认识论意义上经验论与唯理论等的辩驳,以及它们内部具体的哲学派别的更迭。以下我们按时间顺序简述哲学形态的演变历程。

1. 朴素的唯物主义

也叫自发的唯物主义。产生于公元前7—公元前6世纪的古希腊和殷周之际的中国,近代资本主义形成以前的唯物主义,都属于这种形态,其代表在西方是赫拉克利特、德谟克利特,在中国则有王充、范缜等。其主要特征是,其一,以自然原因去解释自然现象,把万物本原归结为某种物质形态,用某一种或某几种具有固定形态的物质来说明宇宙万物的生灭变化。比如,古希腊泰勒斯认为"水"是万物的本原,赫拉克利特认为"火"是万物的本原;中国古代荀子认为"气"是万物的本原,等等。其二,与辩证法天然地结合在一起,确信世界万物都是处于运动变化之中,但只是猜测到了辩证法,并没有"真正掌握辩证法"。其三,是依靠笼统的直观,即通过经验观察再加上想象和猜测而形成的理论,缺乏科学论证和严密的逻辑体系,具有明显的自发性和朴素性。

2. 自发的辩证法

在欧洲,古希腊的赫拉克利特是"辩证法的奠基者之一",亚里士多德的思想也处处显露了辩证法的光芒;在中国,古代辩证法思想极其丰富,老子、荀子、张载、王夫之等都对辩证法思想的发展作出了重要贡献。古代辩证法直观地描述了整个世界的一般变化,并开始用对立面的统一和斗争来说明变化的原因,是一种实质上正确的世界观。但它对世界的辩证图景只是提出了一个总的轮廓性的说明,这种说明是以人们的直观经验为根据的,对构成这个图景的各个细节缺乏研究,对总体轮廓的说明也缺乏科学的证明。由于人们在直观中,凭眼耳鼻舌身等感官能直观感受到的既不是微观粒子,也不是宇观天体,而是一些宏观物体。而这类物体的运动变化都是实实在在地存在于客观事物的联系、发展和运动之中。所以朴素辩证法通常是同朴素的唯物主义结合在一起的。但是也有朴素辩证与唯心主义相结合的情况。

3."原始的唯心主义"

唯心主义是与唯物主义相对立的对世界的思考方式和解释方式。"原始的唯心主义"盛行于公元前5—公元前4世纪的古希腊,其代表人物有苏格拉底、柏拉图等。在中国具有原始性质的唯心主义一直延续到封建社会,主要代表人物有孟子、董仲舒、陆九渊、王阳明等。原始唯心主义同万物有灵观念等有着密切的关系,公开宣扬神创论、目的论以及灵魂不死、灵魂转世之类的神秘思想。诚如列宁所指出的:"原始唯心主义认为:一般(概念、观念)是单个的存在物。这似乎是怪诞的、惊人(确切些说:幼稚)荒谬的"。[14]

4.经院哲学

兴起于11世纪,12—13世纪达到鼎盛,15世纪以后逐渐走向瓦解。它是与宗教神学相结合的唯心主义哲学,属于欧洲中世纪特有的哲学形态,是天主教教会用来训练神职人员,在其所设经院中教授的理论,故名经院哲学。其代表人物有安瑟伦、托马斯·阿奎那等。经院哲学并不研究自然界和现实生活中的事物,它的主要任务是对天主教教义、教条进行论证,以神灵、天使和天国中的事物为对象。当然,在神学允许的范围内也讨论了一些哲学问题,其中最突出的是关于一般和个别的关系问题,对这一问题的不同回答,形成了激烈斗争的两派,即唯名论和唯实论。唯实论认为,一般先于个别,是存在于个别事物之外的一种实在;唯名论则相反,认为只有个别事物是实在的,一般知识是人们用来表示个别事物的名称或概念,它没有实在性。中世纪是哲学变为神学婢女的蒙难期,经院哲学是理性思维产生出的怪胎,但其内部唯名论与唯实论之争仍显现着人类的哲学思维在向前迈进。

5.人文主义[15]

从中世纪经院哲学桎梏下挣脱出来的文艺复兴运动"是人类以往从来没有经历过的一次最伟大的、进步的变革,是一个需要巨人而且产生了巨人——在思维能力、热情和性格方面,在多才多艺和学识渊博方面的巨人的时代"[16]。意大利的但丁、薄伽丘、达·芬奇,法国的蒙田以及英国的莎士比亚等都是著名的人文主义思想家,他们高举"自由、平等、博爱"的旗帜,以人性对抗神性,呼唤世俗生活的正当权力与位置,掀起了一场轰轰烈烈的思想解放浪潮。但由于资产阶级把特定阶段的幻想夸大为人类永恒不变的蓝图,把资产阶级的利益抽象化为全人类的要求,早期资产阶级的人道主义还是不科学的,经不起"恶的历史"的检验,因而只有局部的合理性而不可能为诠释纷繁复杂的社会运动提供科学的方法论准则。

6. 经验论

新生资产阶级迫切需要发展科学,而还"处在搜集材料阶段"的自然科学又需要哲学在方法论和认识论上给以指导,这样,认识论问题便成为近代哲学的最重要的内容,随之也就产生了两种认识论:一部分人注重力学的实验和经验归纳法,并使之绝对化,形成了近代的经验论,代表人物有培根、霍布斯、洛克等;另一部分人则注重数学的理性演绎法并同样使之绝对化,形成了近代的唯理论。经验论以"凡在理智中的无一不在感觉中"的原则为前提,认为一切真知必然起源于感觉经验,没有感觉就没有认识,感觉经验是认识惟一可靠的来源。与真知的来源问题相联系,经验论推崇经验归纳法,强调感觉经验的重要性,但忽视理性思维的作用,不能科学地说明知识体系何以能够建立起来的问题;由于经验论者片面强调感觉经验,贬抑理性思维,以至于把感觉看作是惟一的实在,把经验论推向极端,逻辑地走向唯我论和不可知论。

7. 唯理论

欧洲大陆各国受唯名论的影响较小,自然科学研究中又推崇数学上的理性演绎法,这样,大陆各国就继承了实在论传统,更注重一般的实在性,认为感觉经验不能提供普遍必然性的知识,只有通过理性演绎才可能获得真理,这也就产生了大陆各国的唯理论哲学。唯理论把理性直觉和理性演绎看作真理性认识的来源,认为"离开精神直觉或演绎,就不能获得科学知识",它强调理性思维的极端重要性,忽视感觉经验在认识过程中的作用,这使其实际上没能科学地解释知识体系的来源问题;而把知识体系建立在纯粹的理性思维的基础之上,必然使知识体系成了无源之水,无本之木。

8. 形而上学唯物主义

亦称机械唯物主义,它萌芽于14—16世纪,形成于16—17世纪,在18世纪达到发展的高峰,其主要代表有法国的拉美特利、狄德罗、爱尔维修和霍尔巴赫,以及德国的费尔巴哈。近代唯物主义以近代实验科学对自然现象的实证研究为基础,以新的实证知识和科学方法论证世界的物质统一性,摆脱了古代唯物主义的朴素性;它自觉地提出和探讨了"思维和存在的关系问题",主要研究了认识内容的来源等问题,确认了唯物主义的反映论和可知论原则。但是它的局限性也十分明显:其一是机械性。它把自然界中的各种现象和过程统统归结为机械运动,一概用力学规律加以解释;其二,形而上学性。它认为自然界和人类社会实质上是不变的,即使有变化也不过是数量的增减和场所的变更,以及事物的不断重复和循环,否认事物因内部矛盾而引起的发展;其三,超社会性。它离开人的社会性、人的历史发展来研究社会现象,对社会历史的理解是唯心主义的,因此这种唯物主义是不彻底的。

9. 唯心主义辩证法

从 15—18 世纪,辩证法思想的发展线索虽然没有中断,但总的来说,是形而上学思想占统治地位的时期。到了 18 世纪末 19 世纪初,自然科学从"收集材料"阶段向"整理材料"阶段过渡,社会历史发展的辩证性质也比较明显地显现出来。在这种新的历史条件下,就出现了辩证法的第二个历史形态——德国古典哲学的唯心辩证法。这种辩证法在唯心主义形式下,比较系统、比较自觉地阐述了世界的联系、发展和矛盾,使辩证法形成了一个比较完整的思想体系。康德是德国"哲学革命"的第一个代表,是德国古典唯心主义和辩证法哲学的奠基人。虽然他的整个哲学体系是保守的、倒向唯心主义的,但是,他的潮汐摩擦假说、星云假说和认识上的二律背反等等,都贯穿着辩证法思想,在一定程度上反映了资产阶级革命要求和自然科学的进步,在形而上学自然观上"打开了第一个缺口"。康德之后,经过费希特、谢林,到黑格尔德国唯心主义辩证法发展到了顶点。黑格尔把"绝对观念"作为辩证的发展过程来加以考察,在近代第一次把整个自然、历史和精神的世界描写为一个不断运动、变化和发展的过程。他提出了关于矛盾是发展的内在源泉的思想,关于从量变到质变的转化思想,关于发展过程的"否定之否定"的思想,并且把辩证法运用于认识过程,揭示了概念的矛盾运动。他还从世界观和方法论的高度对形而上学进行了有力的批判,认为辩证法与形而上学不同,是研究内在联系和矛盾发展的学说,辩证法是联系地发展地全面地看问题。总之,黑格尔对辩证法的一切基本特征都作了自觉的系统的表述。所以,马克思说:"他第一个全面地有意识地叙述了辩证法的一般运动形式。"[17]

德国古典哲学的唯心主义辩证法有以下特点:第一,思辨性。所谓思辨性就是把变化的主体看作是概念,把变化的过程看作是概念的纯逻辑推导,并企图从概念中推导出实在,使客观世界的发展服从于人的思维构造出来的一般法则。康德、谢林、黑格尔的辩证法都有这一特点,以黑格尔为最。黑格尔的辩证法始终在概念的自身一定中打圈子,自然界、人类社会不过是概念的外化而已。在他那里,辩证法的规律不是从自然界和人类社会中抽象出来的,而是作为思维规律硬加在自然界和历史上面的。第二,唯观念论。这种辩证法认为辩证法的主体不是客观物质世界,而是主观精神或客观精神。在它看来,不是从客观世界的辩证发展中引出辩证的观念、概念,而是从观念、概念的辩证发展中派生外界事物。第三,不彻底性。辩证法建立在唯心主义基础上,为构造唯心主义体系服务,必然导致辩证法的不彻底性。辩证法在本质上是批判的革命的,应坚持发展的无限性、斗争的绝对性;而唯心主义体系则是保守的封闭的。辩证法被唯心主义体系所压抑,就会成为不彻底的。

10. 科学主义

现代哲学中的科学主义思潮由孔德的实证主义开创,并先后由马赫的经验批判主义、实用主义、以逻辑实证主义为主的各派分析哲学以及科学哲学等流派所承袭和发展,它自命根据现代自然科学的新成就、以实证科学的精神批判和改造旧哲学,重建新型的哲学理想与体系。因此这一思潮把注意力放在科学提出的一系列问题上,把哲学局限于方法论研究和语言分析,否认哲学世界观的意义,并把传统的哲学问题、伦理学问题、关于人的命运、价值等问题作为无意义的"形而上学"问题排除出去。

11. 人本主义

现代哲学中的人本主义思潮由叔本华、克尔凯郭尔、尼采的唯意志论所开创,并先后由生命哲学、现象学、存在主义、法兰克福学派、弗洛伊德主义、属于神学人本主义的新托马斯主义、人格主义等流派所承袭和发展。这一思潮把哲学归结为对人的研究,认为哲学不应该研究自然科学问题,应该关注被压抑和异化了的人性,使之恢复到人的原始的内在本质。它一面向理性的权威进行发难,不无情绪化地指斥理性方法的局限;另一面承接非理性,把哲学史上的直觉方法扩展开来,开辟出一片声势浩大的非理性主义的新天地。

12. 后现代主义

后现代主义思潮是对西方现代化实践以及整个西方哲学的反思和批判。这是一个庞杂的思潮,哲学解释学、解构主义、"后哲学文化"等构成其主要的推进力量,它的发展基本上可以划分为两代:第一代是拉康、福柯、德里达和德劳兹等人,标榜"新结构主义";第二代是利奥塔、杰姆逊、波的里拉等,公开承认自己是后现代主义者,探讨异质性。后现代哲学家认为,现代哲学乃至整个西方传统哲学,强调严格的决定性与秩序性,强调高度抽象的经院式研究方法即形而上学方法,实质上是一种基础主义和本质主义的思维。而后现代哲学则与这样的传统和思维是完全相悖的,它是一种"无镜的哲学",一种反表象的哲学,这种哲学是没有理论体系的。在"后哲学文化"时代,哲学已经不能再扮演"文化之王"的角色,而是处于一种被冷落的境地,即使它能幸免被"消解"、被"终结"的命运,至多也只是人们的一种意见,一种态度,以及文化的一种形态。

需要说明的是,对哲学形态的划分也可以是多角度的,上述梳理主要是以西方哲学的发展为线索,也是人们所习惯了的做法,但是还应该有其他角度的形态划分。比如,考虑到中国历史演进和文化的特殊性,把中国哲学的发展归纳为先秦百家争鸣、秦汉儒学、隋唐佛学、宋明理学、清代实学等形态的先后嬗变,这已被学界所接受,限于篇幅,这里就不再论述了。

与上述各种哲学形态相比,马克思主义哲学是世界哲学演进的一个重要阶段,既吸收了人类文明的优秀成果,更做出了重大的变革和发展。这正是我们下节所要论述的。

第二节 马克思主义哲学的形成与发展

一 马克思主义哲学形成的实践基础

包括哲学在内的整个马克思主义理论体系,是马克思、恩格斯对由于资本主义发展的历史性变化而提出的时代课题进行探索的成果,是为解决资本主义社会的发展前途以及与此相适应的哲学思维方式的变革而诞生的。

从17世纪40年代到19世纪上半叶,英国和法国等西欧主要国家相继发生了资产阶级革命,推翻了封建专制制度,清除了资本主义发展的障碍,资本主义得到迅速发展。从18世纪60年代在英国首先开始的工业革命拉开了资本主义生产从工场手工业阶段向机器大工业阶段过渡的序幕。这场革命是资本主义经济发展的必然产物。新兴资产阶级在剩余价值规律的支配下,为追逐更多利润,不断改进生产技术,提高效率,降低成本,因而使采用大机器生产成为必然,其结果造成了社会生产力的巨大进步。到19世纪

30—40年代,英国率先完成了第一次工业革命,各个工业部门基本上实现了机械化,建立了大机器作业的工厂制。当时的英国制造着全世界所需要的绝大部分工业产品,成为"世界工厂"。法国资本主义经济的发展虽然比英国落后了半个世纪,但从1789年资产阶级革命以后,特别是1830年七月革命以后也获得了很大发展,进入了工业革命阶段。德国是马克思和恩格斯的故乡,与英、法两国相比在经济上远为落后,到19世纪初只有少数工厂。但在30—40年代开始的工业革命中,德国资本主义经济也获得了飞跃性发展。

上述英、法、德三国的情况表明,从18世纪下半叶到19世纪上半叶,是资本主义工业革命的时代,是资本主义经济迅速发展的黄金时代。工业革命不仅使生产技术发生了质的飞跃,而且也引起了生产方式的重大变革。它使以机器体系和雇佣劳动为标志的工厂制度获得了统治地位并导致了工业中心城市的形成,使资本主义生产方式最终战胜了封建主义生产方式,使资本主义制度和资产阶级的统治地位确立和巩固起来。

工业革命既是一场生产力的革命,也是生产关系的一次重大变革,从而把资本主义的发展推到了一个新阶段。马克思、恩格斯指出:资产阶级除非使生产工具、从而使生产关系以及全部社会关系不断地革命化,否则就不能存在下去。因而"生产的不断变革,一切社会状况不停的动荡,永远的不安定和变动,这就是资产阶级时代不同于过去一切时代的地方。一切固定的僵化的关系以及与之相适应的素被尊崇的观念和见解都被消除了,一切新形成的关系等不到固定下来就陈旧了。一切等级的和固定的东西都烟消云散了,一切神圣的东西都被亵渎了。人们终于不得不用冷静的眼光来看他们的生活地位、他们的相互关系。"[18]

工业革命也深刻地冲击着人们灵魂深层的哲学信念,引起一场观念上的变革,它明显地改变了人们观察、解释外部世界和人自身的哲学思维方式,改变了人们对待外部世界和人自身的态度。这源于它所带来的意想不到的社会后果和一系列链锁反映。自然经济迅速瓦解,被商品经济所替代,旧的世界秩序和社会人际关系被打破,代之以新的社会结构和阶级结构。最终,不可避免地导致人们哲学思维方式的改变。以大机器生产为基础的资本主义生产方式,充分显示出作为实践主体的人在征服自然中的巨大能动作用。与此同时,人们扬弃了陈旧的社会关系,创立起新的社会关系,使过去彼此分割的各个生产部门联系成为一个整体,开拓了规模空前的世界市场,密切了各个民族国家和地区之间的交往和联系。生产规模的扩大,使人们超越时间、空间、人种、历史、传统、语言的阻碍和狭隘的眼界,意识到人类生产实践活动的社会整体性。生产工具的不断变革有力地震撼着小生产基础上形成的凝固、守旧、崇尚传统的文化心理和观念框架。这一切揭示出生产力是人的本质力量的展示,从而论证了人的存在、价值和创造力。19世纪30—40年代,世界范围内资本主义经济危机的频繁发生,工人阶级的觉醒,法国、德国和英国工人阶级创造历史的壮举,向人们说明,世上没有什么救世主,人是自己的上帝。为此,现实的人及其实践活动应成为哲学的主题。马克思主义哲学正是适应这一时代精神的需要而产生的。

二 马克思主义哲学的创立过程

马克思主义哲学是历史境遇与实践活动催发的一朵奇葩,而从理论自身发展的逻辑看,是德国古典哲学发展的逻辑终结与最高成果。马克思主义的产生离不开以往先驱者的思想。从马克思、恩格斯留下的卷帙浩繁的著述看,他们涉及过从远古直迄同时代、从西欧到东方几乎所有重大的思想成果,对其中相当多的部分有精深而独到的研究,可以说他们的哲学思想是世界哲学发展的一种必然结果;当然就其哲学思想的直接来源看,则是德国古典哲学。

康德和费希特的思想在青年马克思、恩格斯思想发展的初期产生过不小的影响。他们的少年之作反复真诚而又不无空洞地表达对人类天性和自身完美的渴望,就可看出启蒙思想的影响;马克思在波恩大学直到柏林大学学习初期更是倾心于康德和费希特。然而康德和费希特思想存在不可克服的内在矛盾,无论是自我意识与自在之物的对立、还是自我与由其设定的非我的矛盾,归根到底是唯心主义哲学所固有的现实的东西与应有的东西之间的对立和矛盾;而哲学表达的"理性"又是一种多么不着边际和虚幻的东西!"康德和费希特在太空飞翔,\ 对未知世界在黑暗中探索;\ 而我只求深入全面地领悟 \ 在地面上遇到的日常事物"[19]。在现实世界面前,割裂理想和现实、应有和现有的康德、费希特哲学便变得软弱无力,一筹莫展,只是给哲学附加上冠冕堂皇的帽子而实际上说明不了任何问题,这样马克思、恩格斯就只有同这种哲学决裂了。

这之后,马克思、恩格斯转向对谢林、黑格尔哲学的研究。青年马克思首次登上学术论坛的亮相之作——他的博士论文《德谟克利特的自然哲学和伊壁鸠鲁的自然哲学的差别》——便是黑格尔理性主义影响下的产物。在他看来,哲学自我意识是"本身自由的理论精神"[20],它在同现实世界的关系中必然投射出实践的力量。当然,这里所说的"实践"只是一种批判,而批判的意义则在于,"从本质上来衡量个别存在,而从观念上来衡量特殊的现实。"[21]哲学改造世界的过程是复杂的辩证的过程,在这种过程中存在着两种关系。一种是哲学同外部现象世界的反映关系,另一种是哲学体系同它的精神承担者,同哲学家的自我意识的关系。哲学实现的进程是"世界哲学化"和"哲学世界化"的进程,它的精神承担者,"这些个别的自我意识永远具有一个双刃的要求:其中一面针对着世界,另一面针对着哲学本身";这些自我意识"把世界从非哲学中解放出来,同时也就是把它们从哲学中解放出来"[22]。

《莱茵报》时期,在同《科伦日报》的论战中,结合对现实生活的体验,马克思大大深化了对哲学的认识。他主张意识和生活的辩证统一,尽管开始是在唯心主义基础上理解这种统一的,但是这种思维方法,有可能使他对哲学问题采取较为现实的态度,并促使他逐步转向唯物主义。马克思同当时德国哲学家一样,高估哲学对历史发展的作用,然而与他们不同的是,他深深感到,德国哲学的致命弱点是脱离实际、陷入抽象思辨之中。它"喜欢幽静孤寂、闭关自守并醉心于淡漠的自我直观","它不是通俗易懂的;它那玄妙的自我深化在门外汉看来正像脱离现实的活动一样稀奇古怪;它被当作一个魔术师,若有其事地念着咒语,因为谁也不懂得他在念些什么"[23]。而哲学要想对世界发生实际作用,完成自己的使命,就必须从纯思辨的天国降到现实的尘世。同现实接触,才符合哲学的真正本质。我们从马克思的论述中看到,他在黑格尔理性主义哲学观的影响下突出强调哲学与现实的关系及对世界的改造作用,这预示着他某种程度上对黑格尔的超越。

费尔巴哈批判黑格尔思辨哲学的坚决态度及其所倡导的人本主义哲学给青年马克思、恩格斯以巨大的影响,他们像费尔巴哈一样强调自然界的客观性,把人看成自然存在物,是自然界的产物;认为人有其固有的本质,从人的本质出发说明一切;反对黑格尔颠倒思维和存在的关系并用抽象思维去说明一切。据此他们提出异化劳动的学说,并以此分析一切现象,马克思指出:"人并不是抽象的栖息在世界以外的东西。人就是**人的世界**"[24],"人的自我异化的**神圣形象**被揭穿以后,揭露非**神圣形象**中的自我异化,就成了为历史服务的**哲学**的迫切**任务**。"[25]人本主义哲学是能够抓住人的根本即人本身、以人本身为人的最高本质的理论。"德国理论的彻底性及其实践能力的明证就是:德国理论……最后归结为**人是人的最高本质**这样一个学说,从而也归结为这样一条**绝对命令**:必须推翻那些使人成为受屈辱、被奴役、被遗弃和被蔑视的东西的一切关系。"[26]

这时的马克思对黑格尔哲学形成一个基本看法：黑格尔哲学为历史（人的产生活动，发生的历史）的运动找到了抽象的、逻辑的、思辨的表达。基于这种认识，他给自己提出了下面的任务。他说，我们既要说明历史运动在黑格尔那里所采取的抽象形式，也要说明这一在黑格尔那里还是非批判的运动所具有的批判形式。马克思公正地指出，黑格尔的哲学尽管是唯心主义的，具有非批判的实证主义的缺点，但是其中还包含着深刻的辩证法思想。黑格尔以抽象思维的生产史来代替现实的人的自我产生过程、用抽象的精神活动来代替人的劳动固然不对，但这也表明他把人的自我产生看作一个过程，把对象化看作非对象化，看作是外化和这种外化的扬弃；表明他抓住了劳动的本质，把对象性的人、现实的人因而是真正的人理解为自己的劳动的结果。

于是，事情就出现了某种程度的逻辑上的变化：以人本主义观点去透视黑格尔哲学，结果却导致了对人本主义的超越。这时的马克思对费尔巴哈人本主义获得了如下的重新理解：费尔巴哈在抛弃黑格尔唯心主义的同时也抛弃了他的辩证法，在否定黑格尔绝对精神的同时也否定了黑格尔所发展了的精神、主体的能动方面，这就使他把感性理解为消极的直观，而不是理解为实践的、人类感性的能动活动，从而决定了他找不到从抽象的思维形式通向活生生的现实感性世界的道路。

这样在经过德国古典哲学的实际浸润与熏陶之后，从确信到怀疑直至扬弃，马克思、恩格斯的思想便走上了独立化发展的道路，这是超越一切旧唯物主义与唯心主义之上的伟大创造。在《神圣家族》、《关于费尔巴哈的提纲》和《德意志意识形态》中，马克思、恩格斯反思了全部哲学史，特别剖析了费尔巴哈以前的以客体的形式来理解对象和现实感性、要害是"敌视人"的"纯粹的唯物主义"，以费尔巴哈为代表的"只看作'感性的对象'，而不是'感性的活动'"的"直观的唯物主义"，以及用自我意识来代替思维之外的一切实体、把世界看成是自我意识的表现的思辨唯心主义。在全部扬弃这些哲学之后才能实现向"新唯物主义"的过渡，这样马克思恩格斯就由"直观"、"自我意识"深入到"感性活动"、"实践"从而超越了旧哲学，达到了唯物主义哲学发展的新层次、新高度。马克思、恩格斯指出："对实践的唯物主义者即共产主义者来说，全部问题都在于使现存世界革命化，实际地反对并改变现存的事物"[27]，从而完成了其新世界观的哲学建构。

三　马克思主义哲学的演变轨迹

在马克思主义哲学作为成熟的理论问世之后,它的创始人马克思、恩格斯又进一步从政治经济学、社会历史学、自然科学等各个领域做了大量艰苦细致、卓有成效的研究工作,使这一哲学的基本理论体系不断得到深化和完善。马克思的《资本论》及其手稿、"人类学笔记"和"历史学笔记",以及恩格斯的一系列著述是这一发展过程中产生的具有代表性的伟大成果。马克思、恩格斯特别注意用社会实践和科学的发展来检验、修正、充实和发展自己的理论,反复告诫后来者不要把他们的学说看作终极真理的体系,认为"关于自然和历史的无所不包的、最终完成的认识体系,是同辩证思维的基本规律相矛盾的;但是这样说决不排除,相反倒包含下面一点,即对整个外部世界的有系统的认识是可以一代一代地取得巨大进展的。"[28]

作为一种博大精深的理论,马克思、恩格斯所创立的马克思主义哲学是一个可以从多层次展示其内容、多角度予以阐释、多方面进行拓展的开放的体系,同时它注重顺应时代变迁与实践的发展,善于概括、总结新的社会现实提出的重大问题,接受其挑战,除旧布新,大胆修正,在新的形势下寻求新形式、新发展,这无疑为后来者的理解、阐释和发展留下了极大的回旋余地。把马克思、恩格斯所创立的马克思主义哲学置于"马克思之后的马克思主义"一个半多世纪的发展历程中进行比照,既可凸现它持久不衰的科学价值和生命活力,也有助于分辨出在"坚持与发展"之路留下的种种足迹。

1. 战友和学生的宣传与发挥

不言而喻,马克思身后恩格斯是其文本和思想最权威的解释者,他将自己的整个余生都用来处理自己的伟大朋友的遗著。他非常清楚自己无可替代的作用,有极为庞大的设想和计划,准备写马克思的传记和1843—1863年德国社会主义运动史以及第一国际史,准备刊印马克思全集,再版马克思发表在《莱茵报》上的文章并为它们写序;特别是在马克思去世后,恩格斯感到马克思主义的完善化和系统化是个相当急迫的任务,因此在一系列著述中开始了这一艰巨的工作。当然恩格斯的上述愿望,只实现了其中很少一部分,天不假以时日,他也赍志辞世了。总体上看恩格斯是通过《反杜林论》、《路德维希·费尔巴哈和德国古典哲学的终结》、《家庭、私有制和国家的起源》、《自然辩证法》等著述和晚年大量信件,通过整理和出版《资本论》第2、3卷和再版第1卷来向世人展示马克思思想的。**通过恩格斯的论述来了解马克思,是相当多的马克思主义接受者的一条途径**。这里核心的问题是,恩格斯是否把马克思的思想完整地呈现出来了？大半个世纪以来，在如何看待恩格斯所做的这些工作问题上，两种评论形同冰炭，有的论者把马克思和恩格斯看作是一体的，认为他们之间不存在任何差别，也不允许人们比较他们的异同；与此相左的观点则认为，马克思主义从马克思到恩格斯在哲学观上是一种倒退，即恩格斯把马克思主义退回到费尔巴哈一般唯物主义的水平上去了。

公允地看，我们认为，第一，现在没有证据证明恩格斯是有意偏离更不用说歪曲、篡改马克思的思想，相反他在接受亡友的遗嘱编辑整理其遗著的时候，是极为慎重，甚至可以说是诚惶诚恐的，他曾经致信给人说："在编辑出版时，我最关心的是要编成一个尽可能真实的版本，即尽可能用马克思自己的话来表述马克思得出的各种新成果……像马克思这样的人有权要求人们听到他自己的原话，让他的科学发现完完全全按照他自己的叙述传给后世。"[29]第二，我们又必须说，从1883年马克思辞世到1895年，在这12年中，恩格斯对马克思的阐释又是在特定的环境和条件下进行的，这就意味着，他只能结合自己的工作，突出那些有现实针对性或他认为非常急迫的部分给予强调，或者从马克思主义学说的完整性去考虑、补充或完善那些马克思生前涉足甚少或论述不够的部分，梳理或系统化那些分散的环节，而不可能面面俱到，也许有些甚为重要的方面，他认为只是常识而没有予以重视。第三，退一步说，即便恩格斯准确地阐述了马克思的文本，完整地表述了马克思的思想，在接受者那里也未必就能形成一一对应的反馈，完全被理解或接受，更不用说，恩格斯的阐释是有侧重的了。

马克思、恩格斯之后对其哲学思想做出传播、宣传、阐释的首先是他们的一批学生。狄慈根在对思辨唯心主义的批判中就哲学的基本问题、哲学思维的特点和哲学的党性功能作了阐发；梅林则着重阐明了历史唯物主义对哲学社会功能的规定，并在众多的思想史论著和人物传记的写作中表述了他所理解的马克思主义的哲学精髓；考茨基则在对资本主义矛盾的分析与对机会主义的批判中力求体现哲学的批判性、本质论；拉法格从认识论上阐明思想观念的起源从而说明哲学观念的发展；拉布里奥拉在对社会有机体系统、对社会意识形态独立性的说明中再三强调了马克思、恩格斯在哲学基本问题理解上的全面性、整体性；普列汉诺夫更算是颇有"体系意识"的理论家，他的活动涉及到马克思主义的方方面面，并试图以自己的理解系统化、条理化，正是在他的著述中出现了用"辩证唯物主义"或"历史唯物主义"来称谓马克思主义哲学的提法，当然他阐述得最多的还是唯物史观问题。

然而无论就对哲学体系的全面性分析,还是对马克思主义哲学在有关哲学探究的对象、哲学把握世界的方式和哲学的社会功能等方面内涵的理解,他们都没有达到马克思、恩格斯的水准。

2. 列宁的捍卫与推进

列宁的出现是马克思主义哲学史上的一个新现象。马克思、恩格斯虽然注重自己学说的革命性、实践性,也曾参与过共产国际和世界工人阶级的实际活动,但终其一生,就其职业和基本身份来说,始终是学者、是理论家。这种身份诚然使他们的学说的现实影响力受到某种程度的限制,虽然也得到一定范围的传播,但更多的还是表现为一种理论形态,而并未成为大规模的现实运动;但是也正因为如此,他们往往能对现实保持一定程度的超越性,并不拘泥于某个时代、某个国度和某个事件,这样他们的学说就充满了深层的历史感和思维方式上的变革意识,因而也就获得了长久的诠释力。列宁的情况不同,与马克思、恩格斯相比,他首先是一个政治家、社会活动家,他的所思所为离不开当下直接的俄国社会现实,这种深切关怀使他急于探索与寻找到一条社会革命的成功之路,他的学说与政治活动融为一体,或者说为政治活动提供论证和服务。列宁一生的哲学家资格不容怀疑,但却是归属政治家类型的哲学家。他的哲学观也显示着一个政治家特有的思路和视角,使马克思主义哲学在他身上呈现出新的特点。

列宁突出强调马克思主义哲学的唯物主义性质和鲜明的党性原则。他对恩格斯关于哲学基本问题的论述进行扩展,即不仅是在宇宙本体的意义上即是在先有物质还是先有精神、究竟谁产生谁的含义上使用"本原"一词,而且把它运用到认识论,明确提出划分两条认识路线的标准:"从物到感觉和思想呢,还是从思想和感觉到物?"主张第一条路线是唯物主义的,主张第二条路线是唯心主义的[30]。在列宁看来,不可能存在处于唯物主义与唯心主义对立之外的第三个哲学派别,声称"介于两者之间、动摇于两者之间的中间派别"即不可知论归根到底也是唯心主义的一种变种。鉴于驳斥经验批判主义"无党性"的需要,列宁在马克思主义哲学史上第一次明确地提出哲学的党性原则,即"在解决哲学问题上有两条基本路线、两个基本派别",[31]"哲学上的党派斗争……归根到底表现着现代社会中敌对阶级的倾向和思想体系。"[32]列宁倾其一生研究自己所处的时代,他对时代的鉴定源于政治经济形势的分析、革命策略的选择和对马克思主义辩证法思想的运用;他还提出在普通民众中普及哲学特别是马克思主义哲学的问题,要求"从外部进行灌输",用通俗易懂的方式对他们进行宣传与教育。列宁沿着社会变革的方向拓展了哲学的新领地,把马克思主义哲学变成一个国家的指导思想,使其在更为广阔的范围内被普遍接受。如果说马克思、恩格斯所说的"哲学成为无产阶级的精神武器"还是一种理想的话,列宁使这种理想现实化了,它真正从"贵族的学问"、"书斋中的宏论"走向了普通民众,并且转化为现实的力量。其间固然也有曲折和教训,但开启了一个新时代却是不容置疑的事实。

3. 前苏联、东欧的阐发和系统化

列宁之后马克思主义哲学在苏联特别是斯大林时代成为载入国家宪法的"统一的指导思想和共同的世界观",宣传、普及、研究和发展的规模空前扩大,并且纳入国家发展的计划,具有鲜明的目的性、指令性。在马克思、恩格斯的全部文稿中,生前公开发表、成型的著述所占的比例不足三分之一,大量的是未发表、未完成甚至散乱无序的笔记、书信、手稿、札记、批注等等。前苏联学者对此进行艰苦的整理、考证和辨析,马克思主义的许多文献资料多数是由前苏联首次发表面世,然后才流传开来,翻译成多种文本,并出现了多种多样的诠释的。经过系统的整理、加工、总结和概括,前苏联逐步建立起马克思主义的各个学科完整的体系。1938年斯大林的《论辩证唯物主义和历史唯物主义》(《联共(布)党史简明教程》第四章第二节)成为长期以来通行的马克思主义哲学原理教科书体系框架,影响巨至。考虑到作为人类历史上一种崭新的制度,包括哲学在内的社会意识形态也必然呈现新的内容和特征,再加上当时世界范围内的剧烈斗争,我们应充分理解苏联哲学形态的合理性和必然性。但从马克思主义哲学发展的历程看,苏联哲学在试图系统化的同时也模式化了,在普及的同时也不免庸俗化,在强调斗争性时抹杀了同一性。它扩大了马克思主义哲学的影响,强化了其功能,但也遭至许多责难、批评和误解。

正如东欧社会主义国家政治生活是苏联的翻版一样,其哲学也深受其影响。一开始主要是输入与照搬,后来才逐步走上独立发展的道路。结合本国的哲学传统与社会主义革命和建设面临的新问题,东欧各国的马克思主义哲学研究在共同性中也显示出各自的特色,例如,保加利亚以研究反映论问题为哲学发展的主要方向,波兰形成以研究逻辑学问题为哲学发展的主要方面,民主德国以研究社会主义辩证法、捷克斯洛伐克以研究科技革命而著称。

4. 西方马克思主义的解释和"嫁接"

卢卡奇以其《历史与阶级意识》(1923)开"西方马克思主义"之先河,提出一条既不同于第二国际的"经济决定论"又不同于列宁的唯物主义"反映论"的"发展马克思主义"的路线。他提出"正统的马克思主义""仅仅是指方法"[33],力图通过马克思理论中所蕴涵的"更新和发展了的黑格尔的辩证法和方法论"来"恢复马克思理论的革命本质"。经过柯尔施《马克思主义和哲学》(1923)中关于"理论与实践统一"关系的新解释和葛兰西的"实践哲学",到五六十年代,"西方马克思主义"发展为一种广泛的社会思潮,虽然并没有形成统一的观点,但以其所创立或服膺的哲学去"比附"、"嫁接"、"补充"马克思主义成为其共同的特征,出现了诸如"黑格尔主义的马克思主义"、"弗洛伊德主义的马克思主义"、"存在主义的马克思主义"、"新实证主义的马克思主义"、"结构主义的马克思主义"等等派别;而影响颇大的法兰克福学派则把马克思主义解释为一种"社会批判理论",结合当代实际对现存的资本主义社会从各个角度进行了一系列深刻的批判。

5. 东欧"新马克思主义"阐释和研究

这其中包括南斯拉夫的"实践派"、波兰的"哲学人文学派"、捷克的"存在人类学派"、匈亚利的"布达佩斯学派"等等。这些学派虽然对马克思思想的解释以及对现实问题的研究侧重点各不相同,但他们所面对的一些共同的问题(包括政治的、经济的、思想的以及社会的问题)又使他们具有相同的特征。这就是都致力于对苏联哲学模式的批评、对马克思主义的人道主义的阐发和对社会主义"异化"问题的研究以及对"实践"问题的探讨。如果说"西方马克思主义"更多的是表达了对"列宁主义"的分歧的话,那么,东欧"新马克思主义"则更多地表达的是对"斯大林主义"的不满。

6. 马克思主义哲学中国化

1898年马克思的名字第一次出现在中文报刊上[34],从此开始了马克思主义向中国的传播。最初主要是从日本了解马克思学说的内容和特点,影响比较小,也有很多不准确的地方。"五四"新文化运动和十月革命的爆发,扩大了马克思主义的影响,到中国共产党成立,才真正开始马克思主义中国化的征程。孙中山、李大钊、陈独秀、瞿秋白、李达等都为马克思主义在中国的传播和扎根做出过探索和努力,在此基础上,伴随着中国革命的风雨历程,终于形成了马克思主义中国化的理论形态——毛泽东思想。

毛泽东的哲学思想是马克思列宁主义同中国革命实践、同中国古代哲学的民族形式相结合的产物。作为中国无产阶级革命的领袖,毛泽东特别注重发挥马克思主义哲学作为方法论的功能。在他看来,实践性是马克思主义哲学最显著的特征;正是由于强调实践性,强调改造世界,强调它作为无产阶级和人民群众认识世界和改造世界的"指南"、"武器"、"工具"、"方法"的作用,马克思主义哲学才同这样或那样只限于说明世界的一切旧哲学彻底划清了界限,实现了在哲学领域的革命性变革,因此,他认为把马克思主义哲学作为方法来掌握是其本质所要求的,"我们要坚持马克思主义,就应把马克思主义哲学原理转化为具体想问题、办事情的方法,使它真正成为我们认识世界和改造世界的锐利武器,而不能把它当作教条去背诵,当成公式去套用"[35]。

  真正成熟的哲学不仅应当具有方法论功能,还应当具有民族特色。"马克思主义必须和我国的具体特点相结合并通过一定的民族形式才能实现。"[36]因此必需讲求它的"中国作风和中国气派"。具体地说,就是必须同中国历史、中华民族的文化生活、中国的传统思维有机结合起来。毛泽东以他自己的实践表明了这种结合的可能性和必然性:在思维方式方面,中国传统哲学固有的辩证思维与马克思主义唯物辩证法找到了契合点,没有这种相同之处,马克思主义不可能扎根于中国的土壤之中;在表达方式方面,必须使马克思主义哲学同中国传统的语言表达方式相结合,使它成为人民大众喜闻乐见的哲学;在思想资料方面,马克思主义哲学的概念与思想应同中国传统哲学的概念与思想相结合,继承中国文化史上的优秀思想资料,从理论内容上对哲学遗产进行改造,赋予其科学的含义,辩证地融合了传统文化思想精华。

  马克思主义与中国传统哲学本是在不同的思想土壤上产生的文化形态,从中国革命和建设的现实情况出发,以毛泽东为代表的中国共产党人将二者融合在一起了,并且发挥了强有力的作用。因此毛泽东对马克思主义哲学的贡献在于以其独有的理解真正将它中国化,以哲学应用促进了哲学发展。

  邓小平则是在新的历史时期深刻总结了中国社会主义建设和国际共产主义运动几十年的经验教训,重新思考了"什么是社会主义、什么是马克思主义"等重大问题,结合中国现代化建设的实践提出了"建设有中国特色的社会主义理论"。我们将在第四节对此做出分析。

第三节 马克思主义哲学的性质与特点

一 马克思主义哲学的称谓及其相关争论

究竟用什么名称来指称马克思主义哲学？什么名称最能体现其性质和特点？对这些问题的看法，国内外哲学界分歧很大，争议颇多。我们认为，马克思主义哲学博大精深，包括很多基本概念和基本原理，它们彼此之间既互相区别，又互相联系、互为前提，形成一个严整的体系。在马克思主义哲学形成和发展过程中，它的创始人和后继者，曾经赋予它不同的名称，从不同的角度和方面反映了它的本质特征。这些名称都有其存在的理由，可以并行不悖。有的论者认为只有某一个名称才能体现马克思主义哲学的本质特征，其他名称统统是对马克思主义哲学的曲解，从而加以排斥。我们认为这种观点和作法是错误的。在对马克思主义哲学的称谓上使用较多的名称主要有：

1."新唯物主义"或"现代唯物主义"

这是马克思主义哲学的创始人马克思和恩格斯对自己哲学的称呼。这个名称说明马克思主义哲学既不同于古代朴素唯物主义哲学，也不同于近代机械唯物主义哲学，当然更不同于形形色色的唯心主义哲学，而是对以往全部旧哲学的根本变革，是在吸收人类创造的全部优秀文化成果的基础上，植根于现代社会和现代科学文化土壤中的、反映时代精神精华的全新的唯物主义哲学。

2."辩证唯物主义"或"历史唯物主义"

这是普列汉诺夫对马克思主义哲学的称呼。他认为，马克思主义的世界观既包括自然观，又包括历史观，它们在本质上是既唯物又辩证的，因而他把马克思主义哲学称为辩证唯物主义。由于辩证唯物主义包括对人类历史的辩证唯物主义理解，所以也可以叫历史唯物主义。在普列汉诺夫那里，"辩证唯物主义"和"历史唯物主义"不是两个概念，而是同一个概念的两个不同表述，涵义完全相同，就是说，马克思主义哲学既可以叫"辩证唯物主义"，也可以叫"历史唯物主义"，与后来人们把马克思主义哲学叫作"辩证唯物主义和历史唯物主义"是不同的。

3."辩证唯物主义和历史唯物主义"

这是前苏联在20世纪30年代以来和我国改革开放以前对马克思主义

哲学普遍使用的名称,现在很多人仍然继续使用这个名称。斯大林1938年写的《论辩证唯物主义和历史唯物主义》小册子,对这个名称的普遍流行起了重要作用。这个名称反映马克思主义哲学克服了唯物主义和辩证法、唯物主义自然观和唯物主义历史观的分离,实现了它们之间的结合;说明唯物主义原则不仅存在于对自然界的看法中,而且存在于对人类社会历史和人类思维的理解中,因而它是完备而彻底的唯物主义哲学。然而,过去的马克思主义哲学教科书,把"辩证唯物主义"和"历史唯物主义"分作两块(通称"板块结构"),尽管说明了这两块是不可分割的"一块整钢",但由于认为"辩证唯物主义"部分包括唯物论、辩证法、认识论等内容,而不包括历史观;"历史唯物主义"部分则只讲社会历史,实际上还是把自然和历史、自然观和历史观割裂开来了,没有实现自然史和人类史的统一,没有把自然看作"历史的自然"、把历史看作"自然的历史"。为了体现马克思主义哲学在自然观和历史观上的统一,我们建议把"辩证唯物主义和历史唯物主义"这个名称,修改为"辩证的、历史的唯物主义"。但必须清醒地认识到,在马克思主义哲学体系的建构上,真正实现自然观和历史观的统一,从而克服"板块"结构的弊端,并非易事。近些年来人们作了探索、尝试,但大都不太成功,今后尚需继续探索、尝试。在取得令人满意的成果以前,继续使用"辩证唯物主义和历史唯物主义"这个名称,也是无可厚非的。

4."实践的唯物主义"

这是我国改革开放以来相当多的人对马克思主义哲学的称呼。从发展趋势来看,赞成这个名称的人将会越来越多。这个名称体现了实践观在马克思主义哲学形成及其体系中的重要作用和地位。它表明,实践是整个人类现存世界的基础,对对象、现实、感性既要从客体方面去理解,又要从主体方面去理解,当作人的感性活动、当作实践去理解;表明实践是人类认识的基础,人的思维的客观的真理性问题,不是理论问题,而是实践问题;表明环境的改变和人的活动或自我改变的一致,根源于革命的实践;表明实践是人和自然、自然史和人类史、历史的自然和自然的历史统一的基础;表明哲学的功能不仅仅在于用各种方式解释世界,更重要的在于通过革命的实践改造世界;表明社会生活在本质上是实践的,人类社会的形成和发展是以实践为基础和动力源泉的等等。实践唯物主义这个名称,充分体现了马克思主义哲学的革命的批判本性,展示了无产阶级通过共产主义运动创造未来新社会的美好理想,所以马克思把共产主义者称为"实践的唯物主义者"。实践唯物主义这个名称,说明科学的实践观既是整个马克思主义哲学的首要的基本的观点,又是它的各个组成部分(本体论、认识论、自然观、历史观、价值观等)的首要的基本的观点,既与唯心主义、又与旧唯物主义彻底划清了界限。

任何名称都只具有有条件的、相对的意义,都不能毫无遗漏地反映一个事物的各个方面的联系和特征。因而用不同的名称反映同一事物的各种特征的情况是常有的事。马克思主义哲学及其名称也是如此。上述名称完全可以并行不悖。这些名称的内涵互相补充,就较为全面地反映了马克思主义哲学的本质特征。曾经有过一段时间,有些人一看到"实践的唯物主义"这个名称,就认为是离经叛道;也有些人指责坚持使用"辩证唯物主义和历史唯物主义"名称的人,是僵化、保守。这两部分同志都失之偏激。

二 马克思主义哲学关注的对象

以世界的整体及其普遍规律和一般特征为研究对象,以思维与存在的关系为哲学的基本问题,来把握人与世界的关系,在这一点上马克思主义哲学与历史上的其他哲学形态是一致的;但是恩格斯在论述哲学基本问题时特别回顾了思维与存在关系的演变史,说明虽然它贯穿于人类几千年的认识史、哲学史的始终,但在不同的时代有不同的表现形式。那么在哲学的基本问题在近代获得了它的"完全形式"之后,马克思主义哲学对此是如何推进的呢? 我们认为马克思主义哲学在解决这一问题时,关注的重点和解决思路上发生了根本转换,从而把哲学基本问题的形式推进到当代,完成了对传统哲学的超越。

包括古希腊罗马哲学和近代哲学在内的西方传统哲学,作为总体来看,在解决思维与存在关系问题时都离开当时现实和时代的重大问题,而把世界的本原归结为抽象化了的自在的自然界或者绝对化的观念世界。在它们看来,现实世界是变动不居的,其现象是易逝的,受它之外的某种本原的东西制约。"一样东西,万物都是由它构成的,都是首先从它产生、最后又化为它的(实体始终不变,只是变换它的形态),那就是万物的元素、万物的本原了"[37]。因此绝大部分传统哲学家,尽管他们对万物本原的理解彼此不同,甚至截然相反,但都认为本原才是哲学关注的重点,现实世界无足轻重,在他们的研究中即便涉及到或包含着现实和时代的内容,但也不过是为了说明本原问题的。只是本原问题的注脚。对这种离开现实和时代的本原的追寻倾注了其全部心血,这种本原也就成为其哲学的最高范畴。举凡泰勒斯的"水"、阿那克西曼得的"无限者"、赫拉克利特的"火"、毕达哥拉斯的"数"、德谟克利特的"原子和虚空"、柏拉图的"理念"、亚里士多德的"形式"、经院哲学的"上帝"、莱布尼茨的"单子"、斯宾诺莎的"实体"、笛卡儿的"心灵和物体"、康德的"物自体"和"现象界"、霍尔巴赫的"物质"、黑格尔的"绝对观念"等等,不一而足。这样一种哲学思维框架力图从一种离开当时现实和时代的"终极存在"、"初始本原"中去理解和把握现实世界,以及人的本质和行为依据,实际上是一种"思辨形而上学",即关于超验存在之本性的理论。

马克思主义哲学是对这种离开现实和时代而进行思辨和抽象的思维方式的根本转换。马克思、恩格斯对这些哲学形态从"类型"的角度进行了归纳和划分,切中肯綮地进行了批判,他们指出,旧唯物主义中的"纯粹唯物主义"坚持客体至上原则,"敌视人";"直观唯物主义"坚持自然至上原则,关注的是人的自然性、生物性,因而只能是一种"抽象的人";唯心主义中的客观唯心主义坚持观念至上原则,追求绝对化了的"理念";主观唯心主义坚持自我至上原则,追求的是"自我意识":而无论是传统哲学的哪种形态,恰恰都是对"自己时代的现实世界"的遗忘、对真正的"人的世界"的遗忘、对"现实的""感性世界"的遗忘,因此它们除了以歪曲、变形或夸大的形式反映和再现了人类理性思维的探索轨迹之外,在本质上,愈来愈成为一种脱离感性世界、不着边际的形而上学的抽象奢谈和"醉心于自我直观"的玄思妙想。特别是在时代推进到 19 世纪中叶这个风云变幻的时代,资本主义"世界历史时代"的来临及其面临着不同以往的社会格局和阶级结构,这种情势下,传统哲学的信念已成为一种"过时的梦幻",衰落势在必然。

与传统哲学的这些形态不同,马克思主义哲学以满腔的热忱、深层的理智去拥抱和审视这个与人的命运息息相关的活生生的感性世界,密切关注现存世界的变化,注目于现实的人及其发展。在它看来,随着人与世界的对象性关系的现实生成和展开,哲学当然应当思考和探询人之外的客观世界,然而,严格地说,哲学是既站在人的立场上来审视人之外的"世界",又站在人之外的世界的立场来审视"人",亦即是从现实的人和现实世界的相关性角度来把握"人"与"世界"的关系的。人周围的现实世界不是形而上学的无人或超人的"宇宙",它本质上是被人化着的"对象世界",是人的本质力量对象化了的"人的世界"。这个感性的"人的世界",就是人们自己通过对象化的实践活动所创造的、并时时刻刻生活于其中的现实世界和生存环境,它是人类世世代代实践创造的结晶,是打上人的烙印和体现人的本性的对象性存在。因此,哲学作为一种世界观,是一种人的世界观,而不是无人或超人的世界观。要以人的现实存在和发展为标志来重新"安排周围世界","把人的世界和人的关系**还给人自己**"[38]。这样,马克思主义哲学便把哲学的聚焦点从整个世界转向现存世界,从宇宙本体和观念本体转向人类世界,从而使哲学探究的对象和主题发生了根本的转换。

三 马克思主义哲学理解世界的方式

马克思主义哲学所实现的革命性变革,还并不仅仅限于上述方面,它还实现了哲学思维方式上的转变。这就是对古典理性主义、"新理性主义"、非理性主义、相对主义等极端化思维方式的超越。

与坚持万物抽象本原论的信念相适应,传统哲学在思维方式上相信理性可以把握本原,并把完善理性工具看作是哲学的根本任务之一。诚如当代美国哲学家布兰夏德所指出的:"对理性的信仰在广泛意义上说是希腊时代以来,西方文化的一个重要组成部分,这一点决定了西方哲学的主要传统。"[39]在传统哲学家看来,理性是人类理智寻求普遍性、必然性和因果性的能力。理性具有逻辑形式和手段。从古希腊、罗马直到漫长的中世纪,人们所知道的理性,主要是在亚里士多德的演绎逻辑、特别是三段论中获得的规范化的理性;在中世纪尽管哲学成了神学的婢女,安瑟伦的"信仰而后理解"成了经院哲学的信条,但古典理性主义并没有完全被抛弃,相反,三段论还被歪曲地利用来论证上帝的存在;到了近代,随着培根将归纳法加以系统化,提出归纳逻辑这个"新工具",古典理性主义又获得了自己的另一种逻辑形式,近代哲学也因之分化为推崇演绎法的大陆唯理论和推崇归纳法的英国经验论。唯理论认为,只有理性思维才是达到真正知识的途径,作为认识真理工具的演绎法是一种前提可靠、推理严密、结论确实的思维方法;与此相反,经验论对理性却做了经验主义的解释,即理性不过是以特定的方式接受过去经验的指导。古典理性主义是一种既包括唯理论又包括经验论的广义的理性主义。二者的论争是古典理性主义内部的斗争,不能把推崇归纳法的经验论看作是非理性主义的。总之,运用理性去追求万物的本原,寻求超越意见的真实知识,发现现象背后的绝对实在是传统哲学在思维方式上的支柱。

很显然,现代哲学要全面超越传统哲学,就不仅要在关于哲学研究的对象上发生转向,相应地,也必须在思维方式上突破古典理性主义的窠臼。正是在这一点上,现代哲学的其他派别形成了对传统哲学另一方面的"颠倒"和批判。科学主义针对古典理性主义提出"新理性主义",人本主义则发展为系统的非理性主义,后现代主义则陷入相对主义的泥淖。

属于科学主义思潮的哲学流派自命根据现代自然科学的新成就、以实证科学的精神批判和改造旧哲学,重建新型的哲学理想与体系。应该说,这是一种颇有前途的选择,但美好的前景被错误的思维方式葬送了。比如,有的论者根据对微观领域粒子微粒性与波动性的观察取决于测量仪器的事实,得出没有测量仪器粒子就不存在,从而粒子没有实在性的结论,将这一思想引入哲学领域,就导致了主导观念上的非实在论倾向;还有的论者指出了量子力学对微观世界的发现证明了以往那种偶然性和确定性的机械因果论、决定论是错误的,据此认为测不准原理证明电子具有自由意志,证明了在微观世界没有因果性、规律性,由此宣告崇拜偶然性的非决定论的胜利;还有,随着现代横断科学、系统科学、边缘科学的发展出现了一系列新范畴,有的论者便跨越过渡环节,无限扩展其普适性,直接将其提升为哲学范畴。在这种情况下,各派纷纷提出自己的模式论、方法论,一时间"超越"古典理性主义的"新理性"模式蔚为大观,比如逻辑实证主义的"逐渐累进"模式、批判理性主义的"科学知识增长的证伪主义"模式、库恩的"常规科学和科学革命交替"模式、拉卡托斯的"科学研究纲领方法论"、费阿本德的"怎么都行"的"多元方法论"等等。

属于人本主义思潮的各个派别甩出的是一把双刃剑,一面对准理性,由对理性零散的、不相关的批判,发展成为一种系统的日益深入的理论批判,他们向理性的权威进行发难,不无情绪化地指斥理性方法的局限;另一面承接非理性,把哲学史上的直觉方法扩展开来,开辟出一片声势浩大的非理性主义的新天地。这是一个更加斑斓驳杂的世界:尼采的"意志"观照,柏格森的直觉体验,萨特的"前进—逆溯"方法,海德格尔的"此在"的"思",胡塞尔等的现象学"还原"、"悬置"、"加括弧"、意向性分析,马塞尔的"宗教经验"等等,总之,人文主义的哲学方法充满了神秘主义、非理性主义。

后现代主义思潮是对西方现代化实践的反思和批判,但从理论自身发展的逻辑看,恰恰是现代哲学中科学主义和人文主义各执一端,无法为哲学的发展寻找到出路后,不得不趋向于渗透、合流和融通的产物。但在实际发展中,后现代主义者们在放弃了对"宏大叙事"、"'大写的'哲学"的追求后,都陷入了相对主义。他们认为,在"后哲学文化"时代,任何观察世界的方式和观点都是"一种文化样态,一种'人类交流中的声音',它在某一时间集中于某一论题而非另一论题,更非所有论题"[40],谁也不具有真理的绝对占有权,对哲学来说,无标准、无主宰、无体系。这是典型的相对主义论调,而相对主义,那是一种逻辑上自我否定的、从而在事实上也是不可能的思维方式,能靠它切实地观照和把握世界吗?

马克思主义哲学把目光转向现实的人类世界的时候,也在寻找理解、解释和把握人类世界的方式和方法。它不是简单地抛弃一切旧哲学,把它们当作"死狗"一样简单地抛在一边,而是力图彻底打破它们由以出发的前提,但同时深入其中拯救有价值的部分,并加以创造性地改造。在方法论的意义上,马克思主义哲学既是实践的,也是辩证的和唯物的;或者确切的说,是实践基础上辩证法和唯物论的统一。实践不是凝固的点,不是僵化的实体,而是一种关系、一种过程、一种活动,实践是人类世界或现存世界存在的根据和基础;同时人又通过自己的实践活动使世界成为一个更大规模、更多层次的开放体系。因此,实践的思维方式就必然要求人们以联系的观点、运动的观点、发展的观点去认识事物、把握世界,而这正是实践论的辩证方法;因为"辩证法在考察事物及其在观念上的反映时,本质上是从它们的联系、它们的联结、它们的运动、它们的产生和消逝方面去考察的。"[41]同时实践的思维方式也必然是唯物的,它突出强调的是,研究任何问题都必须从事实出发,而不能把原则作为出发点,"不论在自然科学或历史科学的领域中,都必须从既有的事实出发","原则不是研究的出发点,而是它的最终结果;这些原则不是被应用于自然界和人类历史,而是从它们中抽象出来的;不是自然界和人类去适应原则,而是原则只有在符合自然界和历史的情况下才是正确的。"[42]

特别是在对社会历史领域的复杂现象进行诠释的时候,马克思主义实践论的唯物论与辩证法相统一的哲学方法发挥了其他哲学派别无可比拟的有效性。人类社会是由许许多多按自己的主观意愿行事的人所构成的,它的发展规律和趋势深藏在无数意见、计划、情绪、意志、愿望之中或之后,摆在人们目前的迫切任务是游过这些意见、计划等构成的汪洋大海而达到彼岸。面对复杂的社会历史,马克思主义提出劳动实践以及生产力、生产关系、经济基础、上层建筑、社会存在、社会意识以及社会革命等概念,真实地从理论上再现了各种社会现象之间的内在联系,揭示了社会生活发展、变化的原因、途径、趋向,使得纷繁复杂的社会生活显现出井然的秩序。这是历史观上的重要变革。

因此,从马克思主义哲学方法论的角度看,无论是科学主义还是人本主义,抑或后现代主义所实现的思维方式上的"变革"实际上是一种非此即彼的"颠倒"。传统哲学的主导观念不是绝对性、必然性、普遍性、抽象性、本质性和确定性么?那么就以相对性、或然性、特殊性、具体性、概率性和模糊性等取而代之。这实在是太容易了。但实质上这不过是以一种片面性取代另一种片面性,是从一个极端走到另一个极端,因而必然是以一种错误代替另一种错误。两极相同,共同的症结在于不能倾听实践的呼声,在实践中坚持唯物而又辩证地看问题,不能在对立统一中把握事物的实质。本来这些哲学形态是涉足社会现实、科技发展和人的问题较多的一种哲学,它们试图对时代的变化做出敏锐的反应、寻求人类摆脱现实困境的途径,但思维方式上的失足使它们不可能完成这些使命。

西方哲学不是在理性、新理性、非理性之间争论不休么?那么就到实践中去寻找结论和答案吧。"**理论的**对立本身的解决,**只有**通过**实践**方式,只有借助于人的实践力量,才是可能的;因此,这种对立的解决决不只是认识的任务,而是一个**现实**生活的任务,而**哲学**未能解决这个任务,正因为哲学把这**仅仅**看作理论的任务。"[43]

四　马克思主义哲学的特征

古往今来,存在形形色色的哲学形态,有讲求个人道德践履的哲学,有叩问生命体验的哲学,有寻求救赎之途的哲学,有追求"绝对真理"的哲学,有安妥失意灵魂的哲学,有遁世隐逸的哲学,还有苦闷消遣的哲学,等等;而且,从社会方面来说,由于哲学家的言说和陈述与社会对其理解之间往往会出现程度不同的错位和反差,哲学更被蒙上了异常神秘和迷蒙的面纱,在哲学与社会的关系、哲学的社会定位和社会功能、哲学家的社会角色及其社会评价等方面出现了常常是各不相同甚至相去甚远的评论,有时被说成是无用之学、抽象之学、"庙堂"之学、贵族之学、悠闲之学,有时被等同于诡辩之术、谶纬之学、箴言戒语、玄思遐想;对哲学家的评论更是五花八门,要么令人忍俊不禁,要么使人啼笑皆非,诸如"古怪之人的古怪之论"、"味同嚼蜡的人与学问"、"思想的巨人生活的侏儒"等等,不一而足。这是哲学本身的问题,还是社会的症结?

我们当然并不全盘否定上述哲学形态存在的价值及其合理性,也姑且宽容地谅解社会对哲学哪怕是严重歪曲和非常错误的评论;但马克思主义哲学与此决不相同,比较而言,它更是一种现实哲学、时代哲学、社会哲学、人民群众的哲学和"改变世界"的哲学。

在马克思主义哲学看来,哲学不是世界之外的遐想,而"是自己的时代、自己的人民的产物,人民最精致、最珍贵和看不见的精髓都集中在哲学思想里。那种曾用工人的双手建筑起铁路的精神,现在在哲学家的头脑中树立哲学体系"[44]。"任何真正的哲学都是自己时代精神的精华……不仅从内部即就其内容来说,而且从外部即就其表现来说,都要和自己时代的现实世界接触并相互作用。"[45]哲学虽然是从总体上研究人与世界的关系的,但人与世界的关系最深切的基础是现实、是实践、是时代。因此,真正的哲学无疑应该以实践为基础来研究人与世界的关系,而这种研究的目的归根到底也在于为人实践地处理自己同外部世界的关系服务。哲学的繁荣固然表现了人的精神、理性与智慧的开放性的自由运动,而这种自由运动又往往具有对现实的超越性,但又不能完全脱离自己时代的现实的人本身和现实的世界,不能完全脱离把现实的人和现实的世界关联起来的现实的实践。那些脱离人类实践,爱做"世界之外的遐想"的哲学家,往往为究竟是自己的头脑属于这个世界,还是这个世界属于自己的头脑这个问题所困扰着。这是哲学家为哲学所设置的一种自我困扰。要从这种自我困扰中解脱出来,就必须使头脑的思维和现实的人类实践联系起来,把实践作为思维展开的基础和检验思维的现实性的基础,因为人类实践的本身就是双脚站在地上并用双手攀摘大地果实的;而实践着的人们"甚至想也不想:究竟是'头脑'属于这个世界,还是这个世界是头脑的世界"[46]。

自古以来哲学还被称为"智慧之学",但在马克思主义哲学看来,哲学追求"头等智慧",并不是为了内向的自我满足、自我陶醉;哲学作为智慧之学,其根本任务和主要功能,正在于教人善于处理和驾驭自己同外部世界的关系,其中不仅包括对世界的理论解释,而且更包括对世界的实践改造。因此马克思主义哲学不仅把实践作为自己整个哲学理论的基础,使自己的哲学具有与自己时代的实践相适应的内容和形式,而且还特别指出,"哲学家只是用不同的方式**解释**世界,而问题在于**改变**世界。"[47]"全部问题都在于使现存世界革命化,实际地反对并改变现存的事物。"[48]

马克思主义哲学所主张的这种对现实、对世界的改变不是抽象的,而是与无产阶级革命、与对资本主义的批判、与社会主义实践联系在一起的,它是革命的无产阶级的世界观和方法论。它不讳言自己的阶级属性,它不是超越哲学,不是适应于一切时代、适应于所有人的哲学。它本身是19世纪欧洲政治、经济发展的产物,是近代自然科学影响下的产儿。它的全部主旨"归结为这样一条**绝对命令:必须推翻**那些使人成为受屈辱、被奴役、被遗弃和被蔑视的东西的**一切关系**"[49]。无产阶级是随着大工业的发展而形成的,它被彻底的锁链束缚着,由于自己受的普遍痛苦而具有普遍性质,它若不解放整个社会就不能解放自己,它本身表现了人的完全丧失,只有通过人的完全恢复才能恢复自己,它对私有制的否定体现了社会发展的要求。为了实现人类解放,途径就是哲学与无产阶级的结合,无产阶级在哲学的统帅下对现实进行武器的批判,"哲学把无产阶级当作自己的**物质**武器,同样地,无产阶级也把哲学当作自己的**精神**武器。"[50]人类解放没有物质力量、没有无产阶级不行,因为革命需要被动因素,需要物质基础。批判的武器不能代替武器的批判,物质力量只能用物质力量来摧毁。人类解放更不能没有理论,没有哲学。革命是从哲学家的头脑开始的。理论和哲学的意义就在于理论是能动的,物质是被动的,哲学是头脑,无产阶级是心脏,物质力量依赖于精神去把握,理论一旦掌握群众就会变成物质力量,思想的闪电一旦真正射入无产阶级这块没有触动过的人民园地,人就会解放成为人。

当然也必须注意到,西方现代哲学、后现代主义思潮对资本主义也进行过一定程度的分析、批判,有的还达到了恩格斯所说的那种"片面的深刻性"。但大抵说来,这种批判终究未能从资本主义社会生产方式本身固有矛盾中探究其根源,更未能把对资本主义的变革与无产阶级革命和社会主义的前景联系在一起。它列举了现代资本主义的种种病症,但没有涉及到最要害之处,也就没有找到治疗疾病的有效药方。他们提供的世界图景与社会现实之间存在着比较大的落差,他们的理论设想缺乏转化为现实的能力,很难付诸实践,大多沦为空谈。

与此不同,马克思主义哲学不是站在资本主义内部对资本主义运行规律表示"理解",而是站在它"之外"去透视、揭露其病症。因此与西方哲学相比,它更能击准要害、分清主次、辨明良莠。马克思、恩格斯不仅是伟大的哲学家,而且是伟大的无产阶级革命的导师。这二者的统一使他们超越了大多数西方哲学家无法避免的理论与现实之间脱节的局限性,能自觉地把在哲学上的变更与无产阶级的现实的革命要求有机地结合在一起,从而使他们的哲学具有高度的现实性和实践性。他们所关注的不是提出什么振聋发聩的哲学观点和建构独一无二的哲学体系,而是促进现实社会的变革,为其指明方向,提供指导。马克思主义哲学的根本目标是为无产阶级改造世界服务,因此它不把理论当作教条,而当作行动的指南;它不恪守任何与现实背离的抽象原则,而是把它的原则和现实生活和实践紧密联系起来,既用来指导现实生活和实践,又在现实生活和实践中受到检验;他们反对并超越任何封闭、僵化的体系,自然也避免建构易于变得封闭和僵化的那种全面完整的体系,而坚持一种能动地面向现实生活和实践、面向未来的开放的思维方式,并由此使自己的理论不断得到发展。

第四节 马克思主义哲学与当代现实

一 世纪之交的境遇

马克思主义哲学的命运是和社会主义实践紧密相关的。20世纪最后20年,在世界社会主义运动中发生了一系列重要变化:

一种情形是中国等国仍然坚定地走社会主义道路,坚持马克思主义的指导,同时举起"改革"、"开放"、"革新"的旗帜,反思传统的社会主义模式和对马克思主义的理解,积极探索和推进社会主义现代化实践,并且取得了不同程度的成功。

另一种情形是20世纪80年代末和90年代初,苏联和东欧发生政治动荡,世界上第一个社会主义国家解体,随之一批国家发生剧变,影响之大不仅改变了世界格局,而且使包括哲学在内的马克思主义一时间似乎也到了一个生死存亡的时刻。

后一种情形使西方资本主义世界又出现了一种普遍的乐观情绪,认为建立一个国际"新秩序"的时代已经来临,社会主义与资本主义的两极对立行将结束,未来的世界将是资本主义的经济体系以及由之而生的政治体系和文化体系的一统天下,就像弗朗西斯·福山(Francis Fukuyama)所宣称的,历史的终结行将来临,未来将是资本主义自由市场经济全球化的时代。

但是,全球化的实质是什么?如今的"全球化"态势仅仅是由当代而突兀生发出来的现象吗?究其实,它是由"资本主义首次开创的世界历史"在当代的延续和发展。因此,马克思当年对"世界历史"时代现象的描绘及其实质的揭示至今仍未失其效准。资本奔走于全球各地,"开拓了世界市场,使一切国家的生产和消费都成为世界性的了。"在世界市场中所进行的经济交往的基础上,又形成了政治交往、文化交往,并且形成了一种"世界的文学"。这样,资产阶级就"按照自己的面貌为自己创造出一个世界"。这个由资产阶级"按自己的面貌为自己创造"的世界必然会出现畸形、扭曲和不平衡发展,世界历史体系的总体结构必然具有"等级森严的性质";全球化时代也并没有改变这种态势,超越这一规律。

果然,有识之士很快认识到这一点。中国等坚持马克思主义和社会主义国家的情况我们将在后面做论述,仅就西方发达资本主义国家而言,自90年代中期起,在其知识界和学术界,特别是在西方法、英、德、美等国,马克思主义研究又逐渐悄然升温,一系列有关马克思主义的大型国际性会议相继召开,引起人们的注目。

比如,1993年4月在美国加利福尼亚大学以"在国际观点的全球化危机中,马克思主义往何处去?"为议题的大型国际讨论会,1995年9月在法国巴黎召开的被新闻界称为"测试马克思的现实性"、"证明马克思主义获得了新生"的"国际马克思大会",1996年4月在美国纽约召开的以"欢呼乌托邦:对社会主义的再展望"为主题的社会主义学者研究讨论会,1996年6月在莫斯科召开的以"通向社会主义之路:改革还是改良?市场还是计划?"为主题的"民主和社会主义学者国际学会"第五届国际学术年会,1996年7月在英国伦敦举行的为期一周、由6000千人参加的"'96马克思大会",1998年5月在法国巴黎召开的以"如何取代资本主义?如何实现人类解放?"为主题的"纪念《共产党宣言》发表150周年国际大会",1998年9月还是在巴黎召开的以"资本主义、批判、斗争、抉择"为主题的第二届"国际马克思大会",等等。这些大会显示了世界社会主义的力量,反映了苏东剧变后国际上出现研究马克思主义的新的热潮,体现了马克思主义对当今世界面临的社会问题和全球性问题所具有的重大的现实意义,激发了人们对世界社会主义历史命运的思考和未来命运的探索。正如法国共产党全国主席罗伯尔-于所说:这些大会"是一个意义重大的事件,它必将对马克思主义的发展和今后现实社会运动产生重要的积极的影响。"

此外,在新千年到来之际,1999年秋由英国广播公司(BBC)用几周时间在国际互联网评选千年"最伟大、最有影响的思想家",经过反复斟酌,最后选定马克思排在第一位;与此同时,路透社又邀请政界、商界、艺术和学术领域的名人评选"千年伟人",爱因斯坦仅以一票领先马克思。

马克思主义在世纪之交的境遇,一方面表明,马克思主义哲学迄今为止仍然是我们观察和处理现实问题、把握人同世界的整体性关系、确立未来社会发展趋向最为有效的思想武器,另一方面也说明,马克思主义哲学需要与时俱进,悉心探讨当今时代出现的新情况、新问题,特别是在正确看待当代资本主义的特征、解决社会主义的前途以及把握全球化问题的本质等重大问题上,求得新发展。马克思主义哲学穿越19世纪后半叶和整个20世纪的风雨征程,开创了人类的新境界,也必在新世纪保持应有的生命活力!

二 马克思主义与资本主义的新变化

第二次世界大战以后,资本主义出现了新的变化。它不仅没有在世上消失,而且有了很大的发展。从 50 年代中期到 70 年代中期,西方发达国家国民生产总值年均增长 5.5%。到 90 年代末,全世界国民生产总值达 30 万亿美元,其中西方发达国家所占比例高达 75%,而美国更为突出,独占 26.6% 强,人均国民生产总值超过 3 万美元。随着整体经济实力的增强,西方发达国家相继进入以高消费为主要特征的"富裕社会",资本主义统治下的阶级矛盾和社会矛盾也有所缓和,资本主义呈现出一派"繁荣"态势。

那么,社会生产力和社会矛盾方面的这些新发展和新变化是什么带来的?是不是资本主义制度本身?它们能不能涵盖资本主义社会的全部状况和深层本质?在这些新变化背后什么没有变?这些问题被尖锐地提了出来,而马克思主义对当代资本主义出现的新变化、新问题仍然保持着有效的诠释力!

探究当代资本主义之所以如此快速发展的原因,需要注意三方面的情况:一是新科技革命为经济的增长提供了强大动力。以计算机技术、信息工程、生物工程和空间技术为标志的第三次技术革命,造就了一批新兴产业,带动了原有产业部门的改造,促进了产业结构的调整。金融、信息和其他第三产业迅速崛起,目前在西方国民经济中的平均比例已达到 2/3 左右。二是国家对社会经济活动的自我调节,对资本主义生产关系的某些环节和经济社会的运行、管理机制的改良和改善,包括借鉴社会主义的一些做法,在一定程度上暂时缓解了生产资料私人占有制对生产力发展的制约,使得资本主义的生产关系不仅能够容纳现实的生产力,而且促进了生产力的发展。三是在旧的国际经济秩序继续存在、新的国际经济秩序还没有建立的条件下,发达资本主义国家利用其经济、科技甚至军事优势,在世界市场上获得了巨大利润。一大批发展中国家的工业化进程恰好为垄断资本的扩张提供了广阔的空间。这表明,资本主义在社会生产力和社会矛盾方面的这些新发展和新变化不是资本主义制度本身带来的,不是资本主义发展的必然结果,不是资本主义的"题中应有之义",而是特殊条件下的一种特殊现象。它的出现没有证伪马克思主义关于资本主义制度本身最终必然成为生产力进一步发展的障碍和资本主义条件下阶级矛盾最终不可调和的论断。

马克思主义主张要全面地看问题,切忌一叶障目,武断地下结论。当我们审视西方发达资本主义国家所走过的道路及其显示的后果时,就不能只看到进步,而不注目于危机。全面地分析,就会发现,在表面的"繁荣"背后,处处是问题:资本的日益集中和垄断,阻碍了技术进步和生产力的发展;经济的发展,带来了"食利资本主义"的膨胀;生产发展、财富增加、资本积累的同时,贫穷和失业也在发展、增加和积累,两极分化仍是资本主义世界普遍存在的现象;繁荣的外表下,掩盖着深刻的精神文化危机;帝国主义进行资本扩张的结果,是广大发展中国家的巨大灾难;国际资本主义的掠夺和穷奢极欲,严重破坏着人类的可持续发展。这些都抵消和消解着生产力的发展,使这个由资产阶级"按自己的面貌为自己创造"的世界仍然呈现出畸形、扭曲和不平衡发展。

马克思主义还主张要本质地看问题,透过纷繁复杂的现象,揭示其背后的本质和规律。的确,第二次世界大战以来资本主义世界是发生了比较大的变化,但在表面的变化背后,实质并没有变,最根本的是:资本主义基本矛盾没有变;阶级关系的实质没有变。资本主义生产是以雇佣劳动为基础的社会化生产。在资本主义社会,这个基本矛盾表现为生产社会化与资本主义私人占有之间的冲突。这是资本主义生产方式的固有矛盾,是资本主义一切矛盾的总根源。战后资本主义的发展,虽然在一定程度上暂时缓解了生产资料私人占有对生产力发展的制约,但是这个基本矛盾依然存在。如果从更广阔的历史视野来看,它非但依然存在,而且呈现出进一步扩大的趋势。从阶级结构来说,与过去相比,家庭式资本和个人资本家控制企业的方式有所变化,其中有些不再直接管理企业,而是采取控制股权和雇人管理企业的方法,由直接控制改为间接控制,但资本家仍然拥有巨额资本,无偿占有和共同瓜分劳动者的剩余劳动,仍然是名符其实的剥削者。与战前相比,体力劳动者减少,脑力劳动者增加,这也就是人们通常所说的蓝领、白领的消长。白领的收入确比蓝领高些,但也仅能达到维持小康生活的水平,其实并不富有,而且随时面临被解雇的威胁。一旦被解雇,生活同样会陷入困境。对绝大多数工人来说,不管领子的颜色发生怎样的变化,都改变不了他们雇佣劳动的阶级地位。对资本主义国家实行的调整策略和缓和措施,也必须有个正确的看法,可以肯定,它调整所能达到的程度和缓解矛盾的手段有个范围和界限,在全面呈现出来之后将越来越弱,越来越少,面临的矛盾和危机则会越来越多。

因此,从业已发生了巨大变化的西方资本主义发达国家的情形看,并不是"充满芳香的园圃",而是掺合着"杂草与败叶"的"歧路花园",显现着财富与进步,也充斥着窘困、矛盾和危机。追溯这种"发展性危机"产生的根源,我们发现,不在于发展过程中的偶然因素、特殊条件以及局部策略,而在于其推进社会发展的整体方式的弊端,资本主义对于避免和解救其发展过程中的危机不仅回天乏力,反而是这些危机产生的根源,而纠偏矫正、剔除痼疾的手段、方法、动力存在于资本主义之外。不管前面的路还有多长,资本主义必然要走向灭亡的深渊。对于世界历史的这个大趋势,资本主义世界那些不抱偏见的学者也许体会得更加深刻。美国研究世界体系的著名学者伊曼纽尔·沃勒斯坦就曾坦率指出:"资本主义将成为过去,它的特定的历史体系将不再存在。""它是人类历史上的一次吸引人的演习——一次特殊和异常时期的演习,但可能是向更为平等的世界过渡的漫长历史中的一个重要时刻;或者它在本质上是一种不稳定的人类剥削形式,在它后面,世界便回复到较为稳定的形式。"[51]

马克思主义诞生于资本主义社会,它是对资本主义社会本质的深入分析,显示了无可比拟的准确性和深刻性。只要资本主义存在,马克思主义就有它的生存意义。正如美国后现代主义者詹姆逊所指明的,"在我看来,最令人发笑的没有条理的表述就是,同时声称资本主义取得胜利和马克思主义已经终结。马克思主义最早对资本主义及其特性与矛盾进行了研究,如果说资本主义现在已经遍布世界,那么,毫无疑问,马克思主义比以往的意义更大。"[52]

三 马克思主义与社会主义的命运

20世纪80年代以来以中国为代表的社会主义国家在坚持走社会主义道路、坚持马克思列宁主义、坚持共产党的领导的前提下,大胆推进改革,除旧布新,积极探索,在社会主义现代化建设实践上取得了令人瞩目的成就。特别是邓小平在新的历史条件下,把马克思主义普遍真理与中国社会主义现代化的实践相结合,深刻反思了传统社会主义模式和对马克思主义的传统理解,同时又驳斥了关于现代化就是资本主义化、西方化的论调,尊重实践,善于概括群众的经验和创造力,敏锐地把握时代发展的脉搏和契机,既继承前人又突破陈规,创立了建设有中国特色的社会主义理论,把马克思主义推进到一个新阶段,代表着当代社会主义探索的先进水平和前进方向。

1. 传统社会主义的反思

资本主义现代化所存在的"发展性危机"表明,资本主义不是实现现代化的最佳的、最合理的方式。那么,以传统的社会主义方式可以实现现代化吗?邓小平对此作了深入的思考。传统的社会主义状况表明,对"什么是社会主义"这个"首要的基本的理论问题"的认识并没有达到科学的程度。长期以来,在现实社会主义国家中存在一种倾向,即离开生产力发展水平等客观经济标准来谈论社会主义。社会主义建设中的"苏联模式",在实际工作中就长期忽视生产力的发展,忽视按照现代社会生产力发展的要求来完善社会主义制度,一味按照僵化的、被扭曲的社会主义观念裁判现实生活,结果使社会主义在与西方发达资本主义的经济、科技竞争中,严重落伍,处于明显的劣势,进而导致政治和意识形态竞争的挫折和失败。正因为如此,当代中国重新提出并审视了社会主义的客观标准和实现、发展的途径问题,把它当做一个既重要而又迫切的任务着力予以解决。

邓小平依据马克思主义的基本原理,重新审视了社会主义的现实发展,提出判断社会主义制度是否优越的根本标准,在于它是促进还是阻碍生产力的发展。这是因为:

第一,按照历史唯物主义的基本原理,一种社会制度是否合理和优越,最根本的不是看它的自身结构如何,而是看它的基本社会功能怎样,即是否更有利于生产力和整个经济社会的发展。对制度结构的评价主要依据的是实际功能。离开社会制度的实际功能孤立地评判其优劣,是不科学的。先进的社会制度的基本功能是促进生产力的发展,落后的甚至是反动的社会制度的基本功能则是束缚或破坏生产力的发展。社会主义既然是一种先进的社会制度,那它的基本原则的实现必然带来生产力的更快发展,或者说只有确实比其他社会制度促进了生产力的发展,那才能说社会主义的制度和原则实现了。

第二,从社会主义理论的产生、发展和变为社会现实的历史过程看,正是基于资本主义阻碍了生产力的发展,损害了广大人民群众的利益,出于解放生产力,满足和保障人民利益的原初动机,社会主义运动才应运而生,广大人民才选择和接受了社会主义。马克思主义经典作家一再强调社会主义之所以优越于资本主义,根本原因在于它更能发展生产力,社会主义要在同资本主义的竞争中取胜,最根本的是要创造出高于资本主义的生产力。否则,就不能给人民群众带来更多的利益,就会丧失其经济合理性和人民群众的支持,也就根本谈不到社会主义的实现。

第三,现实社会主义实践证明,贫穷不是社会主义,普遍的共同的贫穷更不是社会主义,特权利益和两极分化也不是社会主义,只有逐步实现共同富裕才是社会主义。而无论是消灭贫穷还是消除两极分化,都依赖于生产力的发展。所以,不能发展生产力的"社会主义",就不能消灭贫穷和两极分化,就不能实现共同富裕的目标和原则。这样的社会主义如果不是冒牌的社会主义,最起码也不是科学的社会主义。

第四,只有在生产力得到进一步发展的基础上,社会公正原则才能逐步实现,精神文明程度才能真正提高。同时,真正的科学的社会主义的公正原则和精神文明,也必然是促进生产力发展的。

与判断社会主义制度是否优越根本标准紧密相关,邓小平深刻地揭示了社会主义的本质,这就是"解放生产力,发展生产力,消灭剥削,消除两极分化,最终达到共同富裕"[53]。这既是对传统社会主义反思的结果,也是对资本主义现代化后果的警戒,显示了当代社会主义探索的新成就。

2. 现代化的社会主义方式:内在根据·现实必然·基本内涵

社会主义长期以来遭到被误解的命运,传统社会主义对社会主义的了解和认识没有达到科学的程度;在西方许多政治家和一些学者那里社会主义更被曲解得变形、离谱。他们抓住世界社会主义运动中出现的一些重大失误和缺陷,攻其一点不及其余,全盘否定社会主义的理论基础,他们认定社会主义学说从"哲学基础"上就错了,在逻辑上是讲不通的,没有多大合理性与科学性;社会主义学说夸大了理性的作用,崇尚暴力、专制、阶级对抗和仇恨,忽略了人对个人自由及其他基本权力的追求等。

究其实,社会主义学说和运动所具有的必然性、合理性基础和无可否认的科学价值在于:(1)它较科学地洞悉和透视了早期资本主义的状况、弊病和整个资本主义社会的基本矛盾,推进了人们对资本主义的科学认识;(2)表达了人类对公正、美好社会的向往和追求,为人类社会的进步指明了方向;(3)从重视社会、整体协调、理性和平等的角度,对个人与社会、个体与整体、自由与必然、本能与理性、效率与公平、社会与环境等人类面临的基本问题进行了科学探索,提供有别于、并在许多方面优于资本主义的解决办法,有利于人类社会向既充满活力又持续协调的良性状态发展;(4)从更广阔的背景看,人类社会发展需要反映社会发展大趋势的不同制度和道路、方式的探索和实验,人类将在不同制度的和平竞争与合作中走向更高级的多样性统一。社会主义方式是不可或缺的和最终必将取胜的。对于现代化来说,社会主义方式不仅有上述理论上的内在合理性,更有现实必然性:(1)只有社会主义才能以比资本主义更高、更快的速度发展生产力,社会主义的本质是解放生产力、发展生产力,在世界资本主义已经发展了300多年以后的21世纪,要赶上和超过资本主义,只有通过社会主义方式。(2)后发展国家面临的诸多问题,只有通过社会主义方式才能得到解决。邓小平一再指出:"中国的麻烦在于人太多,每年就业的青年有七百万到八百万,按资本主义的方式解决不了这个问题。……只有社会主义制度才能从根本上解决这个问题。"[54]像中国这样人口众多、社会生产力低下是后发展国家共同的特点,在这种情况下,搞资本主义,只能使大多数人陷入极其贫困的状态,尽管可能有百分之几的人富裕起来,但绝对解决不了百分之九十几的人的生活富裕的问题。(3)中国必须走社会主义道路,这是总结中国历史经验必然得出的科学结论。从19世纪中叶的鸦片战争到20世纪与21世纪交替的历史,诚如邓小平所说,它"告诉我们,中国走资本主义道路不行,中国除了走社会主义道路没别的道路可走"[55]。

3. 社会主义取代资本主义的必然性与现实性

无论从社会主义与资本主义的优劣对比,还是从对现代化当代趋势的适应程度看,社会主义都是比资本主义更好、更快、更合理的方式。但是在现实情况下,二者之间还不会是一方立即替代另一方,"社会主义经历一个长过程发展后必然代替资本主义"[56]。这是因为:

第一,历史的起点制约着社会主义国家生产力的发展水平,同时也制约着社会主义制度和方式的完善和成熟程度。因此,社会主义的优越性的充分发挥要有一个过程。

第二,社会主义社会是改革的社会,而改革不可能是一蹴而就的,这也就决定了社会主义制度和方式的优越性需要一个较长的历史过程。

第三,以社会主义方式实现现代化是前无古人的事业。在前进的道路上,由于主观和客观始终存在着矛盾,不可避免地要发生失误和挫折。社会主义制度和方式优越性的充分发挥也往往会受到主观因素的影响。

总之,社会主义制度和方式的优越性由现在的初步发挥到充分发挥,取决于许多条件,是一个主客观相统一的过程,有待于我们几代人的长期努力。

正因为如此,在现实情况下,社会主义与资本主义的关系就既不是剑拔弩张不可调和的对立关系,也不是不讲原则的"趋同"关系,而是有竞争、有合作、有借鉴、有继承、有扬弃。

但是就历史发展的大趋势而言,社会主义必然代替资本主义的规律不会改变;不管资本主义世界编造或出现多少神话,它必然走向灭亡的命运不会改变。对于我们来说,既要坚信这"两个必然"规律,更要不懈地为创造其实现所依赖的物质条件而努力。忘记"两个必然"的历史趋势不是真正的社会主义、真正的马克思主义,不从做好当代本国的事情、自己的事情入手是空头的社会主义、空头的马克思主义。

四 马克思主义与全球化态势

虽然关于全球化的讨论是近年(特别是 20 世纪 90 年代以来)才突然增多的,但全球化的趋势不是现在才有的现象,全球化是一个历史范畴,不是从来就有的,而是随着工业革命和世界市场的出现而出现的。马克思、恩格斯对资本主义"世界历史"时代的特征的描述和实质的透视与今天的全球化有某种程度的关联性。英国的政治学教授格雷说,马克思"写下了关于全球化、不平等、政治腐败、垄断化、技术进步、高雅化的衰落、现代生存的委靡不振的性质等动人的段落,现代经济学家们又碰到了这些问题,他们有时并没有意识到自己在步马克思的后尘"[57]。

1. 马克思"世界历史理论"的前瞻性预测

马克思、恩格斯在《共产党宣言》中写道,资产阶级由于开拓了世界市场,使一些国家的生产和消费都成为世界性的了,资产阶级挖掉了工业脚下的民族基础,过去那种地方和民族的自给自足和闭关自守的状态被各民族和各个方面的互相往来和互相依赖所代替了。由于"资产阶级在它的不到一百年的阶级统治中所创造的生产力,比过去一切世代创造的全部生产力还要多、还要大"[58],"它创造了完全不同于埃及金字塔、罗马水道和哥特式教堂的奇迹;它完成了完全不同于民族大迁徙和十字军征讨的远征"[59],长期以往,将把一切民族甚至最野蛮的民族都纳入到文明中,"各民族的精神产品成了公共的财产。民族的片面性和局限性日益成为不可能,于是由许多种民族的和地方的文学形成了一种世界的文学"[60]。

马克思、恩格斯认识到这种发展的结果将是资本主义制度推行到整个世界。他们指出:"资产阶级,由于一切生产工具的迅速改进,由于交通的极其便利,把一切民族甚至最野蛮的民族都卷到文明中来了。它的商品的低廉价格,是它用来摧毁一切万里长城、征服野蛮人最顽强的仇外心理的重炮。它迫使一切民族——如果它们不想灭亡的话——采用资产阶级的生产方式;它迫使它们在自己那里推行所谓的文明,即变成资产者。一句话,它按照自己的面貌为自己创造出一个世界"[61]。日本的著名马克思主义经济学家伊藤诚认为,这一论述可以原封不动地适用于现代资本主义的全球化经营的作用[62]。马克思进一步认识到,"对外贸易的扩大,在资本主义生产方式的进展中,由于这种生产方式的内在的必然性,由于这种生产方式对不断扩大的市场的需要,它已经变成这种生产方式本身的产物"[63]。这种发展必将导致最有竞争力的某些强国在国际事务上的垄断,它们力图将它们自身的生产方式逐渐扩展到所有的国家。

马克思认为,世界历史时代的到来首先源于经济上的必然性,从本质上说,它是资本的无限增殖和扩张本性的外在表现。他指出,"资本主义生产过程的动机和目的,是资本尽可能多地自行增殖,也就是尽可能多地生产剩余价值"[64]。而利润是资本主义生产的推动力,只有那种在生产上有利润可得并且时机会提供利润的东西才会被生产出来。马克思的这一阐释与当前"全球化的根本驱动力是资本积累的内在冲动"[65]的情形有惊人的一致性。

马克思还指出了大资本家在全球推行资本主义制度所运用的手段。他在分析当时资本主义对外殖民的手段时指出:"英国一度试图用立法手段来推行的威克菲尔德的殖民理论,力图在殖民地制造出雇佣工人。威克菲尔德把这个称为《Szstematic coloniyation》(系统的殖民)"[66]。在殖民地"有一种激烈的要求,要求比较低廉和比较顺从的劳动,要求有一个不是向资本家提出而是从资本家手里接受条件的阶级。……在旧文明国中,劳动者虽然是自由的,但按照自然规律,就是从属于资本家的;在殖民地,这种从属必须用人为的手段去创造出来"[67]。事实上,当前世界上大多数热点正是发达国家制造或推波助澜的。

需要指出的是,马克思所期望的最终全球化并不是当今的全球化,而是共产主义这种新的社会形态的出现。他认为,只有狭隘的地域性的个人被世界历史性的、真正普遍的个人所代替,共产主义才能实现,"无产阶级只有**在世界历史意义上**才能存在,就像共产主义——它的事业——只有作为'世界历史性的'存在才能实现一样"[68]。

2. 当今的全球化给马克思主义提出了新的课题

由于马克思本人生活在资本主义发展的早期,传统的马克思主义也基本上成型于资本主义的上升阶段,因此,资本主义的一些问题还没有得到充分地展开。随着资本在全球的渗透,资本主义事实上已经或者说正在达到一个新的阶段。就当今时代来说,现代科学技术的高度发展,使交通、运输,特别是信息化、网络化为全球化的生产和市场提供的可能性空间,已经超出了马克思当年的预料;经济全球化中生产要素,包括资金、资源、技术、管理、劳动力、市场和服务等在全球范围内全面、有效地配置,从而以最低的成本获得最佳的经济效益,这是当年不可想象的。此外诸如环境污染和生态平衡,这些人类活动对自然的破坏所带来的全球性的问题,越来越影响到人类本身的生存;科学技术的高度发展及其成果的非理性利用,也给人类的生存带来了更多的问题,比如核武器的制造、克隆人的研发等等,或者带来了人性的扭曲,或者是人文精神的衰落。此外,全球经济结构中穷国和富国之间的差距越来越大,如果处理不好这一问题,就可能引发全球范围的动荡和冲突。而要解决这些复杂问题,就必须建立一个公正、合理的经济、政治新秩序;在经济全球化的基础上,顺应文化全球化的趋势,必须注意不同文化的差异和冲突、交流和融合、以及共同繁荣问题;还必须关注全球化的网络世界,虚拟现实等等,对人类思维空间的拓展和传统思维观念的改变。马克思主义的强大的生命力就在于它的开放性,它定能随时吸收时代的新内容,并结合当今全球化表现出的新特点对原有理论作出补充和发展。

3. 迎应全球化的对策与原则

其一,主动参与经济全球化进程。全球化首先是经济全球化,它是全球化的基础,经济全球化是现代社会化大生产和现代科学技术发展的必然结果。现代社会化大生产要求越来越扩大的市场,最后达到全球化市场。因此,它是人类迄今为止最先进的一种生产方式。最先进的生产方式具有决定性的意义,所以经济全球化是人类社会发展的、不随人的意志而转移的客观规律,是21世纪不可逆转、不可抗拒的历史潮流。任何国家、民族和地区不论对全球化持反对还是赞成、自发还是自觉、消极还是积极的、主动还是被动的态度,或迟或早都不可避免地要卷到全球化的浪潮之中。中国政府关于参加WTO等国际组织持续不断的努力以及在21世纪实行"走出去"战略的政策,正是基于这样一种考虑。拥有12亿人口的中国市场的积极参与,必将使全球化的进程更加迅猛,达到新的高度。

其二,警惕全球化背后的"等级"和"陷阱"。纳入全球化进程中的各国由于诸如发展的背景、所处的位置、发展的起点、推进的方式、发展的导因等方面存在着的差异,在全球化中所得到的实惠肯定不同。特别是由于这一时代潮流的导引和先行者仍然是西方发达国家,它们"按照自己的面貌为自己创造"的世界仍然具有"等级森严的性质","后发展"国家在这一进程中处于被动迎应和追赶的不利地位,若不注意发展战略,就只能再次依附于西方,扮演边缘者的角色。数字化潮流中的"数码鸿沟"就是最典型的体现。

其三,为构建公正、合理的国际经济新秩序而努力。要准确而完整地理解经济全球化,不应把经济全球化片面地理解为贸易自由化,金融自由化,这样理解只对发达国家有利。因为在这两方面发达国家有历史上形成的优势,真正的经济全球化必须按照经济全球化本身固有的科学含义实行所有生产要素在全球范围内全面地自由流动,以实现人类共享的、作为最先进的生产方式带来的巨大利益。这就要求一个全新的国际经济新秩序。全球化是全球所有国家、民族的共同的事业,全世界人民应一起为建立21世纪公正、公平、合理的世界经济新秩序而不懈努力。

第五节 学习马克思主义哲学的目的和方法

一 树立正确的世界观、人生观、价值观

对于在21世纪成长着的青年人来说,谈论世界观、人生观、价值观教育似乎是在重温上世纪的话题,再现一种"过时的梦幻"。然而客观地分析一下自己所处的环境和氛围,在亲身体味着父辈、祖辈所没有享受过的物质财富带来的适意的同时,精神方面的问题一点也没有随之减少。激情和活力、希望和憧憬,同时伴随着的是世纪末的落寞和世纪初的迷惘、困顿。在复杂多变的环境中,声称"拒绝深刻"、"跟着感觉走",只不过可以舒缓一下激烈对抗中的紧张情绪,长期以往恐怕连自己都会感到是多么虚妄,因为人生的竞技场不是你想退出就可以退出的。这样说来,自觉接受世界观、人生观、价值观教育,不仅是必需的,而且是迫切的。

在人的一生中,世界观的形成途径可能多种多样,但一种世界观形成的自觉与否、时间长短、零散或系统,却与是否接受过哲学训练有关。我们说的世界观教育,就是哲学教育。更为重要的是世界观的形成,影响着一个人的人生观、价值观。人生观是人们关于人生问题的根本观点、根本看法。人究竟为什么活着,人活着有什么意义和价值,怎样生活才有意义,等等,都是人生观问题。它是在探讨人与世界的关系中,思考人自身的问题,思考人对生活的态度问题。价值观是指人们对事物(包括人)有无价值和价值大小的一种认识和评价标准。价值不是一种实体,而是主客体之间的一种关系,即客体以自身属性满足主体需要和主体需要被客体满足的效用关系。怎样来确定这种效用关系,就是一个价值观问题。在世界观、人生观和价值观三个范畴中,世界观的外延最广,层次最高,具有统帅意义。世界观是人生观的理论基础,它给人生观提供一般观点和方法的指导;人生观是世界观的一个方面,是世界观在人生问题上的应用和贯彻。只有在一定的哲学世界观基础上形成的人生观,才是自觉的人生观。哲学作为系统化的世界观,它内在地包含着对人和人生的理解,包含着关于人的本质和价值、人生的目的和理想,以及人的自我发展、自我创造和自我实现的哲学理论的理论表达。世

观还是形成价值观的基础,世界观不同,价值观也就不同,怎样进行价值评价首先是一个世界观问题。以对物的价值来说,它涉及两方面的因素,一是物的属性、结构、功能,这是价值产生的客观基础。某种事物是否具有价值,首先是事物的客观因素决定的,来不得半点主观随意性。二是人的需求。这虽然是属于人的主观的东西,但却不是主观随意去决定的东西,而为历史条件和实践水平所制约。因此,一个科学的合理的价值评价,必须符合两项要求:一是对客观事物状况的正确认识,二是对人的需要的正确认识。无论是对客观事物认识,还是对人的认识,它首先是一个世界观问题。只有对世界、对人与世界的关系有一个正确的认识,才能形成正确的价值观。反过来,正确价值观的建立,又会使科学世界观更丰富,更完善。离开了对哲学的学习、哲学素养的培养这些都是谈不上的。

马克思主义哲学在观照和把握世界的时候,始终倾听实践的呼声,按照世界的本来面目和事物的客观状况,动态地去把握世界的发展,善于透过纷繁迷乱的现象去把握事物的本质。它自觉地吸收了人类创造的一切优秀成果,又有新的创造和发展,它构成一个严密而完整的思想体系,同时又是一个开放的思想体系,具有与时俱进的理论品格。这个科学的世界观和方法论,为我们认识真理开辟了道路,随着时代前进又引导时代前进。马克思主义的价值观以全心全意为人民服务的人生观为取向,由此产生了自己的价值评判标准:凡是推动社会生产力向前发展的物质创造和精神创造,都是有价值的;凡是符合最广大人民的根本利益、得到人民群众真心拥护的,都是有价值。马克思主义认为共产主义是人的理想社会和最高境界,因为它的价值目标是"个人的全面发展"。

因此,认真学习马克思主义哲学,将有助于培养正确看待世界的方法,培养辩证思维能力,分辨真理与谬误、现象与本质;有助于正确理解人生的意义,选择正确的人生道路;树立伟大的理想和信念,将个人的命运和世界上千千万万普通民众的利益联系起来,为共产主义而奋斗。马克思主义哲学成为迄今为止人类最科学、最先进的思想理论体系,保持着长久的生命活力,不是人为的虚设和规定,而是历史、实践的昭示。学习它,会使人受益无穷。

二 学习、研究马克思主义哲学原理需要注意的几个问题

对马克思主义哲学原理的学习、宣传、阐释和研究,构成20世纪马克思主义发展史中一个相当重要的方面,这无论是在前苏联、东欧,还是中国,甚

至西方马克思主义研究者那里,都是一样;因此回顾马克思主义发展的曲折历程,不可缺少对其哲学原理学习、研究史的反思。而且,在新的形势下马克思主义哲学原理研究要获得的深化和突破,一定程度上也有赖于对原有方法的这种反思和更新。有鉴于过去实绩卓然但同时又不无经验教训可言的学习、研究历史和现状,我们认为目前在学习、研究马克思主义哲学原理时应注意以下几个问题:

一是认真阅读原始文献。

把马克思主义经典文本的研读和基本原理的学习结合起来,按照文本的原意全面准确地理解马克思主义哲学,是马克思主义研究的题中应有之义。但很长一段时间以来,马克思主义哲学原理的学习和研究中脱离经典文本的情况比较突出,这种状况必须加以改变。特别是当关于马克思主义哲学的核心、实质、特征、称谓、体系等各种争论莫衷一是的时候,这种文献学习、研究的意义和价值就显得格外突出。真正把经典作家的文本作为一个客观的对象来进行解读和探究,包括对诸如产生背景、写作过程、版本渊流、文体结构、内容与思想、研究历史与最新动态以及现实价值与意义等多个方面——进行详实的梳理、考证、分析和阐发,无疑会驱散笼罩其上的层层迷雾,辩明理论的是非曲直。近年来"回到马克思"这一在20世纪世界论坛发出的呼唤再次得到了回应,不是偶然的。

学习马克思主义经典文本要尽可能全面系统地学习,既包括经典作家已经完成的著作,也包括尚未成型的手稿、笔记;既包括他们生前公开发表的文章,也包括后人整理的旧著;既包括表明其理论观点的论文,也包括隐含其心迹的书信、札记;既包括沉稳雄健的中年篇章,也包括锐气刚勇的少作和生命黄昏的最后沉思。这些是一个完整的"世界",不应当被人为地分隔。因为马克思主义专业研究的深化,要求研究者完整地再现经典作家真实而复杂的心灵,不再仅仅把他们视为历史规律的宣布者,还应当看到他们是理论思维的艰辛探索者;他们不仅善于以科学的历史唯物主义理论解释与分析纷纭复杂的社会现实,而且对这种理论本身也经常进行反思与检视;他们不仅是学者与理论家,更是革命家与实践家;而在他们的个人生活中,也常常会遇到两难境地的选择与各种困惑的骚扰。而揭示构成经典作家这些复杂性格的多个侧面,单靠几部成型的大著显然不够,那些卷帙浩繁的书信、札记、谈话记录等颇具历史价值,亟待下工夫梳理。更为重要的是,在他们相当数量的新文本(即大量的遗著、手稿和笔记)陆续面世之后,加强这方面的学习、研究,对其思想的理解会更为客观与科学,而这也必将清除那些强加于其身上的某些教条和一些片面、极端和庸俗的见解。特别是考虑到国内马克思主义研究长期以来依据的是从俄文移译过来的中文本,固然它至今仍不失为一个有价值的文本类型,但是它与原始文本在具体细节甚至一些重要观点上的偏差也是很明显的,这种状况亟待改变;特别是对有志于从事学术研究的同学来说,要尽可能从原文入手学习和研究经典文献。

经典作家的文本是一个挖掘不尽的宝藏,随着时代的发展还会显示出不同部分的新价值与新意义,这是马克思主义哲学学习和研究的永恒基地。

二是关注现实重大问题。

马克思主义哲学原理是与时俱进的理论体系。对马克思主义经典文本进行研究,并不意味着只停留于文本本身,"为文本而文本",而是要在掌握翔实的文献材料的基础上真正理解、领会马克思主义哲学的本质特征和精神实质。因为文本表明的只是经典作家对他们所处的时代、历史和包括哲学在内的社会意识形态的理解,但从中体现的哲学精神却可以发挥理论的超越品性,解释新的现象,把握历史发展的规律。注目于现实、关注时代的重大问题,是马克思主义哲学研究的长项。马克思主义哲学从一定意义上说是一种社会哲学,它并不孜孜以求个体生命的人生体验与生存价值,而是着眼于整个社会的进步与人类的全面发展。对于真正的马克思主义哲学的学习者和研究者来说,不应当一味地"喜欢幽静孤寂,闭关自守并醉心于淡漠的自我观照"[69],对社会发展的重大问题及其未来趋向给予历史唯物主义的规律性说明,才是马克思主义哲学的根本用心所在。21世纪的中国马克思主义哲学研究也不会丧失这一风格,丢掉这种优势。当然,21世纪的马克思主义哲学研究之关注现实,在方式上将会有自己的特点。比如,鉴于20世纪的客观情形,在社会意识形态结构系统中,哲学与政治的关系最为密切,到了21世纪,哲学就可能不只关注政治,或许更注目于经济运行、文化动态与科技发展;特别是在知识经济时代,马克思主义哲学要与时并进,更不能不追踪、反映科学技术的飞速发展与知识的转化进程。

三是进行客观、理性的思考。

在学习、研究马克思主义哲学原理的时候,必须坚持马克思主义实践论基础上唯物而辩证的方法,在观察与研究问题时,坚持整体性、等级结构性、系统有序性、动态开放性等原则,避免极端化思维和情绪性的评价。这里我们有针对性地指出两点:

一是正确看待马克思主义在当代世界的处境,要在暂时现象与历史大势、传统的误解、误读与本真的状态、别有用心的攻击与冷静的分析批判、经典作家的构想与现实的发展、特定阶段形成的体系结构及其历史功过与新时代建构的基础和方向等等的思考中找到自己思想的立足点、评判的支撑点。对于一个学习者、研究者来说，要保持一个健全而成熟的心态，有处惊不变、不趋同时尚、不追赶时髦的风范；要有坚定而一贯的信念，信念是支撑学术生命的支柱，而学术不是忽左忽右的游戏。

二在马克思主义哲学原理的研究中，自觉坚持互补性思维方式，克服"非此即彼"的两极对立的思维方式。要把马克思主义哲学的创始人及其后继者，在不同历史时期或从不同角度、不同侧面、根据不同的实践目的，对同一问题的不同讲法，看作是互相补充的，以便全面地、历史地、具体地掌握马克思主义哲学的基本原理，而不能把上述不同讲法看作是互相对立、互相排斥、水火不容的，总是褒扬某一种讲法，贬抑另一种讲法。后一种思维方式危害极大。首先，容易导致在马克思主义经典作家自身或相互之间制造分歧（如制造"两个马克思"或马克思和恩格斯的对立），把马克思主义创始人的观点同马克思主义继承人的观点对立起来，让它们互相否定，自己和自己打架，从而肢解马克思主义哲学，把严谨而完备的马克思主义哲学体系弄得支离破碎，残缺不全。其次，它使学术争论双方，总是用一个极端反对另一个极端，用一种片面性反对另一种片面性，只看到对方观点的缺点和不足，看不到对方观点的优点和长处，不能自觉地吸取对方的合理思想，造成了对马克思主义哲学一系列基本原理的片面理解。

四是比较与对话基础上的创新。

随着国门打开，各种类型的学术观点与理论体系再度被引了进来。这一方面为我们提供了别样的视角、可资借鉴的方法和材料，某些方面还可以激活我们的思路；另一方面也检视着我们消化吸收的能力，衡量着我们辨别良莠的水准。除了厘清属于马克思主义哲学原理的问题，学习者、研究者还有必要积极参与对其他派别、人物的思想的学习与研究，以便进行比较。活跃的学习氛围、开阔的研究视野、系统的专业训练与完善的知识结构，能使人积极参与到与传统、与西方的实质性对话中，面向世界发言。不仅关注自己的问题，也能深入到异质领域，条分缕析。特别是像语言、逻辑、文本、解释以及现代性、后发展、文明的冲突与会通等哲学的内外焦点论题，中国的马克思主义哲学研究都应对之表明自己的系统见解。其实，在本书所论述的诸如世界的存在方式、世界的辩证图景、人对世界的认识和把握、社会形态的结构和运行以及人的价值与困境等诸多共同议题上，不同派别之间的看法虽是有差别的，但这些有差别的看法与其说是对立的，不如说是互补的,亟待在比较研究方面取得进展。

  当然,这并不意味着我们无原则地认同各种形态的文化成果,而是在充分了解基础上的扬弃和综合。而综合也还是为了创新,创新才是更本质的东西;因为它不仅仅是一个理论问题、哲学内部的问题,更是一个与实践相关的问题。增强创新意识,面向实践,积极进行理论建构,是对马克思主义哲学学习者、研究者的更高要求。必须明白,新形态的哲学不可能在现有哲学基础上产生,不可能是对业已存在的各派学说、理论进行分析、演绎和组合的结果;只有把全部热忱投注到社会实践的进程之中,投注到活生生的社会实践和严肃认真的理论研究之中,才能创造出无愧于时代的哲学新形态。

注 释

〔1〕 在英文中"元"(meta-)这一前缀通常是指"在……之后"、"次一层"或"超越"之意,在汉语中"元"则有"本原"的意思;二者综合起来,指的是某一理论的原始性质和一般特点;质言之,哲学的"元"(meta)性质可以归结为"哲学究竟是什么?"的问题,哲学观则是围绕这一问题而展开的对哲学的系统思考,而"元哲学"(metaphilosophy)是在这种系统的思考和研究基础上形成的一门新学科。

〔2〕 黑格尔:《哲学史讲演录》第一卷,商务印书馆1959年版,第24页。

〔3〕 《马克思恩格斯选集》第4卷,人民出版社1995年版,第223页。

〔4〕 《马克思恩格斯选集》第4卷,人民出版社1995年版,第224页。

〔5〕 《马克思恩格斯选集》第4卷,人民出版社1995年版,第225页。

〔6〕 黑格尔:《小逻辑》,商务印书馆1980年版,第38页。

〔7〕 黑格尔:《小逻辑》,商务印书馆1980年版,第7页。

〔8〕 黑格尔:《小逻辑》,商务印书馆1980年版,第242页。

〔9〕 黑格尔:《小逻辑》,商务印书馆1980年版,第132页。

〔10〕 《毛泽东选集》第1卷,人民出版社1991年版,第304页。

〔11〕 黑格尔:《小逻辑》,商务印书馆1980年版,第49页。

〔12〕 迈尔斯编:《美国的哲学精神》,普林斯顿大学出版社1979年版,第1页。

〔13〕 卡西尔:《国家的神话》,华夏出版社1990年版,第296页。

〔14〕 《列宁全集》第55卷,人民出版社1990年版,第317页。

〔15〕 "人文主义"和"人道主义"这两个词在欧洲文字中是一个词,均来自拉丁文Humanus("属于人的"),这里特指文艺复兴时期人道主义思潮的最初阶段或最初形态,而宽泛意义上的"人道主义"则指以"人"为研究对象、以"人"为本位的所有思想流派。

〔16〕 《马克思恩格斯选集》第4卷,人民出版社1995年版,第261—262页。

〔17〕 《马克思恩格斯选集》第2卷,人民出版社1995年版,第112页。

〔18〕《马克思恩格斯选集》第 1 卷,人民出版社 1995 年版,第 275 页。
〔19〕《马克思恩格斯全集》第 40 卷,人民出版社 1982 年版,第 651—652 页。
〔20〕《马克思恩格斯全集》第 40 卷,人民出版社 1982 年版,第 258 页。
〔21〕《马克思恩格斯全集》第 40 卷,人民出版社 1982 年版,第 258 页。
〔22〕《马克思恩格斯全集》第 40 卷,人民出版社 1982 年版,第 259 页。
〔23〕《马克思恩格斯全集》第 1 卷,人民出版社 1956 年版,第 120 页。
〔24〕《马克思恩格斯全集》第 1 卷,人民出版社 1956 年版,第 452 页。
〔25〕《马克思恩格斯全集》第 1 卷,人民出版社 1956 年版,第 453 页。
〔26〕《马克思恩格斯全集》第 1 卷,人民出版社 1956 年版,第 460—461 页。
〔27〕《马克思恩格斯选集》第 1 卷,人民出版社 1995 年版,第 75 页。
〔28〕《马克思恩格斯选集》第 3 卷,人民出版社 1995 年版,第 363 页。
〔29〕转引自列维:《马克思恩格斯著作的发表和出版》,苏联国家政治书籍出版社 1948 年版,第 105 页。
〔30〕《列宁选集》第 2 卷,人民出版社 1995 年版,第 37 页。
〔31〕《列宁选集》第 2 卷,人民出版社 1995 年版,第 227 页。
〔32〕《列宁选集》第 2 卷,人民出版社 1995 年版,第 240 页。
〔33〕卢卡奇:《历史与阶级意识》,商务印书馆 1992 年版,第 48 页。
〔34〕1898 年传教士李提摩太在上海所创办的杂志上第一次提到马克思的名字。
〔35〕《毛泽东著作选读》下册,人民出版社 1990 年版,第 570 页。
〔36〕《毛泽东选集》第 1 卷,人民出版社 1991 年版,第 275 页。
〔37〕北京大学哲学系外国哲学教研室编译:《西方哲学原著选读》上卷,商务印书馆 1981 年版,第 15 页。
〔38〕《马克思恩格斯全集》第 1 卷,人民出版社 1956 年版,第 443 页。
〔39〕转引自《当代美国资产阶级哲学资料》第 1 辑,商务印书馆 1978 年版,第 111 页。
〔40〕罗蒂:《后哲学文化》,上海译文出版社 1992 年版,第 18 页。
〔41〕《马克思恩格斯选集》第 3 卷,人民出版社 1995 年版,第 361 页。
〔42〕《马克思恩格斯选集》第 3 卷,人民出版社 1995 年版,第 374 页。
〔43〕《马克思恩格斯全集》第 42 卷,人民出版社 1979 年版,第 127 页。
〔44〕《马克思恩格斯全集》第 1 卷,人民出版社 1956 年版,第 120 页。
〔45〕《马克思恩格斯全集》第 1 卷,人民出版社 1956 年版,第 121 页。
〔46〕《马克思恩格斯全集》第 1 卷,人民出版社 1956 年版,第 121 页。
〔47〕《马克思恩格斯选集》第 1 卷,人民出版社 1995 年版,第 61 页。
〔48〕《马克思恩格斯选集》第 1 卷,人民出版社 1995 年版,第 75 页。
〔49〕《马克思恩格斯全集》第 1 卷,人民出版社 1956 年版,第 461 页。
〔50〕《马克思恩格斯全集》第 1 卷,人民出版社 1956 年版,第 467 页。
〔51〕伊曼纽尔·沃勒斯坦:《历史资本主义》,社会科学文献出版社 1999 年版,第 108 页。

〔52〕弗里德里克·詹姆逊:《论现实存在的马克思主义》,载《全球化时代的"马克思主义"》,中央编译出版社 1998 年版,第 25 页。

〔53〕《邓小平文选》第 3 卷,人民出版社 1993 年版,第 373 页。

〔54〕《邓小平文选》第 3 卷,人民出版社 1993 年版,第 78 页。

〔55〕《邓小平文选》第 3 卷,人民出版社 1993 年版,第 206 页。

〔56〕《邓小平文选》第 3 卷,人民出版社 1993 年版,第 382 页。

〔57〕格雷:《马克思与全球化》,载《全球化时代的"马克思主义"》,中央编译出版社 1998 年版。

〔58〕《马克思恩格斯选集》第 1 卷,人民出版社 1995 年版,第 277 页。

〔59〕《马克思恩格斯选集》第 1 卷,人民出版社 1995 年版,第 275 页。

〔60〕《马克思恩格斯选集》第 1 卷,人民出版社 1995 年版,第 276 页。

〔61〕《马克思恩格斯选集》第 1 卷,人民出版社 1995 年版,第 276 页。

〔62〕伊藤诚:《现代世界和〈共产党宣言〉》,载《全球化时代的"马克思主义"》,中央编译出版社 1998 年版。

〔63〕马克思:《资本论》第 3 卷,人民出版社 1973 年版,第 257、258 页。

〔64〕《马克思恩格斯全集》第 23 卷,人民出版社 1972 年版,第 368 页。

〔65〕马丁、舒曼:《全球化陷阱》,中央编译出版社 1998 年版,第 7 页。

〔66〕《马克思恩格斯全集》第 23 卷,人民出版社 1972 年版,第 834 页。

〔67〕《马克思恩格斯全集》第 23 卷,人民出版社 1972 年版,第 691 页。

〔68〕《马克思恩格斯选集》第 1 卷,人民出版社 1995 年版,第 87 页。

〔69〕《马克思恩格斯全集》第 1 卷,人民出版社 1995 年版,第 120 页。

第一章
实践基础上人、自然、社会的统一

人与自然的关系是在实践中形成的,它始终是一种社会性的关系。这种关系之所以是社会性的,因为它不是孤立的个人同自然的关系,而是处于一定的社会关系中的人同自然的关系。在逻辑上,我们可以分别考察人与自然和人与社会的关系,但在现实中,人—自然—社会是一个整体,人与自然和人与社会这两种关系,是"人—自然—社会"大系统中相互联系、相互渗透的两个侧面。人、自然、社会统一的基础是实践。

第一节 实践及其基本特征和基本形式

一 实践概念的规定

实践概念并不是马克思主义哲学首先提出来的。哲学史上不少哲学家都探讨过实践概念。许多唯物主义哲学家对实践及其在社会发展中的作用都提出过一些可贵的思想:中国古代哲学家荀子强调:"不闻不若闻之,闻之不若见之,见之不若知之,知之不若行之。"明确肯定了具有实践意义的"行"的重要性。后来的王廷相提出"讲得一事即行一事,行得一事即知一事",明确主张"知行兼举"。王夫之强调"知行相资以为用"、"并进而有功",认为"力行而后知真",强调了在"力行"(实践)中获得真理。但是,这些唯物主义哲学家所理解的"行",大都局限于个人的伦理道德和为人处事方面,而忽视了物质生产活动和社会变革的意义,因而他们这实践观是片面的、狭隘的。近代欧洲资产阶级唯物主义哲学家也注意到了实践的意义和作用。如英国唯物主义者弗·培根和法国唯物主义者狄德罗,十分重视科学实验的作用。德国唯物主义者费尔巴哈则更明确地提出了实践的作用。他说:"如果有可能为着新原则建立某个新的机构,那么这就是实践的结果,是我们绝不容忽视的实践。""理论所不能解决的那些疑难,实践会给你解决。"[1]但是,费尔巴哈认为只有理论活动才是自由的、真正的人的活动。他只把实践当作人的生活活动,甚至把实践看作是被利己主义所玷污的活动,根本不懂得实践是改造客观世界的社会活动。

哲学史上有些唯心主义哲学家也讲实践。例如,中国明代主观唯心主义哲学家王阳明提出"知行合一"说,认为"行之明觉精察处便是知,知之真切笃实处便是行"。他强调:"我今说个知行合一,正要人晓得一念发动处,便即是行。"他完全抹杀了知和行的区别,把知行混为一谈,把实践归结为内心的意念活动。德国客观唯心主义者黑格尔也重视实践的意义。他曾强调实践的理念比"认识的理念更高,因为它不仅具有普遍性资格,而且具有绝对现实的资格"[2]。黑格尔的实践观虽然包含一些深刻的有益的思想,但从总体上看,他是把实践看作绝对精神发展的一个环节,并不理解现实的、感性的活动本身。

马克思批判了旧唯物主义和唯心主义的实践观,第一次建立了科学的实践观。马克思主义哲学认为,实践是历史主体认识改造历史客体的最基本的活动。首先,在实践活动中,作为历史主体的人把自己当作一种现实的物质力量运动起来,借助于一定的中介手段,同历史客体发生关系,把自己的活动传导给历史客体,使历史客体发生某种改变。同时,历史主体也接受历史客体的作用,使历史主体自身也发生某种改变。所以,实践是历史主体和历史客体之间的实际的相互作用和物质、能量、信息的变换过程,是一种真正现实的、感性的客观活动过程。其次,作为实践主体的人不仅是一种自然物质实体,而且是社会地组织起来的有意识、能思维的主体。人在实践中,不仅要发挥和运用自己的体力,而且要发挥自己意识、思维的功能,通过操作一定的中介手段,作用于外部对象即历史客体,使之按照自己的目的的发生改变,以便在对"自身生活有用的形式上占有"它们。因此,实践是一种表现出历史主体主观能动性的真正现实的、感性的客观活动。总之,实践是一种客观过程,但又是一种体现着作为历史主体的人的主观能动性的客观过程。实践是精神的东西和物质的东西、主观的东西和客观的东西相统一的过程。简言之,实践是主观见之于客观的过程。

二 实践的基本特征

实践具有多方面的特征,最基本的特征是以下三个:客观物质性、主观能动性和社会历史性。

1. 实践是感性的物质活动

实践虽然包含着人的意识、目的等精神因素,但不能把实践归结为纯粹精神的活动。纯粹的精神活动本身不能引起客观物质世界的任何变化,不能达到历史主体进行实践活动的目的。实践是真正现实的、感性的活动,它通过这种活动引起客观物质世界的某种变化,以达到实践主体的目的。实践的客观物质性具体表现在:实践的主体、实践的对象、实践的手段、实践的结果都是物质的、可感知的。实践主体作为一种现实的物质力量活动起来,这是实践的首要条件。实践主体如果停留在思维领域,就不会有现实的实践活动。实践必须以一定的客观对象为前提,这个客观对象是可感知的物质世界或物质世界的一部分。实践需要运用一定的中介手段(如工具)作用于客观对象,这个中介手段也是物质实体。实践的结果也是存在于人的意识之外的客观物质成果。

2. 实践是能动的活动

实践虽然是一种感性的物质活动,但它与自然界中各种物质相互作用的客观过程大相径庭。自然界中发生的客观过程都是不自觉的盲目的自然力彼此发生作用,"都没有任何事情是作为预期的自觉的目的发生的"[3]。因而是一种纯粹的自然过程。在自然界中,虽然动物的活动也是客观的、感性的,但动物没有思维,只能表现出对环境的消极适应。即使在适应环境的过程中表现出某种合目的性,也是在长期的生物发展规律支配下形成的本能。而人是有思维、有理性的社会性动物。人在行动之前,就有一个明确的目的,根据客观事实,引出思想、理论、意见,提出计划、方针、办法,然后运用一定的物质手段去改造客观世界,使之符合自己的需要,达到自己的目的。可见,实践过程贯穿了人的自觉的目的和意志,使客观世界按照人的要求和目的得到改造。实践的这种特性就是实践的能动性。能动性不仅是实践的特点,而且也是实践发展水平的标志之一。社会越发展,人的实践活动的自觉能动性也就越高。现代化的生产实践越来越要求每一个劳动者具有更多的关于自然和社会的知识,更强的理论思维能力和组织能力,并在实践中有高度集中的注意力和坚强的意志。当然,具体实践活动的能动性总是有限度的,它受当时当地物质条件的制约。任意夸大实践的能动性,必然会导致历史唯心论。

3. 实践是社会历史性活动

实践不是孤立的个人的活动,而是处于一定社会中的现实的人的社会性活动。离开以一定方式结合起来的共同体,任何形式的实践都无法进行。

无论在古代和现代都是如此。有些科学研究工作,表面看来是由科学家单独进行的,似乎纯粹是个人活动,与社会无关。其实不然。科学家、艺术家们进行研究所需要的材料及知识都是从前人及同代人实践成果中吸取的,而且科研课题的设定和解决,也受社会需要的决定和社会条件的制约。正如马克思所说:"甚至当我从事**科学**之类的活动,即从事一种我只是在很少情况下才能同别人直接交往的活动的时候,我也是**社会**的,因为我是作为**人**活动的。不仅我的活动所需的材料,甚至思想家用来进行活动的语言本身,都是作为社会的产品给予我的,而且**我本身**的存在**就是**社会的活动"[4]。在当代,由于科学研究和生产密切结合,并需有复杂的技术装备,加上大规模综合性研究的开展,科学研究往往需要很多人协作进行,其社会性愈益明显。

人类的社会实践是历史地发展着的。一方面,每一时代的社会实践都受到当时历史条件的限制。另一方面,人类又不满足于这种限制,总是不断地探索自然和社会的奥秘,力图通过实践超越这种限制。人类正是在这种限制和超越的矛盾的不断产生而又不断解决中,推动实践向前发展的。

在人类历史发展的长河中,人类的实践活动有一个从简单到复杂、从低级到高级的发展过程。在原始社会中,人们的实践领域十分狭小,使用的工具十分简陋,只是在氏族、部落内部有一些交往。随着实践的发展,人们的社会联系便有所扩展,形成了越来越大的社会共同体,形成了民族和国家。在当代,人类的交往已经超出民族国家的范围,成为世界性的联系;任何一个国家的重大的实践问题,都与整个世界密切相关。现代社会实践要求我们实行对外开放政策,加强国际间的交流与合作,闭关锁国的政策绝然无益于实践的发展。

三　实践的基本形式

社会生活在本质上是实践的,人类在社会生活一切领域的活动都属于实践。社会实践的内容极其丰富,形式多种多样。当今,人类征服自然和改造社会的能力空前增长,实践的内容更加广泛,形式更加复杂。但是在多种实践形式中,有三种基本的实践形式,即变革自然的生产实践活动,处理人与人之间的社会关系、变革社会的实践活动,与前两者紧密联系的科学实验活动。这三项实践活动,最深刻地体现了社会实践的本质特征,在历史主体认识和改造世界中具有决定性的作用。

1. 变革自然的生产实践活动

物质生产是人同自然界发生关系,通过改变自然界的物质存在形式,生产满足自己物质生活需要的资料。物质生产是一切历史的基本条件,是人类社会生活的物质基础,是人类从事其他社会活动的前提,因而是整个社会实践中一种最基本的实践活动。离开了物质生产实践,其他社会实践便无从谈起。物质生产实践决定和制约着其他一切社会实践的性质、规模和特点。正如马克思所说:"人们为能够'创造历史',必须能够生活。但是为了生活,首先就需要吃喝住穿以及其他一些东西。因此第一个历史活动就是生产满足这些需要的资料,即生产物质生活本身,而且这是这样的历史活动,一切历史的一种基本条件,人们单是为了能够生活就必须每日每时去完成它,现在和几千年前都是这样。"[5]

2. 处理人与人之间的社会关系、变革社会的实践活动

人们的生产活动总是在一定的社会关系中进行的。人们在进行实践活动的同时,必然要处理人们之间的社会关系,调整和解决各种社会矛盾,从事改造社会的实践活动。在各种社会关系中,最基本的是生产关系,它是政治关系、思想关系等其他社会关系的基础。所以,调整和变革生产关系和社会经济制度,是改造社会的实践活动的基本内容。在阶级社会里,人们的社会关系表现为阶级关系。物质利益对立的阶级之间,经常进行或是隐蔽、或是公开的阶级斗争。阶级斗争渗透于政治、经济、思想文化、社会生活的各个领域。阶级斗争对阶级社会的发展起着重大的作用。

3. 科学实验活动

科学实验是指科学上为阐明某一现象、揭示其客观规律而创造特定的条件,以便观察它的变化和结果的过程。科学实验是在生产实践的基础上产生的。在古代,由于生产十分落后,基本上是以直观的形式认识自然,科学实验尚未从生产中分化出来而成为独立的社会实践活动。到了封建社会后期,科学实验才逐渐从生产实践中分化出来。成为一种相对独立的社会实践形式。到了近代和现代,科学实验才得到充分的发展。科学实验的实践,不仅包括自然科学的实践,而且包括哲学、道德、文化、教育、艺术、宗教等等的实践。科学实验一经产生,就具有与生产实践和变革社会的实践所不能代替的特点,即自觉地以科学理论为指导,以实验仪器和装备为手段(或通过社会调查),以探索和认识客观事物的本质和规律为目的。一方面,科学实验受生产实践和变革社会的实践的制约,另一方面,又给前两项实践以巨大影响。当代的科学实验实践,对物质生产具有超前性,经常走在生产

实践的前面,对生产实践起着重大的指导作用。现代化的大生产,离开科学实验的实践就无法发展。

四 实践观点在马克思主义哲学中的地位

实践观点是马克思主义哲学的基本观点,它不仅是马克思主义哲学认识论和历史观的基本观点,而且也是马克思主义哲学的本体论和自然观的基本观点。关于实践观是马克思主义哲学认识论和历史观的基本观点,我国哲学界多数人都赞同,这里不再赘述。关于实践观是马克思主义哲学本体论和自然观的基本观点,则有些同志不赞同,有必要做出说明。

为什么说实践观是马克思主义哲学本体论的基本观点呢?

首先,对于什么是本体论,不同的哲学派别有不同的理解。在马克思主义哲学看来,本体论研究的对象是思维和存在、精神和物质的关系问题。这就是说,本体论不是孤立地研究世界本体、本质、本原,而是通过思维和存在、精神和物质的关系来揭示和确定世界的本体、本质、本原。离开思维和存在、精神和物质的关系谈论什么是世界的本体、本质、本原是毫无意义的。确实有的哲学家认为本体论就是论本体,主张物质是世界的本体的哲学家认为本体论是物质论或论物质;主张精神是世界的本体的哲学家认为本体论就是精神论或论精神;主张存在(这里的存在和前面讲的思维和存在关系中的存在不同。思维和存在关系中的存在是指与思维相对应的存在,与物质同义;这里的存在在不同的哲学派别那里有不同的含义)是世界的本体的哲学家认为本体论就是存在论或论存在。马克思主义哲学的本体论不是孤立地论本体(即物质),而是论本体(即物质)与其派生物(即精神)之间的关系。

其次,马克思主义哲学的本体论既然是研究思维和存在、精神和物质的关系问题,它就必然要研究人与外部世界的关系问题。因为只有人才有思维和精神。人与外部世界的诸多关系可以归结为两个方面:一是人对外部世界的认识关系;二是人对外部世界的改造关系。人对外部世界的认识是在实践的基础上进行的,人对外部世界的改造本身就是实践。在这两种关系中,马克思更强调后者。他指出:"哲学家们只是用不同的方式**解释**世界,而问题在于**改变**世界。"[6]所以,实践观理所当然地是马克思主义哲学的本体论的基本观点。

再次,马克思主义哲学与旧唯物主义的本质区别之一,就在于它不仅仅把物质理解为纯自然的存在,而且认为物质也包括人的社会存在,而人的社会存在的主要内容就是人的物质生产实践。马克思把生产力称之为"物质生产力",列宁把生产关系称之为"物质的社会关系",马克思把作为生产力和生产关系相统一的生产方式称之为"物质生活的生产方式",认为它制约着整个社会生活、政治生活和精神生活的过程,都是为了说明社会存在的物质性或客观实在性。所以,物质生产实践理应包括在物质本体之中。从这个意义上说,不把实践观包括在马克思主义哲学的本体论之中并把它作为本体论的基本观点,就不能同旧唯物主义彻底划清界线。

为什么说实践观是马克思主义哲学的自然观的基本观点呢?

首先,马克思主义哲学的自然观不同于旧的自然哲学。旧的自然哲学只研究自然界,而且由于自然科学发展的局限,往往用头脑中臆造的联系代替自然界本身固有的联系。马克思主义哲学的自然观则是通过人与自然的关系研究自然界的本质和规律,研究由于人类改造自然界的实践而引起的自然界的变化。所以实践观应该而且必须包括在马克思主义哲学的自然观中,并且成为它不同于旧的自然哲学的基本观点。不少哲学辞典都把自然观定义为"人们对自然界的总的看法"。这种定义对于马克思主义哲学以前的旧哲学的自然观可能是适用的,但对于马克思主义哲学的自然观来说则是片面的。应该把人通过实践活动所引起的自然界的改变包括在自然观的定义中去。

其次,马克思主义哲学把人类和人类社会产生以后的自然界分为自在自然和属人自然两个部分。自在自然是指尚未被人的实践活动改造过的自然,亦称纯自然;属人自然是指人生活于其中,被人的实践活动改造过、打上人的活动印记的自然,亦称人化自然。属人自然不仅具有自然的属性,而且具有社会历史性,有些部分还成了人类社会的要素。这一点下面还要专门论述。自在自然和属人自然的区分不是绝对的,人通过自己的实践活动不断地把自在自然转化为属人自然,在自在自然和属人自然之间架起一道由此达彼的桥梁。由此可见,离开人的实践活动,仅仅从自在自然的角度,是无法全面理解人类产生以来的自然界的。马克思在批判费尔巴哈离开人的社会性和人的实践活动纯自然主义地谈论人与自然的关系时说:"他没有看到,他周围的感性世界决不是某种开天辟地以来就直接存在的、始终如一的东西,而是工业和社会状况的产物,是历史的产物,是世世代代活动的结果"。[7]

再次,马克思主义哲学与旧唯物主义不同的地方,就在于它把自然和社会统一起来。费尔巴哈由于割裂自然与社会、自然与历史的统一,所以只能在自然观上坚持唯物主义,在历史观上则与唯物主义无缘。正如马克思批判的那样:"当费尔巴哈是一个唯物主义者的时候,历史在他的视野之外;当他去探讨历史的时候,他不是一个唯物主义者。在他那里唯物主义和历史是完全脱离的。"[8]马克思一向认为,自然与社会、自然与历史是统一的,统一的基础是物质生产实践活动。马克思在《1844年经济学哲学手稿》中就曾指出:"在人类历史中即在人类社会的产生过程中形成的自然界是人的**现实的**自然界;因此,通过工业——尽管以**异化**的形式——形成的自然界,是真正的、**人类学的**自然界。"[9]在《德意志意识形态》中,马克思、恩格斯则强调要消除自然和历史的对立,实现"自然的历史和历史的自然的统一"。[10]如果不把实践观包括在自然观之中,就无法实现由自然向社会、由自然向历史的过渡,无法达到自然界对人说来的生成,无法实现自然和社会、自然和历史的统一。

认为实践观既是整个马克思主义哲学的基本观点,又是它的各个组成部分(本体论、认识论、历史观、自然观)的基本观点,会不会导致背离物质本体论、主张实践本体论呢?不会的。

首先,马克思主义哲学所讲的本体,应该是包括自然界、人类社会和思维在内的整个世界的本质、本原。显然,整个世界的本质、本原只能是物质,而不可能是实践。整个物质世界在时间上无始无终,在空间上无边无际,它既没有创造问题,也没有消灭问题。人类社会及其实践则不然,它只是这个物质世界的一部分,有始有终,有边有际,有创造也有消灭问题。因此,从整个世界的时空无限性和实践的时空有限性的角度来考虑,马克思主义哲学所讲的本体,应该是物质,而不应该是实践。

其次,由于物质是整体,实践只是这个整体的一个组成部分,所以把物质作为世界的本体,就把实践包括在物质本体之中而不是排除在物质本体之外。如果把实践作为世界的主体,它是无法包括全部物质的。我们不赞成把实践排除在物质本体之外,把物质抽象为光秃秃的实体、认为本体即实体的观点。马克思主义哲学所讲的物质本体,包括十分丰富的内容,它"有声有色"、"有血有肉"。这个"有声有色"、"有血有肉"的物质本体必须以实体为载体,但不能归结为仅仅是实体。物质本体的主要内容有:(1)一切物质实体的总和;(2)物质实体的各种属性;(3)各种物质实体之间的相互关系;(4)物质实体运动、变化发展的过程;(5)人的肉体组织;(6)物质生产实践以及构成人类社会的各种物质性的要素。如果把物质本体仅仅理解为干巴巴、光秃秃的实体,就会像有些人批评的那样,这个"物质"实际上成了上帝的名。由此可见,把物质本体仅仅理解为实体,是抵挡不住唯心主义进攻的。

第二节 人与自然的关系

一 人对自然的依赖性

1. 人是自然界长期发展的产物

茫茫自然,在时间上无始无终,在空间上无边无际。自然界从无机物演化出有机物,从有机物演化出高等动物。胚胎学、解剖生理学、考古学和古生物学提供的大量材料充分证明,人类是由高度发展的类人猿进化而来的。

类人猿进化为人类是由其内在的生理结构和生活特点决定的。类人猿生活在原始森林中,用臂行的方式在树枝上攀缘,使其四肢、以至整个身体的结构不断变化,为下地活动时逐步采取两足直立行走的姿势打下了基础,从而为使用和制造工具创造了条件。类人猿具有杂食习性,使其比其他哺乳动物都能更适应大范围的环境,易于适应地面的生活。类人猿是最合群的动物,群体组织程度比较高,则是它能向人类社会发展的重要基础。

类人猿向人类的进化是由气候条件的变化引起的。类人猿原来生活于茂密的原始森林中。由于气候的变化,使森林地区减少和林木稀疏,树丛间的空隙增多和扩大,迫使类人猿到林间的地面上来活动和觅食,从而逐步习惯于直立行走,而把森林只当作栖息之所,这样便奠定了向人类发展的基础。

从类人猿转变为人的过程,不仅仅是生物进化规律作用的结果。恩格斯说:"劳动创造了人本身"[11],第一次从理论上确定了在猿变为人的过程中劳动所具有的决定性意义。

首先,劳动促使类人猿前、后肢分工,创造了人的手。类人猿到地面生活以后,为了适应地面生活的需要,便把天然的树枝和现成的石块作为工具,用来获取食物、构筑巢穴、防御其他兽类的侵袭。人类祖先这种"最初的动物式的本能的劳动形式"[12],经过一定的发展,使前肢和后肢的分工逐渐确定下来,下肢起着支撑身体和直立行走的作用,上肢则主要起着掌握工具、获取食物的作用。经过长期的发展,类人猿逐渐从使用天然工具到学会自己制造和使用劳动工具,形成真正严格意义上的劳动,猿的手也就变成了人的手。这说明"手不仅是劳动的器官,**它还是劳动的产物**"[13]。

其次,劳动创造了人脑,推动了语言和意识的产生与发展。直立行走扩大了人的眼界,工具的使用延长和扩大了人的感官,促进了脑的发达。斯大林说:"如果猿猴没有用后面两只脚站起来,那么它的后代(即人类)也就不能不总是用四只脚行走,总是向下方看并从下面摄取印象,也就没有可能向上方看,向四周看,因而也就没有可能使自己的头脑获得的印象较四脚动物为多。"[14]在劳动过程中,正在形成中的人需要彼此交流思想和经验,已经到了彼此间有什么非说不可的地步了。于是喉头得到了发展,产生了说话的器官,口部开始发出一定的音节,逐步清晰的音节和一定的思想相结合,产生了语言。劳动和语言的产生和发展,又进一步推动了脑髓和感觉器官的发展,产生了意识和人类所特有的抽象思维能力。恩格斯说:"首先是劳动,然后是语言和劳动一起,成了两个最主要的推动力,在它们的影响下,猿脑就逐渐地过渡到人脑;后者和前者虽然十分相似,但是要大得多和完善得多。"[15]

再次,通过劳动形成了人类的社会关系。古猿的活动具有群体性特点,但这种群体性是自发地形成的。随着劳动的产生、发展和人类的逐渐形成过程,人类的活动,由原来动物性的自发的群体活动,逐渐变为自觉的社会生产劳动。在生产劳动中,人与人之间结成了社会生产关系。在生产劳动和生产关系的基础上,人们还从事其他社会活动,形成其他社会关系,从而形成人类社会。

这样,由于劳动改变了古猿的身体结构,创造了人的手和大脑,产生了语言和意识,形成了社会关系,于是就有了人类和人类社会。人类和人类社会的产生过程与人类劳动的形成与发展过程是一致的。人类和人类社会是自然界长期发展的产物,也是劳动的产物。

2. 劳动是联结人与自然的中介

劳动的出现,标志着人从动物界中分化出来。但劳动不是离开自然界凭空产生的。劳动作为人的本质活动,首先是自然史发展的一部分。自然界为劳动提供了基础和条件,同时也贯穿于劳动过程的始终。劳动过程既包含劳动者自身的自然,也包含他身外的自然。这两种自然在劳动过程中共同起作用。

劳动的主体和客体都是受自然制约的。从劳动主体来看,劳动离不开人的肉体组织的运动,而肉体组织是受自然制约的。马克思说:"不管有用劳动或生产活动怎样不同,它们都是人体的机能,而每一种这样的机能不管内容和形式如何,实质上都是人的脑、神经、肌肉、感官等等的耗费。这是一个生理学上的真理。"[16]现代科学技术的发展,智能工具的出现和应用,大大延长了人的手臂和大脑。在现代工具中,劳动过程越来越成为"自然科学的自觉按计划的和为取得预期有用效果而系统分类的应用"[17],但是,这并没有改变劳动主体受自然制约的性质。从劳动的客体即劳动对象来看,可以区分为两种情况:一种是天然的劳动对象,即未经人的劳动加工过的劳动对象,如原始森林、未开垦的土地和未开采的矿藏等等,当然受自然规律的支配;另一种是经过劳动加工的劳动对象,如已被开垦的土地和已被开采的矿藏,它们虽然打上了人的劳动的印记,但仍是自然界的一部分,因而也就仍然受自然规律制约。

劳动过程是劳动的一般性质和劳动的社会形式的统一。马克思指出:"劳动过程首先要撇开各种特定的社会形式来加以考察。"[18]"劳动作为使用价值的创造者,作为有用劳动,是不以一切社会形式为转移的人类生存条件,是人和自然之间的物质变换即人类生活得以实现的永恒的自然必然性。"[19]"劳动首先是人和自然之间的过程,是人以自身的活动来引起、调整和控制人和自然之间的物质变换的过程。"[20]这就是说,从劳动的一般性质来看,人自身也属于一种自然力,这种自然力与自然物质相对应而存在。人为了在对自身有用的形式上占有自然物,使之满足人自身的需要,就必然以自身的活动直接或间接地作用于外部自然界,从而在人自身的自然与外部自然之间实现物质、能量和信息的变换,使人的生命得以维持和延续。人在改变外部自然的同时,也使人自身的自然得以完善和改变。正是在这个意义上,可以说劳动是人类生存的最基本的条件。

正因为劳动是人和自然之间的物质变换过程,离开物质自然界劳动便无从发生,所以不能把劳动看成是一切财富的惟一源泉。马克思指出:"人在生产中只能像自然本身那样发挥作用,就是说,只能改变物质的形态。不仅如此,他在这种改变形态的劳动中还要经常依靠自然力的帮助。因此,劳动并不是他所生产的使用价值即物质财富的惟一源泉。"[21]劳动和自然界加在一起才是一切财富的源泉。劳动并非万能,更不是超自然的神力,它从产生到发展,都受到自然力的制约。列宁针对一些经济学家用劳动代替自然力的观点,深刻地指出:"一般说来,人的劳动是无法代替自然力的,正如普特不能代替俄尺一样。无论在工业或农业中,人只能在认识到自然力量的作用以后利用这种作用,并借助机器和工具等等以**减少利用中的困难**。"[22]劳动过程不仅具有抽象的一般性质,而且具有特定的社会形式。一方面,人类的劳动只有在一定的社会关系、社会结合形式中,才能得以展开和发展;另一方面,劳动又加强了人与人之间的社会联系,使个人与社会的纽带更加密切和坚固。随着劳动的发展,人与人之间的社会关系也愈加丰富。劳动作为一个完整的过程,是自然过程和社会过程的统一。正是这种有机统一,使人们可以清楚地理解自然创造人和社会创造人的辩证关系。一方面,劳动作为人和自然之间的物质、能量和信息变换,人对自然界的依赖和吸收,深刻地说明人是自然界发展的一个特殊历史阶段;另一方面,劳动的特定的社会形式又说明,人虽然源于自然,但却不同于动物,不等于自然本身。人的劳动的社会性,把人和自然界区分开来。总之,劳动作为联结人与自然的中介,既说明了人与自然的本原联系,又揭示了人与自然的根本区别。

3. 自然概念的层次性及自然对社会的影响

自然概念的含义十分广泛,人们可以从不同角度、不同层次上界定自然概念,规定自然概念的内容。概括起来,自然概念有以下三个层次不同的含义。

(1) 作为一切存在物总和即物质的自然

最广义的自然概念,是宇宙间一切存在物的总和,它相当于物质概念,既包括人自身的自然,又包括人身外的自然;既包括自然界,又包括人类社会;既包括自在自然,又包括人化自然。恩格斯指出:"我们所接触到的整个自然界构成一个体系,即各种物体相互联系的总体,而我们在这里所理解的物体,是指所有物质的存在,从星球到原子,甚至直到以太粒子,如果我们承认以太粒子存在的话。"[23]这样的自然概念,对于唯物主义哲学家坚持物质一元论和世界统一于物质的观点,具有重要意义。

(2) 作为人类赖以生存的地理环境的自然

自然界的发展使得人类作为一个对立面从自然界分化出来。这样,自然概念就获得了一个新的具体内容——作为与人类相对应的概念。这种自然概念是相对于人类和人类社会而言的,是人类生存和发展所依赖的地理环境。

地理环境是人类生存和发展所依赖的诸种自然条件的总和,由大气圈、水圈和岩石圈构成。大多数生物生活在大气、水体和陆地相邻的区域,适合生物生存的范围叫生物圈。

大气圈指从地球表面到几十公里以至一千公里的高空覆盖着的由多种气体成分组成的大气层。大气层不但提供生物和人类活动所必需的碳、氢、氧、氮等元素,而且保护地面生物和人类免受外层空间的各种宇宙射线的危害,防止地球表面温度剧烈变化和水分散失。

水圈指地球上的水体,包括海洋、江、河、湖沼、地下水等。海洋占地球总水量的97%以上,是生命的起源地,亦是多种物质的贮藏库。

岩石圈包括岩石和地表的岩石经过长期的侵蚀和风化作用逐渐形成的各种不同类型的土壤。土壤是植物生长的基地,供给植物以矿物质、有机肥料和水分。在阳光照射下,各种植物通过光合作用繁茂生长,构成森林、草原、农田等。在地下还埋藏着煤、铁、石油等多种矿藏。

大气圈、水圈、岩石圈之间通过气流、蒸发及降水作用,经常进行能量交换和物质循环,使生物圈具有一定限度的平衡调节机能,保持生态平衡。

地理环境是人类物质生活的必要条件之一,人类生存依赖着地理环境。人类对地理环境的依赖主要表现在两个方面:首先,地理环境是人类生存的场所。到目前为止,我们尚未发现在地球之外有适合人类生存的场所。离开我们所处的地理环境,人类就无法生存。因此,我们必须十分爱惜、妥善保护、合理利用我们所处的地理环境。其次,地理环境为人类提供生活资料和生产建设的资源。这些资源可以分为三类(1)生态资源(又称恒定资源)。如太阳辐射、气温、水分等,它们不依人的意志为转移。这类资源具有明显的地区性,如果能因地制宜,发挥所长,可以长久使用。(2)生物资源。如森林、草原、鸟兽鱼虫、菌类等动植物、微生物以及土壤。此类资源具有再生机能,如能合理使用,并给以科学管理和抚育,不仅能生生不已,而且可以根据人的意志,有计划地繁殖扩大。(3)矿物资源(包括煤、铁、石油等各种矿藏)。此类资源储量有限,基本上属于非再生资源,要有计划地合理采用。如果胡乱开发和浪费,将造成矿藏能源危机,危害人类的生产和生活,后患无穷。

既然人类生存和发展依赖于地理环境,所以地理环境对社会发展起制约和影响作用。地理环境主要通过两条途径制约和影响社会的发展。

第一,地理环境通过影响生产的发展,直接或间接地制约社会的发展。首先,地理环境影响劳动生产率的高低。在生产力发展水平和其他条件相同的情况下,生产相同数量的产品,在自然条件较好的国家所需要的时间就少、付出的劳动量就小;在自然条件较差的国家所需要的时间就多、付出的劳动量就大。其次,地理环境制约一个国家生产部门的分布。如平原地区适合发展农业,沿海地区适合发展水产业,矿藏地区适合发展采矿业等。再次,地理环境在某种程度上决定不同国家经济发展的特点。如美国之所以成为世界最大的粮仓,是因为有广阔的平原;澳大利亚的畜牧业之所以发达,是因为有广阔的草原;加拿大之所以以木材加工业见长,是因为有广阔而茂密的森林。最后,地理环境还制约着一个国家生产发展的潜力和前景。

第二,地理环境通过对军事、政治的影响,制约不同国家社会的发展。例如,毛泽东在《井冈山斗争》一文中,指出了当时红色政权之所以能够存在的条件之一,是"有便利于作战的地势"。在《抗日游击战争的战略》一文中,毛泽东认为一定的地理条件是建立抗日根据地、开展游击战争的条件之一。而在《论持久战》一文中,认为中国地大物博、人口众多,对于坚持持久战、取得抗日战争的胜利具有重要意义。既然地理环境在阶级社会中能够影响革命战争的发展、革命根据地的建立,就说明它能够通过对军事、政治的影响,制约社会的发展。

对于社会发展最有利的地理环境,不是自然条件的单纯富饶,而是自然条件的差异性和多样性。马克思指出:"过于富饶的自然'使人离不开自然的手,就像小孩子离不开引带一样'。它不能使人自身的发展成为一种自然必然性。资本的祖国不是草木繁茂的热带,而是温带。不是土壤的绝对肥力,而是它的差异性和它的自然产品的多样性,形成社会分工的自然基础,并且通过人所处的自然环境的变化,促使他们自己的需要、能力、劳动资料和劳动方式趋于多样化。"[24]

地理环境对于社会的发展虽然有着制约和影响作用,但它不能决定社会制度的性质和社会制度的更替。地理环境相同的国家,社会制度可能不同;地理环境不同的国家,社会制度可能相同;地理环境较好的国家,社会制度可能处于较低的阶段,而地理环境较差的国家,社会制度可能进到了较高阶段;地理环境没有发生重大变化,社会制度的性质可能发生了根本变化。这说明地理环境的状况及其变化,与社会制度的性质和社会制度的更替没有本质的、必然的联系。

地理环境在社会发展中的作用受社会因素、主要受生产力和生产关系的制约。地理环境对社会发展的作用,总是通过生产力的发展水平表现出来。社会生产力发展水平越高,对自然条件的利用程度也就越大;社会生产越发展,就会在越来越大的程度上开发新的自然资源领域,扩大人类和自然之间越来越多的联系。同时,地理环境作用的大小以及人类对它利用的合理程序,又和社会制度的性质联系着。在不同的社会制度下,同样或大体相同的地理环境,对社会发展的影响制约作用往往表现出很大的差异。

(3)作为人类活动要素的自然

在对自然概念的理解上,不能满足于把自然作为人类的外部条件来对待。由于劳动过程所实现的人与自然之间的物质、能量和信息交换,已经使自然作为人类劳动过程的一个要素出现了。这种进入人类活动、首先是物质生产活动中的自然,既是外部自然条件激发起来的人自身的自然能力,又是在人自身的自然能力支配下的外部自然条件,是两种自然在人的劳动过程中的结合。劳动的要素包括"有目的的活动或劳动本身,劳动资料和劳动对象"[25]。在这些要素中,我们首先看到的就是自然。作为人类生存条件的地理环境的自然即外部自然条件,和作为人类活动要素的自然之间没有绝对分明的界限。在劳动过程中,外部自然条件随时随地转化为劳动要素的自然,这两个层次上的自然常常交织在一起。

上述自然概念的三个层次的含义是相互联系的,它们具有如下的特征:

第一,客观实在性。先于人类而存在的自然无疑是物质的、客观实在的;即使是作为人类活动结果的自然,也是物质的、客观实在的。在客观实在性上,作为人类活动结果的自然与先于人类而存在的自然并无区别。在作为人类活动结果的自然界中活动的人们,必须遵循自然规律的客观性,受自然规律客观性的制约。

第二,社会历史性。承认自然界的客观实在性是为了人们遵循自然规律,从而对它进行有效的改造。自从人类产生以后,自然界开始具有了社会历史特征,自然界的历史与人类社会的历史就实际上不可分离了,自然的历史和历史的自然就合而为一了。这种自然的社会历史性,也是一种客观实在性。

第三,人的实践性。自然的社会历史性是由人的物质生产实践活动赋予的。人依赖于自然界又超越自然界。这种超越不是靠精神的遐想,而是靠物质性的实践活动。自然界从一片荒凉进化为人类活动的外部环境和人类活动的要素,正是人的实践活动使自然界从自在自然状态进化到人化自然状态。在这个意义上完全可以说,作为自然进化结果的人类又反过来帮助自然的进化。人的实践活动使自然界隐藏着的对人的有用性成为现实。

二 人对自然界的认识和改造

人依赖自然界,又超越自然界,即认识和改造自然界。人认识和改造自然的方式是多种多样的。归结起来主要有四种,即人掌握自然的实践方式、理论认识方式、实践精神方式和价值方式。

1. 人掌握自然的实践方式

所谓人掌握自然的实践方式,是指人按照自己的需要、目的、观念、思想去改造外部自然界,使外部自然界适合自己的生存和发展。外部自然界的原有形式不能直接满足人的需要,只有通过人的实践,对其进行对象性的改造,改变其原来的存在形式,才能满足人的各种不同的、多方面的需要。人掌握自然的实践方式,是人类掌握自然的最基本的方式。人掌握自然的理论认识方式、实践精神方式、价值方式等都是以人掌握自然的实践方式为前提和基础的。人掌握自然的实践方式与动物适应自然的方式相比较,具有两个显著的特点:第一,它是属人的、社会性的客观存在形式;第二,它是有目的的、主动的、积极的创造性活动,给自然界处处打上人的活动的烙印。

具体地说,人掌握自然的实践活动,即不是只遵循自然客体本身的属性即自然客体的外在尺度,也不是只遵循人的需要的内在尺度,而是将自己需要的内在尺度与客观自然界的外在尺度结合起来,在现实地改变外部自然界的同时,也改变人自身。马克思指出:"动物只是按照它所属的那个种的尺度和需要来建造,而人却懂得按照任何一个种的尺度来进行生产,并且懂得怎样处处把内在的尺度运用到对象上去。"[26]所谓"按照任何一个种的尺度"进行生产,就是按照自然客体的属性和规律,亦即按照外在尺度进行生产;所谓"把内在的尺度运用到对象上去",就是根据人自己的需要、目的、观念、思想进行生产,通过对自然客体的改造,创造出适合自己生存和发展的对象。人通过自己的实践活动所创造的对象,就体现了内在尺度和外在尺度的统一。

2. 人掌握自然的理论认识方式

人掌握自然的理论认识方式,是在人掌握自然的实践方式的基础上产生的一种人掌握自然的精神方式,是人们认识、反映、再现自然客体的过程。人们认识自然,掌握自然界的性质和发展规律,形成科学的知识理论体系,其根本目的就是为了指导改造自然的实践活动,对自然界进行实际的占有。

人掌握自然的理论认识方式,区别于人掌握自然的实践方式。首先,人掌握自然的实践方式,是人和自然之间的物质交换,是人通过自己的劳动改造自然物的物质形态的过程;而人掌握自然的理论认识方式,则是人们认识、反映、再现自然客体的过程,本质上是人类主观的精神活动。其次,人掌握自然的实践活动是独立于人的精神之外的客观过程,因而它能够直接改变自然对象,使自然对象根据人的需要改变形态;而在人掌握自然的理论认识活动中,人们只是在思维中反映和再现自然对象,作为被反映和再现的自然对象本身仍然在思维着的头脑之外客观地存在着,思维本身并不能改变它的物质形态。再次,人在实践上掌握自然,使用的是物质手段,以工具系统为中介;而人在理论上掌握自然,使用的是概念和概念体系,以语言陈述体系为中介。总之,人掌握自然的实践方式,追求的是创造出符合人的需要的自然对象,对自然进行实际的占有;人掌握自然的理论认识方式,追求的是人的观念符合自然对象,对自然进行科学的认知。当然,在现实的人类实践活动中,人对自然的实践占有和理论占有并非泾渭分明、互不相干的两个过程,而是属于同一过程中人对自然的掌握的两个方面。人掌握自然的实践方式和理论认识方式,是既有区别、又有联系的统一过程。

3. 人掌握自然的实践精神方式

马克思在《资本论》中讲到:"最蹩脚的建筑师从一开始就比最灵巧的蜜蜂高明的地方,是他在用蜂蜡建筑蜂房以前,已经在自己的头脑中把它建成了。劳动过程结束时得到的结果,在这个过程开始时就已经在劳动者的表象中存在着,即已经观念地存在着。他不仅使自然物发生形式变化,同时它还在自然物中实现自己的目的,这个目的是他所知道的,是作为规律决定着他的活动方式和方法的,他必须使他的意志服从这个目的。"[27]从马克思这段话可以看出,所谓实践精神,是介于理论与实践之间的中间环节,是联结理论与实践的桥梁。作为一种在本质上仍然属于精神领域对自然的掌握方式,实践精神以方针、政策、路线、纲领、战略战术、计划方案、设计蓝图、目的要求、模拟图形等形式出现。它以改造自然对象和创造出自然界所没有的崭新的自然客体为直接目标,是直接支配人的实践活动的观念。因此,实践精神亦可称为"实践观念"。

实践观念和理论观念虽然都是对自然的观念掌握,但二者有明显的不同。实践观念不仅追求真实准确地再现自然客体,而且追求在观念上创造出在现实中既不现成存在、也不会自然而然地形成的、具有符合人的需要的形式和规定性的客体,即体现人的内在尺度和物的外在尺度相统一的理想化的客体。理论观念属于"实然观念",它追求对象"本来如此";实践观念属于"应然观念",它追求对象"应当如此"。理论观念的目标是认识真理,实践观念的目标是直接指导实践。因此,实践观念比理论观念更丰富,它既包括关于外部对象的理论观念,又包括反映人们需要的目的、愿望等。实践观念超出理论观念的第一个优点,就是它高于对自然客体的真理性认识,为这一认识增添了情感、意志等理想的成分。实践观念既是客观的东西向主观的东西运动的最高点,又是主观的东西向客观的东西运动的起点,超过这一最高点或起点,实践观念便进入实践活动过程,开始了人对自然的实践把握,并由此创造出新的自然对象。实践观念超出理论观念的第二个优点,就是它高于对自然对象的普遍性的认识,为这一认识增添了直接现实性,即可以促使这种认识直接向现实转化。

总之,在社会历史活动中,人们不仅以实践方式现实地改变自然,以理论方式在思维中认识自然,而且以实践精神方式在认识自然和改造自然的活动中搭起一座桥梁,促使二者之间相互转化。

4. 人掌握自然的价值方式

在人掌握自然的实践方式、理论认识方式和实践精神方式中,都始终贯穿着人与自然之间的价值关系。价值关系是人的需要与对象之间的一种关系,它体现了人的活动中主观因素与客观因素的复杂交织,是主观因素与客观因素相统一的产物。价值关系是揭示人与自然关系的最高的哲学范畴,因此,它一般不属于与人掌握自然的其他三种方式相并列的另一种独立存在的活动方式。人对自然的价值定向活动实现于人与自然的其他各种关系之中,或者说,人掌握自然的实践方式、理论认识方式和实践精神方式都渗透着人与自然的价值关系。

例如,从人与自然的实践关系看,人对自然界的一切物质改造活动中都渗透着价值因素,人的能动的实践活动最本质的特征,就是追求某种价值目标,在现实中创造出体现人的需要的崭新的自然客体,以实现人的目的。人的自觉的实践活动区别于动物的本能活动之处,不仅在于人能按照客体对象的尺度作用于对象,而且在于处处把自己的内在尺度运用到对象上去。人按照"两个尺度"改造自然客体,体现了人的实践活动的本质。

再如,人对自然的理论认识关系中也渗透着价值关系。人对作为认识对象的自然客体的选择,是按满足人的需要的程度进行的。一般说来,农民和商人是不会把矿石作为科学研究对象的。理论认识的真理性与价值性是统一的。真理具有价值,即是说"认识只有在它反映不以人为转移的客观真理时,才能成为生物学上有用的认识,成为对人的实践、生命的保存、种的保存有用的认识"[28]。

至于人掌握自然的实践精神方式,其直接目标就是创造符合人的需要的崭新的自然客体,更是无法撇开其内在的价值关系。

三 人与自然共同进化

1. 生态系统和环境问题

自然界中的生物(动物、植物、微生物)并不是孤立地生活着,它们总是结合起来生活,形成生物群落。生物群落与其周围环境之间的关系十分密切,它们互相依赖、互相作用,不断进行物质和能量交换。这种生物群落和环境之间的综合体,就叫作生态系统。简单地说,生态系统就是生物和它们生活的自然环境相互作用的系统。人类也是一种生物,人类和人类社会与整个地理环境的相互作用,也包括在生态系统之中,而且是生态系统的重要内容。

生态系统是复杂的自然系统之一。一个生态系统由四个基本部分构成,即生产者、消费者、分解者(或称还原者)和非生物环境。生产者指绿色植物用日光辐射能进行光合作用,把光能变成化学能贮存在所制造的有机物质中,给人类、动物和其他生物提供了生存必需品。因此,绿色植物是生态系统中的生产者,在生态系统中占据着重要的基础地位。消费者指直接和间接以生产者为食的各种动物,如食草动物、食肉动物。分解者主要指细菌、真菌和其他一些微生物。它们把动植物机体及排泄物等复杂的化合物分解成简单的无机物,故将这些微生物又称为还原者。非生物环境或自然环境,包括温度、光照、水分、土壤、空气、矿物盐等。

生物群落中各种动植物和微生物由于食物的关系(包括捕食和寄生)而形成的联系称为食物链或营养链。食草动物以绿色植物为食料,食肉动物又以食草动物为食料,这就是最基本的食物链。食物链上的这些位置叫作营养级。生态系统中的生物群落部分通常由4—5个营养级组成。如老鹰食山雀,山雀食瓢虫,瓢虫食蚜虫,蚜虫食小麦,这个食物链有五个营养级。能量和物质在不同的营养级上流动,形成网状联系,这种食物链之网叫作食物网。

生态系统最基本的特征是每一个生态系统都是一个物质循环和能量流动的系统。第一个物质流和能量流过程是生产和消费过程。绿色植物通过光合作用将太阳能转化为生物有机能或生物化学能,有的可以较长时间贮存起来,供人消费,如木材、纤维、粮食;有的则沿食物链流动,维持着食物链的正常运转。第二个物质流和能量流过程是还原过程。细菌、真菌等微生物把复杂的生物有机体分解成简单的无机物质,并释放出能量。这些简单的无机物质和自然环境中的一些无机物质,如碳、氢、氧、氮、硫、磷以及其他许多元素,又被植物所吸收,成为生产者即绿色植物制造有机物质的原料,这就构成了物质流和能量流的再循环。生态系统中这些物质流和能量流的循环总是日复一日、年复一年地进行,使生物和非生物环境互相依存,不断更新自己,使自己处于平衡状态。

在整个地球的生态系统中,人类社会是一个引起生态系统变化强有力的因素,它比任何生物的活动对生态平衡的影响都大得多、深远得多,比任何自然变化都更经常、更迅速地多方面干预着整个生态平衡。自从人类产生以来,人类的生产活动和其他活动,做了很多有利于生态平衡的事,如栽培植物,驯养动物,植树造林,改良土壤,疏通河道等。但是,人类也做了不少破坏生态平衡的事。由于人类的活动引起的生态平衡的破坏,从而对人类生活产生的不利影响,称之为环境问题。人类在不同的历史阶段存在不同的环境问题。

在人类发展的初期,靠采集和狩猎生活,常常由于过度的采集和狩猎,消灭了一个地区的许多物种,破坏了自己的食物来源,被迫从一个地方迁徙到另一个地方。这是人类历史上最早遇到的环境问题和采取的解决办法。

一万年前的新石器时期,随着生产工具的进步,产生了原始农业和原始畜牧业,解决了人类早期的环境问题。但是,农业的自发的发展,特别是刀耕火种的农业技术,破坏了大片森林,很多地方环境恶化,生态平衡遭到破坏,一些哺育了人类光辉灿烂的历史文化的沃野变成不毛之地。这是人类历史上第二阶段的环境问题。

随着科学技术的进步和工业的发展,大量废弃物排向环境,引起空气、水源、土壤、动植物的污染,自然净化能力下降,自然资源再生能力衰减,许多地方环境污染发展成为社会公害。这是人类历史上第三阶段的环境问题。

当代的环境问题,是人类历史上各个阶段环境问题的历史发展和集中表现。我们当今面临的环境问题,主要有以下几个方面:

第一是空气污染严重。目前全世界的工厂和电厂每年向大气层排放的二氧化碳有200多亿吨。自工业革命以来。大气中的二氧化碳的含量增加了25%,目前浓度为350ppm,预计到2050年将增加到600ppm,接近现在的二倍。严重的空气污染造成地球升温。

第二是世界性水源危机。由于人口的膨胀和工农业生产的迅速发展,用水量持续上升,加上水源污染严重,致使世界上60%的地区面临着淡水不足的困境,40多个国家的水源严重匮缺。每年有上千吨石油、几百万吨垃圾、几万吨有毒金属倾倒大海,使海洋受到污染,海洋生物直接受到危害,水生有机体、鱼类和其他微生物大量死亡。

第三是森林惨遭毁灭。森林是人类的摇篮,没有森林便没有人类,可是它正遭践踏。据联合国粮农组织统计,地球上每分钟有20000平方米森林被毁掉。1950年以来,全世界的森林已损失了一半。到2000年,森林面积将下降到0.21亿平方千米。预计到2020年,下降到0.18亿平方千米。人均森林面积由1975年的6800平方米下降到2000年的3300平方米。森林是自然生态系统的有机质的最大生产者和蓄积者,是"生物资源库"和"绿色蓄水库"。森林的破坏是水土流失、洪水泛滥、土地沙漠化、物种退化的主要原因。

第四是物种不断减少。据英国剑桥保护监测中心1986年的统计,全世界处于灭绝边缘和处于严重威胁之中的哺乳动物有406种,鸟类593种,爬行动物209种,鱼类242种,以及其他昆虫、蝴蝶等267种。在未来30—40年中,将有6000种植物在地球上消失。由于森林的破坏,地球上原有的500万—1000万生物物种中,现在平均每天有一个物种消失,预计到20世纪末,地球上的物种将损失1/5。同时,由于森林和草原的破坏,植被的消失,大大加速了土地盐碱化和沙漠化的进程。地球上已经沙漠化和受其影响的地区高达3843万平方公里,而且每年递增100万—150万公顷。

第五是臭氧层变薄。臭氧层可以过滤太阳紫外线,是生命在地球上生存的保护屏障。现在人类活动释放的污染物质主要是电冰箱、空调器、喷雾器和某些工业过程排放的氟氯烃类物质,导致臭氧层破坏。现在开发氟氯烃替代物质虽然取得进展,但是氟氯烃类物质排放到高空后,会存在相当长的时间,对消耗臭氧的作用有延续性。现在臭氧空洞继续扩大,保护臭氧层的问题仍未解决。

2. 当代人与自然关系的新特征

如何解决当代严重的环境问题?这需要结合当代人与自然关系的新特征加以说明。

当代人与自然关系的新特征是在新技术革命的背景下产生的。可以把它归结为以下几点。

(1)人与自然相互作用范围的扩大化

人与自然相互作用范围的扩大化,指人与自然接触空间的扩大。

从人类劳动场所来看,原来人类的劳动场所主要在陆地。随着宇航技术和海洋开发技术的发展,现在已经开始把劳动场所扩大到太空和海洋。美国未来学家阿尔温·托夫勒在《第三次浪潮》一书中讲到:美国、西欧不少科学家正在研究在人造卫星和空间站上生产能源的问题;有人意识到,宇宙飞船可能成为生产从半导体到医疗器械等产品的制造厂和加工厂;在太空中,可以生产出地面上不能生产的许多尖端材料,因为在太空中不必担心地心吸力,也没有接触中毒或高反应物质问题,而且有无限的真空和超高或超低的温度。例如,太空中能制成纯度极高的晶体,可以制造出地球上无法制造的纯合金;第一批在太空航天飞机上制成的完美得足以作为刻量科学仪器标准的橡胶圆珠,已由美国标准局正式投放市场;每磅价值超过 100 万美元的药物,可望第一批在太空轨道上生产出来。海洋是水的世界,适宜发展海洋养殖业,海洋可以成为人类重要的蛋白质基地。海洋人工养鱼场的产量,要比天然鱼场的产量高出许多倍。海水中化学资源极其丰富,有 80 种左右化学元素隐藏在海水中,海水中总共含有 50 亿吨盐类。除了已经提取的镁、溴、钾、碘之外,50 亿吨可用于核电站的铀,将是未来核能时代的支柱。海水中所含的氘、氚所包含的聚变能,将使海洋成为取之不尽、用之不竭的能源宝库[29]。

从能源的利用来看,20 世纪以来,能源的需要量增加得非常迅速。在 20 世纪初,全世界对能源的需求量约 50 年增加一倍;而在 20 世纪中叶,30 年就增加一倍;目前则是 15—20 年增加一倍。当代广泛使用的能源是煤炭、石油、天然气和水力资源。这些不少是非再生能源,储量有限。现在科学已经发现,太阳能、风能、地热能、海洋能、生物能、氢能、原子能,都是有极大潜力的能源。1954 年美国发明硅太阳能电池以来,在太阳能发电的开发研究中处于领先地位。波音公司已开发出高性能的太阳能电池,地面光电转换率为 35.6%;美国迪森公司在莫哈韦沙漠建造世界上设备先进的太阳能发电站,发电能力达 10 兆千瓦。1981 年日本在香川县成功实现 1000 千瓦太阳热发电;美国也有数十万千瓦太阳热发电用于商业运转。多米尼加共和国已建设 2000 座太阳能电站。以色列、澳大利亚、新西兰、荷兰、瑞士等国太阳能电站建设也取得重要进展[30]。在各种新能源中,核能占有十分重要的地位。现在以裂变方法的核电站提供的电力占工业化国家能源消费的 6%,发展中国家的 1%,这个比例还在上升之中。

(2) 人与自然相互作用形式的复杂化

人与自然相互作用范围的扩大化,主要是由物质生产的发展引起的。物质生产从简单走向复杂、从低级走向高级的过程,就是新的地理环境(陆地、水域、太空)不断扩展、新类型的自然资源相应得到利用的过程。物质生产水平的不断提高,新的生产形式的不断出现,决定了人与自然相互作用形式的不断复杂化。

物质生产的最初形式,是使用最简单粗陋的石木工具,从事采集、狩猎、捕鱼等。这种从自然界取得现成的生活资料的攫取型经济,使人强烈地依附于自然界。金属工具的使用和农业、畜牧业的出现,创造了生产发展的新形式,从攫取型经济转变为生产型经济。产业革命以后出现的机器大生产,代表着物质生产较为高级的形式,导致了物质生产力真正飞跃式的巨大增长。当代新技术革命时期改变着科学在生产中的地位及其与生产的关系。与产业革命时期自然科学的地位不同,在现代科学技术革命条件下,许多生产项目本身就是由于科学的发展而产生的。科学在越来越大的程度上转变为直接生产力,出现了生产本身科学化的趋势,科学和生产日益紧密地联合为一个有机整体。如在宇航工业中,美国的阿波罗登月计划,前后参加研究的人员达400万,最后一年动员了12万人之多;参加研制的有200家公司,120所大学,花去300亿美元。这实际上体现了直接生产过程、应用研究、设计规划者的密切联系,是一种新型的科研——生产联合体。生产的科学化和自动化,将物质生产和科学技术的最新成就结合起来,创造了物质生产最为现代化、最为复杂化的形式,从宏观和微观两个方面向大自然的深度和广度进军。在这种形式中,人与自然相互作用的范围得到了史无前例的扩展。人与自然相互作用范围的扩大化和相互作用形式的复杂化是互为条件、彼此交融的。

(3)人对自然支配作用的强化

生产力的发展和科学技术的进步,极大地强化了人类支配自然的能力。当代新技术革命几乎触及到人类活动的一切领域,深刻地改变了人的生存条件和活动方式。人对自然界的空前巨大的支配能力和干预能力,一是来自于智能工具的应用,二是来自于人自身素质的提高。

物质生产的生产工具是一个由低级到高级、由简单到复杂的发展过程。马克思把这个发展过程概括如下:"简单的工具,工具的积累,合成的工具;仅仅由人作为动力,即由人推动合成的工具,由自然力推动这些工具;机器;有一个发动机的机器体系;有自动发动机的机器体系"。[31]马克思把当时的机器体系分为三个构成部分:发动机,传输机,工具机。20世纪中期以来,随着信息论、控制论、系统论的出现和电子计算机的制造成功及其在生产上的应用,又制造出了机器的自动控制装置——自动控制机。智能工具得到了越来越广泛的应用。作为对人的物质器官的延伸和扩张,智能工具系统主要是伸张和扩大了人的智力,推进了人以智力认识自然、支配自然、控制自然的过程。智能工具系统的出现和应用,促进了人类改造自然活动的定向化,提高了自然发展受控程度的精确性,强化了人类干预自然所产生的正效应。可见,人工智能工具系统是机器进化的方向,而从体力解放到智力解放是人类从自然界解放自己的道路。发展智能工具系统,开发人的智力潜能,是加强人对自然控制能力的主要努力目标。人的智力尚大有潜力可挖,人以智力支配自然界还仅仅是开始。

在人以智能工具系统支配自然界的同时,人自身也经受了社会化大生产的洗礼,使自身素质得到了改造和提高。而人自身素质的改造和提高,不仅是指人的技术能力结构的改变和智力水平的提高,更主要的是指人的社会性素质的提高,指人能够自觉地运用社会因素的合理制约,对人类干预自然的能力所造成的负效应也能加以控制。人对自然的支配能力的强化,应该包括人对自身能力的发展和行为后果的社会控制,保证这种支配能力是对人的创造力的强化和对人的破坏力的弱化,将人支配自然的负效应就降到最低限度。因此,人支配自然作用的强化,不是一个单纯的人与自然的关系问题,而是内在地包含了人自身的社会素质的全面提高的问题。

(4)人与自然相互作用性质的深化

人与自然相互作用性质的深化,是指人以一种全面的态度对待和支配自然界,即对人支配自然的强大能力进行全面的理解,以科学、道德、审美三者统一的全面尺度对自然界进行全面的利用和支配;而不至片面地强化人对自然界的攫取,使自然界满目疮痍。当代新技术革命客观上揭示了人与自然界的全面关系。在新技术革命条件下,人对自然的支配关系显然已经超出对自然的理论和实践掌握,超出科学与生产的领域,进入道德和审美的范围。面对当代严重的环境问题,盲目乐观和消极悲观的态度都是不可取的。持盲目乐观态度的人,违背自然界的发展规律,一味追求眼前的物质利益,一方面贪婪地向大自然索取资源,一方面又肆无忌惮地向大自然抛撒废物。其结果必然导致人类支配自然的力量像野马脱缰一样失去控制,造成生态环境的崩溃。持消极悲观态度的人认为,要保持生态环境的平衡,就必须扼杀科学技术进步,停止发展生产,"返璞归真"、"回到原始状态去",重过古代田园诗般的生活。这种非历史主义的态度,必然导致历史的大倒退。正确的态度应该是把发展科学技术与生产力和保护生态环境有机地统一起来,把人类生活需要的内在尺度与生态环境规律的外在尺度有机地结合起来,提高人类利用自然的科学性与道德性,协调人类改造自然的行动,调整好人类改造自然的方向,建立起人与自然的全面和谐的关系,以利于我们星球的繁荣和人类自身的发展。

第三节 人与社会的关系

一 现实的人及其与社会的统一

1. 现实的人及其与社会的关系

马克思在《德意志意识形态》中,把现实的人作为历史唯物主义的出发点,恩格斯把历史唯物主义称为"关于现实的人及其历史发展的科学"。正确理解"现实的人"这个概念,对于说明人和社会的关系至关重要。

首先,现实的人指的是从事物质生产活动的人,既是物质生产活动的能动的承担者,又受现实的物质生产活动的制约,即受现实的生产力发展水平和生产关系的制约。正如马克思所说:"人们是自己的观念、思想等等的生产者,但这里所说的人们是现实的、从事活动的人们,他们受自己的生产力和与之相适应的交往的一定发展——直到交往的最遥远的形态——所制约。"[32]在马克思看来,个人的活动与生产力和生产关系的矛盾运动是交融在一起的,既不能在个人的活动之外去讲生产力和生产关系的矛盾运动,也不能在生产力和生产关系的矛盾运动之外去讲个人的活动。马克思说得好,"生产力与交往形式的关系就是交往形式与个人的行为或活动的关系",因为"生产力的历史",也就是"个人本身力量发展的历史"[33]。

其次,现实的人不仅是物质生产的承担者,而且也是政治活动和精神活动的承担者;现实的人的活动不仅与生产力和生产关系的矛盾运动交融在一起,而且与经济基础和上层建筑、社会存在和社会意识的矛盾运动交融在一起。马克思指出:"我们的出发点是从事实际活动的人,而且从他们的现实生活过程中还可以描绘出这一生活过程在意识形态上的反射和反响的发展。"[34]所谓社会存在,主要指人们的"现实生活过程"。社会存在决定社会意识,就是人们的"现实生活过程"反映在从事现实活动的人们的头脑之中。那些"发展着自己的物质生产和物质交往的人们,在改变自己的这个现实的同时也改变着自己的思维和思维的产物。不是意识决定生活,而是生活决定意识"[35]。这就是说,现实的个人的活动既改变自己的社会存在和经济基础,又改变自己的社会意识和上层建筑。因此,我们既不能在"现实人"的活动之外去讲社会存在和社会意识、经济基础和上层建筑的矛盾运动,也不能在这个矛盾运动之外,去讲现实的人的活动。

再次,马克思对现实的人的看法,正确地说明了人的本质,不仅同唯心主义划清了界限,而且同旧唯物主义划清了界限。旧唯物主义强调的是人的自然属性和抽象的"一般的人"。相反,马克思指出:"'人'?如果这里指的是'一般的人'这个范畴,那么他根本没有'任何'需要;如果指的是孤立地站在自然面前的人,那么他应该被看作是一种非群居的动物;如果这是一个不论生活在哪种社会形式中的人……那么出发点是,应该具有社会人的一定性质,即他所生活的那个社会的一定性质,因为在这里,生产,即他**获取生活资料的过程**,已具有这样或那样的社会性质。"[36]这就是说,现实的人的本质不是抽象的,也不是由自然决定的,而是具体的,由社会决定的,不能离开社会关系去理解人和人的本质。离开社会关系讲人和人的本质,正是当代资产阶级各种社会思潮的显著特征。

2. 人与社会的统一

从现实的人与社会的关系可以看出,在现实世界里,既找不到离开社会的人,也找不出离开人的社会。只讲人不讲社会,或只讲社会不讲人,都不会有真正科学的历史观。要想建立科学的历史唯物主义体系,就必须把"社会"与"人"统一起来。马克思指出:"首先应该避免重新把'社会'当作抽象的东西同个人对立起来。**个人是社会存在物**。"

马克思在自己的著作中,常常把社会与人类放在同一含义上使用,就是为了说明人与社会的统一。他在《关于费尔巴哈的提纲》中说:"新唯物主义的立足点则是**人类**社会或社会化的人类"[37]。在《德意志意识形态》中认为,"社会关系的含义在这里是指许多个人的共同活动"[38]。在 1857—1858 年《经济学手稿》中,多次明确指出:社会"不过是处于相互关系中的个人","社会本身,即处于社会关系中的人本身"[39]。社会就是以一定的物质生产活动为基础而互相联系的人们的总和。肯定人与社会具有直接的同一性,并不否认二者之间的差别性。人与动物的根本区别之一,就是人具有自我意识,能意识到自己同周围世界存在着"关系",从而把自己当作主体,把社会当作客体来发生关系。所以,相对而言,人是社会的主体,社会是人的客体。或者说,现实社会作为有机的统一整体,可以相对区分为主体("现实的人")和客体("社会")两个方面。任何现实的社会都是社会主体与社会客体的统一体。这种统一是具体的、历史的统一,主要表现在以下几个方面:

第一,人的出现与社会的产生是一致的。如果说社会是复杂的活生生的有机体,那么每一个现实的人就是它的一个细胞,二者互为前提,互相依赖。马克思说过:"**正像社会本身生产作为人的人**一样,人也**生产**社会。"[40]恩格斯也指出:"随着完全形成的人的出现又增添了新的因素——**社会**。[41]

第二,人的活动与社会结构及其发展变化是统一的。生产力就是人的自主活动的能力,生产关系就是人们在生产活动中不断生产和再生产出来的社会关系。马克思指出:"经济学家蒲鲁东先生非常明白,人们是在一定的生产关系中制造呢绒、麻布和丝织品的。但是他不明白,这些一定的社会关系同麻布、亚麻一样,也是人们生产出来的。"[42]同样,社会的政治制度、意识形态等等,也都是人们活动的产物。马克思说:"以一定的方式进行生产活动的一定的个人,发生一定的社会关系和政治关系。经验的观察在任何情况下都应当根据经验来揭示社会结构和政治结构同生产的联系,而不应当带有任何神秘和思辨的色彩。社会结构和国家总是从一定的个人的生活过程中产生的。"[43]这就是说,人类社会的生产力、生产关系、政治制度、社会意识以及它们之间的相互关系,都不仅仅是人类活动的条件,而且是人类活动的产物。

第三,社会的本质和人的本质是一致的,这种一致的基础是实践。"社会生活在本质上是实践的"。人的本质是真正的社会联系,是一切社会关系的总和,而这种社会联系或社会关系是在实践中建立起来的。人的本质是自由自觉的活动,而这种自由自觉的活动,首先就是生产实践活动。

第四,社会的解放与个人的解放是一致的。共产主义社会是人类的自由王国,体现了社会的解放与个人解放的统一。因此,"要不是每一个人都得到解放,社会也不能得到解放"[44]。人类历史从原始社会经过阶级对抗的社会向社会主义社会、共产主义社会的发展过程,也就是人类从必然王国向自由王国的发展过程。所以,美好的共产主义社会,就是"每个人的自由发展是一切人的自由发展的条件"[45]的人的联合体。

总之,在现实世界里,社会与人是不可分割的,二者通过"现实的人"的实践活动辩证地结合在一起。如果在社会历史观的理论体系中,把二者对立起来,孤立地讲人或孤立地讲社会的话,那么所讲的就不是现实的社会而是抽象的社会,就不是现实的人而是抽象的人。

二 历史过程的主体和客体

1. 历史过程的主体

在哲学史上,不少哲学家从本体论意义上使用主体这个术语,所涉及的是关于世界的本原、基础、本体的问题。哲学家们通常用主体表示性质、特征、状态、关系、变化、活动和过程等等的基质、载体、承担者或某种派生物的本原、某种附属物的基础。

亚里士多德在《范畴篇》中,将本体和性质、状态、关系、活动等区别开来,认为本体是性质、状态、关系、活动等的基质、主体,而性质、关系、活动等是属于主体的。在这个意义上,主体就是本体。

费尔巴哈曾经在本体论意义上使用主体术语。他说:"思维与存在的真正关系只能是这样的:存在是主体,思维是宾词。思维是从存在而来的。然而存在并不来自思维。"[46]他说的存在是本原的,是产生思维的,而思维是存在的派生物,是从属于存在的。存在是主体,亦即本体。

马克思也从本体论意义上使用过主体术语。他在《神圣家族》一书中评述霍布斯的哲学观点时,指出在霍布斯那里**物体、存在、实体**是同一种**实在**的观念。决不可以把思维同那思维着的物质分开。物质是一切变化的主体"[47]。马克思在讲某种特殊事物时,也时常把某物的属性、关系的承担者称之为主体。例如他说:"一种特殊的产品(**商品**)(物质)必须成为当作每一种交换价值的属性而存在的货币的主体。""贵金属""作为货币关系的主体,即货币关系的化身","也就是作为货币关系的承担者"。[48]在这里,主体这个术语,就是在某种属性、关系的承担者的意义上使用的。

一些唯心主义者也同样在本体论的意义上使用主体范畴,即把主体看作是本体论意义上的本原、本体、实体,它是一切性质、关系、变化和过程的基础、承担者。在他们看来,这种主体是某种超现实的、独立自存的精神实体,而他们所谓的客体就是由这种主体产生或生成的。例如,黑格尔设想有一个超物质世界的绝对精神,作为独立自主的绝对主体存在。它是一切性质、状态、变化的根源和基础,是一切过程的承担者。而外部现实世界则是这个超现实的绝对主体的外化或实现,是由这个绝对主体生成的客体。客体即主体,主体即客体,主体和客体都不过是绝对精神自身。绝对精神作为过程的主体,使自身外化为客体,又扬弃客体返回自身。

我们认为,严格说来,在本体论的意义上讲,主体和客体的界限是不存在的,或者说主体和客体融化在作为统一体的世界之中。这个统一的世界是本体,不存在与其相对应的客体。只有从认识论的意义上说,主体和客体才从统一的物质世界分化出来,作为对立的相互作用的两极而存在。认识的主体和客体,是在社会实践的基础上,在现实的历史过程中,由统一的物质世界分化而成的。因此,从历史过程的角度来看,认识的主体和客体,就是历史过程的主体和客体。

历史主体是认识和改造社会的实践活动的发动者、承担者,是由物质和精神两方面因素有机统一构成的实体,是一个包含多方面要素的系统结构。

构成历史主体的要素主要包括:

第一,人特有的生理要素。主要是人的脑、神经系统、感觉系统和四肢等,这是历史主体结构中的物质性要素,是主体功能的自然基础。

第二,人特有的心理要素。主要是人的意志、情感、激情、信念、信心、欲望等等。它们是历史主体认识和实践活动的动因之一,同时担负着调整认识活动和实践活动的任务。

第三,人特有的认识要素。主要是人的知识、技能、思维方法和思维能力等,它们是历史主体认识功能的既定前提。

第四,人特有的社会利益要素。主要是由一定社会关系所制约而产生的人的经济、政治需要。这是主体结构中最核心的要素,它制约着历史主体认识和改造社会的实践活动的取向,并且制约着对认识和实践结果的价值评判。

第五,人特有的符号要素。主要指语言、文字等,它们在历史主体认识和改造社会的实践活动中起着不可缺少的作用。

基于上述特殊的主体结构,历史主体就产生了特殊的功能,体现出主体能力,即认识能力、价值判断能力、选择能力、创造能力等。

在上述主体结构和主体能力的基础上,历史主体表现出特有属性,即"主体性"。主体性主要包括自主性、自为性、主动性、目的性和创造性。其中目的性和创造性是历史主体的主体性中最核心的内容。

历史主体对自身结构、功能和属性的反思,形成自我意识,亦即"主体意识"。在历史活动中,历史主体的主体意识表现为自主自为意识、自觉自由意识、创造超越意识等。

历史主体特有的结构、功能、属性和意识,并不是由历史主体自身规定的,而是受历史客体制约、在与历史客体的相互作用中形成的。历史主体的存在和发展,归根结底取决于历史客体的存在和发展。

2. 历史过程的客体

马克思主义哲学认为,世界是统一的,世界的统一性在于它的物质性,而物质的根本特性是客观实在性。世界上纷繁复杂的事物和现象,都是物质的不同形态,或由物质所派生。这是我们考察历史主体和历史客体及其相互关系的基本理论前提。历史主体本身是从统一的物质世界分化出来的,并且仍然是物质世界的一部分。历史主体的全部生活和活动,都绝对地依赖于物质世界。同历史唯心主义者想象的相反,历史主体在任何时候都不能在纯粹的自我意识的活动中创设历史客体。只有在物质世界存在的前提下,历史主体才能作为一种对象性的现实存在物,在自己的活动中设定历史客体。不仅如此,就是历史主体自己的本质力量,也是由客观物质世界转化而来的。马克思一再强调:"没有**自然界**,没有**感性的外部世界**,工人就什么也不能创造。"[49]又说:"人并没有创造物质本身。甚至人创造物质的这种或那种生产能力,也只有在物质本身预先存在的条件下才能进行。"[50]经验也总是告诉我们,当我们认识和改造某种事物时,也就意味着这事物已经预先存在。只有那些预先客观地存在着的事物,才能成为历史客体。显然,历史客体的确定必须要以物质世界的客观存在为前提。

但是,在历史观上,同历史主体相对应的历史客体范畴,并不等于物质、物质世界、客观存在等范畴。

首先,从历史观的角度规定历史客体的含义时,历史客体是指那些确定地和现实地被纳入历史主体对象性活动结构、为历史主体的对象性活动所指向的那些客观事物。这就是说,我们是把那些在历史主体的对象性活动中,同历史主体一起构成活动的两极、并发生了相互作用功能关系的外部事物叫作历史客体。外部事物成为对历史主体有意义的客体,是由该事物的性质以及与之相适应的历史主体的本质力量的性质两方面的具体关系决定的。由于外部事物及其属性本来是客观存在的,要使其成为对主体有意义的客体,更主要的是取决于主体的本质力量和活动所及的程度与范围。

其次,既然历史客体是与历史主体相联系而存在的,历史客体更主要地取决于历史主体的本质力量和活动所及的程度与范围,那么,历史客体就不是自在的自然界,而是经过人的实践活动改变的自然界,或纳入人的实践活动范围的自然界,即"人化自然"。这个历史客体包含了历史主体的活动于其中,离开历史主体的能动活动,就无所谓历史客体。这是马克思主义的哲学唯物主义与旧唯物主义的本质区别。旧唯物主义对历史客体做了单纯自然主义的理解,它把物质自然界的事物仅仅当作直观的对象,仅仅看到这些对象对主体的作用,而没有看到物质自然界的事物是由于主体能动的实践活动,才由自在的东西转化为历史主体的客体的,旧唯物主义者没有从历史主体的能动的本质力量和实践活动方面去理解历史客体的规定性。正如马克思所说:"从前的一切唯物主义(包括费尔巴哈的唯物主义)的主要缺点是:对对象、现实、感性,只是从**客体**的或者**直观**的形式去理解,而不是把它们当作**人的感性活动**,当作**实践**去理解,不是从主体方面去理解。"[51]

再次,作为历史主体的人本质上是社会存在物,他们的活动是社会性的活动。人自己的社会存在,是他们自己的社会性活动的结果和产物。这种社会存在同样具有客观实在性。人作为历史主体同历史客体的关系,就其范围来说,既有人同自然界对象的关系,又有人同人的社会关系。在人们改造自然界的对象、生产自己的物质生活的同时,也在创造自己的社会存在,生产自己的社会关系。因此,人作为历史主体从事对象性活动,不但指向自然界的客体,而且也指向社会领域的客体,这两种指向是相互联系、相互制约的。

最后,历史客体是随着历史主体本质力量的增强而不断扩大范围的。如前所述,历史客体更主要地是取决于历史主体的本质力量和活动所及的范围。作为历史主体的人的本质力量和对象性活动,不是既定不变的。它们在历史主体同历史客体的相互作用中不断变化发展。同这种变化发展相适应,历史主体在客观物质世界中的认识和实践活动所及的范围和程度也会随之扩大和加深。作为历史主体活动对象的历史客体也就不会永远固定在一个限定的范围和层次上。物质世界许许多多的自在之物,越来越多地被人类所认识和利用,从而成为历史客体,我们今天的认识活动和实践活动所指向的对象世界,已经远远不是人类出现以前或人类初期的那个自在的自然界了。

那么,就社会领域而言,究竟哪些内容属于历史主体活动对象的历史客体呢?我们认为,对于一定历史阶段的具体的、现实的历史主体而言,凡是前人创造的、既得的、制约着他们的认识活动和实践活动的一切社会存在物,都属于历史客体。这包括:既得的生产力——劳动资料和劳动对象;现存的生产关系和现存的政治法律设施——国家政权、军队、法院、监狱等;现存的科研教育设施——科研机构、教育机构等;现存的物现了的精神产品——书籍、绘画、乐曲以及其他艺术作品;历史上形成的风俗、习惯、传统;各种社会关系——政治关系、思想关系、家庭关系、民族关系、宗教关系、国际关系等;以及由上述这些所形成的不依人的意志为转移的客观规律。

对于历史主体和历史客体的相互关系,我们将在下面结合人与环境之间的关系加以阐述。

三 环境创造人和人创造环境

1. 人与环境关系问题上的不同观点

人总是生存于一定的环境之中的。人的生存环境包括自然环境和社会环境两个既有区别、又有联系的部分。人与环境是互相依存、互相制约、互相创造的。

历史唯物主义认为,人的活动受其生存于其中的自然环境和社会环境的制约。同时,环境又不是游离于人的活动之外孤立存在、静止不变的。环境是人的活动的产物,人的本质力量的确证和表现。无论是自然环境还是社会环境,都只有与现实的人的活动联系起来才有意义。在历史上,每一代人都在前辈所创造的自然环境和社会环境的基础上从事活动,把前一代人活动的终点作为自己活动的起点,同时又超越前辈们所创造的环境,在已有的基础上进行新创造。诚然,这些新创造受到已有的环境即前辈们活动的结果(客观条件)的制约,但他们也能动地改变这些条件,并在改变这些条件的同时改变人类自身。这样每一代人都以自己的新贡献加入到生生不息的大自然和绵绵不断的历史长河之中,并且锻造出自己的新品格、新的力量和新的面貌。这就是"人创造环境"和"环境创造人"的有机统一。

在人与环境的关系问题上,存在着两种片面性理解:一些人片面强调"人创造环境"的能动作用。在他们看来,物质条件无关紧要,充其量不过是为主体活动提供消极的质料,决定作用完全来自主体方面。这种观点忽略了环境对人的制约作用,把人的主观能动性抽象地夸张了。另一些人则贬低主体的能动作用,片面强调人对环境的依赖关系,认为人在环境面前毫无能动性和自由可言,好似上帝用线从暗室里牵出来的傀儡。前一种理解必然陷入历史唯心论,后一种理解必然陷入机械决定论和历史宿命论。为了避免这两种片面性,我国理论界又有人提出,"人创造环境"和"环境创造人"这两个命题是等价的、对称的。这种观点是正确的,但是需要加以说明和发挥,否则,仍然可能导致错误的理解。例如,18世纪的法国唯物主义者就是既承认人创造环境,又承认环境创造人的。然而他们并没有因此走向历史唯物主义,反倒在人与环境的相互作用的迷宫中兜圈子,最终陷入了"意见支配世界"的历史唯心论。

那么,究竟应该如何正确理解"人创造环境"和"环境创造人"之间的相互关系呢?我们认为应该从人与环境的双向运动和历史发展的连续性与阶段性相统一这两个方面加以理解。

2. 人与环境的双向运动

从共时性来看人和环境的关系,人是历史主体,环境是历史客体。"人创造环境"和"环境创造人",是人与环境、历史主体与历史客体方向相反而又内在统一的两种运动,即人向环境、历史主体向历史客体的运动和环境向人、历史客体向历史主体的运动。前一种运动是人对环境的能动的改造,即所谓主体的客体化、对象化;后一种运动是环境对人的生成,即所谓客体的主体化、非对象化(或称反对象化)。人与环境之间的主体客体化与客体主体化、对象化与非对象化的辩证统一运动,构成了人与环境、历史主体与历史客体之间的内在运行机制。

具体地说,对象化就是历史主体的活动、人的本质力量凝聚和体现在作为人的对象性活动的产物的环境身上,使历史主体有效的能力变为历史客体即环境的属性。由此,主体活动的能动性获得了它的对象性形式,使人的本质力量体现在被改造了的环境中,体现在环境客体由于主体的活动所产生和显现出来的规定性中。当主体活动的能动性对象化时,人的活动就从不定的形式转化为确定的形式,从运动的形式转化为静止的形式。对象化概念揭示了人的活动所引起的环境的变化。人的本质力量对象化的过程,实质上就是赋予客体以主体特性、赋予环境以人的特性的过程。

而非对象化,是指主体的实践活动使环境对象的规定性变为主体活动的规定性的过程,使环境对象的规律性变为主体活动的规律性的过程,使环境对象自身的逻辑变为主体行动和思维的逻辑的过程。非对象化是向主体揭示客体,将客体存在的逻辑并入主体的本质力量。非对象化概念说明了对象性活动在主体方面,即在人身上引起的发展。这种发展使环境对象的本质以及各种规定性转化为主体的本质力量、智慧、才能和技巧,转化为人的活动和各种方式,揭示了环境在人的活动的冲击下,由自在状态走向自在自为、从而向人生成的过程。

作为"人创造环境"和"环境创造人"的对象化和非对象化的两个反向过程,各自具有不同的特点。"人创造环境",即对象化过程,其特点在于人的能动性。人对环境的认识和改造,人的本质力量对环境的镌刻,是一个充满了主动性、创造性的能动过程,充分展示了人的生命活动的特点。对象化活动超越了一切动物的活动方式,是人的自由自觉的活动,是人对环境的强大的物质塑造力和精神塑造力的生动体现。而"环境创造人",即非对象化,其特点在于人的受动性,即受制约性。如果说对象化是将作为历史主体的人的自然力和社会力、创造性和能动性赋予了作为历史客体的环境,那么,非对象化就是以环境客体的客观性、对象性、社会历史性的存在限制人的活动范围和活动方式,并以环境客体的本质和各种形式的规定性以及本质之间的联系——客观规律性,制约着现实的人的活动的性质和人的本质力量的形成。

历史主体的客体化和历史客体的主体化、对象化和非对象化的过程,是人与环境之间双向运动的两个侧面。所以,历史主体的客体化和历史客体的主体化、对象化和非对象化,无非是同一过程的逆转,表现为历史主体与历史客体、人与环境之间的双向回还运动。这就是说,不是先有历史主体的客体化和对象化,后有历史客体的主体化和非对象化,也不是相反;二者同时发生,本是同一个过程。换句话说,在同一实践活动过程中,人既是能动的,又是受动的;人创造了环境,同时环境也创造了人。

3. 历史发展的连续性与非连续性

从历时性来看,人类社会历史的发展是连续性与非连续性(阶段性)的统一。应该用历史发展连续性与非连续性相统一的观点,说明人与环境的关系问题。我们先引证马克思、恩格斯的几段有关论述:

> 历史的每一阶段都遇到有一定的物质结果、一定数量的生产力总和,人和自然以及人与人之间在历史上形成的关系,都遇到有前一代传给后一代的大量生产力、资金和环境,尽管一方面这些生产力、资金和环境为新的一代所改变,但另一方面,它们也预先规定新的一代的生活条件,使它得到一定的发展和具有特殊的性质。由此可见,这种观点表明:人创造环境,同样环境也创造人。[52]

> 人们能否自由地选择某一社会形式呢? 决不能。在人们的生产力发展的一定状况下,就会有一定的交换和消费形式。在生产、交换和消费发展的一定阶段上,就会有相应的社会制度、相应的家庭、等级或阶级组织,一句话,就会有一定的市民社会。有一定的市民社会,就会有不过是市民社会的正式表现的相应的政治国家。……人们不能自由选择**自己的生产力**——这是他们的全部历史的基础,因为任何生产力都是一种既得的力量,是以往活动的产物。可见,生产力是人们应用能力的结果,但是这种能力本身决定于人们所处的条件,决定于先前已经获得的生产力,决定于在他们以前已经存在、不是由他们创立而是由前一代人创立的社会形式。[53]

> 人们自己创造自己的历史,但是他们并不是随心所欲地创造,并不是在他们自己选定的条件下创造,而是在直接碰到的、既定的、从过去继承下来的条件下创造[54]。

从这些论述可以清楚地看出,马克思、恩格斯是运用历史发展的连续性与非连续性(阶段性)相统一的观点和方法,在实践观点的基础上,科学地说明了人与环境之间的相互关系的。一方面,人类的历史是世世代代的人们连续不断的实践活动创造的。如果把整个人类历史比作一个长长的剧本,那么人类本身就是剧作者;另一方面,处于历史发展一定阶段上的人们创造历史的活动,又受到前人创造的既定的历史条件(环境)的制约,这些历史条件预先规定了人们的生产方式和活动方式。这就决定了每一代人都不能随心所欲地创造历史,历史决不是人的理性的自由创造物。这就是说,人类本身又是自己写作的剧本的剧中人,他们在历史舞台上的活动要受到自己写作的剧本的制约。如果只讲历史发展的阶段性,不讲历史发展的连续性,就会片面强调人的活动受既定的环境的制约,看不到这种既定的环境也是前人的实践活动创造的,看不到每一时代的人们的现实的实践活动都可以超越既定的环境,并且创造出更适合于自己生存的新环境,从而陷入机械决定论和历史宿命论。反之,如果只讲历史发展的连续性,不讲历史发展的阶段性,只承认人类社会的一切都是人的实践活动创造的,似乎这种创造活动是否受既定的历史条件(环境)的制约是可以不必问津的,这实际上就是把古往今来各个历史发展阶段上的人看成是一模一样的。这样的"人",决不是历史的、具体的、现实的人,而是想象的、超历史的、抽象的"人"。这样的"人",当然可以不受历史条件(环境)的制约而随心所欲地创造历史。因为这里所说的"历史",已经不是人类社会客观的历史进程,而只是某些思想家头脑中虚构的历史,即所谓"人心中的历史",从而必然陷入把人的理性和自由意志作为历史发展的原动力的历史唯心论。

18世纪的法国唯物主义者,虽然提出了"人创造环境"和"环境创造人"两个分别看来都是正确的命题,但是,由于他们不理解社会生活在本质上是实践的,不理解人与环境之间主体的客体化和客体的主体化、对象化和非对象化内在统一的双向运动过程,不能运用历史发展的连续性与非连续性(阶段性)相统一的观点看待人与环境的相互作用,从而不能走出人和环境谁创造谁的恶性循环的迷宫,最终陷入了"意见支配世界"的历史唯心论。

第四节 人与自然关系的社会性和实践基础

一 人与自然关系社会性的基本含义和内容

如前所述,人与自然是既对立的又统一的。人与自然统一的基础是实践。人与自然的关系是在实践中历史地发生和发展的。人本身虽然也是自然物质,但人不是单纯的自然存在物,更主要的是生活在社会中的社会存在物。所以,人与自然的关系,不是单纯的自然与自然之间的物质交换关系,而是纳入了社会过程的物质交换关系,是具有社会性的物质交换关系。实践是人类所特有的社会存在方式和社会活动方式。社会生活在本质上是实践的,具有社会性的人与自然的关系本质上也是实践的。离开了社会实践,抽去社会性这一环节就不存在人与自然的关系,或者说,人与自然的关系就变成了动物与自然的关系。人与自然关系的实践基础和社会性,具体说明了"人—自然—社会"是一个统一的整体。

人与自然关系的社会性,可以划分为两个层次。第一个层次是人与自然关系的一般社会性。这是指存在于一切社会形态中的人与自然关系的普遍特性,它和人与自然的关系共始终。第二个层次是人与自然关系的具体社会性,即人与自然关系的具体的社会形式。它表明人与自然的关系是在哪一种特定的社会形态下存在和发展的,是在原始社会、奴隶社会、封建社会下存在和发展的,还是在资本主义社会下存在和发展的,或者是在社会主义社会和共产主义社会下存在和发展的。由于社会形态的性质不同,存在于其中的人与自然的关系也就具有不同的性质。第一个层次与第二个层次的关系不是并列的、平行的,而是普遍与特殊、共性与个性、本质与现象的关系。人与自然关系的一般社会性是从人与自然关系的具体社会性中抽象出来的普遍的、本质的东西,而人与自然关系的具体社会性是特殊的、个别的、永远处于运动变化之中的,并且随着社会形态的更替不断改变自己的形式。人与自然关系的一般社会性存在于人与自然关系的具体社会性之中,并且通过这种具体社会性得到表现和确证。

二 人与自然关系的一般社会性

马克思指出:"人们在生产中不仅仅同自然界发生关系。如果不以一定方式结合起来共同活动和互相交换其活动,便不能进行生产。为了进行生产,人们便发生一定的联系和关系;只有在这些社会联系和社会关系的范围内,才会有他们对自然界的关系,才会有生产"。[55]人们往往从生产力和生产关系紧密相联、不可分割的角度理解马克思这段话,这无疑是正确的。其实,对马克思这段话,还可以从人与自然关系具有社会性的角度去理解。马克思还在《德意志意识形态》一书中说:"这里立即可以看出,这种自然宗教或对自然界的这种特定的关系,是由社会形式决定的,反过来也是一样。这里和任何其他地方一样,自然界和人的同一性也表现在:人们对自然界的狭隘的关系决定着他们之间的狭隘的关系,而他们之间的狭隘的关系又决定着他们对自然界的狭隘的关系,这正是因为自然界几乎还没有被历史的进程所改变。"[56]马克思这段论述的精神实质,不仅适用于人类初期,而且适用于一切时代。这就是说,人与自然的同一性,内在地包含了人与自然的关系和人与人的社会关系的互相制约,即人与自然的关系制约着人与人的社会关系,人与人的社会关系又制约着人与自然的关系,人与自然的关系和人与人的社会关系是共时性的同构关系。人与人的社会关系一开始就存在于人对自然的改造之中,它无处不在地渗透于一切人类改造自然的活动中。同时,只有通过人与人的社会关系,才能发生人与自然的关系。

人与自然的关系及其社会性,首先存在于生产劳动之中。生产劳动构成了人与自然之间最基本的实践关系。人与自然的关系最首要的不是理论关系,而是实践关系。马克思在《评阿·瓦格纳的"政治经济学教科书"》一文中深刻指出:"在一个学究教授看来,人对自然的关系首先并不是**实践的**即以活动为基础的关系,而是理论的关系","但是,人们决不是首先'处在这种对**外界物**的理论关系中'。正如任何动物一样,他们首先是要**吃、喝**等等,也就是说,并不'处在'某一种关系中,而是**积极地活动**,通过活动来取得一定的外界物,从而满足自己的需要(因而,他们是从生产开始的)"[57]生产劳动是有社会因素参与其间的人对自然的改造关系。在生产劳动中,人与人的社会关系和人与自然的关系同时发生,没有时间先后的区分。在作为人对自然的物质改造关系的劳动实践结构中,人与自然的统一性就在于:人与自然的关系和人与人的社会关系二者互为中介,即人与人的社会关系以人与自然的关系为中介,人与自然的关系又以人与人的社会关系为中介。而且正是由于后一点,使人与自然的关系带上了社会性,社会因素全面地影响着人与自然的关系。

人与自然不仅具有实践关系,而且具有理论关系。人不仅把自然界作为改造的对象,而且把自然界作为认识的对象。马克思在《1844年经济学哲学手稿》中说:"从理论领域来说,植物、动物、石头、空气、光等等,一方面作为自然科学的对象,都是人的意识的一部分,是人的精神的无机自然界,是人必须事先进行加工以便享用和消化的精神食粮。"[58]人与自然的理论关系即人对自然的认识,也不是孤立的个人单独进行的,而是在社会中、通过人与人的社会关系进行的。因此,人与人的社会关系,不仅中介着人与自然的实践关系,而且中介着人与自然的理论关系。

三 人与自然关系的具体社会性

人与自然关系的一般社会性通过人与自然关系的具体社会性表现出

来,即在不同的社会形态下,人与自然的关系具有不同的社会形式。下面我们通过人的依赖性社会、物的依赖性社会、个人全面发展的社会历史上三种依次更替的社会形态中,人与自然关系的不同社会形式,说明人与自然关系的具体社会性。

这三种社会形态,是伴随着历史上人与自然关系的三种发展状况而产生的。同时,这三种社会形态反过来又使人与自然关系的三种发展状况具有不同的社会形式。

人的依赖性社会,即前资本主义社会,包括原始社会、奴隶社会、封建社会。在这种社会形态下,人与自然的关系只是在狭小的范围内和孤立的地点上发展着。在原始公有制条件下,人与自然的关系和人与人的社会关系浑然一体。同人与自然之间直接的、狭隘的关系相对应,人与人的社会关系以血缘关系为基础,尚未完全斩断血缘亲族关系的自然脐带。奴隶社会和封建社会中的人与自然关系,也仍然受牢固的人群共同体的狭小范围的束缚。人的依赖性社会中人与自然关系的共同特征在于:自然经济占优势,商品经济的发展水平很低,人征服自然的能力弱小,表现为人与自然的直接同一和人对自然的盲从与崇拜,人几乎还是自然界的奴隶。正如马克思所说:"交换手段拥有的社会力量越小,交换手段同直接的劳动产品的性质之间的联系越是密切,把个人互相联结起来的共同体的力量就必定越大"[59]。

物的依赖性社会即资本主义社会。在这种社会形态下,由于生产力水平的提高,科技的进步,商品经济的充分发展,形成了人与自然之间的普遍的社会物质交换。资本主义社会使人与自然的关系发生了一个质的飞跃,即从前资本主义社会阶段的人对自然的盲目崇拜,转化为人对自然的普遍征服和普遍占有。马克思指出:资本主义生产"在生产出个人同自己和同别人普遍异化的同时,也产生出个人关系和个人能力的普遍性和全面性"[60]。这就是说,在资本主义的普遍物化的社会关系中,形成了人的独立性以及人的需求和人的能力的发展。

资本主义生产在实现人对自然的普遍征服和普遍占有的同时,破坏了人与自然的直接同一,造成了劳动者与生产资料即劳动的自然条件的分离,形成了人与自然在社会关系上的异化和物化。对这种异化、物化的社会关系,我们应该持全面的、辩证的科学态度。马克思指出:"毫无疑问,这种物的联系比单个人之间没有联系要好,或者比只是以自然血缘和统治服从为基础的地方联系要好。同样毫无疑问,在个人创造出他们自己的社会关系之前,他们不可能把这种社会联系置于自己支配之下。"[61]马克思既肯定了物的依赖性社会中人与自然的关系优于人的依赖性社会中人与自然的关系,又指出了物的依赖性社会中人与自然关系的局限性,并且批判了那种"留恋原始的丰富性"的非历史主义的浪漫主义思潮。总之,物的依赖性社会形态下,人与自然关系的特征表现为人对自然的普遍征服性和自然对人的普遍有用性,以及人与自然之间在社会关系上的异化和物化。

个人全面发展的社会即共产主义社会。在这种社会形态下,克服了人与人之间的社会关系上的异化和物化,形成了全面发展的个人和人与人之间全面丰富的社会联系,而这些是以资本主义社会形成的人与自然关系的一定程度的发展为前提的。马克思指出:"全面发展的个人——他们的社会关系作为他们自己的共同的关系,也是服从于他们自己的共同的控制的——不是自然的产物,而是历史的产物。要使这种**个性**成为可能,能力的发展就要达到一定的程度和全面性,这正是以建立在交换价值基础上的生产为前提的。"[62]在人的依赖性社会中,由于生产范围的狭小,人与自然关系的狭隘,无论社会和个人,都不可能有自由而充分的发展。资本主义社会形态下人与自然关系的发展水平的提高,才为全面发展的个人和丰富的社会联系的形成提供了必要的物质基础。只有在共产主义社会中,联合起来的全面发展的个人,才能以对自然界的本质和发展规律的科学认识为前提,以先进的技术设备为手段,按照共同制定的计划合理地支配和改造自然,实现人与自然的共同繁荣和协调发展。

注　释

〔1〕　《费尔巴哈哲学著作选集》上卷,商务印书馆 1984 年版,第 248 页。
〔2〕　黑格尔:《逻辑学》下卷,商务印书馆 1976 年版,第 523 页。
〔3〕　《马克思恩格斯选集》第 4 卷,人民出版社 1995 年版,第 247 页。
〔4〕　《马克思恩格斯全集》第 42 卷,人民出版社 1979 年版,第 122 页。
〔5〕　《马克思恩格斯选集》第 1 卷,人民出版社 1995 年版,第 79 页。
〔6〕　《马克思恩格斯选集》第 1 卷,人民出版社 1995 年版,第 61 页。
〔7〕　《马克思恩格斯选集》第 1 卷,人民出版社 1995 年版,第 76 页。
〔8〕　《马克思恩格斯选集》第 1 卷,人民出版社 1995 年版,第 78 页。
〔9〕　《马克思恩格斯全集》第 42 卷,人民出版社 1979 年版,第 128 页。
〔10〕　《马克思恩格斯选集》第 1 卷,人民出版社 1995 年版,第 76 页。
〔11〕　《马克思恩格斯选集》第 4 卷,人民出版社 1995 年版,第 374 页。
〔12〕　《马克思恩格斯全集》第 23 卷,人民出版社 1972 年版,第 202 页。
〔13〕　《马克思恩格斯选集》第 4 卷,人民出版社 1995 年版,第 375 页。

〔14〕《斯大林全集》第1卷,人民出版社1953年版,第288页。
〔15〕《马克思恩格斯选集》第4卷,人民出版社1995年版,第377页。
〔16〕《马克思恩格斯全集》第23卷,人民出版社1972年版,第88页。
〔17〕《马克思恩格斯全集》第23卷,人民出版社1972年版,第533页。
〔18〕《马克思恩格斯全集》第23卷,人民出版社1972年版,第201页。
〔19〕《马克思恩格斯全集》第23卷,人民出版社1972年版,第56页。
〔20〕《马克思恩格斯全集》第23卷,人民出版社1972年版,第201—202页。
〔21〕《马克思恩格斯全集》第23卷,人民出版社1972年版,第56—57页。
〔22〕《列宁全集》第5卷,人民出版社1986年版,第90页。
〔23〕《马克思恩格斯选集》第4卷,人民出版社1995年版,第347页。
〔24〕《马克思恩格斯全集》第23卷,人民出版社1972年版,第561页。
〔25〕《马克思恩格斯全集》第23卷,人民出版社1972年版,第202页。
〔26〕《马克思恩格斯全集》第42卷,人民出版社1979年版,第97页。
〔27〕《马克思恩格斯全集》第23卷,人民出版社1972年版,第202页。
〔28〕《列宁选集》第2卷,人民出版社1995年版,第100页。
〔29〕何边:《到太空去办工厂》,1985年11月10日《人民日报》。
〔30〕参看尹希成等著:《全球问题与中国》,湖北教育出版社1997年版,第235页。
〔31〕《马克思恩格斯选集》第1卷,人民出版社1995年版,第165页。
〔32〕《马克思恩格斯选集》第1卷,人民出版社1995年版,第72页。
〔33〕《马克思恩格斯选集》第1卷,人民出版社1995年版,第123—124页。
〔34〕《马克思恩格斯选集》第1卷,人民出版社1995年版,第73页。
〔35〕《马克思恩格斯选集》第1卷,人民出版社1995年版,第73页。
〔36〕《马克思恩格斯全集》第19卷,人民出版社1965年版,第404—405页。
〔37〕《马克思恩格斯全集》第42卷,人民出版社1979年版,第122页。
〔38〕《马克思恩格斯选集》第1卷,人民出版社1995年版,第61、80页。
〔39〕《马克思恩格斯选集》第1卷,人民出版社1995年版,第80页。
〔40〕《马克思恩格斯全集》第42卷,人民出版社1979年版,第121页。
〔41〕《马克思恩格斯选集》第4卷,人民出版社1995年版,第378页。
〔42〕《马克思恩格斯选集》第1卷,人民出版社1995年版,第141页。
〔43〕《马克思恩格斯选集》第1卷,人民出版社1995年版,第71页。
〔44〕《马克思恩格斯选集》第3卷,人民出版社1995年版,第644页。
〔45〕《马克思恩格斯选集》第1卷,人民出版社1995年版,第294页。
〔46〕《费尔巴哈哲学著作选集》上卷,商务印书馆1984年版,第115页。
〔47〕《马克思恩格斯全集》第2卷,人民出版社1957年版,第164页。
〔48〕参见《马克思恩格斯全集》第46卷上册,人民出版社1980年版,第121页。
〔49〕《马克思恩格斯全集》第42卷,人民出版社1979年版,第92页。

〔50〕《马克思恩格斯全集》第 2 卷,人民出版社 1957 年版,第 58 页。
〔51〕《马克思恩格斯选集》第 1 卷,人民出版社 1995 年版,第 58 页。
〔52〕《马克思恩格斯选集》第 3 卷,人民出版社 1995 年版,第 43 页。
〔53〕《马克思恩格斯选集》第 4 卷,人民出版社 1995 年版,第 532 页。
〔54〕《马克思恩格斯选集》第 1 卷,人民出版社 1995 年版,第 585 页。
〔55〕《马克思恩格斯全集》第 6 卷,人民出版社 1965 年版,第 486 页。
〔56〕《马克思恩格斯选集》第 1 卷,人民出版社 1995 年版,第 82 页。
〔57〕《马克思恩格斯全集》第 19 卷,人民出版社 1965 年版,第 405 页。
〔58〕《马克思恩格斯全集》第 42 卷,人民出版社 1979 年版,第 95 页。
〔59〕《马克思恩格斯全集》第 46 卷上册,人民出版社 1980 年版,第 104 页。
〔60〕《马克思恩格斯全集》第 46 卷上册,人民出版社 1980 年版,第 109 页。
〔61〕《马克思恩格斯全集》第 46 卷上册,人民出版社 1980 年版,第 108 页。
〔62〕《马克思恩格斯全集》第 46 卷上册,人民出版社 1980 年版,第 108—109 页。

第二章
世界的存在方式

哲学是一门寻根究底的学问,探究统摄形形色色的事物和现象背后的本质、本原,从总体上揭示和把握世界存在和发展的规律,是哲学的使命。从这个意义上说,任何哲学都不能回避世界的存在和本质、本原问题,都以这样或那样的形式对它作出过回答,马克思主义哲学自然也不例外。

第一节 世界的物质统一性

一 不同哲学派别对世界物质统一性的不同回答

在广阔无垠的大千世界里,存在着千姿百态的事物和现象。有微观世界的分子、原子、原子核、基本粒子,也有宏观世界的各种物体和星球;有生命物质,也有无生命物质;有自然界的,也有人类社会的;有看得见摸得着的,也有看不见摸不着的。在这些复杂多样的事物和现象中,有没有共同的本质、本原?共同的本质、本原是什么?不同的哲学派别有不同的回答。我们把它们概括为"反本质论"、"神定秩序论"、"精神(观念)创设论"和"物质统一论",而"物质统一论"又可分为"具体形态说"、"结构层次说"和"客观实在说"。

1."反本质论"

亦叫"反基础主义"、"反本质主义",这种观点认为世界并不存在所谓内在的规律,任何事物都没有什么本质,人们的认识也没有一个确定的方式和规则,不存在能指导我们行为的"普遍真理",我们有的只是作为"塑造"我们自身存在的背景和环境的那种文化习惯。类似观点自古就有,但是到后现代主义思想家那里将此推至极端,成为他们观照世界特有的方式。从福柯的系谱学到罗蒂的新实用主义,从维特根斯坦的语言游戏到德里达的反逻各斯中心主义,后现代哲学家始终都贯穿着这一重要的原则。在他们看来,探究宇宙万物的根源,追求解释一切事物的存在,是传统哲学中起支配作用的思维方式,在今天业已成为一种"过时的梦幻",而后现代主义所要揭示的是:"[事物]没有本质,或者它们的本质是用事物的异化形式零碎地拼凑起来的"[1],即使是"一个实用主义者也一定坚持不存在诸如物是自在的这种方式,除了人类想解释它的用法之外,没有其他可描述的方法。"[2]

2."神定秩序论"

亦称"神创说",认为世界本质上是"一种神定的秩序","上帝"是开天辟地和人类起源的最初动因,是自然变迁、人类发展和个体命运的最终决定力量,世界是"预成的",世界万物的运动变化隐含着一种"先定的和谐"。在各种各样的世界起源论中这是一个最为悠久的观念,特别是在各少数民族的传说中它一直占主导地位,各民族都有自己的神灵或偶像崇拜。这种崇拜可以被看作是人类原始意识、原始宗教中的哲学思想的萌芽,但一直到18世纪,近代自然科学已经有了发展之后,这种观点仍然在生物学界存在。比如,18世纪法国博物学家乔治·布封正是在对昆虫的机体进行了解剖、分析后,发出对"造物主"所建构的世界结构的精巧、完善的惊叹。到19世纪,杰出的科学家牛顿在经典力学等领域具有巨大贡献,但在宇宙观上他坚信上帝的"第一推动力",他对世界构成过程的理解是:上帝发动宇宙开始的初次物体,予以"创生力";初次物体再发动大地万物并传予"创生力";一切物体的存有归根结底仍靠造物主的"创生力"的继续支持,这种支持等于继续创造;"创生力"就是生命的终极源泉,它联系着整个宇宙万有,使宇宙万有具有整体性;宇宙间的任何事物皆由"生命神力所发,分享造物主的生命"。这一思想在中国古典哲学中也有非常多的表征。

3."精神(观念)创设论"

各种唯心主义哲学主张这种观点,它们从意识第一性、物质第二性的原则出发建构世界图景,断言世界统一于精神,否认世界的物质性。客观唯心主义者认为,一般理念是客观事物的创造者,比如,黑格尔就认为"绝对观念"是一切事物的本质;我国宋朝的思想家朱熹认为"理在事先","理"是万物之本。主观唯心主义者则认为,世界是人的主观意识的产物,如贝克莱认为,"物是观念的集合","存在即是被感知";我国宋朝的陆象山则认为,"宇宙便是吾心,吾心即是宇宙。"唯心主义的说法虽然各异,但本质上都认为,精神是世界的本原,世界统一于精神。

在对待世界统一性问题上,还有一种二元论的观点,认为世界不是一个本原,而是有两个本原,一个是精神,另一个是物质。精神和物质是彼此平行的,二者性质不同,互不相干。笛卡儿哲学是这种观点的代表。按照列宁的理解,二元论表面看来是动摇于唯心论和唯物论之间的哲学派别,但实质上最后要倒向唯心主义。因为二元论把意识和物质的对立绝对化,把精神现象看作和物质一样是从来就有的,在回答哲学基本问题的第一方面时就否认了物质第一性、意识第二性的基本原理,并且认为精神和物质两个本原都是上帝创造的,上帝才是绝对实体。在看待物质和精神的作用时,片面地把精神说成是积极的、能动的,把物质说成是消极的、被动的。所以,二元论表面看来是坚持物质、精神两个本原,但如果要在二者之中再做选择,确定"终极本原",它必然会选择精神本原论,从而最终倒向唯心主义。

与上述各种形式的本原论不同,哲学史上所有的唯物论都认为世界是统一于物质,即认为世界的本原是物质。诚如恩格斯所说:"世界的真正的统一性在于它的物质性。"[3]列宁也指出:"唯物主义的基本前提是承认外部世界,承认物在我们的意识之外并且不依赖于我们的意识而存在着。"[4]承认物质本原论是唯物主义学说的共性,但到底什么叫物质?怎样给物质下定义?不同的哲学派别却有着不同的回答。

4. 具体形态说

古代朴素唯物主义认为,世界的本原是物质,而物质就是指某一种或几种具体的物质形态,并且认为这些具体的物质形态是可以变化的。正是由于这些变化才形成了世界上的万事万物。他们认为自然界无限多样的事物中有共同的基础,即共同的"始基"。始基是可以变化的,万物由始基产生,万物死亡和毁灭后又归于始基。比如,古希腊第一位哲学家泰勒斯认为,水是万物的本原;古希腊另一位哲学家阿那克西米尼则认为,这种原始物质是空气;我国古代的"五行"学说认为,金、木、水、火、土是组成世界的原始物质;在印度也把地、水、火、风看成是组成世界的原始物质;等等。

在古代朴素唯物论中,古希腊的原子唯物论和中国的元气说代表着物质本原论中具体形态说的最高水平。古希腊原子唯物论的代表人物德谟克利特等人认为,原子是一切事物的本质。它是一种人们看不见的微粒,这种微粒是不能再分的,这种原子在数量上无限多,性质是相同的,而形状大小不同。由于原子的形状大小和排列次序不同,才形成了世界上各种不同的事物。事物的死亡和变化是由于原子的分离和重新组合所造成的。而"虚空"是另一种客观存在,它的性质和原子不同,非常松散,原子在"虚空"中运动,原子相互碰撞,便结合在一起,形成世界上各种各样的事物。我国古代元气说的代表东汉的王充认为,元气是万物的原始物质。他说:"天覆于上,地偃于下,下气蒸上,上气降下,万物自生其中矣。"宋朝的张载也认为,世界由"气"组成,他说:"凡象,皆气也。"(《正蒙·乾称第十七》)明末清初的王夫之也认为,自然界和人的实际内容是气,他说:"天人之蕴,一气而已。"(《周易外传》)

原子唯物论和元气说比起始基变形论,是一个大的进步,因为它的概括性更大了。虽然这种理论缺乏必要的科学根据,只是一种朴素的猜测,但却是一种很有启发性的猜测。原子唯物论和元气说试图用物质内部的组成成分和结合方式等方面来说明物质的外部特性,表明唯物主义对于世界物质统一性的认识在不断深入和发展。

5."结构层次说"

随着社会的进步和科学的发展,唯物主义由古代朴素唯物论发展到近代机械唯物论。机械唯物论把物质概念归结为物质结构的原子层次,认为物质就是原子。世界上的一切事物都是由原子组成的,原子是"宇宙之砖",原子是不可再分的最小物质单位,世界统一于物质,即统一于原子。机械唯物论之所以把原子作为世界的本原,是和近代自然科学的发展相联系的。从15世纪开始,英、法等国的资本主义逐渐产生和发展起来,促进了自然科学的发展。人们对物质结构的认识也有了很大发展。科学家们先后发现了几十种化学元素,发现了原子,并发现了在化学反应范围内,原子作为最小单位进行化合和分解,具有一定质量,按牛顿所揭示的力学规律运动。原子具有永恒不变的根本属性,是物质结构的最深层次。自然科学上这些物质结构的理论,反映到哲学上,就形成了近代机械唯物论的物质观。

近代机械唯物论坚持从物质世界本身去寻找世界的本原,反对从神和上帝或精神中去寻找世界的本原,其方向、路线是正确的;他们所作的结论以当时自然科学材料为依据,建立在科学实验的基础上,克服了古代朴素唯物论的直观性、猜测性,他们把物质概念理解为物质结构的原子层次,其概括性较之古代朴素唯物主义物质概念更大了,反映了人们对世界本原认识的进一步深化和发展。但是由于社会历史条件和科学发展水平的局限,使他们在解决世界物质统一性问题上存在着种种缺陷,具体表现在他们把原子看成世界的本原,并认为原子的性质永远不变,犯了"以偏概全"的错误。首先,把组成事物的结构层次作为世界的本原,不能解释人类社会现象,社会运动不能用物理运动来解释。其次,认为原子是世界的本原,并且认为原子的性质不变,也不能解释自然界为什么会有各种各样的物质现象。最后,机械唯物论把人们对原子的认识,作为对物质最深层次的认识,是形而上学的表现。实际上,人们对物质结构的认识,也是一个永无止境的深化过程,不可能只停留在原子水平上,原子不是物质结构的最深层次。

二 世界的物质性在于其客观实在性

马克思主义哲学在总结旧唯物论的经验教训和新的科学成果的基础上,对世界本原的认识深化了。它认为不能把世界的本原归结为某一物质客体或某种物质结构,应归结为事物的共同本质,作为反映本原的物质概念应该科学地概括一切事物的普遍本质,揭示事物无限多样性的统一。

恩格斯在谈到物质概念应有的内涵时,明确地表达了这样的思想。他说,物质"这样的词无非是**简称**,我们就用这种简称把感官可感知的许多不同的事物依照其共同的属性概括起来。"[5]意思是说,物质是对所有具体事物共同本质的正确反映,是从各种实物的总和中抽象出来的,是舍掉了一切事物的具体特性、具体结构、具体功能和具体差别的结果。所以,他进一步强调说:"当我们把各种有形地存在着的事物概括在物质这一概念下的时候,我们是把它们的质的差异撇开了。"[6]同时,恩格斯还针对机械唯物论把物质归结为原子的局限性,指出:"原子决不能看作简单的东西或者甚而看作已知的最小的物质粒子。"[7]以后,电子和某些元素的放射性现象的发现,证实了恩格斯的预见;也进一步表明了不能把世界的统一性归结为物质的某种特殊结构,归结为结构层次性。恩格斯在《反杜林论》中明确说:"世界的真正的统一性是在于它的物质性"[8]。物质性就是客观实在性。

19世纪末20世纪初,物理学发生了重大变革。1895年,伦琴发现了X射线,1896年安东尼·贝克莱尔发现了三种放射性现象,恩斯特·卢瑟福将它们分别命名为 α、β、ν 射线。1897年,J.J.汤姆逊发现了一种阴极射线粒子,他把它命名为"小球"(corpuscles)。后来洛伦兹提出用乔治·斯通尼的"电子"来命名这种"小球"。1900年,卢瑟福证实:X射线是电子流;ν射线是高频率的电磁波;α射线是带正电的氦核粒子流;β射线是带正电的氢核粒子流。令人不解的是,放射性元素及其同位素都能释放这种带正电的粒子流,那么这些放出去的粒子到哪里去了呢?于是,物理学家和化学家同时惊呼:"原子非物质化了","物质消失了!"

"物质消失了"这一忧虑其实只能说明,长期以来关于原子不可分、不可入、不可破的假定已经被放射性和电子的发现打破了。由于发现了某些元素具有放射性,它们能向周围放射出肉眼看不见、穿透力很强的射线,它们的放射性是由元素的原子核发生变化和破裂而产生的。射线是微粒流,有的带正电,有的带负电,有的不带电。随着放射性的发现,人们认识到原子内部还有更小的电子、质子、中子等基本粒子,这样原子就不再是不可分、不可入、不可破的了。可以说,新的科学发现,驳倒的不是唯物论的物质观,而是机械唯物论的形而上学性,充分暴露了机械唯物论物质观的局限性。

但是,对这一科学发现的哲学解释,在当时大多数科学家和哲学家那里还是不清楚的。在他们的思想陷入混乱的时候,列宁依据马克思主义哲学基本原理,概括现代科学的新成就,发挥了恩格斯的思想,给物质下了一个科学的定义,即"物质是标志客观实在的哲学范畴,这种客观实在是人通过感觉感知的,它不依赖于我们的感觉而存在,为我们的感觉所复写、摄影、反映。"[9]

这个定义深刻地论述了世界的物质性,集中体现了马克思主义哲学的物质观。这表现在:

第一,它再次明确了物质性就是客观实在性,认为无论物质的具体形态、具体结构、具体属性如何,都有这一共同特性。它们不是神或上帝的创造物,也不能用"我"的感觉或"客观精神"等来诠释;精神不过是人脑这块复杂物质的机能,精神不能脱离物质独立存在,而成为世界的另一个本原。这个定义与"神定秩序论"、"精神(观念)创设论"是鲜明对立的。同时,它也指出了客观实在性是可知的,揭示了人的认识对象和知识的源泉,为马克思主义哲学的反映论和可知论提供了前提,与唯心论的先验论、不可知论划清了界限。可见,它正确地回答了哲学基本问题所包含的两个方面的问题,把对物质概念的规定同解决哲学基本问题紧密联系起来,集中反映了马克思主义哲学世界观的实质。

第二,它指出了世界的统一性在于它的物质性,即客观实在性,而不在于物质的某种形态、某种结构,所以它具有最大的普遍性和概括性,它不仅能概括自然物质,而且能概括社会物质,把唯物论贯彻到社会历史领域。在自然界,它不仅能概括宇宙天体、物体、高分子聚合物等宏观的物质层次,而且能概括分子、原子、基本粒子等微观的物质层次。它能容纳物质形式、属性、关系等无穷无尽的多样性及其不断的变动性,适用于过去、现在和未来,是包罗万有的统一性,无限多样的统一性,避免了以偏概全的弊病。因此,这个定义准确地抓住并彻底地克服了旧唯物主义物质概念的主要缺点,把哲学的物质概念与自然科学关于物质结构的具体学说明确地区别开来,强调物质是标志客观实在的"哲学范畴"。这样,不仅消除了唯心主义攻击唯物主义的一个主要口实,而且为我们对物质结构的进一步探讨指明了方向,开辟了广阔的天地。

时至今日,还有论者拘泥于对物质范畴的某种形态、某种结构的理解,借口自然科学物质结构学说的变化而试图证伪马克思主义的物质观,他们提出诸如"物质变成了能量"论、"反物质"论、"物质的湮灭"论、"宇宙的膨胀"论等等。然而,从本质上透视他们提出的依据,就会发现,所谓"物质变成了能量"不过是具有静止质量的实物粒子变成了不具有静止质量的场;所谓"反物质"不过是具有某些相反的物理特征的实物;所谓"物质的湮灭"不过是实物粒子与反实物粒子在强相互作用中变成不具有静止质量的光子;所谓"宇宙的膨胀"只不过是人类观测所及的那一部分物质世界的膨胀;如此等等。尽管上述这类物质的具体形态和具体特性是无限多样的,不断变动的,但是它们都具有客观实在性这一根本特性。

三 科学对世界物质统一性的证明

任何哲学命题、哲学论断都需要不断地在时间的长河中接受实践的检视,其结果要么被证伪,从而成为历史陈迹;要么被证实,因而体现其普适性、真理性。马克思主义关于世界物质统一性的论断就经受住了这种考验。

我们先看科学方面的证明。

自19世纪以来,自然科学与社会科学取得了突飞猛进的发展,取得了一系列重大的成就。与世界物质统一性密切相关的主要是理论自然科学与社会科学的新成就,诸如天体的起源和演化理论、生命的起源和生物进化的理论、质量和能量守恒与转化定律、人类起源和社会发展的理论等,它们以无可辩驳的事实和逻辑证明世界物质统一性的正确性。

天体的起源和演化理论证明,宇宙中的一切天体都是不依赖于人的意识而存在的物质客体,它们各有自己形成和发展的历史,决不是上帝意志的产物。根据新的星云假说,太阳系是在大约五十亿年前,在一个庞大的星云碎裂后,由其中的一块形成的。恒星是由星际弥漫物质聚集成的星云,通过自身吸引和排斥的矛盾运动而产生的。星系起源的弥漫说或超密说都肯定了星系是由某种物质转化而来的。科学发现表明,宇宙中的一切天体及其周围的空间,都是物质的东西,根本不存在所谓非物质的神的世界。

生命的起源和生物进化的理论证明,生命是自然界发展到一定阶段的产物,生命物质是由非生命物质发展变化而来的。科学已经证明,地球早期是一个炽热的球体,不具备产生生命的条件,当地球冷却到一定程度时,一些原子状态的物质发生化合反应,产生了碳氢化合物,碳氢化合物又和水气、氨等进行化合,生成由碳、氢、氧、氮四种元素组成的简单有机物。简单有机物发展到复杂有机物,经过长时间的一系列化学变化,形成了更为复杂的生物大分子——蛋白质和核酸。蛋白体能够自我更新,即新陈代谢。在此基础上,又经过了漫长的发展过程,到距今大约34亿年前时,才出现了简单的生命物质。分子生物学的研究成果进一步告诉我们,蛋白质是由氨基酸组成。蛋白质执行着代谢运动、免疫等生理功能。核酸分子则由许多核苷酸组成。核酸是生物遗传的物质基础。核酸通过遗传信息控制蛋白质的代谢,二者相互作用,共同完成生命运动。1965年,我国科学工作者又进行了模拟合成蛋白质和核酸的实验,第一次人工合成了具有生物活性的蛋白质——牛胰岛素。人工合成的牛胰岛素具有生物功能,说明复杂人体中的有机物质可以用化学方法合成,充分证明了生命的本质决不是唯心主义认为的是一种神秘的、超自然的"活力"的体现。生命也不是上帝创造的,而是物质世界合乎规律发展的产物,证明了生命现象和非生命现象也存在着物质统一性。此外,达尔文的生物进化论也证明,现存复杂多样的生物,原是由少数原生生物,通过遗传和变异的交互作用,通过自然选择、适者生存,经过上亿年的漫长演化过程而达到的结果,而不是上帝或神创造出来的。

质量和能量守恒与转化定律证明,物质能够依一定规律由一种形态转化为另一种形态,但不论怎样转化,其总的质量和能量是不变的。这从质和量两方面证明了世界的物质统一性。

关于人类起源的科学理论证明,作为"万物之灵"的人类,不是上帝"和泥"而捏成的,而是由动物"分化产生的"。生活在距今二三千万年前的森林古猿,在萌芽式劳动的推动下不断进化,并在三百多万年前进化为早期猿人。猿人在劳动的推动下,又经过不断进化,在三四万年前,其脑和整个体形结构,已进化到接近现代人的样子了。

而社会发展史和社会科学证明,随着人类的出现,人类社会也产生了。社会存在的基础是由一定物质资料的生产方式以及人口因素、地理环境等社会物质生活条件构成的复杂的物质体系。不同的社会形态的产生和更替,都是生产力和生产关系、经济基础和上层建筑矛盾运动的结果。而生产力和生产关系,以及其他的社会关系,归根到底是物质或由物质所派生的关系。社会的精神生活也不能脱离社会物质生活而独立存在,它是社会物质生活的反映。所以,人类社会也是整个物质世界的一部分。

总之,自然科学和社会科学的事实已经并将继续从各个方面、各个角度对世界的物质统一性原理提供有力的证明。

四 哲学对世界物质统一性的论证

世界统一于物质是对无限丰富和永恒发展着的整个宇宙的总概括。这是一个哲学命题。对这一命题,用自然科学和社会科学的成果证明它的正确性是必要的,但是不完备的。因为各门具体科学的证明都是从各个领域、各个角度出发,都还是局部的、有限的,它不能代替哲学的概括和论证。哲学是关于世界观和方法论的学说,它决定着人们观察事物、分析问题的基本出发点。事实说明,对同样的科学材料和具体科学的研究成果,用不同的世界观和方法论去观察、分析和总结,会得出很不相同、甚至截然相反的哲学结论。所以,对世界统一于物质这一命题,还必须在哲学上进行论证。

马克思主义哲学是从以下几方面论证世界的物质统一性的:

第一,具体分析命题的本质与内涵。

世界究竟统一于物质、统一于客观实在,还是统一于上帝、统一于意识,马克思主义哲学要求做出明确的回答。二元论者否定这个问题,不可知论者回避这个问题,只会给唯心主义保留阵地或给唯心主义以可乘之机。19世纪自命为"社会主义改革行家"的德国思想家杜林曾提出"世界统一于存在"的命题。恩格斯在《反杜林论》中对此做了深入剖析,认为"存在"的概念是一个缺乏规定性模棱两可的概念。这一概念掩盖了唯物主义和唯心主义的对立,因为它既可以表示物质的存在、客观实在,也可以被唯心主义解释为存在的本质是思维或"存在就是被感知"。因此恩格斯认为"世界统一于存在"这个命题是错误的,马克思主义要抛弃这一命题。当然,这不是说马克思主义哲学就不用"存在"的概念,恩格斯就提出了思维与存在的关系问题,但这里说的存在不是抽象的存在,而是与思维相对立的存在,即客观存在,它不过是自然界和物质世界的同义语罢了。这同抽象地谈论存在决不是一回事。

第二,借助理论思维、辩证思考。

论证世界的统一性问题,要依靠自然科学,然而又不能局限于具体科学,一定要借助理论思维、辩证思考。比如,我们肯定了光谱分析对世界物质统一性的论证,并不在于这种分析发现了其他天体上存在着的氢、氦、硅、铁等元素在地球上也存在,而是从中看出了在各个天体之间并没有互不相通的东西,它们都是统一的物质世界的组成部分。如果不作这种概括或概括得不正确,就揭示不出光谱分析的哲学意义,甚至会得出世界统一于某几种化学元素的结论。同时,正确的哲学论证还要注意辩证地思考。形而上学唯物主义者之所以把世界的统一性归结为某种具体的物质形态,就因为他们在具体与抽象、多与一、个性与共性、相对与绝对、有限与无限等问题上离开了辩证法。

第三,广泛而系统的论证。

马克思主义哲学对世界物质统一性还作了广泛的哲学论证。比如,马克思主义哲学论证社会生活的客观实在性,论证社会存在决定社会意识;分析和揭露唯心论的社会阶级根源和认识论根源;论证时间、空间的无限性;论证意识是人脑的机能、是客观世界的主观映象,以及对形形色色唯心主义论调的批判,也都贯穿着对世界物质统一性的论证。

第四,论证是一个长期的、持续的过程。

马克思主义哲学还认为,对世界物质统一性的论证是一个长期的、持续的过程,物质世界以及人类对它的认识都是无限发展的,因而,对世界物质统一性的论证也在不断深化。正如恩格斯说,"世界的真正的统一性在于它的物质性"这一命题,"不是由魔术师的三两句话所证明的,而是由哲学和自然科学的长期的和持续的发展所证明的。"[10]世界物质统一性的哲学论证必将随着科学的进步而具有新的内容和形式。

第二节 运动是物质的根本属性和存在方式

马克思主义哲学不仅肯定世界是物质的,而且认为物质是运动、变化和发展的。运动是物质的根本属性和存在方式。只有把世界的物质性原理和运动、变化、发展原则相结合,才是完整的科学的世界观。

一 运动是物质的固有属性

恩格斯指出:"运动,就它被理解为存在的方式,被理解为物质的固有属性这一最一般的意义来说,囊括宇宙中发生的一切变化和过程,从单纯的位置变动起直到思维。"[11]"应用到物质上的运动,就是**一般的变化**。"[12]这表明,运动是标志物质世界一切事物和现象以及过程的变化的哲学范畴。

为了正确理解物质与运动的关系,我们可以将其分成两个命题进行阐释:运动是物质的固有属性;物质是运动的主体。

1. 运动是物质的固有属性

这就是说,物质世界的任何事物都处在永不停息的运动之中,世界上没有不运动的物质,物质离不开运动。正如恩格斯所说:"从最小的东西到最大的东西,从沙粒到太阳,从原生生物到人,都处于永恒的产生和消灭中,处于不断的流动中,处于不息的运动和变化中。"[13]"没有运动,物质是不可想象的"[14]。

　　哲学史上形而上学唯物主义者曾否认运动是物质的固有属性,认为事物从本质上讲是不运动的,即使有运动变化,也只是位置的移动和数量的增减,不会发生质变。并且,这种变化也是由于外力推动引起的,认为物质运动变化的原因存在于物质之外。比如,17世纪英国哲学家霍布斯就认为,物体的固有性质只有广延或形状,运动不是物质的固有属性。再如,英国的物理学家牛顿,在说明天体运动的发生发展时,用万有引力定律说明宇宙间各种星球的运动状况,他认为一切行星和卫星在有了一个初始速度后,由于万有引力的作用,它们可以沿着固定的轨道不断运行。但是,牛顿却认为这个初始速度是"精通力学和几何学的上帝"所给予的切线力的推动,才使星球具有初始速度而运转起来。因此,牛顿认为,物质的根本特性是"惰性",没有外力推动,自己不会运动。他说:"没有神力之助,我不知道自然界中还有什么力量竟能促成这种横向运动。"牛顿对宏观物体的机械运动作了正确说明,是有重大贡献的,但推广到哲学领域,他就错了,牛顿是由形而上学的唯物论陷入到唯心主义宗教神学中去的。其实,星球所具有的初始速度是星球本身固有的,每一个天体星球都有自己产生、发展和转化为其他物质形态的过程。星球的运动是它们自己的属性,根本不需要也不可能有上帝的推动。

　　那么,物质世界为什么会处在不停的运动中呢?这只能从物质世界中事物和现象之间的相互联系、相互作用中得到解释。因为任何事物的内部和外部都处在相互联系、相互作用中。内部联系构成事物的内部矛盾,外部联系构成事物的外部矛盾。事物内部各个要素之间的相互作用以及事物与事物之间的联系和作用,使事物不停地运动、发展、变化。矛盾的普遍性,决定了运动的永恒性、绝对性。

　　运动的这种永恒性、绝对性在物质世界的各个系统中都得到了有力的佐证。

　　从宏观世界来看,我们居住的地球围绕着太阳不停地进行着公转和自转。太阳也进行着公转和自转,太阳还带领太阳系里的九大行星、近百个卫星、数千个小行星以及数量众多的彗星和流星体系绕银河系中心旋转,旋转一周要2亿年。已发现的10亿多个类似于银河系的星系岛屿无一不处在剧烈的运动之中。每一个星球都要经历产生、发展和灭亡的运动过程。在微观世界里,每个物体内部分子在不断地运动着。组成分子的原子也在不断运动着。在原子内部,电子围绕着原子核运动。在原子核内部,质子和中子以及比质子、中子更小的粒子也处在不停运动中。已发现的三百多种基本粒子,也都以运动的状态存在着、转化着。在生物有机界,每一个生物个体时刻不停地进行着新陈代谢、同化异化的矛盾运动。每一个生物也都有产生、发展和灭亡的历史过程。生物物种也在不断地发生着变化,整个生物界都经历着由低级到高级、由简单到复杂的运动发展过程。

人类社会和人的思维也是不断运动变化的。就人类社会而言,一方面从大的趋向看,经历了原始社会、奴隶社会、封建社会、资本主义社会的嬗变,一些国家已经进入社会主义社会,将来还要发展到共产主义社会,即使将来实现了共产主义,人类社会仍要继续运动发展;另一方面在每一个社会形态中各个系统因素又处于不断的变化中,使社会发展呈现出多种方式和样态,显示出多种生机。人的思维器官在外界事物的作用下,也在不停地进行着思维活动。随着人们实践水平的提高,人的思维活动将越来越深入地认识客观事物。人的认识活动也是不断运动、变化和发展的。

2.物质是运动的主体

就是说,世界上没有离开物质的运动,运动必须有它的物质主体。从简单的机械运动到复杂的社会运动和思维运动,都离不开运动的主体,并且所有的运动主体都是物质。机械运动的主体是宏观物体;物理运动的主体是分子、原子、基本粒子和场;化学运动的主体是原子、离子、原子团;生物运动的主体是蛋白质和核酸;社会运动的主体是人类的物质资料的生产方式;思维运动的主体是人的大脑,等等。总之,各种运动形式的承担者都是物质。世界上不存在没有物质的运动,脱离物质的所谓"纯粹"运动是没有的。正如恩格斯所说:"物质是一切变化的主体。"[15]

由于运动是物质的根本属性,一切物质都处在一定运动形式中,所以,我们要认识物质,就要认识物质的运动形式。毛泽东说:"人的认识物质,就是认识物质的运动形式,因为除了运动的物质以外,世界上什么也没有,而物质的运动则必取一定的形式。"[16]

哲学史上,唯心主义把运动看作是精神的特性,否认物质是运动的主体。主观唯心主义者把运动看作是自己的思想、表象和感觉等主观意识的运动,认为"只有我的感觉在交替变换,只有我的表象在消失和出现,仅此而已。在我之外什么也没有。'在运动着'——这就够了。"[17]客观唯心主义者把运动看作是"绝对精神"、"天命"、"理"、"道"之类的所谓客观精神的运动。比如,黑格尔就认为"绝对观念"在自然界和人类社会没有出现之前早已存在,由于绝对观念的不断运动,到一定时候才外化为自然界和人类社会。无论是主观唯心论或客观唯心论,都认为运动可以离开物质,运动是纯粹精神的运动。现代西方哲学中某些唯心主义流派仍然把运动和物质割裂开来。比如,自19世纪以来西方流行的生命哲学就把生命归结为是某种心理和精神,认为运动就是精神在运动。法国生命哲学家柏格森说:"事物和状态只不过是我们心灵所采取的一种变化,事物是不存在的,存在的只有动作。"[18]运动变化就是生命冲动本身。这些观点是毫无科学根据的。科学的发展已经证明,生命是蛋白体的存在形式,蛋白质和核酸等物质是生命运动的承担者,离开了承担生命运动的物质,是不会有生命运动的。

19世纪末20世纪初,由于在自然科学上发现了电子和X射线等,使机械唯物论的物质观发生动摇。于是出现"唯能论"(创始人是德国的物理学家、化学家威廉·奥斯特瓦尔德),认为物质消灭了,变成能了。并断言自然界所出现的一切运动过程,如电子过程、化学过程以及人的精神过程都是能量的转化过程,能量是惟一的"世界实体",是组成世界万事万物的基础。他们认为物质不是组成世界的基础,反对原子论,主张用"唯能论"去代替原子论。"唯能论"的观点是不符合科学的错误的理论。奥斯特瓦尔德到了晚年,在事实面前心悦诚服地承认原子的客观存在,即原子的物质性。

也有人利用现代科学的发现妄图复活"唯能论"。他们曲解质能关系式($E = mc^2$,能量等于质量乘以光速的平方),认为物质可以从有变为无,也可以无中生有。其实,质量和能量相互关系的定律说明了物质所具有的质量和能量之间具有不可分割的联系,物质的质量越大,物质的能量也越大;质量越小,物质所具有的能量也越小。不可能有一个离开物质单纯的能量存在,也不可能有一个离开物质单纯的能的运动。离开电子不会有电能,离开各种元素的原子不会有化学能,离开了进行无规则运动的分子也不会有热能。

当一个物体在一种运动形式上失去一定能量,而另一个物体从这个运动形式上得到一定能量时,并不是说,仅仅只有能从一个物体上分离出来,跑到另一个物体上去,而是说,从一种运动形式转化到另一种运动形式。能量的转移离不开物质的转移。因此,"唯能论"妄图从质能相互关系定律导出能量可以脱离质量的结论是不能成立的。

综上所述,物质和运动是不可分割的。世界上既没有不运动的物质,也不存在没有物质的运动。列宁指出:"使运动和物质分离,就等于使思维和客观实在分离,使我的感觉和外部世界分离,也就是转到唯心主义方面去。"[19]因此,掌握运动和物质不可分的原理,对于彻底坚持唯物主义一元论,反对唯心主义和形而上学有着重要意义。

二 运动的绝对性和静止的相对性

与运动相关的另一个哲学范畴是静止。物质世界是绝对运动和相对静止的辩证统一。就整个物质世界来说,没有不运动的物质,因而运动是无条件的、永恒的和绝对的;就物质的具体存在形式来说,它又有静止的一面,不过它是运动的一种特殊形态,因而是有条件的、暂时的和相对的。所谓相对静止,是标志物质运动在一定条件下、一定范围内处于暂时稳定和平衡状态的哲学范畴。正如恩格斯所说:"从辩证的观点看来,……绝对的静止、无条件的平衡是不存在的。个别的运动趋向于平衡,总的运动又破坏平衡。因此,出现静止和平衡。"[20]

具体讲,相对静止有以下几种情形:

第一,是指机械运动中,某一物体相对于另一物体在位置上没有发生变化,处于相对稳定状态。这种静止是相对的,而不是绝对的。例如,在我们每个人的身体内部一刻也不停止地进行着新陈代谢运动,一直在进行着物理的、化学的等形式的运动。说我们身体处于静止状态,是说我们的身体相对于地面来说没有发生位置移动,并不是绝对静止了。再比如,我们坐在火车里,相对于火车车厢来说,没有发生位置移动,可以把我们看作是静止的。但我们和车厢相对于窗外的田野和树木来说,又是在运动中。在这里,说我们是静止的,只是以车厢为参照物而言的,只是从我们和车厢的位置没有发生变化而言的。并不是绝对静止了,而是相对静止。

第二,是指事物处在量变阶段,没有发生根本性质的变化。比如,水加热到一定程度要变成气,是水由量变状态到质变状态,但当水还没有变成气之前,处在量变状态时,水仍保持水的性质。水仍然是水,而不是别的事物,这种量变状态和质变状态相比较,可以看作是静止的。但这种静止是相对的,因为事物虽然没有质变,但仍然有量变或部分质变。水分子在不停的运动着,有部分水分子先变成气蒸发出来。量的积累到达一定程度,原有事物的性质终究要发生根本变化,被另一事物所代替。社会形态的更替也是如此。在旧的社会形态没有被新的社会形态代替之前,处在量变阶段,保持其社会形态的本质特点,然而这种静止状态是暂时的。变革旧社会的力量不断发展,新社会终究代替旧社会,社会运动永远不会停止。所以,静止是相对的,运动是绝对的。

承认事物的相对静止对于我们认识世界和改造世界有着重要意义。

第一,只有认识了事物的相对静止,才能认识事物的绝对运动。因为运动和静止是相互依赖、相互渗透的。绝对运动存在于相对静止之中,并通过相对静止表现出来。绝对运动只有通过相对静止来测量。因此,要认识事物的绝对运动必须通过事物的相对静止才能把握。比如,运动员比赛要有起跑线;制定国民经济发展速度计划要有起点。

第二,认识了事物的相对静止,才能理解物质的多样性。绝对运动是事物发展变化的根源,相对静止是不同形态物质存在的根本条件。正如恩格斯说:"物体相对静止的可能性,暂时的平衡状态的可能性,是物质分化的本质条件,因而也是生命的本质条件。"[21]没有相对静止,就没有物质的分化,物质世界也不会呈现出多样性。

第三,只有承认事物的相对静止,才能认识和利用不同事物。因为,由于事物的相对静止,才使得事物具有确定的形态和性质,人们才能把不同形态的物质及各种不同的物质特性区别开来,从而认识和利用不同质的事物。比如,现在人们已发现的动物有一百多万种,植物三十万种,正是由于事物的相对静止,才使它们相互区别,我们才能认识它们,利用它们。如果否认事物的相对静止,把任何事物都看成是瞬息万变、不可捉摸的,就无法认识事物和利用事物了。

在关于事物绝对运动和相对静止的关系问题上,要防止和反对两种错误观点:一种是形而上学不变论,一种是相对主义诡辩论。

形而上学不变论夸大事物的相对静止,否定事物的绝对运动,把相对静止绝对化。比如,我国西汉时期的唯心主义哲学家董仲舒认为:"道之大原出于天,天不变,道亦不变。"(《对策》)所谓道,即封建社会的道德、政治、习俗等。他认为天是宇宙间至高无上的主宰,是"百神之大君"(《郊祭》)。世界上的任何事物都是天创造的,天不会变化,事物也永远不会变化。

相对主义诡辩论则夸大事物的绝对运动,否定事物的相对静止。认为任何事物都是瞬息万变、不可捉摸的,否认事物间存在着质的区别。比如,古希腊的哲学家克拉底鲁认为,万物像旋风一样不可捉摸。他的老师赫拉克利特具有朴素辩证法思想,曾讲过"人不能两次踏进同一条河流",表述了万物不断发展变化的思想。但是,克拉底鲁却认为,人连一次也不可能踏进同一条河流。因为一切都是瞬息即逝,变换不定,人们根本不能认识事物。

我国战国时期的唯心主义哲学家庄子也持这种观点,他说:"方生方死、方死方生。方可方不可,方不可方可"。他把生和死、可与不可之间的过渡和转化绝对化,完全抹杀了事物的相对稳定性和质的区别,得出了"万物齐一"的结论。实际上,生和死、可与不可之间虽然在一定条件下可以相互转化,但是毕竟有着本质的不同。

第三节　时间和空间是物质存在的基本形式

一　时间、空间概念及其特性

1. 时间概念及其特性

时间指的是物质运动的持续性、顺序性。

所谓持续性是指任何一个物体的运动都要经历一个或长或短的过程,即都要持续一个过程。如π介子的"寿命"只有一亿亿分之一秒,但还是有一个持续的过程。电子计算机每秒可进行上千万次、上亿次的运算,但还是有持续的时间,谁也造不出不需要运算时间的电子计算机。所谓顺序性是指不同事物之间运动过程的出现有一个先后顺序关系。比如,某一件事发生在另一件事之前,两件事中间存在着先后顺序关系。时间就是表示事物运动过程的持续性和先后顺序。

时间的特点是一维性。这种一维性具体表现在:第一,任何一个物体运动的持续性都可以用一个数表示出来,如说,王师傅已有30年工龄了,用30年这个数表示了王师傅的工作年限。另外,物体的运动过程在出现的先后顺序上也可以用一个数表示出来。如,第一辆车比第二辆车早开出3小时,两辆车开出的先后顺序也可以用3小时这个数来表示。第二,时间总是朝着一个方向发展,即从过去、现在到未来的方向发展,并且一去不复返。

2. 空间概念及其特性

空间指的是物质的广延性或伸张性。所谓广延性或伸张性,是指客观事物所具有的一定的长度、宽度和高度,也就是物质所具有的向上下、前后、左右伸张的性质。

物质的空间特性通常以两种形式表现出来。第一,表现为一定的体积。从大的天体星球到小的分子、原子、电子都有一定的体积。第二,表现为每一个物体都处于一定的空间位置中,即每一个物体都和它周围的物体存在着上下、前后、左右的空间关系。正因为物体间存在着空间关系,所以,物质的运动,即使是机械运动,也必然涉及到物体在空间中的位移、体积或规模的增大或缩小等。可见,物质的运动必然和空间有关。

空间的特点是三维性,即具有长、宽、高三度。比如,要测量一个物体的体积,必须具有长、宽、高三个数值,才能确定它的体积大小。另外,通过空间中的任何一点,也只能作出互相垂直的三条直线。这都证明空间具有三维性。列宁说:"自然科学毫不怀疑它所研究的物质只存在于三维空间中,因而这个物质的粒子虽然小到我们不能看见,也'必定'存在于同一个三维空间中。"[22]

在科学研究中,有时也使用"四维世界"的概念,"四维世界"的意思是在长、宽、高的基础上又加上时间,其用意在于描述宇宙天体和空中飞行物位置变化情况,就需要把空间因素和时间因素结合起来,构成四维时空连续区,并非说现实的空间是四维的。在数学上设想没有宽窄只有长短的线和只有长宽而没有高低的面,这是一种科学抽象,而在实际生活中这样的线和面是没有的。

二 时间、空间与物质

在时间、空间与物质的关系问题上值得注意的有三种观点:分离论、主体论、统一论。

1."分离论"

它把空间和时间与物质割裂开来,认为空间、时间可以离开物质而存在,是一种与物质无关的空洞形式。比如,古希腊哲学家德谟克利特就认为,空间是无物的"虚空",而原子在"虚空"中运动。机械唯物论的代表牛顿认为:"绝对的空间,按其实质永远是均匀的和不动的,与任何外界情况无关。""绝对的、真的及数学的时间,按其自身并按其本质来说,在均匀地流动着,与外界任何对象没有关系。"[23]"时间、空间是一切事物的贮藏所。"[24]总之,牛顿认为,空间和时间是与物质相脱离的一种绝对时空。

2."主体论"

它把时间和空间看成是精神、观念和意识的产物,否认时间、空间的客观实在性。18世纪德国哲学家康德认为,空间、时间是人头脑里固有的先天认识形式。人们通过头脑里固有的先天认识形式,去感知事物,才给事物以空间和时间的特性。英国的马赫主义者毕尔生也认为,空间和时间是人的感觉,他断言:"我们不能断定空间和时间是真实存在的;它们不是存在于物中,而是存在于我们感知物的方式(our mode)中。"[25]黑格尔则把空间和时间看作"绝对观念"的产物。"绝对观念"外化为自然界后,产生了空间,这时还没有时间;"绝对观念"进一步外化为人类社会后,才产生了时间。

3."统一论"

与上述观点不同,马克思主义哲学主张时间和空间与物质不可分。一方面,物质运动总是在一定的时间和空间中进行的,离开时间和空间的物质运动是不存在的;另一方面,时间和空间又离不开物质的运动,离开物质运动的时间和空间同样是不存在的。所以列宁说:"世界上除了运动着的物质,什么也没有,而运动着的物质只能在空间和时间中运动。"[26]

科学的发展已证明世界上不存在没有物质的空间和时间。在肉眼看来似乎虚空的地方,并非绝对虚空,而是充满各种物质运动形态。不仅有各种分子运动、原子运动,而且有各种场。场也是物质运动的一种形态,也有广延性和持续性。自然科学上讲的真空也不是离开物质的空间,是指在一定的容器中,由于气体分子较少,对于器壁的压力较小,相对于压力大的气体来说叫做真空。实际上,在这种真空中,不仅有气体分子运动,而且有电磁场、引力场等物质的运动,它们也有持续性和广延性。

从测量时间、空间的办法中也可以证明时间和空间与运动着的物质不可分。空间是用物质在时间中的运动来度量的。如用尺子来量物体的长度,尺子需要沿物体移动一定时间。测量宇宙天体星球间的距离是用光在时间中的运动,光在真空中运行一年的距离为一光年。时间是以物质在空间中的运动来度量。比如我们用带指针的钟表来量度时间,是用指针运动所示的不同位置来量度的。年、月、日等测量时间的单位,是根据地球、月球的转动情况确定的。地球绕太阳公转一周为一年,月球绕地球公转一周为一月,地球自转一周为一日。人们量度空间、时间的方法、工具和单位尽管有各种各样,但都离不开运动的物质。人们能够确定量度空间和时间的工具和单位,是因为作为工具的物质形态本身具有广延性和持续性,物体之所以能够被测量,也因为物体具有广延性和持续性。如果测量工具不具有广延性和持续性,或者被测物体不具有广延性和持续性,时间、空间则无法测量。由此可知,空间和时间离不开运动着的物质,物质和时间、空间不可分。正如恩格斯所说:时间和空间"物质的这两种存在形式离开了物质当然都是无,都是仅仅存在于我们头脑之中的空洞的观念、抽象。"[27]

因此,在时间和空间与物质"统一论"看来,"分离论"把时间和空间与物质分割开来,必然导致否认时间和空间的客观性。因为,离开运动着的物质的时间和空间是没有的,只是一种主观、空洞的抽象概念而已。同样"主体论"也是不能成立的。科学的发展早已证明,在人类出现之前,地球早已以时间、空间形式存在着,时间、空间怎么能是精神、观念和意识的产物呢?当然,在日常生活中,我们有时觉得时间过得很快,有时又觉得时间过得很慢;对于同一个物体由于距离我们远近和光线明暗的不同觉得大小也不一样,这仅仅是人的主观感觉,并非空间和时间真的会随我们的主观感觉而变化,并非空间和时间变成思想形式了。

三 时间、空间的绝对性与相对性

所谓时间和空间的绝对性,是指时间和空间作为运动着的物质的存在方式是客观的,是不以人们的意志为转移的;人们的时空观念不过是客观存在的时间和空间的反映。时空的客观实在性是不变的、无条件的,因而是绝对的。列宁说:"唯物主义既然承认客观实在即运动着的物质不依赖于我们的意识而存在,也就必然要承认时间和空间的客观实在性。"[28]上节我们已经做了详细说明,兹不赘述。

所谓时间和空间的相对性是说,不同事物的时间和空间的具体特性是受物质运动的具体特性所制约的,即它们的个体特性是可变的、有条件的;人们关于时间和空间的观念也是可变的、发展的,因而时间和空间是相对的。

时间和空间的相对性,已由自然科学的发展特别是由非欧几何和爱因斯坦的相对论所证实。

在数学上,几何学是反映物质空间特性的科学。几何学的发展证明了空间和时间的相对性。古希腊数学家欧几里得创立的几何学证明,在同一个平面上,通过线外一点只能对已知直线作一条平行线,并进一步证明了三角形三内角之和等于180°。19世纪30年代俄国数学家罗巴切夫斯基创立的非欧几何学证明了,在同一个平面上,通过线外一点,至少可以对已知直线引出两条平行线,三角形三内角之和小于180°。19世纪50年代,另一位非欧几何学的代表德国数学家黎曼又证明了,在同一平面上,通过线外一点,不能对已知直线引出任何平行线,三角形三内角之和大于180°。实践证明,欧几里得几何学和非欧几何学都是正确的。欧几里得几何学所反映的是地面狭小范围内的空间特性;罗巴切夫斯基的非欧几何学反映的是广大的宇宙空间特性;黎曼几何学所反映的是微观空间特性。也就是说,三种几何学在它们各自适用的范围内都是正确的。这就说明了空间特性是依赖于物质状态的,具体的空间和特性是可变的,因而是相对的。

在物理学上,20世纪初爱因斯坦所创立的相对论,也证明了空间、时间的相对性。爱因斯坦的狭义相对论证明,空间、时间特性,会随着物体运动速度的变化而变化。当物体运动速度接近光速时,物体内部的时间就会延缓,物体沿运动方向的长度就会缩短,这就是所谓"尺缩"、"钟慢"。狭义相对论还证明了同时的相对性。即在一个坐标系里看来是同时发生的两件事,在另一个坐标系中看来则不一定是同时发生的。爱因斯坦的广义相对论还揭示了空间、时间和物质也是对立统一体。物质以时空的形式存在和运动,反过来物质的存在和运动又决定时空结构。物体的质量越大,分布愈密,引力场愈强,其空间曲率(空间特性同欧几里得几何学定律所揭示的特性的差距)越大;引力场愈强,时间流程也越慢。

总之,科学发展的事实,从不同的侧面揭示出时间和空间作为物质存在的两种基本形式的本质并不是抽象的、贫乏的,它们在不同的条件下,都有其多样性的表现和特性,从而证明和揭示了时空相对性、时空的层次性、时空的多样性和人的关于时空的观念的可变性,丰富了人类对时空本质的认识。

四 时间、空间的无限性与有限性

时间的无限性,是指物质在持续性方面的无限性,整个宇宙的持续性是无始无终、无尽无休的;时间的有限性,是指每一具体事物的发展过程是有始有终、有尽有休的。空间的无限性,是指物质在广延性方面的无限性,整个物质世界的广延性是无穷无尽、无边无际的;空间的有限性是指,每一个具体事物的广延性是有穷有尽、有边有际的。

时间和空间的无限性与有限性是辩证统一的。时空无限性的观点,同物质和运动永恒性的原理是密切联系的。物质和运动是永恒存在的,它们既不能创造,也不能消灭,只会永无止境地由一种形态转化为另一种形态。这种永恒存在和无休止的转化过程,就表现为空间、时间的无限性;具体事物有生有灭,不会永恒存在,它在时间和空间上是有限的。

有限和无限是既相区别又相联系的。首先,无限是由有限组成的,无数个有限组成了无限。每一个具体的有限事物都是无限宇宙中相互联系的事物中的一个。其次,有限包含着无限,无限通过有限表现出来。每个有限的事物由于自身的运动变化,而打破自己存在的界限进入无限之中。每一个具体物质形态的时间、空间是有限的,整个世界的时间、空间是无限的。整个世界的空间、时间的无限性是通过无数个有限的具体的物质形态的空间、时间特性表现出来的,就存在于无数的具体事物的有限的时间和空间之中。

这里要注意的是,无限是由有限组成的,但并非有限的算数和等于无限。无限不是极大的有限值,而是指不可穷尽的性质。这种不可穷尽性存在于有限事物中,并通过无数有限事物来表现。

自然科学的发展,不断冲破有限论者设置的时空界限,证实着时间和空间的无限性。

天文学的研究证明,在古代人们心目中的宇宙只限于地球,后来扩大到太阳系。到了18世纪之后,又扩大到银河系,比太阳系大一亿倍。之后,又发现银河系之外的10亿个以上的星系,即河外星系。河外星系又组成总星系。现在已能测出100亿光年以外的天体,人们对宇宙范围的认识界限已扩大到10万亿倍,但仍不是认识的极限,也不是宇宙的边际。在遥远的天体星球后面,还有无数个星球。随着天体演化学、地质学等各门科学的发展,人们也可以对上百亿年以前的事物进行研究。但并不是宇宙时间上的开端。总之,人们对宇宙的认识不断打破了原来的界限,这是对空间、时间无限性的科学证明。

人们对宇宙认识的发展,一方面不断证实着时间、空间的无限性,另一方面也不断向马克思主义时空观提出许多新问题。比如,伽莫夫等人的"宇宙大爆炸理论"就是如此。"宇宙大爆炸理论"提出关于宇宙的起源和演化的理论,这种观点直接涉及到宇宙有限、无限问题,所以也引起了哲学界的重视。

"宇宙大爆炸理论"认为,我们现在的宇宙有一个产生和演化的过程。他们经过一系列观察计算提出:宇宙大约起源于100亿—200亿年以前。当时只存在一种高温、高密度、体积极小的原始物质,经过一系列的激变,发生了大爆炸。大爆炸以后,原始物质体积膨胀、温度下降。当温度下降到一定时候,膨胀后飞向各方面的物质逐渐结合成各种元素,最终形成了各种天体。

"宇宙大爆炸理论"之所以能够被人们所重视,其重要原因在于它能较好地解释一些自然现象。比如,能够解释20世纪20年代美国天文学家埃德温·哈勃发现的光的"红移"现象,(即河外星系上发出的光波长普遍向光谱的红端移动)。为什么会发生"红移"现象?物理学上一般认为,是由于发光星体以很高的速度远离观察者而去所致。为什么河外星系的星球会远离我们而去?"宇宙大爆炸理论"认为是由于宇宙大爆炸后继续膨胀的原因。"宇宙大爆炸理论"可以解释天体星球的年龄。认为最老的星体年龄在100

亿—200亿年左右。而今天文学上观察到的天体的年龄中,最老的也在100亿—200亿年左右。如,太阳的年龄在50亿年,地球的年龄在45亿年。"宇宙膨胀论"可以解释1965年美国科学工作者发现的3K微波背景辐射现象,认为是原始大爆炸后的热量散失在宇宙空间而形成的微波干扰。"宇宙大爆炸理论"还可以解释宇宙天体中氦的丰度,认为已知天体中氦元素与氢元素的含量之比为1:3,是由于宇宙初期核合成引起的,等等。

  面对同一项科学成果,可以有不同的哲学解释。"宇宙大爆炸理论"作为一种天体演化的科学假说,应该受到人们的重视,在科学上应该进行认真的研究。然而一些唯心主义和宗教神学却以此作为空间、时间有限的证据。比如,教皇保罗12世在罗马教皇"科学院"发表了《从现代科学来看上帝证明》的演说,他说:"如果人们从时间方面倒推'宇宙膨胀'的这个过程,那么人们就会得到一个结论,大约在一百亿年以前,全部星云的物质都密集在一个合乎比例的狭小空间上,当时宇宙有了自己的开端。""这一切不过是意味着对《创世纪》第一言的证实,使基督教的信徒具有对圣经的崇敬"。唯心主义和宗教神学从"宇宙大爆炸理论"引出宇宙有限的结论是非常荒唐的。因为,"宇宙大爆炸理论"只是论证了人们至今所观察到的一些天体星球的产生和发展过程,并不能证实宇宙是有边际的,也不能证明在"原始原子"爆炸之前就没有物质世界的存在。它描述的仅仅是无限宇宙的一部分情况。宇宙中的一部分在空间和时间当然是有限的。但是,不能以宇宙的一部分来代替无限宇宙。在宇宙的某一部分发生大爆炸是完全可能的。比如,1979年3月5日,据人造卫星记录证明,在距地球十八万光年的大麦哲伦星系中,发生了一次来自中子星的大爆炸,爆炸只持续了1/10秒,但释放出来的能量却很大。这次爆炸释放能量的比率比太阳的能量释放率大1000亿倍,说明在宇宙的某一部分发生爆炸是完全可能的自然现象。但唯心主义和宗教神学由此得出宇宙有限的结论是完全错误的。科学上发现的光谱红移、3K微波背景辐射等物理现象,只能再一次证明空间、时间的无限性,而不能为唯心主义和宗教神学提供任何论据。

  掌握马克思主义时空观,在理论上和实践上都有着重要意义。在理论上,坚持马克思主义时空观,是坚持马克思主义世界观的必要条件。如果否认这个原理,就会给唯心主义和宗教神学大开方便之门。比如,如果认为物质在空间上是有边际的,那么在"边际"之外只能是"上帝"的世界或神的世界。如果认为物质世界在时间上是有始有终的,那么必然会得出物质世界最初是由一种"非物质的力量"(如"绝对观念"和"上帝")创造出来的结论,或者是在承认物质世界之外还存在一个非物质的世界。如果否认物质世界在时间、空间上的无限性,必然要陷入唯心主义和宗教神学。

在实践上,掌握马克思主义时空观,对于我们把握时代特征、正确处理社会实践中的重大问题也有着重要意义。在当代,一方面,借助于信息革命、交通革命和世界市场,人类不再碍于高山大洋的间隔、交通信息传递的困难。电子计算机极速的代际更替,使得人类处理和传播信息的能力大大增加,网络化使世界形成一个紧密相连、息息相关的"地球村",更奇特的是各种虚拟组织的出现,即通过数字化方式形成了一个个虚拟空间,而这些虚拟空间与网络、电脑、高科技相结合,为人类的发展开创了一个前所未有的"数字时代"。现代社会节奏的迅速更替和周转导致了时间观念的加强。人们越来越注重时间,及时性原则成为人们行为的根本原则。社会交往空间的变更和活动节奏的加快,无疑会对人们的生活、行为、心理、情感和思维方式等产生广泛的影响,为此我们必须与时俱进,随时调整,否则就会感到极不适应或被淘汰。

第四节 物质运动的客观规律性

马克思主义哲学认为,物质世界的运动不是杂乱无章的,而是有规律的。世界上不存在没有规律的物质运动。

一 规律的含义

所谓规律,指的是物质本身固有的、本质的、必然的联系。列宁认为:"规律就是**关系**……**本质的**关系或本质之间的关系。"[29]这表明,客观事物处在普遍联系之中,但并不是所有的联系都是规律,只有事物内部的或事物与事物之间的本质的、必然的联系才是规律。比如,在部分电路里,通过导线的电流强度和导线两端的电压成正比,和导线的电阻成反比。揭示了电路里电流、电压、电阻间的本质的、必然联系,就是规律,即欧姆定律。所谓必然联系,就是说事物的这种联系是必然如此、不可避免的。比如,在社会基本矛盾规律中,生产力和生产关系之间的联系就是必然联系,有什么样的生产力,就必然有什么样的生产关系与之相适应。当生产关系的性质适合生产力状况时,生产力才能发展。事物的本质、必然联系是其本身固有的,所以,规律也是事物本身固有的。

规律和物质的含义不同。规律是物质的特性,是物质的运动秩序。物质是按照一定规律运动的,而物质是规律的主体,二者不能等同。

二　规律的特性

1. 客观性

由于规律是客观事物间的本质的必然联系,而客观事物本身是不依人的意识为转移的客观存在,所以,作为客观事物本质的必然联系的规律也是不依人的意识为转移而存在着,即任何规律都具有客观性。第一,这种客观性不管人们认识与否,它都同样存在。比如,物体间吸引和排斥的规律、生物进化的规律,这些规律在人类没有出现之前早已存在,价值规律也不因为有人没有认识它而不存在。春、夏、秋、冬的四季更替也同样不因为有人怕热或怕冷而不出现。第二,这种客观性也不能按照人们的主观意志而创造和消灭,而只能随着客观事物的发生、发展、消亡的变化而变化,比如,生物运动变化和发展的规律,是随着生物的产生、发展变化而变化的。在生物没有出现时,生物运动的规律也不可能存在和起作用。第三,这种客观性还表现在,人们在认识和改造客观世界的过程中,其行动只有符合客观规律才能实现预想的效果,违背客观规律必然失败。

自然规律的客观性好理解,社会是否有规律？如果有,社会规律是否有客观性？这个问题却受到一些论者的质疑。但事实表明,规律的客观性不仅存在于自然规律中,而且也存在于社会规律中。当然,社会规律和自然规律比较,有不同的特点。自然规律的发生和作用是各种自然物不自觉的、盲目的力量引起的,不需要人的有意识、有目的的活动参与;而社会规律需要有人的有意识、有目的的活动参与才能表现出来并发挥作用。离开了人的活动,不可能有人类社会运动规律。但不能因此否认社会规律的客观性,因为社会上的每一个人都生活在一定的生产关系中,其思想、动机都受着所处时代的生产力水平和生产关系性质的制约,还要受到所处时代其他客观条件的限制。并且不是所有人的思想、意识都能实现,而只有那些符合客观实际和历史发展规律的认识才能变成现实。所以,社会规律在一定意义上也不是人的主观意志的产物,它具有客观性。人类社会发展的历史已经证明,虽然不同民族、国家的历史发展有着自己的特点,但至今一般都经历了原始社会、奴隶社会、封建社会、资本主义社会几种社会形态的更迭,每一种社会形态的产生、发展和转化都是由于生产力和生产关系、经济基础和上层建筑的矛盾运动所引起。恩格斯说:"历史进程是受内在的一般规律支配的。"[30]所以,社会规律的客观性也是显而易见的。

2. 稳定性

世界上的事物和现象是多种多样的,它们之间的联系也是错综复杂、千变万化的。而规律是事物众多联系中本质的、必然的联系。"规律是宇宙运动中本质的东西的反映。"[31]所以,规律具有稳定性。比如,每一个生物体都和周围环境有着多方面的联系,在外界环境的作用下,生物体经常发生变化。但是,同外界进行物质交换、维持新陈代谢的正常活动是生物体同外界最本质的联系。这个本质的联系则是稳定的。认识了这种本质联系,才能了解新陈代谢规律和生态平衡规律。

3. 普遍性

规律在它所适用的条件下,都要重复出现,在它适用的范围内必然要发生作用。因为规律是事物的本质的、必然的联系,所以,凡是具有这样内在联系的事物,规律必然起作用。只要符合规律存在的条件,规律必然重复出现。比如:在标准大气压下,水在摄氏零度以下由液体变成固体,只要具备标准大气压和零度以下的条件,水必然要变成冰。

由于不同规律所适用的范围大小不同,所以,它们的普遍性的大小也不相同。根据规律普遍性的大小,可分为一般规律和特殊规律。所谓一般规律,也叫普遍规律,即普遍性较大的规律。比如,适用于整个宇宙中的各种运动形式的唯物辩证法的规律,适用于宇宙中某一领域的一些规律如思维领域的运动规律、人类社会的发展规律等等,都是一般规律。所谓特殊规律,是指普遍性较小、只适用于某些事物的运动规律。比如,阶级斗争规律只适用于阶级社会里,不适用社会发展的所有阶段。相对于整个人类社会的发展来说,它是特殊规律。由于宇宙间的事物都处在普遍联系之中,所以,一般规律和特殊规律之间的界限是相对的。一般规律和特殊规律是相对于一定的范围而言的。在一定范围内是一般规律的,在另一范围则是特殊规律。反之,亦然。比如,同化、异化、遗传、变异规律,相对于生物界来说是一般规律,但相对于整个自然界来说是特殊规律。阶级斗争相对于整个人类社会的发展过程来说是特殊规律,但相对于阶级社会来说则为一般规律。正因为一般规律和特殊规律的区分具有相对性,所以,我们在认识世界和改造世界的过程中,既要重视一般规律的作用,又要重视特殊规律的作用。在我国革命和建设中,要把马克思主义的普遍原理同我国具体情况结合起来,使我们的社会主义事业沿着正确的方向不断取得胜利。

4. 规律的各种特性之间的关系

在规律的客观性、稳定性和普遍性中,规律的客观性是所有特性的基础,稳定性和普遍性也都是客观的,都是客观性的表现。有些唯心主义也承认规律的存在,这些唯心主义和辩证唯物主义在规律问题上的根本分歧不在于是否承认世界的规律性,而在于是否承认规律的客观性。有些主观唯心主义认为,规律是人的主观意识的产物。比如,康德曾断言:因果性、规律性并不是自然界本身所固有的,而是人的思想所固有的,是先于经验的。是人的"知性"把规律外加到自然界的。他认为,人们的理性为自然界立法。中国宋朝的唯心主义哲学家陆象山认为:"人皆有是心,心皆具是理,心即理也"(《与李宰书》)。即认为在每个人的心里有着关于事物的道理、规律。客观唯心主义者认为规律来源于一种超自然的神秘的力量。比如,黑格尔承认自然界、人类社会的运动是有规律的,但他所谓的自然界、人类社会都是"绝对精神"的产物,自然界、人类社会的规律实质上是"绝对精神"的规律,自然界和人类社会的运动规律是"绝对精神"运动规律的外部表现。中国汉朝的思想家董仲舒说:"道之大原出于天。"即认为"法则""规律"来源于天。总之,这些主观唯心论和客观唯心论具体说法虽有不同,但实质上都否认规律的客观性。形而上学唯物论从物质第一性、意识第二性的前提出发,虽然承认自然界里规律的客观性,但由于阶级和历史条件的局限性却否认社会规律的客观性。他们认为社会意识决定社会存在,社会历史的发展是由少数伟大人物的主观意志决定的,从根本上否认了人类社会规律的客观性。只有马克思主义认为,任何事物的运动都是有规律的,任何规律都具有客观性,在规律观上体现了彻底的唯物主义一元论。

三　对规律的认识和利用

马克思主义哲学认为,规律是客观存在的,但规律并不"直接呈现"在我们面前,需要我们去发现、去认识、去利用。有的论者借口规律的"隐而不现",否认规律的可知性,这也是不符合马克思主义规律论的。因为规律虽然是客观事物内在的、本质的联系,但它可以通过大量的现象表现出来。本质必然要通过现象表现出来并作用于人的感觉器官,人的大脑具有抽象思维能力,人们在实践活动中,通过认识事物的现象进而把握事物的本质,这是认识事物的运动规律。正如斯大林所说:"人们能发现这些规律,认识它们,研究它们,在自己的行动中考虑到它们,利用它们以利于社会,但是人们不能改变或废除这些规律,尤其不能制定或创造新的科学规律。"[32]

哲学史上的"宿命论"否认规律的可知性,主张"命运"主宰一切。人们必须听任"命运"的摆布,宣扬一种神秘的不可捉摸的必然性,把必然性神秘化,反对做任何改变现实的积极努力。按照"宿命论"的观点,人们在规律面前无能为力,只能受规律的摆布。"宿命论"对于人们认识世界、改造世界是有害的,是一种消极被动、无所作为的世界观。

马克思主义肯定了规律的客观性,认为规律的作用具有强制性,但同时也认为规律是可知的。人们认识了客观规律,就可以利用客观规律,为人类造福;换句话说,人能否正确地改造世界,实现现存世界的革命化,取决于他是否正确认识、运用客观规律,取决于他能否在正确认识客观规律的前提下,制定出正确的方针政策,来变革现实世界。

在对规律的认识和运用问题上我们的教训相当深刻。20世纪50年代中期,由于急于求成,片面夸大主观因素的作用,不尊重客观规律,干了一些违反客观经济规律的事,国家和人民遭到了重大损失。相反,80年代以来,我们把一个贫穷落后的国家建设得生机勃勃,充满活力,兴旺发达,为全世界所瞩目,原因就在于尊重客观规律,把握客观规律,按照客观规律办事。在回顾和反思我们走过的道路,总结经济建设的经验教训时,邓小平谆谆告诫全党:"要尊重社会经济发展规律","要按价值规律办事,按经济规律办事。"[33]邓小平甚至把按经济规律办事,看成就是坚持科学社会主义。他说:"努力按照客观经济规律办事,也就是说,我们坚持了科学社会主义。"[34]因此,在实际工作中,在想问题、办事情时,要从实际出发,从客观存在的事实出发引出计划和办法,而不能从主观想象出发,这是马克思主义规律论的出发点和根本要求。

第五节　意识的起源、本质和作用

自从人类社会产生以后,世界上除了可见的物质现象之外,还有不可见的意识现象。那么,意识现象是如何产生的?它的本质如何?作用如何?要正确解决世界的物质统一性问题,必须对意识现象进行科学的分析和说明。

一　意识的起源

在意识的起源问题上,唯心论、宗教神学和旧唯物主义提供了各自不同的解释。唯心论认为意识是可以离开物质而独立存在的东西。不是物质产生意识,而是意识产生物质。比如,古希腊哲学家柏拉图认为:"灵魂是最初的东西,是先于一切形体的,是形体的变化和移动的主要发动者。"[35]黑格尔也认为人的意识是"绝对观念"的自我意识。宗教神学则认为,意识起源于上帝,上帝给予了人们意识。而旧唯物主义者中有一派主张"物活论",认为意识是物质的特性,所有物质都可以产生意识,比如把磁铁能够吸铁也说成是磁铁具有意识。

马克思主义哲学与上述看法有本质的区别。它认为意识是物质世界长期发展的结果,是人的劳动的产物。科学的深入发展证实了马克思主义哲学在意识起源论上的这一看法,证伪了唯心主义、宗教神学和旧唯物主义关于意识起源的说法。

列宁曾经指出:"断言一切物质都具有意识,这是不合逻辑的〈但是假定一切物质都具有在本质上跟感觉相近的特性、反映的特性,这是合乎逻辑的〉"。[36] 这就是说,如果把反映看作是一种物质形态对于作用于它的另一种物质形态的应答活动,那么可以说任何物质都有反映特性,意识的起源就和物质的这种反映特性密切相连。当然人脑所具有的反映特性即意识是物质的高级反映特性,但这种高级反映特性是从物质的低级反映特性经过漫长的历史过程发展而来的。

现代科学已经揭示出,自然界的发展是由无机物发展到最低等的原生动物,由原生动物发展到高等动物类人猿,再由高等动物类人猿进化为人的历程。相应地,人的意识的产生也经过了如下几个阶段:

1. 无机物的反映特性

地质学和古生物学的研究证明,地球早期是没有生物的,仅有无机物。无机物的反映特性具有三种形式,即机械反应、物理反应和化学反应。无机物的反应特性是物质的最低级的反映特性。其特点是在反应过程中,往往使自己消耗掉或转化为其他的东西,不能够继续独立存在。恩格斯说:"机械的、物理的反应(换言之,热等等),随着每次反应的发生而耗尽了。化学的反应改变了发生反应的物体的组成,并且只有在给后者增添新量的时候,反应才能重新发生。"[37] 比如,河水冲击岸边的岩石要发生机械反应。被冲击后的岩石在形状上总要或多或少的发生变化,原来的形状消耗了。水受冷结成冰是个物理反应,水失去了原来为液体时所具有的性质,如,比重、形状等。木柴燃烧是个化学反应,反应后的生成物和反应前物体的成分和性质都发生了很大变化。总之,无机物反应特点是反应后自己消耗掉或转化为别的东西。

2. 生物的刺激感应性

大约在 32 亿年前,自然界由无机界发展出了有机界,出现了有生命的物质,相应地出现了生物的反映特性。生物的反映特性和无机物的反应特性的不同点在于:生物在反映过程中和反映后不是消耗掉或转化为其他的东西,而是仍能独立存在。比如,给放在窗台上的花浇了水,花吸收了水分,长得更加旺盛,但花并没有变成其他东西,仍保持自己的存在。所以,恩格斯说:"只有**有机物**才**独立地**发生反应。"[38]生物之所以在反映后自己不被消耗掉或转化为其他东西,是因为生物具有新陈代谢机能,即生物自身能不断地从外界吸取营养,从体内排除废料,同外界进行物质交换,进行化学成分的自我更新。物质由无机物的反应特性发展到有机物的反映特性,这是物质反映特性发生的质的变化。

生物有机体的反映特性随着生物由低级到高级的发展,也经历了一个由简单到复杂的发展过程。生物为了适应复杂的外界环境,争取自己的生存,反映器官进化得越来越完善,反映能力越来越强。

最早的生物是原生生物,没有专门的反映器官和神经系统,其反映特性叫刺激感应性,是生物最简单的反映形式。由于生物具有刺激感应性,所以能够趋利避害、保存自己。比如,植物的根系常常向着水、肥多的方向扎去。枝叶总是朝着阳光充足的方向伸展。变形虫在水中游动时,若碰到它的食物——眼虫时,会用自己的身体包围眼虫把眼虫吞食。当遇到有害的刺激时,它可以避开这种刺激,向着其他方向移动。生物这种刺激感应性已包含了动物感觉的萌芽,动物的感觉就是在这种刺激感应性的基础上发展起来的。

3. 低等动物的感觉和心理

原生动物进化到腔肠动物,出现了专门的反映器官——网状神经。动物的全身都分布着神经细胞,每个细胞有丝状突起,丝状突起相互结合,把所有的神经细胞结成网状。网状神经出现后,动物的反映能力显著提高,一个地方受到刺激,很快传到全身。但网状神经系统是一种散漫的、无中枢的神经系统。在接受外界刺激的过程中处于自流状态,不能控制刺激传导的方向。一处受到刺激,全身都作出反映,没有分析综合能力。

由腔肠动物进化到环节动物,神经系统由网状发展到神经细胞集中、能够起调节作用的神经节,初步形成了中枢调节机构。有了中枢神经调节机构,动物对外界的刺激通过反射弧来进行反映。反射弧是指反射在动物体内所经过的神经通路。包括:感受器、传入神经、中枢神经、传出神经、效应器几个部分。首先由感受器接受外界刺激,然后由传入神经传到中枢神经,经中枢神经进行分析、综合后,再由传出神经传达到效应器,对外界刺激作出反映。有了反射弧,动物就能比较精细地对外界进行反映,使反映能力显著提高。实验证明,环节动物蚯蚓不仅有无条件反射,而且可以建立条件反射。无条件反射是动物生来就有的、不学而会的反映能力。所谓条件反射是动物原来没有的、在一定的生活条件下形成的反射能力。条件反射使得动物不仅能对和生物生命有直接联系的事物的刺激作出反映,而且也可以对那些与生命有间接联系的刺激作出反映。动物能形成条件反射,说明对外界的反映能力大大增强,能够适应更加复杂的环境。

  动物不断进化,其反映器官和反映能力也不断发展。发展到节肢动物,其神经系统更趋于集中,有庞大的脑神经节,已具有感觉的反映形式,能反映事物的个别属性。鱼类具有脑和脊髓组成的中枢神经管,有比较发达的嗅觉、触觉和听觉。有些鱼能反映海水盐分的变化,而决定迁徙的时间。有的鱼皮肤有感光的性能,能随背景的变化形成保护色,以利自己的生存。爬行类动物不仅有大脑两半球,而且在大脑两半球的外侧出现了一层大脑皮层。爬行类动物具有分析、综合能力,如乌龟经过训练可以辨别横线和竖线。蛇在捕捉食物的时候,可根据所遇到的不同对象采取不同的进攻方式。高级哺乳动物的神经系统已相当发达,大脑皮层有六层细胞,反映特性已发展到动物的心理水平,可以产生感觉、知觉、表象、情绪等,更能和复杂的外界环境保持协调一致。

  4. 类人猿意识的萌芽

  动物演化到高级哺乳动物的灵长目类人猿阶段,达到了动物演化的高峰,类人猿中大猩猩的脑量已有 540 毫升(现代人的平均脑量为 1500 毫升)。类人猿有很发达的大脑皮层,细胞一层层排列,各种感觉器官构造的精细程度与人非常接近,反映能力大大增强。类人猿受到外界刺激时会表现出许多复杂的表情状态。比如,当猩猩碰到危险的刺激物时,会睁大眼睛,头部的毛发竖起。类人猿很善于摹仿人的动作。比如,抽烟、喝水、扫地等。类人猿已具有意识的萌芽。第一,经实验证明,类人猿对事物的反映能力较之一般动物都强。不仅能反映事物的个别属性或综合属性,而且能反映事物与事物间的简单联系。比如,大猩猩会把一根短木棍插到另一根一端有孔的短木棍中,接起来勾取笼子外面的食物;能把木箱一个一个叠起来,然后爬上去摘取高处的香蕉。这说明猩猩不仅可以反映木棍与食物、木箱与食物间的联系,而且对这些事物间的空间关系有一定辨别能力。第二,类人猿已经具有原始的概括事物特征的能力。不仅对现实的事物有精细的感觉和完整的知觉,而且对事物能够形成比较清晰的表象。实验证明,猩猩可以根据锁口的大小,来挑选钥匙,把锁打开,取出锁在箱子里的食物。当主人手里拿着一块红色正方形木块时,猩猩可以按主人的要求从七块不同颜色和形状的木块中,挑选出一块红色的正方形木块,交给主人换得食物。

尽管如此,类人猿所具有的仅仅是意识的萌芽,还不是真正的意识。因为,第一,类人猿对事物之间的简单联系的反映不能离开具体活动,不能离开眼前的现实感受,而只能在具体活动中形成。当大猩猩必须依靠木棍取得食物时,木棍被拿来利用,如果眼前没有食物或已取得了食物,木棍对它就没有意义。它可以用嘴把木棍劈开,也可以把木棍折断,棍棒对食物的联系对它不具有固定的意义。第二,类人猿所反映的事物的联系是表面的、肤浅的,还不能认识事物的本质。比如,有人做过一个猩猩取水灭火的实验,猩猩只知道水桶里的水可以灭火,而不知道在自己旁边的水池里的水也可以灭火,说明它不能认识事物的本质。所以,类人猿仅有意识的萌芽。

5. 人的意识的产生

动物进化到高级哺乳动物类人猿阶段,达到了动物演化的高峰,为人类意识的产生奠定了生理基础。但是,由猿脑变成人脑单单依靠生物的进化是不能完成的。猿脑变成人脑不仅在生理上和高级神经系统的发展相联系,而且和劳动不可分,劳动是推动猿脑转化成人脑的决定力量。恩格斯说:"首先是劳动,然后是语言和劳动一起,成了两个最主要的推动力,在它们的影响下,猿脑就逐渐地过渡到人脑。"[39]

为什么劳动能成为产生意识的最主要的推动力呢?因为,第一,劳动对意识的产生提出了客观需要。大约在一千五百万年前,地球表面气候变冷,森林面积大量减少,一部分森林古猿被迫离开森林到平地上生活。由于生活条件的变化,森林古猿在寻找食物和防御敌人的过程中,前肢的活动越来越多,时间长了,前后肢有了分化。前肢主要用来抓握和操纵物体,后肢用来支持身体,逐步学会了直立行走。前肢在经常性活动中越来越灵巧,开始出现了利用自然和改造自然的活动特点。随着经验的积累,从利用自然工具发展到制造工具。这是人和动物的根本区别。正如恩格斯所说:"人类社会区别于猿群的特征在我们看来又是什么呢?是**劳动**。"[40]人们要想利用自然、改造自然,就需要认识自然规律。比如,要获得作物生长的好收成,就必须认识作物生长的规律和一年四季天气变化的规律,就需要大脑具有能反映事物本质的抽象思维能力。可见,是劳动对意识的产生提出了客观需要。如果没有这种客观需要,人的意识是不会产生的。

第二,劳动促进了思维的器官——人脑的更加完善化。在劳动过程中,手的活动大大加强,手的活动也大大促进了脑的发展,手的活动一方面要求大脑更精确、更细致的反映客观事物,另一方面,要求大脑更好的协调身体各个部分之间的联系。这两方面的长期相互作用,必然促进大脑机能的加强和结构的完善化。生理学证明,大脑皮层结构复杂,并且分成不同机能的功能区。每个区的作用有相对的分工。视觉器官所产生的神经冲动传送到视觉区。手的活动和其他一部分主要器官的活动传送到运动区。由于人手在劳动中的作用特别大,所以手在运动区中占的面积比足区和其他运动器官所占的面积都大。而猿猴的前后肢,在大脑皮层的运动区里占的面积相等。科学研究还证明,原始人脑量的增加和劳动水平的高低有着密切关系。南方古猿处于从猿到人过渡阶段,会经常使用天然工具,其脑量有六百多毫升,超过了黑猩猩的脑量。北京猿人时期能够制造工具和用火,其脑量增加到一千多毫升。由于火的运用,使人的食物越来越复杂,人们不仅可以吃生的,而且可以吃熟的。不仅可以从植物中获得食物,而且可以从动物中获得食物,人们可以得到人脑和身体各个部分所需要的各种养料,而火的运用使人们劳动的内容更加丰富,促进了脑的形成。到了智人时期,人们会制造复合工具和绘画艺术,劳动水平大大提高。智人的脑量达到一千四百毫升左右。这些都清楚地说明,劳动对于猿脑变成人脑的推动作用。

第三,劳动中产生了语言,为意识的产生创造了重要条件。早期猿人由于学会了直立行走,使身体各部分的姿势都发生了变化,重要的是口腔、鼻腔和咽喉形成直角,呼吸道增长,便于制造各种阻力控制气流,从而发出各种清晰的音节,这就为语言的产生创造了有利的生理条件。由于早期猿人的劳动能力低下,为了防御敌人和获取食物必须集体行动。在许多联合的行动中,需要互通信息,表明自己的意向,希望别人和自己配合行动,于是,就需要一定的声音来作为彼此间交流的工具。正如恩格斯所说:"这些正在生成的人,已经达到彼此间**不得不说些什么**的地步了……逐渐学会发出一个接一个的清晰的音节。"[41] 早期猿人在刚开始时只是依靠手势或叫声要求别人和自己配合,并表示自己对别人的配合。在长期的活动中,一定的声音逐渐和一定的动作联系起来,使一定的声音获得一定的意义,这样,作为交流思想的工具——语言就产生了。有了语言,使人脑的反映能力产生了飞跃。有了语言,不仅使人有了第一信号系统,而且有了第二信号系统。第一信号系统是指直接接受现实刺激物的刺激而引起条件反射的一套神经活动机构。它是对外部环境具体对象具体现象的反映,是以具体事物作为信号。而第二信号系统是指接受语言刺激而引起条件反射的一套神经活动机构,是在第一信号基础上建立的信号。有了语言,使人们对客观外界的反映水平达到一个崭新的高度。人们可以通过所确立的许多科学概念、词汇进行逻辑思维,从而认识事物的本质和内在联系。有了语言,人们之间可以进行思想交流、传递知识、取得间接经验,进一步积累知识,大大扩大了人们认识事物的范围。因此,语言的产生,为意识的形成和发展创造了重要条件,而语言是在劳动中产生的。

总之,劳动为意识的产生提供了客观需要和创造了可能条件,成为由猿脑变成人脑、由意识的萌芽发展到人的意识的重要推动力。而劳动一开始就是社会的活动,劳动中需要人们相互配合,离开社会劳动是不能进行的,意识是在社会性的劳动中产生的,所以,意识是社会的产物。恩格斯说:"意识一开始就是社会的产物,而且只要人们存在着,它就仍然是这种产物。"[42]

二 意识的本质

物质发展到了有人脑,世界上才有意识现象。那么,人脑为什么会产生意识? 人脑能否凭空产生意识? 意识的本质是什么? 马克思主义哲学认为,意识是人脑的机能,是对客观存在的反映。这就是意识的本质。

1. 意识是人脑的机能

为什么人脑有产生意识的机能呢? 因为第一,人脑结构的高度完善化,使人脑能够成为产生意识的物质器官。人脑是一块由大量神经细胞组成的、极其精密、极其复杂完善的物质。人的脑重大约1500克左右,分大脑两半球,覆盖在大脑两半球最上面的是大脑皮层,大脑皮层是大脑的主要构成部分。大脑皮层有许多纵横折叠、起伏不平的沟回,若伸展开有2600平方厘米。由于大脑皮层的表面积大,便于和外界建立广泛的联系,储存大量的信息。一般人在一生中可利用大脑储存1000万亿个信息单位。大脑皮层由140亿个以上的神经细胞组成,这些神经细胞之间直接和间接的联系着。神经细胞中含的核糖核酸特别多,可能是储存记忆的物质基础。大脑皮层又分为许多彼此相互联系的区域,听觉区位于颞叶上部,负责对听觉器官送来的刺激进行分析和综合。视觉区位于枕叶,负责对视觉刺激进行分析和综合。运动区位于后中央回和前中央回,保证运动反应的正确性。大脑皮层下边是一些灰质和丘脑,丘脑是各种感觉的接受中枢,比较猛烈的感觉如过热、过冷等被丘脑过滤掉,比较温柔的感觉被送到大脑皮层感觉区,温和的感觉可以经考虑后再反应,而难受的感觉可很快处理。丘脑下层是下丘脑,下丘脑不断把神经系统传来的信号通过丘脑送到大脑皮层。大脑皮层反过来又送信号到下丘脑,两者处在相互刺激之中,持续觉醒。时间长了,两者出现协调不良,振荡变得不完善,逐步进入睡眠状态,休息到一定时候,下丘脑与大脑皮层的协调振荡又重新恢复,睡眠变得很浅或清醒起来。这就形成了大脑皮层的兴奋和抑制两种状态。大脑又和小脑、脑干、延髓、脊髓等相连接,组成中枢神经系统。中枢神经系统又和周围神经系统相联系。周围神经系统又和全身各个器官相联系,形成一个以大脑为最高司令部的非常复杂的神经网。当客观事物作用于人的感官(眼、耳、鼻、舌、身)时,先由这些感受器把刺激转化为神经冲动,然后再由传入神经把兴奋传导到大脑,引起大脑皮层的活动。在这个基础上产生感觉、知觉、表象、思维等意识活动。

第二,病理学的研究成果也证明了意识是人脑的机能。病理学表明,人的身体其他部分受了损伤,只要不损伤大脑,人的意识活动仍然是正常的,如有病痛的感觉,有克服困难的意志,能看书看报,思索问题。如果影响了大脑的机能,意识活动就会失常。这也证明了人脑是意识的物质承担者,没有人脑,也不会有意识。意识是在生理活动基础上产生的心理活动。正如列宁所说:"心理的东西、意识等等是物质(即物理的东西)的最高产物,是叫作人脑的这样一块特别复杂的物质的机能。"[43]

唯心主义和宗教神学自然否认意识是人脑的机能。而在19世纪中叶,欧洲出现的庸俗唯物主义却从另一个极端来否认意识是人脑的机能。庸俗唯物主义认为,意识也是一种物质,人脑产生意识就好像肝脏分泌胆汁和胃腺分泌胃液一样。庸俗唯物主义的观点也是错误的。因为,意识依赖于物质,不能离开物质而独立存在,但意识本身不是物质。庸俗唯物主义认为意识等于物质,这就从根本上混淆了物质和意识的区别,取消了唯物主义和唯心主义的对立。同时,把意识混同于物质,而物质是世界的本原,就会陷入精神、意识是世界的本原的唯心主义。所以列宁说:"说不论思想或物质都是'现实的',即存在着的,这是对的。但是把思想叫作物质,这就是向混淆唯物主义和唯心主义方向迈了错误的一步。"[44]

2. 意识是对客观存在的反映

人脑有产生意识的机能,但人脑不能自动产生意识。意识是人脑对客观存在的反映,这是意识本质另一方面的表现。从意识的产生、形式、内容等方面都证明意识是客观存在的反映。

第一,意识的产生是由客观事物的作用引起的。人脑具有反映能力,这只是为意识的产生提供了可能的条件,但如果一个人生来就和客观外界隔绝,不接触客观实际,也是不会产生意识的。毛泽东说:"一个闭目塞听、同客观外界根本绝缘的人,是无所谓认识的。"[45]人们只有在实践中,主观与客观发生了联系,客观外界事物通过眼、耳、鼻、舌、身,反映到头脑中来,才能产生意识。意识不是主观自生的,是由于外界事物的作用引起的,是在实践的基础上主观对客观的反映。

在主观对客观的反映过程中,对于同一个事物,不同的人却会作出差异很大甚至相反的反映。有的人能正确的反映客观存在,有的人则不能。这说明人与人之间在主观反映形式方面存在着差异。这种个体意识上的差异也不是主观自生的,而是由于客观存在所决定的。由于人们客观上所处的环境和地位不同,主观上就会形成不同的世界观和方法论。由于人们之间实践经验、知识水平、生理条件等方面的差别,也会造成在反映客观事物过程中主观形式方面的差异。总之,个体意识之间的特点、差异也是依赖于客观存在的。

第二,意识的内容来源于客观存在。人的头脑里本来没有意识,在和客观外界的接触中才产生了意识。马克思说"观念的东西不外是移入人的头脑并在人的头脑中改造过的物质的东西而已。"[46]意识的形式是主观的,意识的内容是对客观存在的反映。

意识有正确、错误之分。正确的意识是人脑对客观事物的正确反映。错误的意识是人脑对客观事物的歪曲反映。二者都能够从客观存在中找到根据。正确的意识,比如各种科学知识,是经得起实践检验、被实践证实是正确的,这种意识的内容根源于客观世界是很明显的。数和形的概念,虽然显得十分抽象,但都来源于客观存在。恩格斯说:"数学是从人的**需要**中产生的,如丈量土地和测量容积,计算时间和制造器械"[47],"和数的概念一样,形的概念也完全是从外部世界得来的,而不是在头脑中由纯粹的思维产生出来的。"[48]

错误的意识,比如,错误的思想、荒唐的观念、幻想和神话,也不是头脑里固有的,或者上帝给予的,也可以从客观世界中找到它产生的根源。比如,《西游记》里所描写的孙悟空,在实际生活中是没有的。但孙悟空所具有的猴子的形象,人的性格,连孙悟空的七十二变,都可以从客观存在中找到根据。在历史上长期流传的妖魔鬼怪、神和上帝等荒唐的观念,也都是以人的形象为根据编造出来的。中国的神像中国人,外国的神像外国人,就是明证。所以,错误的思想,荒唐的观念,也不外是移入人的头脑并在人的头脑中改造过的物质的东西而已,也根源于客观世界。所以,恩格斯说:"一切观念都来自经验,都是现实的反映——正确的或歪曲的反映。"[49]

3. 人的意识具有社会性

人类出现以前,不管进化程度多高的动物都是自然界的一部分,都没有从自然界中分化出来。这时,整个自然界中各种物质形态的反映特性,包括高等动物的感觉知觉和意识的萌芽,都是自然的属性,即都是自然原因引起的,自然因素对自然因素的反映,都属于自然因素之间的相互作用问题。

随着人类的产生,出现了一个高于自然界的人类社会,人的意识情况就不同了。人的意识就其物质承担者来说,虽然是人脑这块复杂的物质的机能,也是物质的反映特性,但是,对于意识产生发展的动因问题、意识的内容问题、意识的反作用问题等,从人脑的生理活动中是找不到答案的,只有从社会存在中才能得到说明。这就是说,人的意识不是自然的属性,而是社会的现象,社会的精神生活过程,而社会的精神生活过程是社会运动的组成部分。正如马克思、恩格斯在《德意志意识形态》中所指出:"意识一开始就是社会的产物,而且只要人们存在着,它就仍然是这种产物"[50]。意思是说,意识是社会的产物,社会的现象,它具有与生俱来的社会性。具体表现在:

第一,意识产生发展的动因,不是人脑的生理活动,而是社会存在,这就是说,无论是什么人的意识,无论是什么时候的意识,就其产生发展的动因来看,有这样一个共同点,那就是人们总是从一定的实践地位出发,为了满足一定的社会需要,在实践中反映一定的客观事物,从而形成某种意识的。在社会发展中,任何一种新的意识、新的理论,都是伴随着社会的某种客观需要而产生、发展的。

第二,意识反映的对象,不是纯粹的自然存在,而是社会存在。意识作为对存在的反映,不仅反映进入人的实践领域的自然环境,而且反映社会环境。而这两个环境都是社会的物质生活条件的组成部分,都是到处打着人的印记的客观环境。人的意识作为这种环境的反映,不同于纯自然属性之间的相互作用,而是社会意识对社会存在的反映。可见,人的意识就其内容来说,即就其对社会存在的反映来说,也应该属于社会运动的组成部分,属于社会的精神文明,也具有社会性。个体意识的产生是由社会决定的,需要从社会生活中求得答案,而建立在个体意识基础之上的社会意识的产生和发展更是如此。在社会各个历史时期出现的各种不同的社会思想、理论、政治制度,在社会同一时期不同的阶级、阶层所拥有的社会思想、社会学说,其根源并不包含在人脑中、包含在人脑的神经元之中,而在于人们的社会生活,在于社会的客观存在。

第三,意识的反作用大小,主要取决于社会存在的需要。马克思在《黑格尔法哲学批判》导言中说:"理论在一个国家实现的程度,总是决定于理论满足这个国家的需要的程度。"[51]比如,代表先进阶级的正确思想,由于它体现着未来,反映着广大群众的根本利益,适合广大群众解放斗争的需要,能在广大群众中得到广泛的传播,因而对社会的发展能起很大的推动作用。在没有革命理论就不会有革命运动的情况下,革命理论的创立和提倡对历史的前进就起着非常巨大的作用。又如,历史上统治阶级的思想之所以能成为占统治地位的思想,就是由于统治阶级依仗他们在经济上、政治上的优势,利用其手中掌握的国家机器、宣传工具、文人学者以及进行生产的各种资料,制造舆论、控制舆论,从而取得了思想上精神上的优势地位。在欧洲的中世纪,宗教神学之所以具有至高无上的地位,成了各种思想的出发点和基础,长期地禁锢人们的头脑,严重地阻碍着科学的发展,就是由于它适应了封建统治阶级的需要。

以上三点,从意识产生发展的动因,意识反映的对象,意识的反作用三个方面具体地表明了人的意识是随人类社会的产生而产生,随着社会的发展而发展的,离开了人的社会性,离开了人的历史发展,就没有而且也不可能有人的意识;也表明了意识作为社会的精神生活过程是社会运动的组成部分,是社会现象,具有与生俱来的社会性。

三 意识对存在的反作用

马克思主义哲学认为物质决定意识,意识又能反作用于物质。只有在坚持物质决定意识的前提下,又承认意识对物质的反作用,才能在意识问题上既坚持唯物论,又坚持辩证法。

1. 反作用的含义及其表现形式

所谓意识的反作用,即意识的能动性,是说意识虽然依赖于物质,但意识对物质是自觉的、能动的、而不是被动的。意识的反作用是人的意识所特有的积极地反映世界和改造世界的能力和活动。

意识能动性首先表现在对客观事物的认识过程中。人们在实践的基础上,先形成对客观事物的感性认识。在感性认识的基础上,经过抽象思维,能动地发展到理性认识,从而把握事物的本质和规律。人通过意识活动,不仅可以回忆过去,而且可以推测未来。通过意识活动,人不仅有自我感觉,而且可以主动地控制自己的感情、心理,甚至可以控制自己的生理活动。比如,人的精神状态的好坏,对人的身体健康有着直接的关系。经常保持乐观主义精神,有益于人的健康。科学工作者对"气功"的研究了解到,气功的实质就是通过意识或心理过程,来影响和调节人体的生理过程,使人的身体产生特殊功能。

意识的能动性还表现在对客观世界的改造上。列宁说:"人的意识不仅反映客观世界,并且创造客观世界"[52]。就是说,意识指导实践,就可以改变客观世界的面貌,使客观世界发生变化。人们可以根据对自然规律的认识,利用客观条件,创造出客观世界上原来没有的东西。人们也可以根据对社会发展规律的认识和可能条件,创立新的社会制度,等等。

无论是认识世界的活动,还是改造世界的活动,都带有目的性和计划性。这些目的性和计划性也表现出了意识的能动性。人们可以根据对客观实际的了解,制定出计划、方案、办法等,进而把这些计划、方案、办法变成现实。意识能动性表现出人的活动和动物的活动有着本质的不同,意识的能动性是人所特有的。正如毛泽东所说:"一切事情是要人做的,……做就必须先有人根据客观事实,引出思想、道理、意见,提出计划、方针、政策、战略、战术,方能做得好。思想等等是主观的东西,做或行动是主观见之于客观的东西,都是人类特殊的能动性"[53]。

2. 能动性与受动性

必须指出,同样重视发挥意识能动性,但马克思主义与唯心主义是不同的。唯心主义夸大了意识的能动性,把意识说成是脱离物质而独立存在的实体,是万物的本原。或者说,物是感觉的复合,或者说,自然界、人类社会是"绝对观念"的外化。他们抹杀了物质对意识的根源性,只考察引起人们活动的思想动机,不考察引起思想动机的物质原因。所以,在唯心主义那里,意识就成了支配一切、决定一切、创造一切的第一性的东西了。而马克思主义不仅是在物质决定意识的前提下,肯定了意识的能动性,而且也肯定了意识的能动性仍然依赖于物质,要受物质的制约,具体表现在:

其一,意识活动的目的性和计划性是由客观条件决定的。人们在进行实践活动之前,都有一定的目的和计划,这些目的、计划都不是凭空产生的。为什么同一个人在不同时期、不同的条件下会有不同的目的和计划,不同的人会有不同的动机和目的呢?这些现象无法从目的动机本身来说明,是由人们所处的客观条件决定的。其二,意识能动性的效果是受客观规律制约的。意识能动性的客观效果如何,和意识是否正确的反映了客观规律有着直接关系。如果意识正确地反映了客观规律,那么,预期的目的、计划、方案才可能得以实现。如果意识根本不符合客观规律,在这种错误意识指导下的能动性,必然引出不好的效果。而且这种能动性越大,给革命和建设事业带来的损失也会越大。其三,意识能动性必须通过实践才能实现。因为意识本身是一种精神,要使意识能动性发挥出来,变成认识世界、改造世界的物质力量,必须通过实践。实践具有直接现实性,可以把主观认识变成客观现实,产生巨大的物质力量。因此,意识能动性的发挥不能离开实践,是要通过实践实现的。其四,意识能动性的实现,需要一定的物质条件和物质手段。人们要进行实践活动就需要使用各种工具和仪器设备,要创造出使思想变成实际的物质条件。比如,我们要研究天体运动规律,就离不开天文望远镜、光谱分析仪、人造卫星、天文台等物质条件和物质手段。有了这些物质条件和物质手段,人们才能进行观测、研究,去实现目的、计划,意识能动性才能实现。如果没有一定的物质条件和手段,意识能动性就无法表现出来,也无法变成客观现实。

3. 发挥主观能动性与尊重客观规律

既然意识能动性的发挥要受到客观条件的制约,因此,要想正确地发挥意识能动性,就必须注意研究主观能动性和客观规律的辩证关系。

主观能动性是人们主动地认识世界和改造世界的能力。客观规律是物质本身固有的、本质的必然联系,人们要想在认识世界和改造世界的过程中获得预想的效果,必须处理好二者的关系。

其一,尊重客观规律是发挥主观能动性的前提。因为规律是客观的,具有稳定性和强制性,不依任何人的主观意志为转移。要想使主观能动性得到正确有效的发挥,在认识世界和改造世界中实现好的可能,必须尊重客观规律,坚持从实际出发、实事求是,使主观符合客观。正如毛泽东所说:"人们要想得到工作的胜利即得到预想的结果,一定要使自己的思想合乎客观外界的规律性,如果不合,就会在实践中失败。"[54]事实证明,人们对客观规律的认识越深刻、越全面,就越能取得认识世界、改造世界的积极成果。

其二,认识规律、利用规律也必须发挥主观能动性。因为客观规律是事物内在的、本质的必然联系,要认识它、利用它不付出一番艰苦的努力是不行的。获得一个正确认识往往需要实践、认识的多次反复,才能完成。在这样一个过程中,往往要遇到许多困难和挫折,必须经过不懈的努力,才能达到目的。

其三,要利用规律改造世界,更需要发挥主观能动性。任何规律都是在一定的物质条件下发生作用的。运用规律改造世界就必须创造和改变各种物质条件,为客观规律的作用开辟道路。利用自然规律改造自然,往往要遇到物质设备、技术条件和地形气候等多方面的问题和困难。利用社会规律改造社会则要遇到各种因素的干扰甚至阻挠,需要进行行政的和教育的、经济的和文化的、政治的和军事的各种形式的斗争。只有充分发挥主观能动性,克服前进道路上的重重障碍,才能推动历史发展。

在客观规律性与主观能动性的辩证关系上,与马克思主义不同的有"唯意志论"与"宿命论"。前者不尊重客观规律,片面夸大主观能动性,认为自己的主观意识可以决定一切、改变一切;后者以强调客观规律性、强调客观条件为借口,否认或忽视人的主观能动性,能够办到的事情不去努力办到,从而陷入形而上学机械论。历史经验证明,这两种片面性都会给革命和建设事业造成损失。

四 意识论与人工智能

人工智能是20世纪中期科学技术发展所取得的重大成果之一。它的诞生与发展对于社会生活的许多方面以至于整个人类文明都产生了巨大的影响和效益,对马克思主义的丰富与发展也是多方面的,因此,对其进行思考,在理论和实践上具有十分重要的意义。这里仅就它对意识论的充实与深化进行一些探讨。

1. 什么是人工智能

人工智能是对人类智能而言的。它是指用机械和电子装置来模拟和代替人类的某些智能,也称"机器智能"或"智能模拟"。人工智能的发展主要有两条途径:一条是利用电子技术成果和仿生学方法,从大脑的结构方面模拟人脑的智能活动,即结构模拟;另一条途径是以控制论、信息论为理论基础,采取黑箱的方法[55],用电子计算机从功能或行为上模拟和代替人的某些智能,即功能模拟。

人工智能的产生是机器进化的结果。人类的发展史是人们利用各种生产工具有目的的改造第一自然(自然造成的环境,如江河湖海山脉森林等)、创造第二自然(即人化自然,人创造的环境如房屋、车辆、机器等)的历史。人类的生产越深入越广泛,人们的生理机能与劳动对象的矛盾就越尖锐,因而也就越需要用物质手段扩大人的体力和智力。人类为了克服自身劳动器官的局限,生产更多的物质财富,在主体与客体之间的矛盾的推动下,使生产工具不断得到改进。最初是简单的手工工具,然后发展演化为机器,又由一般的机器发展为自动控制机,最后出现了人工智能机。可以说,人工智能是随着科学技术的发展,在人们创造了各种复杂的机器设备,大大延伸和扩展了自己的手脚功能,迫切需要相应地延伸思维器官和放大智力功能的情况下,产生发展起来的,它是机器进化的结果,也是人类智能的物化。

2. 人工智能的产生的学理基础

从学理上说,人工智能的产生,"智能模拟"的可能,是有哲学基础与科学依据的。

从哲学上看,物质世界不仅在本原上是统一的,而且在规律上也是统一的。不论是机器、动物和人,都存在着共同的信息与控制规律,都是信息转换系统,其活动都表现为一定的信息输入与信息输出。拿人们认识世界、改造世界来说,认识世界与人们在实践中获取和处理信息的过程相联系,改造世界与人们依据已有的信息对外界对象进行控制的过程相联系。总之,一切系统都能通过信息变换与反馈进行自我调节,以抵抗干扰和保持自身的稳定。因此,可以由电子计算机运用信息与控制原理来模拟人的某些智能活动。

从科学上来说,控制论与信息论就是运用系统方法,从功能上揭示了机器、动物和人等不同系统所具有的共同规律。以此为根据,把实际问题的描述形式化,即为现象和行为建立一个数学模型;把求解问题的方式机械化,即根据数学模型,制定某种算法和规则,以便机械地去执行;把解决问题的过程自动化,即用符号语言把算法和规则编成程序,交给智能机去执行某种任务,使电子计算机模拟人的某些思维活动。控制论、信息论是"智能模拟"的科学依据,"智能模拟"是控制论、信息论在实践中产生的最重要的实践结果。

由此也可以看出,在人工智能与人类智能的关系上,人工智能是人类智能的必要补充,它有效地延伸了人脑,放大了人的智力功能,和人脑功能相互联系、相互促进,使人类的认识范围能不断地向微观和宏观两极扩展,使人能通过间接方式达到对事物的更深层次的本质的认识,使意识的内容得到极大的丰富和增长。它已成为人类科学认识和社会实践活动不可缺少的技术"助手"。

3. 人工智能与人类智能

必须说明,人工智能与人类智能仍存在着本质区别。具体地说:人工智能是无意识的机械的物理的过程,不具备由世界观、人生观、情感、意志、兴趣、爱好等心理活动所构成的主观世界,而人类智能则是在人脑生理活动基础上产生的心理活动,能使人形成一个主观世界;人工智能在解决问题时,决不会意识到这是什么问题,它有什么意义,会带来什么后果,它没有自觉性,而人类智能、人的意识却有目的性、计划性、可控制,即自觉性;电脑必须接受人脑的指令,按预定的程序进行工作,它不能输出未经输入的任何东西,所谓结论只不过是输入程序和输入数据的逻辑结果,而人脑功能则能在反映规律的基础上,提出新概念,作出新判断,创造新表象,具有丰富的想象力和创造性;人工智能是机器进化的结果,没有社会性。人作为社会的存在物,人脑功能是适应着社会生活的需要而产生和发展的。人们的社会需要远远超出了直接生理需要的有限目的,是由社会的物质文明与精神文明的发展程序所决定的。因此,作为人脑功能的思维能力,是通过社会的教育和训练,通过对历史上积累下来的文化的吸收逐渐形成的。人的内心世界之所以丰富多彩,是由于人的社会联系是丰富的和多方面的,人类智能具有社会性。所以,要想把人脑功能完全模拟下来,就需要再现人的思想发展的整个历史逻辑。这是无论多么"聪明"的电脑都做不到的。

随着人的认识能力和科学技术的发展,思维模拟的范围会不断发生变化,今天不能形式化的东西,明天有可能形式化。电脑在功能上会不断向人脑接近。但是,从本质上看,它们两者之间的关系,只能是一条渐进线,它们之间的界限是不会消除的。模拟是仿真,而不是原型,模拟是近似,而不是等同。

4. 人工智能与马克思主义意识论

人工智能的产生与发展,进一步充实与深化了马克思主义的意识论。主要表现在以下几个方面:

第一,它进一步表明了意识是人脑的机能,物质的属性。考察电脑对人脑某些智能活动的模拟,不难发现人脑起码包括以下四种与电脑相对应的功能,即感受、记忆、演绎、选择。当然,人脑的思维能力决不限于以上四个方面,而是说目前人脑思维这四种基本功能已在电脑中得到了物化,可以用精确的物质手段来加以再现和验证。随着人工智能的发展,人脑思维功能的更多的方面还会得到物化,思维的奥妙还会得到更全面、更深刻的揭示。既然电脑能逐步地在不同的范围内和不同的程度上把人的思维模拟出来,再现出来,使思维物化,这就具体表明了意识并不是神秘的不可捉摸的东西,不是寄居在肉体之中又可以脱离人脑的灵魂,也不是人脑分泌出来的一种特殊的物质,而是人脑的机能。这就进一步充实了关于意识的本质的原理。

第二,它深化了意识对物质的反作用的原理。人工智能是人类意识自我认识的产物。电脑的出现意味着人类意识已经发展到把意识活动部分地从人脑这个原来惟一的意识器官中分化出来，物化为机械的物理的运动，延长了意识器官，也可以说这是按照某种意识去思考人脑并创造着人脑。可见，它是意识对人脑的一种巨大的反作用。这就从意识与人脑的相互关系的角度进一步深化了意识对物质的反作用原理。

第三，它引起了意识结构的变化，扩大了意识论的研究领域。电脑作为人脑的延伸，在一定意义上说，它是一种新形态的意识的机器，它已进入意识器官的行列。它能够帮助人完成一部分意识活动，而且在某些功能上还优于人脑，突破了人类自然器官的许多限制，弥补和克服了人类思维的许多短处。如人脑处理信息和采取行动的速度慢，记忆和动作的准确性差。人的记忆会随着时间变迁逐步消失，记忆中的信息相互干扰，相似的事物往往会张冠李戴，造成判断错误。因此，可以说，在现代科学认识活动中，没有人工智能，就不会有人类认识能力的突破性发展和认识范围的不断扩大。从这个意义上说，不仅电脑依赖于人，而且人也依赖于电脑。这就使得在意识论的结构上增加了对人工智能的探讨这个部分，并出现了人工智能与人脑功能的关系问题，以及研究这一关系的人机互补原理。这就扩大了意识论的研究领域。

第四，思维模拟突出了思维形式在思维活动中的作用，为意识论的研究提出了一个重要课题。电脑只能"理解"信息的形式，模拟思维的形式，把问题的描述形式化，把求解问题的方式机械化。但它实质上只是一架符号代换机，只是表现脱离思维内容的纯形式的方面。但是，正是通过这些形式化的作业活动，按照信号与意义之间严格的一一对应的关系，把一种形式的符号链输入进去，经过变换，又把另一种形式的符号链输送出来，不仅成功地模拟了人脑进行某些逻辑演算，而且能重新发现物理学定律。这就充分揭示了思维形式和思维规律在思维活动中的重要性，及其对思维内容的相对独立性。

思维形式和思维规律不是先验的、头脑里固有的，是在实践的基础上形成的，是客观事物之间的相互联系在人脑中的有条理的复写。它们一经形成就成了人们进行思维的工具，反过来为人们的思维活动服务。思维模拟的产生和发展，把思维形式在思维中的作用问题突出地呈现在我们面前，为马克思主义意识论的研究提出了一个重要的课题。

注 释

〔1〕 福柯:《尼采系谱学历史》,转引自德赖弗斯等:《超越结构主义与解释学》,光明日报出版社1992年版,第142页。
〔2〕 罗蒂:《后哲学文化》,上海译文出版社1992年版,第27页。
〔3〕《马克思恩格斯选集》第3卷,人民出版社1995年版,第383页。
〔4〕《列宁全集》第18卷,人民出版社1988年版,第80页。
〔5〕《马克思恩格斯选集》第4卷,人民出版社1995年版,第343页。
〔6〕《马克思恩格斯全集》第20卷,人民出版社1971年版,第598页。
〔7〕《马克思恩格斯选集》第4卷,人民出版社1995年版,第368页。
〔8〕《马克思恩格斯选集》第3卷,人民出版社1995年版,第383页。
〔9〕《列宁选集》第2卷,人民出版社1995年版,第89页。
〔10〕《马克思恩格斯选集》第3卷,人民出版社1995年版,第383页。
〔11〕《马克思恩格斯选集》第4卷,人民出版社1995年版,第346页。
〔12〕《马克思恩格斯全集》第20卷,人民出版社1971年版,第591页。
〔13〕《马克思恩格斯选集》第4卷,人民出版社1995年版,第271页。
〔14〕《马克思恩格斯选集》第4卷,人民出版社1995年版,第347页。
〔15〕《马克思恩格斯全集》第2卷,人民出版社1957年版,第164页。
〔16〕《毛泽东选集》第1卷,人民出版社1991年版,第308页。
〔17〕《列宁选集》第2卷,人民出版社1995年版,第198页。
〔18〕 柏格森:《创造进化论》,湖南人民出版社1989年版,第248页。
〔19〕《列宁选集》第2卷,人民出版社1995年版,第198页。
〔20〕《马克思恩格斯选集》第3卷,人民出版社1995年版,第402页。
〔21〕《马克思恩格斯选集》第4卷,人民出版社1995年版,第363页。
〔22〕《列宁选集》第2卷,人民出版社1995年版,第143页。
〔23〕 牛顿:《自然哲学之数学原理》,商务印书馆1957年版,第8—9页。
〔24〕 牛顿:《自然哲学之数学原理》,商务印书馆1957年版,第59页。
〔25〕 转引自《列宁选集》第2卷,人民出版社1995年版,第145页。
〔26〕《列宁选集》第2卷,人民出版社1995年版,第137页。
〔27〕《马克思恩格斯选集》第4卷,人民出版社1995年版,第343页。
〔28〕《列宁选集》第2卷,人民出版社1995年版,第137页。
〔29〕《列宁全集》第55卷,人民出版社1990年版,第128页。
〔30〕《马克思恩格斯选集》第4卷,人民出版社1995年版,第247页。
〔31〕《列宁全集》第55卷,人民出版社1990年版,第127页。
〔32〕《斯大林选集》下卷,人民出版社1979年版,第540页。
〔33〕《邓小平文选》第3卷,人民出版社1993版,第117、130页。

〔34〕《邓小平文选》第 2 卷,人民出版社 1994 版,第 165 页。
〔35〕北京大学哲学系外国哲学教研室编译:《古希腊罗马哲学》,商务印书馆 1962 年版,第 212 页。
〔36〕《列宁全集》第 18 卷,人民出版社 1988 年版,第 90 页。
〔37〕《马克思恩格斯全集》第 20 卷,人民出版社 1971 年版,第 639 页。
〔38〕《马克思恩格斯全集》第 20 卷,人民出版社 1971 年版,第 639 页。
〔39〕《马克思恩格斯选集》第 4 卷,人民出版社 1995 年版,第 377 页。
〔40〕《马克思恩格斯选集》第 4 卷,人民出版社 1995 年版,第 378 页。
〔41〕《马克思恩格斯选集》第 4 卷,人民出版社 1995 年版,第 376 页。
〔42〕《马克思恩格斯选集》第 1 卷,人民出版社 1995 年版,第 81 页。
〔43〕《列宁选集》第 2 卷,人民出版社 1995 年版,第 170 页。
〔44〕《列宁全集》第 18 卷,人民出版社 1988 年版,第 249 页。
〔45〕《毛泽东选集》第 1 卷,人民出版社 1991 年版,第 290 页。
〔46〕《马克思恩格斯选集》第 2 卷,人民出版社 1995 年版,第 112 页。
〔47〕《马克思恩格斯选集》第 3 卷,人民出版社 1995 年版,第 378 页。
〔48〕《马克思恩格斯选集》第 3 卷,人民出版社 1995 年版,第 377 页。
〔49〕《马克思恩格斯全集》第 20 卷,人民出版社 1971 年版,第 661 页。
〔50〕《马克思恩格斯选集》第 1 卷,人民出版社 1995 年版,第 81 页。
〔51〕《马克思恩格斯选集》第 1 卷,人民出版社 1995 年版,第 11 页。
〔52〕《列宁全集》第 55 卷,人民出版社 1990 年版,第 182 页。
〔53〕《毛泽东选集》第 2 卷,人民出版社 1991 年版,第 477 页。
〔54〕《毛泽东选集》第 1 卷,人民出版社 1991 年版,第 284 页。
〔55〕黑箱是指具有某种功能但其内部构造尚不清楚或不甚清楚的系统。黑箱方法是从外部观测、分析系统的信息输入与输出关系和它的动态过程,研究系统的功能与特性,而不需要直接把黑箱打开。功能模拟就是把大脑当作一个不可打开的黑箱,根据所有系统的共同的信息与控制的规律,用电子计算机从功能或行为上来模拟人的智能活动。

第三章
世界的辩证图景

马克思主义哲学不仅科学而深刻地论证了世界的存在方式,而且揭示出世界普遍联系和永恒发展的总体特征,并且描绘出由联系和发展的种种规律和环节构成的辩证图景;同时马克思主义哲学还认为,世界联系和发展的客观规律与人们对世界的思维之间有一种同构性关系,辩证法与本体论、认识论是一致的。因此,在马克思主义经典文本中 dialectics 一词所揭示的既包括世界的客观规律,也包括与此相应的人们对世界的思维方法,以及作为二者理论表征的哲学体系:它们统称为"辩证法"。

第一节 世界的普遍联系

一 联系的含义

"当我们深思熟虑地考察自然界或人类历史或我们自己的精神活动的时候,首先呈现在我们眼前的,是一幅由种种联系和相互作用无穷无尽地交织起来的画面"[1]。恩格斯的这段话表明,世界上纷繁复杂的万事万物具有普遍联系的特性。那么,什么是联系呢?作为哲学范畴的联系包括两方面的含义:第一是指世界上的一切事物、现象、过程之间的相互影响、相互制约和相互作用;第二是指各种事物、现象、过程内部诸要素、成分、阶段之间的相互影响、相互制约和相互作用。总起来说,所谓联系指的就是事物、现象、过程之间以及它们内部诸要素、成分、阶段之间的相互影响、相互制约和相互作用。

与联系相关的另一个范畴是区别。区别是指事物之间质的界限。马克思主义哲学认为,联系是相互区别的事物、现象或过程之间的联系,事物的相互联系与相互区别互为前提。任何事物都有它不同于其他事物的特殊本质,都有相对独立性,因而是与其他事物相区别的;同时,相互区别的任何事物又不是孤立存在的,总是同其他事物联系在一起的。事物之间既相区别又相联系,这是事物的本来面貌。

联系与区别不仅是事物的之间的一种特性、一种关系,与此相应,也是人们对世界的一种观照方式和思考方式。如果只见区别不见联系,就会把本来有联系的事物孤立起来,孤立地看世界,这就是形而上学的观点。如瑞典生物分类学家林耐,在生物分类上作出了很大贡献,但由于他只看到各生物物种的区别,看不到各物种之间的联系,结果得出了上帝创造多少物种世界上就有多少物种的错误结论。与林耐相反,达尔文正是通过总鳍鱼看到鱼类与两栖类之间的联系,通过始祖鸟看到爬行类与鸟类之间的联系,等等,创立了生物进化论。

当然,如果走到另一极端,只见联系不见区别,就会抹杀事物之间质的界限,把世界看成是不分彼此的混沌状态,这是相对主义的观点。中国古代庄子讲的"是亦彼也、彼亦是也",正是这样一种观点。从逻辑上看,相对主义存在一个明显的悖论:如果说一切理论都是相对的,那么"一切理论都是相对的"这句话本身也就是相对的,而如果这句话是相对的而不是绝对的真,那么就不能说一切理论都是相对的;另一方面,如果"一切理论都是相对的"这句话并不相对而是绝对的真,那么即使所有其他理论都是相对的,我们还是不能说所有理论都是相对的,因为至少有这样一个关于"一切理论都是相对的"的理论是绝对的。这表明相对主义观点不可能正确说明事物之间的联系。相对主义和形而上学一样都是错误的。

二 联系的特点

事物之间的联系具有客观性、普遍性、多样性等特征,深入把握这些特征,有助于更好地理解联系。

1. 客观性

联系的客观性是指联系是客观事物本身所固有的,是不以人的主观意志为转移的。不仅自然界事物之间的联系是客观的,就是人类实践活动创造的社会生活各个领域之间、各种事物之间的联系也是客观的。因为只有客观的联系才是真实的联系。

哲学史上有的哲学家也承认联系,但认为存在的只是主观联系,而不是客观联系。比如德国哲学家康德认为,外部世界是杂乱无章的,是人的感性直观形式给外部世界以时间和空间的联系,人的先验的知性形式给外部世界以因果性等联系。英国哲学家罗素也认为,事物本来是彼此独立的,只是人借助于逻辑思维才把它们联系起来。这些观点虽然不否认联系,但把事物之间的联系看作是人们的主观形式或逻辑框架赋予的,这显然是错误的。因为事物之间本来就存在着各种各样的联系,这些联系并不是由人们臆想出来强加于它们的。我们在思想中把事物联系起来,这只是我们对于事物之间客观联系的反映。恩格斯曾经讽刺过这种论调,他说,如果只凭主观意愿,把鞋刷子同哺乳动物联系在一起,那鞋刷子也决不会长出乳腺来。因此,坚持联系的客观性,就要反对用主观臆想的联系代替客观的真实的联系,坚持从实际出发,如实地反映事物之间的各种联系。

2. 普遍性

联系的普遍性是指世界上的任何事物都不能孤立地存在,都同周围的其他事物联系着;每一事物内部的各个要素也不能孤立地存在,都同其他要素联系着;整个世界是一个万事万物相互联系的统一整体,而不是各种孤立的事物的机械堆积、凑合。在自然界中,从宏观世界的星系到微观世界的基本粒子,从无机界到有机界,无不处在普遍联系之中。在人类社会中,从物质生活到政治生活、精神生活的各个领域、各个方面、各种现象都是紧密联系在一起的。可以说,联系无时不在,无处不有。

世界上的任何事物和现象都是在一定的联系中产生、一定的联系中发展、又在一定的联系中趋于灭亡的。任何事物只有在一定联系中才能获得自身的规定性,也只有在一定的联系中才有特定的地位、作用和意义。离开了联系,一切都无法存在,也无法理解。亚里士多德和黑格尔都曾经指出,身体的各部分只有在其相互联系中才有应有的功能和作用。脱离了身体的手只是名义上的手。恩格斯还举过例子,拿下雨问题来说,如果抽象地问:下雨好不好? 这是无法回答的。只有把下雨和具体条件联系起来,才能对它做出明确的判定。如果是土地干旱墒情不好,久旱逢甘霖,下雨就好;如果已是水涝成灾,下雨就不好。

用普遍联系的观点观照世界有非常重要的方法论意义。它要求我们在了解个别事物时,要注意把握它同周围有关事物的相互影响和相互作用;在分析事物的某一要素时,要注意把握它同其他要素的相互影响和相互制约。不要孤立地看问题,只见树木,不见森林,只见部分,不见整体。

3. 多样性

事物的联系是客观的、普遍的,又是复杂多样的。大体上说有内部联系和外部联系、本质联系和非本质联系、必然联系和偶然联系、主要联系和次要联系、直接联系和间接联系,等等。不同的联系,对事物的存在和发展所起的作用是各不相同的。一般地说,内部的、本质的、必然的和主要的联系,决定事物的根本性质及其发展的基本趋势,对事物的存在和发展具有决定性的作用;而外部的、非本质的、偶然的和次要的联系,则只能在一定程度上影响事物发展的进程。因此必须对事物多种多样的复杂联系进行具体分析,抓住那些内部的、本质的、必然的和主要的联系,从而深刻地认识事物和有效地改造事物。

把握联系的复杂多样性,还涉及到两个范畴,一个是中介,一个是条件。

中介是指事物联系的中间环节。事物之间不经过中间环节的作用的联系,即无中介的联系,是直接联系;经过中间环节的联系,即有中介的联系,是间接联系。世界万物正是通过一系列中介而普遍联系在一起的。中介具有过渡性,使一事物同其他事物联系起来。按照列宁的看法,"一切 Ver-mitlelt = 都是经过中介,连成一体,通过过渡而联系的"[2]。这表明,每一事物虽然都是作为个体而存在的,但它经过一系列中介又与其他事物联系在一起,同时它又成为其他事物之间联系的中介。看不到联系的中介就无法理解联系的普遍性,并且还会忽视间接联系,使人们在认识上陷入片面性和表面性,并在实践中遭受挫折。比如,人们为了追求眼前的经济利益,从事的一些破坏生态环境的活动,就是因为只看见直接联系,忽视了间接联系。有些地方,人们只看到麻雀吃粮食,而没有看到麻雀大量捕食害虫而保护庄稼和树木,于是大规模地捕杀麻雀,结果造成虫灾泛滥。还有的地方,人们为了获得经济利益,掠夺性地滥挖草原上的甘草,结果造成植被破坏,土地荒漠化,一遇大风就沙尘暴铺天盖地而至。这种只见直接联系不见间接联系的急功近利的狭隘功利主义,给人类带来了巨大的灾难,应当引起我们的警觉。

条件是指同某一事物相关联的、对它的存在和发展发生作用的诸要素的总和。每一事物的存在和发展都依赖周围的其他事物,这些事物就是这一事物存在和发展的条件。马克思主义哲学在条件问题上坚持唯物主义和辩证法的统一。在条件问题上坚持唯物主义,就是承认条件的客观性,承认人的一切活动都是受各种条件制约的。任何事物只有在一定条件下才能产生、存在和发展,也只有在一定条件下才会灭亡。条件的重要性昭示我们,必须承认条件,一切以时间、地点、条件为转移。这里的时间、地点也是条件,是事物存在和发展的时间条件和空间条件。我们要做那种具备了一定条件经过努力可以成功的事情;而不要想入非非,去做那些不具备条件经过努力也不可能成功的事情。在条件问题上坚持辩证法,就是承认条件的复杂性和可变性。条件是复杂多样的,有必要条件和非必要条件、有利条件和不利条件、客观条件和主观条件,不要把条件简单化,要全面地、具体地分析各种不同的条件。条件也是可变的。客观条件本身会随着时间的推移、情况的变化而变化,有些条件消失了,有些条件出现了。而且,人们经过主观努力,可以变不利条件为无害条件或有利条件,创造出原来不具备的条件。人类的历史就是不断为自己创造新的生存和发展条件的历史。所以,当人们处于不利条件时,不应当灰心丧气,畏缩不前;当必要条件尚不具备时,也不应当消极等待,而应当发挥主观能动性,去改变不利条件,创造必要的有利条件,实现自己的目标。马克思主义哲学承认条件的可变性,但并不认为人们可以随心所欲地改变和创造条件。改变和创造条件必须遵循事物本身发展变化的规律,并且也要依赖一定的条件。

第二节 世界的永恒发展

一 发展的含义与实质

世界上纷繁复杂的万事万物不仅是普遍联系的,而且是运动发展的,"其中没有任何东西是不动的和不变的,而是一切都在运动、变化、生成和消逝。"[3]

为了正确理解作为哲学范畴的发展,我们需要甄别一下它与另外两个范畴的关系:一个是运动,一个是过程。

1. "运动"与"发展"

运动是指"一般的变化",它包括世界上发生的一切变化和过程。而发展则是指一种特殊的运动变化——前进性、上升性运动,即由简单到复杂、由低级到高级的运动变化。"运动"和"发展"这两个概念是有区别的。同一事物的简单重复不是发展,事物数量的增减和位置的移动不是发展,事物由高级到低级的倒退的变化也不是发展。发展就是新事物代替旧事物的运动变化。发展的实质是新事物的产生和旧事物的灭亡。毛泽东说:"新陈代谢是宇宙间普遍的永远不可抵抗的规律"[4]。这里的"新陈代谢"就是发展。这就是说,世界是运动变化的,但这种运动变化不是无规则的,其总趋势是由简单到复杂、由低级到高级,是新事物不断取代旧事物的前进的过程。

2."新事物"与"旧事物"

如果进一步深究下去,对新旧事物的评判将成为问题的关键。在马克思主义哲学看来,判断一个事物是新事物还是旧事物,不能根据它在时间上出现的先后,新事物是新产生的,但新产生的不一定是新事物;也不能根据它的形式是否新奇,是否具有新特点,形式新奇和具有新特点的事物,未必有强大的生命力,不一定是新事物;也不能根据它的力量是否强大、是否完善,因为新事物在刚产生时,往往是弱小的、不完善的,由弱小到强大、由不完善到较完善,需要经过一个发展过程。判断一个事物是新事物还是旧事物,不能从表面上看,必须从本质上看。区分新旧事物的根本标志是看它是否符合事物发展的必然趋势,是否具有强大的生命力和广阔的发展前途。新事物在最初出现的时候总是比较弱小的,旧事物反而比较强大。但是暂时弱小的新事物必然会战胜表面上强大的旧事物,这是由事物发展的辩证本性决定的。第一,新事物符合事物发展的必然趋势,具有强大的生命力和广阔的发展前途,而旧事物则不符合事物发展的必然趋势,丧失了其存在的必然性。因此新事物能迅速成长壮大,最终战胜旧事物。第二,新事物优越于旧事物。新事物是在旧事物的母腹中产生的,它克服了旧事物中一切消极的、腐朽的东西,吸收了旧事物中一切积极的合理的因素,并增添了旧事物所不能容纳的富有生命力的新内容。因此,新事物具有旧事物不可比拟的优越性。第三,在社会领域中,新事物符合人民群众的根本利益和要求,因而得到广大人民群众的拥护和支持,所以它必然战胜旧事物。新事物不断战胜并取代旧事物的过程,就是事物由简单到复杂、由低级到高级的不断发展前进的过程。

这就涉及到与发展相关的另一个范畴:过程。

3."过程"论

恩格斯说:"世界不是既成**事物**的集合体,而是**过程**的集合体"[5]。这就是说,不能把世界看成是不发展、不变化的事物的堆积,而要把世界看成是过程的集合。所谓过程,就是说任何事物都有成有毁,都有它产生、成长和灭亡的历史,任何事物都是作为或久或暂的过程而存在的。世界上没有永世长存的事物。自然界中的事物都是不断发展变化的过程,人类社会也是不断发展变化的过程,不再发展变化的、尽善尽美的社会只能在人们的幻想中存在。人们的认识也是不断发展变化的,任何一种思想观念、理论学说都处在不断修改和发展变化过程中,永远不会出现不再发展的终极真理。恩格斯说:"这种辩证哲学推翻了一切关于最终的绝对真理和与之相应的绝对的人类状态的观念。在它面前,不存在任何最终完成的东西、绝对的东西、神圣的东西;它指出所有一切事物的暂时性;在它面前,除了生成和灭亡的不断过程、无止境地由低级上升到高级的不断过程,什么都不存在。"[6]

恩格斯把关于世界是"过程的集合体"的思想称为"一个伟大的基本思想"[7],它是唯物辩证法的发展观的基本思想。坚持这一思想,我们就要善于识别新生事物,支持有益的新生事物迅速成长壮大。同时,我们对现实要采取科学的批判态度,就是要认识到任何现实事物都是作为过程而存在的。当它还有其存在的理由时,要维护它的存在,使它获得正常的发展,充分发挥其积极作用。但又不能把它看成是永恒的而加以崇拜,而是要把握住它发展的必然趋势。当它随着时间的推移失去了存在的理由的时候,就要对它实行变革,用新的、更高级的东西来代替它。

二 两种对立的发展观

在发展观问题上,马克思主义经典作家特别注意到有两种对立的观点。列宁在《谈谈辩证法问题》中对此做了明确的概括和剖析,他指出:"有两种基本的(或两种可能的?或两种在历史上常见的?)发展(进化)观点:认为发展是减少和增加,是重复;以及认为发展是对立面的统一(统一物之分为两个互相排斥的对立面以及它们之间的相互关系)。按第一种运动观点,**自己**运动,它的**动力**、它的泉源、它的动因都被忽视了(或者这个泉源被移到外部——移到上帝、主体等等那里去了);按第二种观点,主要的注意力正是放在认识'**自己**'运动的**泉源**上。第一种观点是僵死的、平庸的、枯燥的。第二种观点是活生生的。**只有**第二种观点才提供理解一切现存事物的'自己运动'的钥匙,才提供理解'飞跃'、'渐进过程的中断'、'向对立面的转化'、旧东西的消灭和新东西的产生的钥匙。"[8]

这里说的第一种发展观是形而上学观点,第二种发展观是马克思主义唯物辩证法的观点。这是两种根本对立的发展观,可以将它们的对立概括如下:

第一,唯物辩证法用普遍联系的观点看世界,形而上学则用孤立的观点看世界。唯物辩证法认为世界上的一切事物和现象都是普遍联系的,孤立存在的事物是没有的,因此主张用普遍联系的观点看世界。形而上学则认为世界上的事物都是彼此孤立、互不联系的,因而用孤立的观点看世界。

第二,唯物辩证法用发展变化的观点看世界,形而上学则用静止不变的观点看世界。唯物辩证法认为世界上的一切事物都是运动、变化、发展的。

事物的运动变化不仅有数量的增减和场所的变更,而且有根本性质的变化。发展就是新事物不断产生、旧事物不断灭亡的过程。因此,唯物辩证法主张用发展的观点看世界。形而上学则认为世界上的事物在本质上是不变的,如果说有变化,也只是数量的增减和场所的变更,一类事物只能产生同一类事物,不会有新事物的产生和旧事物的灭亡。因而形而上学用静止的观点看世界,把事物看成是僵死不变的,只见其现在,不见其过去和未来,只见一个个孤立的片断,不见总过程。

第三,唯物辩证法认为矛盾是事物发展的动力,形而上学则否认矛盾的存在。唯物辩证法认为,世界上的一切事物中都包含着矛盾,矛盾是普遍存在的,而且事物的内部矛盾是事物发展的动力和源泉。形而上学则根本否认事物内部矛盾的存在,因而把事物的运动变化的原因归结为外部力量的推动。

唯物辩证法和形而上学的根本分歧和斗争焦点则在于是否承认矛盾是事物发展的动力。因为只有承认矛盾是事物发展的动力和源泉,才能科学地说明事物的运动发展,坚持发展的观点;而且只有坚持发展的观点,才能坚持普遍联系的观点。因为联系实际上就是一事物的发展变化引起其他事物的发展变化,一要素的发展变化引起其他要素的发展变化;并且,矛盾的联系是世界最普遍最重要的联系。形而上学否认矛盾,就只能坚持孤立和静止的观点。

第三节 联系和发展的基本规律

在揭示了世界的普遍联系和永恒发展这两大特征之后,还需要阐明这种联系和发展的规律。马克思主义哲学认为世界的联系和发展遵循对立统一规律、质量互变规律和否定之否定规律,这就是唯物辩证规律。在这个规律体系中对立统一规律是核心。正如列宁所说:"统一物之分为两个部分以及对它的矛盾着的部分的认识……,是辩证法的**实质**"。[9]

一 对立统一规律

对立统一规律,即事物矛盾运动的规律,又叫矛盾规律,揭示的是发展变化的源泉和动力。矛盾是指事物内部两方面之间既对立又统一的关系,也就是事物内部两方面之间既相互排斥又相互联系的关系。矛盾规律的基本内容是:任何事物都包含着矛盾,矛盾双方既统一又斗争,由此推动事物运动发展。

必须指出,这里所指称的矛盾是作为哲学范畴的矛盾,即辩证矛盾,它与我们平常所理解的逻辑矛盾是有严格区别的。逻辑矛盾是指思维中前后不一致,自相冲突。它是主观的,是人的思维违反逻辑规则造成的,是应当从思维中加以排除的。而辩证矛盾是对立统一关系,它是客观的、普遍的,是不能否认和排除的。辩证矛盾与逻辑矛盾是不同的,如果把二者混淆起来,就会导致否认辩证矛盾。如杜林曾说过:"在事物中没有任何矛盾,或者换句话说,真实地产生的矛盾甚至是背理的顶点。"在杜林看来,只有在主观上发生错误即"背理"时才有矛盾,客观事物本身没有矛盾。这种观点是错误的。

马克思主义经典作家非常重视矛盾问题和矛盾规律,在其一系列著述中,深刻阐明了矛盾的同一性和斗争性及其相互关系、内因与外因及其相互关系、普遍性和特殊性及其相互关系、矛盾的不平衡性等问题。

1. 矛盾的同一性和斗争性

同一性和斗争性是矛盾的两个基本属性。矛盾的同一性是指矛盾双方互相联系的性质,它包括两方面的含义:第一,矛盾双方相互依存,就是矛盾双方互为存在的前提,一方的存在以另一方的存在为条件,双方共处于一个统一体中。例如,正和负、化合和分解、同化和异化、正确和错误、剥削和被剥削,每一方都是依赖对方的存在而存在的。第二,矛盾双方相互贯通,是指矛盾双方存在着由此达彼的桥梁。它主要表现为以下两种情形:其一是矛盾双方相互渗透,就是矛盾双方中都包含着对方的因素。例如生产中包含着消费,消费中包含着生产;感性认识中包含着理性认识的因素,理性认识中包含着感性认识的因素。其二是矛盾双方向自己的对立面转化的趋势。如好事和坏事、胜利和失败、先进与落后等等,都可以在一定条件下相互转化。

矛盾的同一性在事物发展中的作用主要表现在:第一,矛盾双方相互依存,使事物保持相对稳定性,为事物的存在和发展提供必要的前提。只有矛盾双方相互依存,共处于一个统一体中,事物才有相对稳定性,才能存在,在此基础上,事物才能发展。如果没有矛盾双方的相互依存,事物就不能存在,也就根本不可能发展。例如,在资本主义社会,无产阶级和资产阶级的根本利益是对立的,但二者也是相互依存的,如果二者之间没有相互依存,只是相互排斥,这两个阶级以及资本主义社会就连一天也不能存在下去,就根本谈不上无产阶级力量的壮大和社会主义社会的诞生。第二,矛盾双方互相吸取有利于自身的因素而得到发展。矛盾双方是相互渗透的,矛盾双方都从对方吸收和利用有利于自身的因素,促进自身的发展,从而推动整个事物的发展。第三,矛盾的同一性规定了事物向着对立面转化的基本趋势。发展就是一物转化为他物,但这种转化不是任意的,而是向自己的对立面转化。这一转化的基本趋势是由矛盾的同一性规定的。

矛盾的斗争性是指矛盾双方相互排斥、相互对立的性质。矛盾的斗争性是一个具有广泛含义的哲学范畴,具有无限多样的表现形式,既包括矛盾双方的激烈冲突,也包括矛盾双方的区别和差异。物理现象中的吸引与排斥的对立,生物体内同化与异化的区别,生物之间的弱肉强食的生存竞争,敌对阶级的阶级斗争,人民内部不同意见的争论,都是矛盾斗争性的表现。不能把矛盾的斗争性只理解为激烈的冲突和对抗。

矛盾的斗争性在事物发展中也起着十分重要的作用。主要表现在:第一,在事物量变过程中,斗争推动矛盾双方的力量对比和相互关系发生变化,为质变做准备。在矛盾双方相互排斥、相互斗争的过程中,双方的力量此消彼长,造成矛盾双方发展的不平衡,使力量对比和相互关系发生变化,从而使事物发生量变,为质变创造条件。第二,在事物质变过程中,斗争突破事物存在的限度,促成矛盾的转化,实现事物的质变。当矛盾双方力量的消长达到某一限度时,只有通过矛盾斗争才能突破这个限度,使旧的矛盾统一体分解,新的矛盾统一体产生,才有事物的质变。在阶级社会中,只有靠革命阶级对反动统治阶级的坚决彻底的斗争,才能推翻反动阶级的统治,实现社会形态的飞跃。

矛盾的同一性和斗争性是既相互区别,又相互联结的。首先,同一性和斗争性是有区别的,是矛盾的两种相反的基本属性,它们在事物矛盾运动中所处的地位是不同的,矛盾的同一性是有条件的、相对的,矛盾的斗争性是无条件的、绝对的。矛盾的同一性之所以是有条件的、相对的,是因为只有在一定条件下,矛盾双方才能相互依存,共处于一个统一体中,保持质的稳定性;也只有在一定条件下,矛盾双方才能互相转化。然而,条件都是可变的,矛盾的同一性及其所体现的事物的静止和稳定,也是暂时的、可变的,因而是相对的。矛盾的斗争性之所以是无条件的、绝对的,是因为无论在任何条件下矛盾双方都会有斗争。矛盾的斗争性既存在于事物的相对稳定状态中,也存在于事物的显著变动状态中。矛盾的斗争性及其所体现的事物的运动变化都是无条件的、绝对的。

其次,矛盾的同一性和斗争性又是互相联结、不可分离的。一方面,同一性是包含斗争性的同一性,没有斗争性就没有同一性。矛盾双方的同一性,是包含差别和对立的具体的同一性,而不是绝对的自身等同。脱离对立的同一,是绝对的同一或抽象的同一。如果事物永远和自身绝对等同,自身中不包含它的对立面,也就没有矛盾,也不会有事物的发展。恩格斯指出:"旧形而上学意义上的**同一律**是旧的观点的基本原理:$a = a$,每一事物都与自身同一。一切都是永恒的,太阳系、星体、有机体都是如此。"[10]另一方面,斗争性寓于同一性之中,没有同一性也就没有斗争性。矛盾的斗争性是互相联系着的矛盾双方的差别、对立与排斥。如果两个方面毫无联系,就不能构成矛盾,双方的斗争就无从发生。脱离同一的对立,就是绝对的对立。把对立视为绝对对立与把同一视为绝对同一一样,都是形而上学的观点。

既然矛盾的同一性和斗争性是相互联结的,任何矛盾都是既具有同一性,又具有斗争性,失去其中任何一种属性就不成其为矛盾。因此我们在认识和实践中,要把矛盾的同一性和斗争性结合起来,学会在对立中把握同一,在同一中把握对立,反对只见同一不见对立或只见对立不见同一的形而上学观点。矛盾的同一性和斗争性在事物发展中都有重要作用,但都不能孤立地起作用。只有二者结合在一起才能成为事物发展的动力。毛泽东指出:"有条件的相对的同一性和无条件的绝对的斗争性相结合,构成了一切事物的矛盾运动。"[11]矛盾着的对立面又统一、又斗争,由此推动事物运动发展。

2. 内部矛盾与外部矛盾

事物的内部矛盾是推动事物发展的动力,同时事物的外部条件对事物的发展也发生重要的影响作用,因此,必须正确认识事物发展的内因、外因及其相互关系。

内因是事物的内部矛盾,外因是一事物与他事物之间的相互影响和相互作用,即外部矛盾。内因和外因的关系是:第一,内因是事物发展变化的根据。事物发展的根本原因不在事物外部,而在事物内部。第二,外因是事物发展变化的条件。任何事物都不是孤立的,都和周围的事物相互影响、相互作用,外因是事物发展变化不可缺少的条件,不具备一定的外部条件,事物也不会发展变化。在一定的情况下,外因对事物的发展甚至起决定性作用。第三,外因通过内因而起作用。外因对事物发展所起的作用,表现在对事物内部矛盾的影响上,也就是通过使矛盾双方的状况发生变化,推动事物的发展变化。外因的作用无论多大,也必须通过内因而起作用。

唯物辩证法关于事物发展的内因与外因辩证关系的原理,是我们正确处理重大社会问题的理论基础。最明显的例子,是我国实行的独立自主、自力更生和对外开放方针。我国的社会主义现代化建设,必须首先依靠本国人民独立自主、自力更生、艰苦奋斗,只有这样才能建立起繁荣昌盛的社会主义强国。中国的发展离不开世界,对外开放是建设有中国特色社会主义的一项基本国策。现代的世界是开放的世界,各国经济技术联系非常密切,在这种情况下闭关自守只能导致愚昧、落后,不可能实现现代化。邓小平指出:"现在任何国家要发达起来,闭关自守都不可能。我们吃过这个苦头,我们的老祖宗吃过这个苦头。""长期闭关自守,把中国搞得贫穷落后,愚昧无知。"[12]我国的对外开放是以独立自主、自力更生为基础的。我们必须从我国的实际出发,积极地借鉴和吸收世界各国一切文明成果为我所用,增强我国自力更生的能力,加快我国的社会主义现代化建设步伐。

3. 矛盾的普遍性和特殊性

矛盾的普遍性是指矛盾存在于一切事物的发展过程中,存在于一切事物发展过程的始终。简言之,矛盾无处不在,无时不有。承认矛盾的普遍性,是坚持辩证法的前提。我们在任何时候,对任何事物,都要实事求是地承认矛盾、分析矛盾,并采取恰当的方法解决矛盾;我们要坚持用矛盾分析的方法去认识事物,从矛盾的两个方面看问题,即坚持"两点论",全面地看问题,反对形而上学的"一点论",防止片面地看问题。

事事有矛盾,时时有矛盾,但不同事物的矛盾又各不相同。矛盾的特殊性是指具体事物的矛盾及每一矛盾的各个方面都有其特点。世界上万事万物之所以各不相同,就是由于它们所包含的矛盾各有其特殊性。矛盾特殊性的原理具有重要的实际意义。分析矛盾的特殊性,就是坚持具体问题具体分析。一方面,分析矛盾的特殊性是正确认识事物的基础。只有分析矛盾的特殊性,才能把不同事物区别开来,正确地认识事物。另一方面,分析矛盾的特殊是正确解决矛盾的关键。不同的矛盾只能用不同的方法解决。只有具体地分析矛盾的特殊性,才能找到正确解决某一特殊矛盾的特殊方法,即"一把钥匙开一把锁",从而取得成功。如果千篇一律地用一种方法解决各种不同的矛盾,那就必然失败。因此,具体问题具体分析是马克思主义的本质和活的灵魂。

矛盾的普遍性和特殊性的关系,也就是共性和个性、一般和个别的关系,它们是辩证统一的。第一,矛盾的普遍性和特殊性是相互联结的。一方面,普遍性存在于特殊性之中,一般只能在个别中存在,只能通过个别而存在。普遍性是许许多多不同的特殊事物所共同具有的,它只能存在于各种特殊事物之中,而不能脱离各种特殊事物而独立存在。水果只能存在于苹果、梨、桃等之中,不存在离开苹果、梨、桃等的"水果"。另一方面,特殊性中包含着普遍性,特殊性与普遍性相联系而存在。世界上的事物无论怎样特殊,它总与同类中的其他事物有共同之处,总要服从这类事物的一般规律,不包含普遍性的特殊性也是不存在的。如果割裂了特殊性与普遍性的联系,就会导致"白马非马"的诡辩命题。

第二,矛盾的普遍性和特殊性是相互区别的。二者的区别在于,共性只是包括个性中共同的,本质的东西,个性总有许多自己独有的特点,这是共性所包括不了的。例如作为共性的人,只是包括了所有具体个人的共性,而不能把每一个具体个人的特性都包括进去。列宁说:"任何一般都是个别的(一部分,或一方面,或本质)。任何一般只是大致地包括一切个别事物。任何个别都不能完全地包括在一般之中"[13]。所以,二者不能互相代替,尤其不能用普遍性代替特殊性,因为特殊事物的性质比普遍性丰富得多。

第三,矛盾的普遍性和特殊性在一定条件下可以相互转化。矛盾的普遍性和特殊性不是凝固不变的。由于事物范围的极其广大和发展过程的无限性,在这个场合为普遍性的东西,在另一场合下则变成了特殊性,反过来也是一样。

矛盾的普遍性和特殊性关系的问题,是非常重要的问题。毛泽东把这一问题称为矛盾问题的"精髓"。他说:"这一共性个性、绝对相对的道理,是关于事物矛盾问题的精髓,不懂得它,就等于抛弃了辩证法。"[14]矛盾的普遍性和特殊性辩证统一的原理,是坚持马克思主义普遍真理与中国具体实际相结合这一基本思想原则的理论基础。邓小平指出:"把马克思主义的普遍真理同我国的实际结合起来,走自己的路,建设有中国特色的社会主义,这就是我们总结长期历史经验得出的基本结论。"[15]一方面,我们必须坚持社会主义的根本制度和基本原则。另一方面,我们又必须从中国的国情出发,注意中国特点。中国是一个社会主义大国,又是一个穷国,人口多,底子薄,生产力水平低而又发展不平衡,我国现在处于并将长期处于社会主义初级阶段。邓小平把社会主义基本原则与中国的实际结合起来,制定了党在社会主义初级阶段的基本路线和一整套改革开放和现代化建设的方针政策,极大地促进了我国社会主义建设事业的发展。

4. 矛盾发展的不平衡性

要坚持矛盾的普遍性和特殊性相统一的原理,必须十分重视研究矛盾的特殊性。矛盾发展的不平衡性是矛盾特殊性的重要表现。它主要表现为两种情形:一种是主要矛盾和次要矛盾的不平衡,另一种是矛盾的主要方面和次要方面的不平衡。

第一,主要矛盾和次要矛盾。

在复杂事物的发展过程中,有许多矛盾存在,这些矛盾的发展是不平衡的,其中有一种居于支配地位、起着决定作用的矛盾,这就是主要矛盾,其他处于服从地位的矛盾是次要矛盾。主要矛盾和次要矛盾是相互影响、相互作用,并在一定条件下相互转化的。首先,主要矛盾规定和影响着次要矛盾的存在和发展,对事物的发展起决定作用,主要矛盾解决得好,次要矛盾就可以比较顺利地得到解决;次要矛盾解决得如何,反过来又影响主要矛盾的解决。其次,主要矛盾和次要矛盾的地位不是一成不变的,在一定条件下它们可以相互转化,即主要矛盾转化为次要矛盾,次要矛盾上升为主要矛盾。基于主要矛盾与次要矛盾的这种关系,我们在观察和处理复杂问题的时候,要首先抓住和解决主要矛盾,同时又不忽略次要矛盾,做到统筹兼顾,并且还要注意主要矛盾和次要矛盾的转化,不失时机地转移工作重点。

主要矛盾和次要矛盾关系的原理,对于社会主义现代化建设具有重要的指导意义。我国现在处于社会主义初级阶段,主要矛盾是人民日益增长的物质文化需要同落后的社会生产力之间的矛盾。阶级斗争虽将在一定范围内长期存在,在某种条件下还有可能激化,但已经不是我国社会的主要矛盾。为了解决我国现阶段的主要矛盾,必须坚持以经济建设为中心,集中力量发展生产力。邓小平指出:"我们的生产力发展水平很低,远远不能满足人民和国家的需要,这就是我们目前时期的主要矛盾,解决这个主要矛盾就是我们的中心任务。"[16]只有大力发展生产力,才能不断提高人民的生活水平,增强我国的综合国力,巩固社会主义制度,为其他各种社会矛盾的顺利解决创造有利条件。我们在集中力量抓经济建设的同时,还要注意解决好其他社会矛盾,坚持一系列"两手抓":一手抓物质文明建设,一手抓精神文明建设;一手抓经济建设,一手抓民主法制等等。只有这样,才能推动社会主义现代化建设事业全面进步。

第二,矛盾的主要方面和次要方面。

不仅同一事物中的各个矛盾是不平衡的,而且同一矛盾双方的力量也是不平衡的,其中居于支配地位、起着主导作用的方面是矛盾的主要方面,处于被支配地位的方面是矛盾的次要方面。矛盾的主要方面和次要方面是相互影响、相互制约,并在一定条件下相互转化的。首先,矛盾的主要方面支配次要方面,事物的性质主要是由取得支配地位的矛盾的主要方面决定的;矛盾的次要方面也制约和影响矛盾的主要方面。其次,矛盾的主要方面和次要方面的地位不是固定不变的,在一定条件下可以相互转化,随着矛盾双方主次地位的转化,事物的性质也就发生了变化。基于矛盾的主要方面和次要方面的这种关系,我们在分析问题时,要分清主流和支流,抓住主流,正确认识事物的性质,同时也不能忽视支流,并且注意主流和支流的转化。

矛盾的主要方面和次要方面关系的原理,对于指导我们正确认识我国社会主义现代化建设的形势具有重要意义。党的十一届三中全会以来,我国的改革开放和社会主义现代化建设取得了巨大成就,我国的综合国力显著增强,广大人民的物质文化生活水平有明显的提高,社会经济以较快速度持续发展,社会政治稳定。我们取得的成绩是主要的,是主流。尽管在前进中也出现了一些困难和问题,但那是次要的,是支流。只有这样才能认清形势,坚定信心,坚定不移地走建设有中国特色的社会主义道路。我们决不能只看到存在的一些问题而否定大好形势,迷失前进的方向。同时,我们也必须承认并认真解决存在的问题,发展大好形势。决不能因为主流是好的就忽视支流。如果对存在的问题不认真解决,它就会愈演愈烈,严重地影响大好形势。

主要矛盾和次要矛盾、矛盾的主要方面和次要方面关系的原理,要求我们在实际工作中坚持"两点论"和"重点论"的统一。"两点论",就是认识复杂事物的发展过程时,既要看到主要矛盾,又不忽略次要矛盾;在认识某一矛盾时,既要看到矛盾的主要方面,又不忽略矛盾的次要方面。如果只看到主要矛盾和矛盾的主要方面,忽略了次要矛盾和矛盾的次要方面,就会陷入片面性而犯"一点论"的错误。"重点论"就是认识复杂事物的发展过程时,要着重抓住它的主要矛盾;在认识某一矛盾时,要着重把握矛盾的主要方面。如果不分主次轻重、不抓重点,就会犯"均衡论"的错误。"两点论"和"重点论"是相互包含、辩证统一的。坚持"两点论"和"重点论"的统一,就是看问题、办事情既要全面,又要善于抓住重点。为了更好地坚持以经济建设为中心和一系列"两手抓"的方针,在认识社会主义现代化建设的形势时要分清主流和支流,既要看到主流、坚定信心,又不忽略支流、盲目乐观的方法,都是坚持"两点论"与"重点论"统一的具体表现。

二 质量互变规律

1. 质、量、度

世界上的一切事物都有一定的质。质是指一事物区别于他事物的内在规定性。这种规定性使这一事物成为它自身,并同其他事物区别开来。也就是说,质一方面表明了事物自身的同一性,"是此",另一方面表明了与他物的区别性,"非彼",因而规定了事物为确定的存在。世界上的事物之所以千差万别,就是因为每个事物都有其自身质的规定性。

事物的质与事物的存在是直接同一的。这就是说,事物总是一定质的事物,不存在没有一定质的事物;质总是一定事物的质,也不存在同事物相脱离的抽象的质。

质是事物的内在规定性,属性是质的外在表现。事物的属性就是一事物和他事物联系过程中的表现。如铜的导电性是它与电源联系中的表现,导热性是它与热源联系中的表现,延展性是它与锤子等较硬的东西相碰撞过程中的表现,等等。属性是事物本身固有的,只是在与其他事物的联系中才表现出来。事物的属性是质的表现,人们正是通过认识事物的属性去认识事物的质。

事物的质是多方面的,确定事物的质,一方面根据事物的客观属性,另一方面根据人们社会实际的需要。事物的质主要是通过它的本质属性表现出来的,要确定事物的质,必须把握其本质属性。但是区分事物的本质属性和非本质属性,要把人的社会实践的需要作为实际的确定者。人们应当力求全面地把握事物的质和属性,但是没有必要、也不可能在任何情况下都把握事物的所有属性。在一定时期内,人们只需要把握与人的实践密切相关的某个或某些方面的质和属性。医生对病人,主要是把握其生理的质,病人的一些社会属性就不是主要的了。组织或单位对于人的考察,主要是把握其社会的质,了解他的思想状况和工作表现,其生理方面的属性就不是主要的了。事物的质是多方面的,不要把事物的质看成僵死的,而应当同人的实践活动联系起来把握事物的质。

把握事物的质是认识事物的起点和基础。只有认识了事物的质,才能正确区分事物,划清不同事物之间的界限。

事物不仅有质的规定性,而且还有量的规定性。量是指事物存在和发展的规模、程度、速度等可以用数量来表示的规定性,以及它的构成成分在空间上的排列组合。例如物体的大小、运动的快慢、温度的高低,分子中原子的多少和排列次序等,都是事物量的规定性。

量和事物的存在不是直接同一的。同一事物可以有不同的量。在一定范围内,事物的量的增加和减少,不会改变事物的质。尽管量与事物的存在不是直接同一的,但量与事物也是不能分开的。任何事物都具有一定的量,没有任何量的规定性的事物是不存在的;任何量都是一定事物的量,离开一定具体事物的所谓纯粹的量,在客观世界中也是不存在的。数学中那些好像离开具体事物的纯粹的数,其实都是对客观事物的量以及量的关系的抽象反映。

事物的量也是多方面的,人们总是根据社会实践的需要,去考察事物一定方面的量。

区分事物的质是认识事物的开始,是认识量的前提;由质进到量,是人们对事物认识的深化和精确化。在科学研究中,确定事物及其运动状态的性质,称作定性研究;对事物进行数量分析,称作定量研究。定性是定量的基础,定量是定性的精确化。人们只有在认识质的基础上又进一步把握事物的量,才能获得对事物较为清晰的认识,才能对实践进行较具体的指导。

质和量是事物两种不同的规定性,二者是互相依赖、互相制约的。一方面,质是量的基础,世界上没有无质之量,量总是一定质的量,质还规定着量的活动范围。另一方面,质总是一定量的质,没有一定的量,也就没有质,量制约着质。这种质与量的相互依赖、相互制约充分体现在"度"中。

度是事物保持自己质的数量限度(或范围、幅度),它体现着质和量的对立统一。事物的度的两端的界限叫关节点或临界点。关节点是一定质的事物所能容纳的量的活动范围的最高界限和最低界限。事物的量在度的范围内变化,事物不会发生质变,量变超出度的范围,事物就会发生质变。例如,在一个标准大气压下,水的温度就是0℃到100℃。在这个温度范围内水保持液态,如果温度的变化突破度的两个关节点(0℃或100℃),水就会变成冰或水蒸气了。

掌握事物的度对于认识和实践具有重要意义。首先,只有认识了事物的度,才能准确把握事物的质。当人们的认识还停留在质的阶段时,对事物的认识还是模糊的、笼统的。由质进到量,对事物的认识就较清晰一些。只有把握了事物的度,才能对事物有清晰准确的认识。其次,只有准确把握事物的度,才能提出指导实践活动的正确准则,坚持适度原则,防止"过"或"不及"。当需要保持事物的相对稳定性时,人的自觉活动要设法使其量变不超出度的范围。通常说的"注意分寸"、"掌握火候"、"适可而止"、"过犹不及",都是要求在实践中坚持适度原则。

2. 量变和质变的辩证关系

量变和质变是事物运动发展的两种状态。

量变是指事物量的规定性的变化,即事物数量的增减和场所的变更。

它是事物在原有质的基础上、在度的范围内的变化。在量变过程中,事物处于相对静止、相对稳定状态。量变一般是不显著的、逐渐的、连续性的变化,因而也叫渐变、渐进或进化。

质变是指事物质的规定性的变化,即事物由一种质态到另一种质态的飞跃。它是突破了事物的度的变化。在质变过程中,事物处于显著变动状态。质变一般是明显的、突发的、非连续性的,因而也叫飞跃、渐进过程的中断或革命。

量变与质变尽管在表现上有许多不同,但是区分量变和质变的根本标志在于事物的变化是否超出度的范围。

量变和质变是辩证统一的。第一,量变是质变的前提和必要准备。一切事物的运动发展,都从量变开始,量变积累到一定程度,才能突破度的界限,引起事物的质变。没有一定量变的积累,质变不会发生。《老子》中说:"九层之台,起于垒土;千里之行,始于足下。"《荀子》中说:"不积跬步,无以至千里;不积小流,无以成江海。"都是说明量变是质变的必要准备,量变的积累是质变的前提。第二,质变是量变的必然结果。任何事物的量变都不会永远持续下去,量变积累到一定的程度,必然会突破事物的度,引起事物的质变。第三,质变体现和巩固量变的成果,并为新的量变开拓道路。只有质变才能把量变的成果体现出来,巩固下来。只有质变才有新事物的产生和旧事物的灭亡,才能有事物的发展。如果没有质变,量变本身最终也会为旧质的框框所局限而陷于停滞。只有质变才能打破这种限制,结束在旧质基础上的量变,为在新质基础上的量变开辟道路。

总之,世界上任何事物的运动、发展都是量变和质变的统一。事物的运动、发展是在一定质变的基础上进行的,是从量变开始的,量变的积累达到一定程度引起质变,质变又引起新的量变。事物的运动发展就是量变和质变相互转化的过程。事物的量变过程表现了事物运动发展的连续性,质变过程表现了事物运动发展的非连续性。量变和质变相互转化的过程体现了事物运动发展是连续性和非连续性的统一。

量变和质变是辩证统一的,割裂二者的统一,就会导致庸俗进化论或激变论,以及社会政治生活中的改良主义和冒险主义。庸俗进化论只承认量变,不承认质变。庸俗进化论在社会政治上表现为改良主义,主张社会的发展只能通过一点一滴的改良,使社会不断进化,反对通过社会革命对旧的社会制度进行根本的变革。激变论只承认质变,否认量变,认为质变是没有量变的积累而突然发生的。近代法国自然科学家居维叶是激变论的典型代表。他认为古今生物物种的不同,不是它们本身由量变到质变长期进化的结果,而是地球偶然地发生多次突变的结果。每经过一次突变,地球上的一切生物被毁灭殆尽,之后上帝再创造出一批新的物种来。激变论在社会政治上表现为冒险主义。我们党历史上的"左"倾冒险主义者认为,进行社会革命无须经过积蓄革命力量的准备阶段,幻想通过突然的冒险活动取得革命的胜利。庸俗进化论和激变论都是错误的。

量变与质变辩证关系的原理,对于社会主义建设和个人成长都有重要指导意义。

把我国建设成一个繁荣昌盛的社会主义现代化强国,也是一个从量变到质变的过程。在我们这样一个人口多、底子薄、经济文化比较落后的大国搞建设不能急于求成,只能脚踏实地埋头苦干,稳步前进,进行长期的、艰苦的努力,在生产力、物质财富和精神财富等方面进行量的积累,才能把我国建设成高度文明、高度民主的社会主义强国。如果急躁冒进,片面追求高速增长,幻想一朝一夕就实现现代化,则会欲速则不达,得到事与愿违的结果。

个人的成长也是从量变到质变的过程。古今中外著名的科学家、思想家以及其他对社会作出较大贡献的人,他们的成就都是在长期艰苦学习、刻苦钻研和反复实践的基础上创造出来的。如果在学习、研究和实践中不努力做量的积累,想一下子脱颖而出并有巨大的创造,那只是一种幻想。我们应该树立远大的目标,同时必须有一步一个脚印的实干精神。

3. 量变和质变的复杂性

质量互变规律是自然界、社会和人类思维领域普遍起作用的客观规律,并已为人类的社会实践和科学研究的发展所证实。但是,质量互变规律的具体表现又是特殊的和复杂的。量变和质变的复杂性主要表现为量变和质变形式的多样性与量变和质变的相互渗透。

事物的量是多方面的,量变的形式也是多种多样的。但从引起质变的角度看,量变的基本形式可分为两种:一种是事物数量的增减;另一种是事物的构成成分的排列组合和结构形式上的变化。数量的增加或减少这种量变会引起质变。在化学中,两个氧原子结合在一起就是氧气(O_2),三个氧原子结合在一起就是臭氧(O_3);一个碳原子与一个氧原子结合就是一氧化碳(CO),是燃料,有毒;一个碳原子与两个氧原子结合就是二氧化碳(CO_2),是灭火剂,无毒。事物的构成成分排列组合与结构形式上的变化这种量变也可以引起质变。例如化学中的同素异形体就属于这种情形。如同是由碳原子构成,只是由于原子之间的排列结构不同,就形成金刚石、石墨和碳三种不同的物质。在社会生产中,同样数量和素质的劳动力,劳动组合不同,就会造成有质的不同的生产效率和经济效果。

事物的质是各不相同的,质变的形式也是多种多样的。但从质变过程是否发生对抗即外部冲突的角度看,质变的基本形式可分为两种:爆发式飞跃和非爆发式飞跃。所谓爆发式飞跃,是指通过对抗的形式来实现的质变。如自然界中的火山爆发、地震等;阶级社会中的军事冲突、暴力革命等。对抗性矛盾通常都是通过这种质变形式来解决。所谓非爆发式飞跃,是指不通过对抗的形式,而通过新质要素的逐渐积累和旧质要素的逐渐消亡来实现的质变。如由旧物种发展为新物种、由猿转变为人、科技革命等。非对抗性矛盾通常都是通过这种质变形式来解决的。采取什么样的质变形式,是由事物本身的性质决定的,同时也同其外部条件有关。在特定条件下,某些对抗性矛盾也可以采用非对抗的形式加以解决,某些非对抗性矛盾的激化也可能转化为对抗。

量变和质变的相互渗透,表现为总的量变过程中包含着部分质变,质变过程中有量变,这也是量变和质变复杂性的表现。总的量变过程中的部分质变,有阶段性部分质变和局部性部分质变两种情形。阶段性部分质变是事物的根本属性未变,而比较次要的性质发生了变化,使事物的发展呈现出阶段性。如资本主义社会从自由竞争的资本主义阶段到垄断资本主义阶段即帝国主义阶段,就是同一社会制度下的阶段性部分质变。阶段性部分质变是事物的本质属性和非本质属性变化不平衡性的一种表现。局部性部分质变是指事物全局性质未变,而某些局部的性质发生了变化。如我国新民主主义革命时期,一块块革命根据地的建立,相对于全国处于半封建半殖民地社会而言,就是局部性的部分质变。局部性部分质变是事物各部分变化不平衡性的一种表现。总的量变过程中的部分质变不同于单纯的量变,因为事物的某些属性和局部发生了质的变化;它也不同于根本质变,因为事物的根本性质和全局未变,没有由一种质转变为另一种质。质变过程中包含着量变,即包含着新质要素在量上的迅速扩张,旧质要素在量上的迅速消亡。事物的质变并不是一下子完成的。要经过一个或长或短的过程。当事物发生质变时,新质在旧质范围内首先突破一点或几点,然后在数量上迅速扩张,旧质在数量上迅速减少,最后新质完全代替旧质。质变过程中有量变的特征,属于质变而不属于量变。

量变和质变是复杂的,我们在认识事物变化过程时,要坚持具体分析,不可简单化。

三 否定之否定规律

1. 辩证的否定

任何事物内部都包含着肯定和否定两个方面。肯定方面是事物中维持其存在的方面,即肯定事物为它自身而不是他物的方面。否定方面是指事物中促使其灭亡的方面,即破坏现存事物使它转化为他物的方面。如在生物有机体中,遗传就是维持其物种不变的肯定方面,变异则是促使其变为新物种的否定方面。正是由于事物中都包含着肯定方面,所以它才能存在;同样也正是由于事物中包含着否定方面,所以它又不是永恒不变的,它会被新事物取代。当肯定方面处于主导地位时,事物保持原有的性质而继续存在。当否定方面处于主导地位时,事物丧失其原有的性质而发生质的变化。

肯定和否定是对立的统一。肯定和否定是事物内部两种相反的方面、趋势,它们是对立的。同时,肯定与否定又是统一的。一方面,肯定和否定相互依存。离开了肯定就没有否定,离开了否定也没有肯定。另一方面,肯定和否定相互渗透。肯定中包含着否定,对某一事物的肯定就包含着对与之相反的事物的否定,在一定意义上,肯定就是否定;否定中包含着肯定,对某一事物的否定就包含着对与之相反的事物的肯定,在一定意义上,否定就是肯定。马克思主义哲学的否定观就是建立在对肯定和否定辩证统一的理解基础之上的。

这种否定观集中体现了马克思主义哲学批判的、革命的本质。马克思说:"辩证法在对现存事物的肯定的理解中同时包含对现存事物的否定的理解,即对现存事物的必然灭亡的理解;辩证法对每一种既成的形式都是从不断的运动中,因而也是从它的暂时性方面去理解;辩证法不崇拜任何东西,按其本质来说,它是批判的和革命的。"[17]在辩证法看来,世界上的任何事物都不是永恒的、绝对的,总是要被否定的。否定是事物发展的推动力量。

概括地看,马克思主义哲学的否定观的主要之点在于:第一,辩证的否定是通过事物内部矛盾而进行的自我否定。一事物被否定是通过事物内部否定方面战胜肯定方面来实现的,而不是外力作用的结果。第二,辩证的否定具有两个重要特点。其一,否定是发展的环节。事物的发展通过否定实现。没有新事物对旧事物的否定,就没有新事物的产生和旧事物的灭亡,就没有事物由低级向高级的发展。其二,否定是联系的环节。新事物是在旧事物中生长起来的,它对旧事物的否定不是把旧事物中的一切因素完全抛弃,而是否定其中过时的、消极的东西,保留其中合理的、积极的因素,经过改造加以吸收,使之成为新事物的有机组成部分。这样,辩证的否定又把新旧事物联系起来。第三,作为发展环节与联系环节之统一的辩证的否定是扬弃,是既克服又保留。新事物既克服旧事物中消极的东西,又保留旧事物中的积极成果。克服是就发展的环节而讲的,它表明新旧事物之间有一条确定的界限,是发展中的非连续性;保留是就联系的环节而讲的,它表明新旧事物之间存在着继承关系,是发展中的连续性。辩证的否定是包含着肯定的否定,是连续性和非连续性的统一。

与辩证法的否定观相对立的形而上学的否定观的主要错误在于:第一,它认为否定不是事物的自我否定,而是外力强加于事物的。这样,否定就成了偶然的甚至是主观任意的否定。第二,它把否定看成是对事物的消灭,是发展的中断。第三,它把肯定和否定绝对地对立起来,认为肯定就是绝对的肯定,就是肯定一切;否定就是绝对的否定,就是否定一切,全盘抛弃。

坚持辩证的否定观具有重要的意义。坚持辩证的否定观,就要对一切事物采取分析的态度。否定什么和肯定什么,批判什么和继承什么,都要从实际出发,进行具体分析,反对不加分析地肯定一切或否定一切。特别是在对待历史文化遗产的问题,要采取批判地继承的态度。中华民族有悠久的历史,创造了灿烂的文化,我们必须继承这份文化遗产,只有在这个基础上,才能创造出有中国特色的社会主义新文化。当然这种继承只能是有批判的继承,批判和剔除其糟粕,吸取其精华,做到"推陈出新","古为今用"。既要反对全盘否定传统文化的历史虚无主义,又要反对全盘肯定传统文化的复古主义。对待外国文化,要采取有分析、有选择、有批判地借鉴和吸收的态度。在对外开放中,要积极吸收外国文化中的一切优秀成果。邓小平说:"社会主义要赢得与资本主义相比较的优势,就必须大胆吸收和借鉴人类社会创造的一切文明成果,吸收和借鉴当今世界各国包括资本主义发达国家的一切反映现代社会化生产规律的先进经营方式、管理方法。"[18]但是,也决不能认为,外国的东西一切都好,不加分析鉴别,全盘肯定,照搬照抄。我们既要吸收世界文化的优秀成果,又要批判和抵制外国资产阶级腐朽的、没落的东西;既要反对闭关自守、盲目排外的狭隘民族主义,又要反对崇洋媚外、全盘西化的错误倾向。

2. 事物发展是前进性与曲折性的统一

事物的发展体现为一个过程,都是通过否定实现的,辩证的否定不是一次完成的。事物的发展经过两次辩证的否定,由肯定阶段到否定阶段,再到否定之否定阶段,从而使事物的发展表现为螺旋式上升和波浪式前进的过程。这就是否定之否定规律。

任何事物内部都包含着肯定方面和否定方面。当肯定方面是矛盾的主要方面时,事物处于肯定阶段。由于肯定方面和否定方面的矛盾斗争,当否定方面上升为矛盾的主要方面时,便完成了第一次辩证的否定,事物处于否定阶段。新事物内部的否定方面经过斗争,对否定阶段再一次否定,使事物进入第三阶段,即否定之否定阶段。这就是事物发展的由肯定到否定,再到否定之否定的三个阶段。

否定之否定规律揭示了事物发展的总趋势是前进的、上升的。事物发展到否定之否定阶段,经过两次辩证的否定,克服了前两个阶段的局限性和片面性,保留了前两个阶段的积极因素,又增加了更高级的新内容,从而使事物在"自己运动"中得到充分发展和完善,因而事物发展的总趋势是前进的、上升的。

否定之否定规律揭示了事物发展的具体道路是曲折的。否定之否定阶段和肯定阶段都是同否定阶段相对立的,因而否定之否定阶段与肯定阶段必然有某些相似之处,重复肯定阶段的某些特征。这样,事物的发展又仿佛回到了原来的出发点,使事物发展过程呈现出近似圆圈的周期性,否定之否定阶段既是前一个周期的终点,又是下一个周期的起点。一个周期接着一个周期,循环往复,以至无穷。这样,事物的发展呈现为周期性的螺旋式上升或波浪式前进。

事物发展的具体道路是曲折的还由于:第一,新事物战胜旧事物是一个反复斗争的过程。新事物在最初出现的时候总是比较弱小的、不完善的,这时旧事物则是比较强大的,为了维护自身的地位,总是要竭力扼杀和摧残新事物,阻止新事物的成长壮大。新事物只有经过反复曲折的斗争,才能使自己不断成长壮大,最终战胜旧事物。这在社会历史领域表现得尤为明显。第二,由于某些偶然的原因,事物的发展会出现暂时的倒退,这也是曲折性的一种表现。如动物发展中的返祖现象,社会发展中出现的复辟现象,都属于这种情形。

总之,否定之否定规律揭示了事物的发展是前进性和曲折性的统一。事物发展的总方向、总趋势是前进的、上升的,事物发展的具体道路是迂回曲折的。

很显然,如果割裂了事物发展的前进性和曲折性的统一,会导致循环论和直线论的错误。循环论只看到事物发展的曲折性,否认了事物发展的前进性,认为事物的发展是周而复始的循环。直线论只看到事物发展的前进性,否认了事物发展的曲折性,认为事物的发展道路是笔直的,没有任何曲折和倒退。这两种观点都是形而上学的错误观点。

把握否定之否定规律,坚持事物的发展是前进性和曲折性相统一的原理,对正确认识我国社会主义现代化建设事业具有重要意义。首先要坚信前途是光明的,对我国社会主义现代化建设事业要充满必胜的信心。事物发展的总趋势是前进的、上升的,新事物必然战胜旧事物,社会主义必然最后战胜资本主义,我国的社会主义建设事业一定会取得成功。要坚定不移地走建设有中国特色的社会主义道路。任何时候都不要被一时的表面现象所迷惑,不要因暂时的挫折而动摇。其次,要准备走曲折的路,有克服各种困难的精神准备。事物发展的道路是曲折的,我国社会主义现代化建设事业的发展也不是一帆风顺的,会遇到各种困难,遭受各种挫折。我们要充分认识我国社会主义现代化建设事业的艰巨性和复杂性,要保持清醒的头脑,准备克服各种困难走曲折的路。要反对看不到我们伟大事业的艰巨性和复杂性的盲目乐观态度。我们要在曲折斗争中开辟前进的道路。

3. 否定之否定规律的普遍性和特殊性

否定之否定规律是在自然、社会和人类思维领域中普遍地起作用的基本规律。否定之否定规律的客观普遍性已为人类的社会实践和科学研究的发展所证实。比如,在自然界,随着化学元素的原子核电荷数递增,化学元素就由碱金属变为非金属,再由非金属变为碱金属,形成一个肯定——否定——否定之否定的周期性变化过程。生物运动中的遗传——变异——遗传;社会发展中,体力劳动与脑力劳动的结合——体力劳动与脑力劳动的分离——体力劳动与脑力劳动的结合;认识过程中,实践——认识——实践,个别——一般——个别等等。这些发展过程都是否定之否定规律的体现。

否定之否定规律带有很大的总括性,它的作用要在一个较长的过程中,在事物的发展完成一个周期(即经过两次否定、三个阶段)时,才能比较完整、充分地显示出来。

否定之否定规律是普遍的,其具体表现形式又是特殊的,其特殊性主要表现在:第一,不同性质的事物具有不同的否定形式。第二,不同事物的发展过程有不同的曲折性。任何事物发展的道路都是曲折的,但其曲折性表现是大不相同的。大体有两种曲折。一种是前进过程中的"复归",即仿佛向出发点的"回复",这是事物正常的发展。这种"复归"的表现也各不相同。有些事物发展的否定之否定阶段对肯定阶段保留得多,回复性、重复性明显一些,如恩格斯举过的例子,麦粒——麦苗——麦穗。另一些事物在自身发展中,重复性就少一些,如原始公有制——私有制——社会主义公有制。另一种是前进中的"倒退"或"逆转"。这是由于各种复杂原因的出现造成的。如植物在成长中被大风吹折,年轻人在意外事故中夭亡,战乱造成的社会发展的停顿和暂时倒退。这些也是在事物发展中经常出现的。

否定之否定规律的表现是特殊的,我们必须从实际出发,具体地分析事物的发展过程,千万不能把否定之否定规律当作单纯的证明工具,不能把它当作僵死的公式,形式主义地到处乱套。

第四节 联系和发展的基本环节

一 现象和本质

1. 现象与本质的含义

现象和本质是揭示客观事物外在联系和内在联系相互关系的一对范畴。从一般的意义上说,唯物辩证法的所有范畴,都是帮助人们从现象中发现本质的工具。

所谓现象是事物的外部联系和表面特征,是事物的外在表现。现象有真象和假象之分,真象是从正面地直接地表现本质的现象,假象则是从反面歪曲地表现本质的现象。例如,物体落地现象的本质是地球引力的作用,一个人的本质是通过他日常的许多为人们直接感知的言行表现出来的。客观事物的本质,大量的表现为真象,但假象在自然界特别在社会生活中也是屡见不鲜的。假象同真象一样,也是客观存在的,是由各种客观的实际条件造成的,它同错觉有所不同。错觉是人的感觉造成的,属于主观范畴,二者不能混为一谈。

所谓本质是事物的根本性质,是组成事物基本要素的内在联系。事物的本质是由它本身所固有的特殊矛盾决定的。一事物的根本性质,对于该事物说就是它的特殊本质;对于它事物来说,就是它们之间的本质区别。本质同必然性、规律性是同等程度的范畴。规律就是本质的关系或本质之间的关系,认识事物的本质,也就是认识事物的必然性、规律性。例如,懂得了化学运动的本质是原子的化合和分解,也就从根本上认识了化学运动的基本规律;懂得了生产力与生产关系、经济基础与上层建筑的基本矛盾运动是构成社会运动的本质,就能从根本上理解社会运动的发展规律。但是,也不能把本质和规律看作是完全等同的。本质的含义更广泛一些,它是事物内部所包含的一系列必然性、规律性的综合。例如,生命的本质,即蛋白体的存在方式,就不能简单地归结为生命运动的某一种规律。本质是相对于现象来说的,认识只有从现象深入到事物的本质,才能揭示出事物的规律。

2. 现象和本质的辩证关系

其一,现象和本质是对立的。它们的区别主要在于:首先,现象外露于事物的表面,人们的感官可以直接感知;而本质则深藏于事物的内部,人们的感官不能直接感知,只能通过抽象思维才能把握。其次,现象是个别的、片面的东西,而本质则是同类现象中一般的、共同的东西。同类现象具有共同的深刻的本质,而共同的本质则通过千差万别的个别现象表现出来。再次,现象多变易逝,本质则相对平静、相对稳定,在客观事物的发展过程中,本质具有相对稳定性,但它表现出来的现象则是经常变化的,不断改变着自己的具体形态。最后,现象比本质丰富、生动,本质则比现象单纯、深刻,由于现象是个别的、片面的和表面的东西,形之于外,千差万别且多变易逝,所以它比本质丰富、生动;而本质则是同类现象的共性,深藏事物内部且相对稳定,所以它比现象单纯、深刻。

其二,现象和本质又是统一的。现象和本质的统一表现为二者的相互联系和相互依存。一方面,现象不能脱离本质,任何现象都要从特定方面表现本质,本质是现象的根据,现象总是反映着本质的,没有不表现本质的现象,脱离本质的纯粹现象是不存在的。即使是假象也是事物本质的表现。列宁指出:"外观的东西是本质的**一个**规定,本质的一个方面,本质的一个环节。**本质**具有某种外观。外观是本质自身在自身中的表现(Scheinen)。"[19] 另一方面,本质也不能脱离现象,本质总是现象的本质,任何事物的本质都要通过这样那样的现象表现出来,没有不表现为现象的本质,脱离现象的赤裸裸的本质也是不存在的。水有三态:液态、固态和气态。这三态从不同的侧面表现了由氢原子和氧原子结合成的化合物 H_2O。固态是水的本质在冰点以下所表现的现象;气态是它在沸点以上所表现的现象;液态则是水在冰点和沸点之间所表现的现象。在这里,无论哪一种状态都从不同侧面表现了水的本质。人们常用"五光十色"来形容自然界的多变的颜色,然而这些极其不同的颜色,都是电磁波运动这一本质的表现。

3. 掌握现象和本质辩证关系原理的方法论意义

首先,现象和本质的对立,说明了科学研究的必要性;现象和本质的统一,决定了科学研究的可能性。科学研究的任务就是通过现象去认识本质。人们只有通过对大量现象的研究,才能发现事物的本质,达到科学的认识。

如果二者只有对立而无统一,那么一切科学研究、科学认识就是徒劳无益、白费力气的了。

其次,在实践中要注意把现象作为入门的向导,通过现象去认识事物的本质。由于一切事物都是现象和本质的对立统一,这是客观辩证法。把这种客观辩证法运用于认识过程,就要求人们既不能脱离现象凭空地去认识事物的本质,也不能使认识停留在表面现象上,而是要透过现象掌握本质。毛泽东说:"我们看事情必须要看它的实质,而把它的现象只看作入门的向导,一进了门就要抓住它的实质,这才是可靠的科学的分析方法。"[20]

由现象到本质,再到更深刻的本质的认识,是一个无止境的辩证发展过程。正如列宁所说:"人的思想由现象到本质,由所谓初级的本质到二级本质,这样不断地加深下去,以至于**无穷**。"[21]

二 内容和形式

1. 内容和形式的含义

内容和形式是揭示任何事物都具有的内在结构及其外在表现的一对范畴。所谓内容是指构成事物的一切要素,即事物的各种内在矛盾以及由这些矛盾所决定的事物的特征、成分、运动的过程、发展的趋势等等的总和。所谓形式是指把内容诸要素统一起来的结构和表现内容的方式。

内容和形式是同一事物的两个不同的侧面。任何事物都有自己的内容,也都有自己的形式,二者缺一不可。只有内容而无形式或者只有形式而无内容的事物,在现实世界中是根本不存在的。任何一个事物所包含的由以构成的各种要素的总和表现为内容,这些要素又必然以一定的方式结合起来而形成形式。从无机界到有机界,从简单的运动形式到复杂的运动形式,从微观世界到宏观世界,从自然界到人类社会,每一事物都是内容和形式的统一。

2. 内容和形式的辩证关系

在近代哲学中,康德研究过思维的形式和内容的关系,他把内容理解为零乱的感性材料的总和,把形式理解为用以整理、综合感性材料的主观框架,认为形式为人先天所固有,不依赖于内容。这样,他不仅仅把形式看作是先验的东西,而且把内容和形式相互割裂和绝对地对立起来。

其实内容和形式也是对立统一的关系。其一,内容和形式是对立的。对于任何一个具体事物来说,形式是事物存在和表现的方式,内容则是事物存在的基础。内容和形式属于事物发展过程中性质、地位和作用不同的两个方面,二者不能混淆。其二,内容和形式又是统一的。内容和形式相互依存,密不可分,任何事物的内容都有一定的形式,任何形式都有一定的内容,没有无形式的纯粹的内容,也没有无内容的空洞的形式。当然,这不能理解为同一内容只能有一种形式,不能有多种形式。事实上,同一内容往往有多种形式,同一形式也往往可以表现或容纳不同的内容。此外,内容和形式又相互作用。内容决定形式,有什么内容,就要求有什么形式,内容发生了根本变化,形式也迟早要发生相应的变化;同时形式又积极影响内容,对内容有巨大的反作用,当形式适合于内容时,对内容的发展起着积极的推动作用,而当形式不适合于内容时,则对内容的发展起着消极的阻碍作用。第三,内容和形式的区别是相对的,在一定条件下可以相互转化。在一种关系中作为一定内容的形式,而在另一种关系中可以转化为另一种形式的内容;反之亦然。第四,内容和形式的相互作用构成了它们的矛盾运动。在这个矛盾运动中,内容是比较活跃易变的,而形式则是相对稳定的,这是在内容和形式的矛盾中它们各自的特点。内容和形式之间始终存在着矛盾,形式和内容之间的矛盾运动,是一个由基本适合到基本不适合,再到新的基本适合的无限循环的过程。列宁说:"内容对形式以及形式对内容的斗争。抛弃形式、改造内容。"[22]这就是内容和形式矛盾运动的辩证法。

3. 掌握内容和形式辩证关系原理的方法论意义

首先,坚持内容和形式的辩证统一,自觉地运用内容决定形式、形式必须适合内容的唯物辩证法原则,可以促进事物的发展。由于内容决定形式,形式必须适合内容,所以要善于根据内容的发展,适时地、正确地变革旧的形式。当然,人们改造客观事物首先要改造事物的内容,但为了改造内容,促进内容的发展,又必须注意改造事物发展的形式,注意创造和选择最适合于新事物发展的形式。当某种形式已经不适合内容发展的时候,就要及时地变革旧的形式,创造一种新形式去代替它;而当某种形式仍然适合于内容的发展,仍然有利于各种积极因素发挥的时候,也不能轻率地破坏这种形式,任意地变换形式,而是要使这种形式相对稳定下来,适时调整不适应内容需要的部分,使整个形式逐步趋于完善。比如,社会主义生产关系的发展并不存在一套固定的模式,必须根据生产力发展的客观要求,在每一阶段上创造与之相适应的生产关系的具体形式。当变不变是右倾保守;不当变硬要变则会盲目冒进,犯"左"倾错误。

其次,自觉地运用形式反作用于内容的辩证法,善于分析各种形式,既可以利用旧形式为新内容服务,也可以创造新形式为新内容服务。自然界和社会历史的发展常常是十分复杂的,往往是新内容利用旧形式,或者是旧内容利用新形式。尤其是在人类社会生活中,有的旧事物即将灭亡的时候,换一个"新形式",妄图挽救它的死亡;有的旧事物"死而复生",往往也采用"新形式",妄图东山再起。新事物的发展,既需要新的形式,也需要根据有利于新事物发展的要求,有选择地利用某些有用的旧形式。利用旧形式不是同旧形式妥协,而是为了同旧事物的内容作斗争,以发展新事物的新内容。对于新形式中包藏的旧内容必须予以揭露,不能只从形式上看问题,否则就会把旧事物误作新事物。我们要根据内容的需要,注意事物的形式,学会选择、利用和创造适当的形式来促进内容的发展,推动事物前进。

最后,自觉地运用内容和形式矛盾运动的原理,既不死抱住过时的形式不放,又不过早地任意改变尚有积极作用的形式。为此,在实践中既要反对片面夸大形式作用的形式主义,又要反对抹杀形式作用的形式虚无主义。在我国社会主义现代化建设中,我们既要保持那些适合于我国社会主义经济发展的形式的相对稳定性,又要改变那些不适合我国社会主义经济发展的旧形式,还要善于利用包括资本主义国家的某些经济形式和管理形式在内的一切形式,从而保证我国社会主义现代化建设事业的胜利发展。在观察处理问题时,要首先注意内容,反对忽视内容的形式主义。毛泽东同志说,在写文章、作报告、发表演说之前,必须深入实际作调查研究,使它们具有丰富的内容,反对"空话连篇,言之无物"、"甲乙丙丁,开中药铺"的形式主义。他指出这种形式主义是"最低级、最幼稚、最庸俗的方法"[23]。反对形式主义,但这不是否认或忽视形式对内容的反作用。抹杀形式作用的形式虚无主义,也是错误的。

三 原因和结果

1. 原因和结果的含义

原因和结果是揭示客观世界中普遍联系着的事物前后相继、彼此制约的一对范畴。人类获得的真正知识都是从正确地提出和解决"为什么"而开始的,所以,原因和结果就成为人类一切认识和实践活动中的一对重要范畴。

原因是指引起一定现象的现象,结果是指由原因的作用而引起的现象。原因作为他事物根源的要素,引起他事物或现象的产生,结果则受某种事物或现象的作用而产生。世界上的任何现象都有它产生的原因,任何原因都必然引起一定的结果。摩擦生热,摩擦是原因,生热就是结果。私有制是阶级产生的原因,阶级则是私有制引起的结果。事物或现象之间这种引起和被引起的关系,就是因果关系。

这里必须注意到,因果联系往往与时间的顺序性有直接关系。在客观事物不断更替的过程中,一般地总是原因在先,结果在后,因而前因后果是因果联系的特点之一。但并不意味着所有前后相继的现象都是因果联系。"在此之后"并不等于"因此之故"。春夏秋冬四季的更替,虽然时间上前后相继,但彼此之间并没有因果联系,一年四季的更替是地球绕太阳公转的结果。同样,白昼和黑夜也是前后相继的,彼此之间也没有因果联系,白昼和黑夜的交替是地球自转和绕太阳公转的结果。闪电之后有雷声,但闪电不是雷声的原因,闪电和响雷都是云层中正电与负电碰撞的结果。所以,因果联系不仅是先后相继的一种联系,而且彼此之间还有一种引起和被引起的关系。作为个别的例外,有些现象的因果联系并不是前后相继的,而是同时的。例如,外力作用引起的物体运动速度的变化(可用公式 $F = ma$ 来表示)这类现象的因果联系,外力的作用和速度的变化却是同时的。

2. 原因和结果的辩证关系

其一,原因和结果的区分是确定的又是不确定的。

如果把两个或两组因果联系的现象从普遍联系中抽取出来,单独考察两个具有因果联系的现象时,原因和结果的界限是确定的。在这里,原因就是原因,结果就是结果,不能混淆和颠倒。例如,地球绕太阳公转和春夏秋冬四季依次更替的关系,前者是因,后者是果。如果倒因为果,倒果为因,就会得出荒谬的结论。这就是原因和结果区分的确定性。

但是,超出这个有限的范围,把原因和结果放在世界无限发展的链条中去考察,它们的区分则又是不确定的。在事物无限发展的错综复杂联系中,同一现象在一种关系中是原因,而在另一种关系中则是结果。在这里,原因和结果经常互换位置。例如,在摩擦生热、热引起燃烧、燃烧导致爆炸……等一连串因果联系的环节中,生热既是摩擦的结果,又是引起燃烧的原因。恩格斯说:"原因和结果这两个概念,只有在应用于个别场合时才适用;可是,只要我们把这种个别的场合放到它同宇宙的总联系中来考察,这两个概念就联结起来,消失在关于普遍相互作用的观念中,而在这种相互作用中,原因和结果经常交换位置;在此时或此地是结果,在彼时或彼地就成了原因,反之亦然。"[24]所以,因果联系是一个无限发展的链条,它们的界限是确定的,又是不确定的。

其二,原因和结果是相互联系相互作用的

原因和结果的相互联系,是说它们之间是相互依存、相互依赖的。原因总是伴随着一定的结果,结果总是由一定的原因引起的。所谓"有因必有果,有果必有因",说的就是这种情况。没有无因之果,也没有无果之因,因果双方失去一方,另一方就不可能存在。

原因和结果的相互作用,是说原因不仅可以作用于结果,结果反过来也可以作用于原因。事物的发展过程往往是互为因果的。例如,热是引起燃烧的原因,但燃烧反过来又成为产生大量热的原因。生产力的发展是引起生产关系变革的原因,但生产关系的变革反过来又成了促进生产力进一步发展的原因。工业为农业提供机器、化肥、农药等,是农业发展的原因,而农业的发展又为工业提供丰富的粮食和原料、广阔的市场和大量的资金,反过来又成了工业发展的原因。在这里,互为因果的关系,既表现为原因和结果的相互转化,又表现为它的相互作用:原因作用于结果,即转化为结果;结果反作用于原因,在一定条件下转化为原因,成为结果进一步变化的原因。正确认识因果联系的这种辩证性质,全面把握原因和结果相互转化的发展链条,就能有效地利用事物之间的相互作用促进事物的发展。

3. 掌握原因和结果辩证关系原理的重要意义

首先,承认因果联系的客观普遍性是进行科学研究、获得科学认识的前提。科学研究在一定意义上就是揭示事物的因果联系,从而提出解决问题的方法。例如,癌症对人类威胁很大,如果能找到癌症产生的真正原因,就有可能制造出治疗它的有效药物。所以,对病因的研究治病有着重要的科学意义。搞体制改革,就要从研究弊端入手,因为它是我们工作搞不好的原因,分析这些原因,才能提出解决问题的有效方案和办法。

其次,正确地把握因果联系,有利于总结实际工作经验。在总结工作经验时,不仅要肯定成绩,发现错误,而且要找出取得成绩和产生错误的原因。这就是由果溯因。只有这样,才能做到发扬成绩,纠正错误,改进工作。

最后,准确地把握因果联系,能增强工作中的预见性。要预见工作中可能产生的后果,就要注意准确地把握事物的因果联系,及时采取有效措施,防止和排除不利后果和严重后果产生的原因。这就是由因及果。在各项工作中,只有全面把握事物的因果联系,才能通过自觉的努力,消除产生不利结果的原因,发挥产生有利结果的原因的作用,达到我们所需要的有利结果。

四 必然性和偶然性

1. 必然性和偶然性的含义

必然性和偶然性是揭示客观事物发生、发展和灭亡的不同趋势的一对范畴。它和因果联系有着密切的关系,是因果关系的进一步展开与深化。

必然性是指客观事物联系和发展过程中合乎规律的、一定要发生的、确定不移的趋势。种瓜得瓜,种豆得豆,日夜交替,四季更替,新陈代谢,生老病死,社会主义代替资本主义等,都是事物发展的确定不移的趋势,都具有必然性。必然性产生于事物的本质原因,是由事物内部的根本矛盾决定的。种瓜得瓜,种豆得豆,这是由瓜和豆内在的本质原因和根本矛盾决定的。资本主义的根本矛盾决定着资本主义的前途和方向,必然要通过改变资本主义的生产资料私有制,代之以社会主义的生产资料公有制。必然性在事物发展过程中居于支配地位,决定着事物发展的前途和方向。

偶然性是事物联系和发展过程中不确定的趋势。偶然的东西可能出现,也可能不出现,可以这样出现、也可以那样出现。比如,一棵豆秧上长几个豆荚,一个豆荚上结几颗豆粒,某个工厂的年度计划在哪一天完成,某座房子突然在哪一天倒塌,某块农田意外地遭到雹灾或虫害,某架飞机忽然在哪天坠毁等,都带有一定的偶然性。偶然性是由事物的非根本矛盾和外部条件造成的,在事物发展过程中居于从属地位,对事物发展的必然过程起促进和延缓的作用,使发展的确定趋势带有这样或那样的特点和偏差。比如种豆得豆是一种必然的趋势,至于每颗豆子遇到的土壤是否肥沃,成长期间的气温和雨量是否适宜,耕作是否细密,由此而影响它成熟的迟早,结豆的多少,豆粒是否饱满等,所有这些,相对于种豆得豆这个必然趋势来说,就都是偶然的了。

2. 必然性和偶然性的关系

其一,必然性和偶然性是对立的。

必然性不是偶然性,偶然性也不是必然性。必然性和偶然性是事物联系和发展中两种根本不同的趋势,产生的原因不同,所处的地位不同,所起的作用不同,表现形式也不同。必然性产生于事物内部的根本矛盾,偶然性则产生于事物发展过程中非根本的、次要的以及外在的矛盾;必然性在事物发展过程中居于支配地位,偶然性则在事物发展过程中居于从属地位;必然性代表着事物发展的趋势,决定着事物发展的前途和方向,偶然性则只对事物发展起着促进或延缓的作用;必然性是比较确定的、持久的,而偶然性则是不确定的、暂时的。

其二,必然性和偶然性又是统一的。

必然性存在于偶然性之中,没有脱离偶然性的纯粹必然性。必然性不是孤立存在的,它通过大量偶然性表现出来并为自己开辟道路。客观事物的每一个过程都是由内部的根本矛盾按必然规律发展的,但在发展过程中还会受到内部的非根本矛盾和外在矛盾等因素的种种影响。事物的发展不能排除偶然因素的影响,总是在无数的偶然变动中贯彻自己必然的发展趋势,无数的偶然性则从不同的方面或以不同的方式表现和补充这一发展的必然趋势。所以,任何一个事物发展的必然过程都是通过许多偶然形式实现的,不通过偶然性而表现出来的纯粹必然性是不存在的。

同时,偶然性体现并受制约于必然性。没有脱离必然性的纯粹的偶然性。偶然性是必然性的表现形式和补充。凡存在偶然性的地方,其背后总是隐藏着必然性。任何偶然性都不能完全地、绝对地摆脱必然性的支配和制约。例如人类历史舞台上出现过许许多多抱有不同目的的个人活动,演出了许许多多的历史事件,这些事件可以发生,也可以不发生,可以早一些发生,也可以晚一些发生,以及这些历史人物是谁,都带有极大的偶然性。而历史人物的气质、性格、品质和爱好等都给历史事件涂上各种各样的色彩,这些看来只是偶然的现象。但是,这些偶然事件的背后,是由社会基本矛盾所规定的历史必然性起支配作用,受到历史发展的必然规律的制约。恩格斯说:"在表面上是偶然性起作用的地方,这种偶然性始终是受内部的隐蔽着的规律支配的,而问题只是在于发现这些规律。"[25]

必然性和偶然性在一定条件下可以相互转化。由于事物范围的极其广大和发展的无限性,必然性和偶然性的区分是相对的。在一定条件下,偶然性可以转化为必然性,必然性也可以转化为偶然性。必然性和偶然性的统一,不仅表现为它们的相互依赖、相互渗透,而且还表现为它们在一定条件下能够相互过渡、相互转化。这种过渡和转化,在生物进化中表现得十分明显。生物物种的变化,开始时是微小的、偶然的变异,其中有些变异因为适合于周围环境而得到发展,逐渐固定下来,最后使生物机体发生根本的变化,起初个别的偶然的性状,就成为新的物种的必然性状。相反,生物体原来的一些必然性状由于越来越不适应环境的变化,越来越退化,以至成为偶然的东西。比如,全身长毛和有尾巴在人类祖先那里具有必然性的特征,但对于现代人来说,长毛和有尾巴则是偶然的返祖现象。在原始社会生产力极其低下的情况下,自给自足的自然经济是必然的,产品交换是偶然的,随着生产力和社会分工的发展,产品交换逐渐发展为商品交换,这时商品交换就从偶然性转化为必然性。而在通货膨胀、货币急剧贬值的条件下,原来以物易物的交换方式又可能会重新出现,不过这种情况是个别的、偶然的,这又是必然性转化为偶然性。

3. 掌握必然性和偶然性辩证关系原理的重要意义

首先,掌握客观必然性是科学认识和实践的基础。在实际工作中,只有认识必然和利用必然才能获得自由。由于必然性是规律性的主要特征,代表着事物发展的根本趋势,认识的任务就在于透过大量的偶然现象来把握事物发展的必然规律,努力按照客观事物发展的规律来规划自己的行动,使我们的行动具有自觉性,避免盲目性,实现由必然到自由的转化。如果在实际工作中不努力去认识客观必然性,把希望寄托在侥幸的偶然事件上,就会陷入盲目被动,得不到预期的结果。

其次,偶然性的作用也不能忽视,只有认识偶然性在事物发展中的作用,才能注意利用一切有利的偶然因素去推动工作,防止和消除不利的偶然因素的影响,尽可能减少它的危害程度,做到"有备无患"。

重视并善于利用偶然因素,对于科学研究也有重要的意义。科学研究是对未知的探索活动,它的主要目的在于发现客观事物发展的必然规律。在科学研究中,不能抛开偶然性去追究必然性,也不能只停留于考察个别对象的偶然细节,而是要透过大量的偶然性揭示其中的必然性。由于客观事物的复杂性和多变性,研究过程往往会出现预先未料到的偶然事件,这就是科学发现中的"机遇"。对偶然事件的分析研究中可以发现客观规律,因此要善于锐敏地识别"机遇",善于抓住"机遇",利用"机遇"去揭示必然性以发展科学。德国物理学家伦琴在研究 X 射线时,在感光板上偶然发现了自己手骨的黑影,这一"机遇"成为他发现 X 射线放射性和发明 X 射线照相的起点。弗莱明不留意把发霉的面包屑掉进葡萄球菌培养皿中,结果杀死了大量葡萄球菌。他抓住这一偶然的"机遇"并且进一步研究,发现了药物青霉素以及其他一系列抗菌素,从而在医药科学上实现了一次重大突破。那种把偶然性宣称为"科学的敌人"的观点,是不利于科学发展的,它会导致完全否认"机遇"在科学研究中的作用的错误结论。同时,撇开偶然性孤立地来研究必然性,也会流于空洞的抽象,不能真正把握必然性。

必然性和偶然性作为两种对立的趋势,在事物发展中具有不同的地位和作用,这是确定的。但由于事物范围的极其广大和发展的无限性,必然性和偶然性的区分又是相对的,不确定的。一种现象对于某一过程来说是必然的东西,而对于另一过程来说就成为偶然的东西;反之亦然。飞机失事坠落对其他许多飞机来说是偶然的,但对于自身来说,由于没有预先检修,排除故障,所以又是必然的。春暖花开之时,突然来了一次寒流,对于气温回升的总趋势来说是偶然的,但对于当时的气象势态来说又是必然的。必然性和偶然这种确定性和不确定性的统一,要求我们依据客观过程的实际以及实践和认识的需要,具体分析具体联系中的必然性和偶然性,既要避免思想上的模棱两可,又要防止僵化、绝对化。

五　可能性和现实性

1. 可能性和现实性的含义

必然性在通过偶然性为自己开辟道路时,要经历由可能向现实转化的过程。可能性和现实性是反映事物的过去、现在和将来的相互关系的一对范畴。

所谓现实性是指包含内在根据的、合乎必然性的存在,是客观事物和现象种种联系的综合。现实性作为哲学范畴,不是孤立的、凝固的确认个别事实和现象的实际存在,而是对相互联系、变化发展着的客观事物、现象的综合。现实处于不断发展的过程中,它是过去的"现实"发展的结果,又是引起将来的"现实"的原因。现实性体现着事物联系和发展纵横两方面的整体性质。

现实性和必然性相联系。现实之所以成为现实,是由它内部的深藏必然性决定的。在事物发展中只有必然的东西,才会或将会变成现实,一个事物尚未出现时还不是现实的,但只要它合乎发展的客观必然性,就迟早一定会变为现实;反之,一个事物当今还是现实的,但只要它丧失了继续存在的必然性,就迟早一定会变为不现实。历史上的每种社会形态,都由于合乎历史必然性而产生,又由于丧失历史必然性而灭亡,经历了由不现实到现实再到不现实的发展过程。由于必然性总要通过偶然性来表现,因此在必然性变为现实性的过程中,都要受到偶然性的影响,也无法排除其他可能性的干扰。它可能比较顺利地较早地变为现实,也可能因遇到较大的困难和曲折而较迟地变为现实。同时,现实的某些具体特点、细节,也受偶然性的影响。

所谓可能性是和现实性相对立的范畴,它指包含在现实事物之中的、预示着事物发展前途的种种趋势,是潜在的尚未实现的东西。把握可能性这个范畴,要对可能性的各种情况加以区分。

一要区分可能性和不可能性。可能性是指在现实中存在其出现的根据和条件,因而在一定条件下就可变为现实;不可能性是指在现实中没有任何的根据和条件,因而永远不能实现。例如,石头变小鸡,制造永动机,长生不老,与虎谋皮等,都是不可能的。严格区分可能性和不可能性是人们自觉的实践活动的前提。如果不管可能与不可能的客观区别,或把可能当作不可能,能够办成的事也会耽误;或把不可能当作可能,知其不可而为之,就会劳而无功,白费力气。

二要区分现实的可能性和抽象的可能性。现实可能性是在现实中有充分根据和必要条件,因而在一定阶段可以实现的可能性;抽象的可能性则是在现实中虽有一定根据,但根据尚未展开,必要条件尚不具备因而只在以后的发展阶段中可以实现的可能性。抽象的可能性因其在目前无法实现,看起来好似不可能,其实还是一种可能,因而区别于不可能。例如"海底捞针",并非真正的不可能,而是在现实中有一定根据的一种抽象的可能性,只要海底有针,随着人类探测技术和打捞技术的发展,它就可以由抽象的可能性变为现实的可能性。"嫦娥奔月"、"月中取宝"在历史上本是一种抽象的可能性,随着宇宙飞行、航天技术的发展,今天已变为现实的可能性。进行社会主义革命对于处于民主革命阶段的国家的人民来说,只是抽象的可能;随着民主革命的胜利,在无产阶级及其政党处于领导地位的条件下,进行社会主义革命就会成为现实的可能。

认识抽象的可能性和现实的可能性之间的区别和联系,十分重要。一方面,要看到它们的区别,就应该集中力量去办那些具有现实可能性的事情,既不能把那些目前应当办到也可以办的事情推到遥远的将来,也不能把只在将来才可以办到的事情勉强地提到当前的议事日程上来。另一方面,又要看到它们之间的联系,在争取现实可能性实现的同时,按照事物发展的客观规律,积极创造条件,促使有利于事物发展的抽象可能性变为现实的可能性,并进而把它变为现实。

三要区分两种相反的可能性。事物的内部矛盾是事物发展变化的根据。由于矛盾的复杂性,事物的发展存在着种种可能性。由于矛盾双方代表着两种互相对立的趋势,这两种趋势又是由互相对立的外部条件分别地支持着,因此在事物发展的具体过程中,不仅存在着多种可能性,而且必然存在两种相反的可能性。这两种相反的可能性不会同时成为现实,其中一种可能性的实现,就是另一种可能性的消失。例如,事业有胜利的可能,也有暂时失败的可能;有获得真理的可能,也有犯错误的可能;有完成计划的可能,也有完不成计划的可能。区分两种相反可能性的重要意义在于,在实际工作中要准备应付最坏的可能性,争取最好的可能性,即从最坏处着想,向最好处努力,才能使自己立于不败之地。

四要区分可能性的程度。对可能性要作量的分析,区分可能性的大小,这是精确地规定行动目标和实施步骤的重要条件。对于这种量的大小,科学上用或然率来表达。或然率是所要测定的偶然事件的数目与全部可能发生的事件的总数之间的比率。根据科学的预测,人们就能对各种可能性的大小做到心中有数进而增大好的可能性,缩小坏的可能性。在现实生活中,对于那些根本不可能做到的事情,人们是比较容易识别的,因而也很少去做那些根本不可能的事情。工作中的失误,常在于把某种不大的可能性加以夸大,甚至误认为百分之百的可能,并以此指导自己的行动,那就难免要犯主观主义的错误。所以把握可能性的量的方面,分析可能性的大小,对于实际工作也具有重要的意义。

2. 可能性和现实性的辩证关系

其一,可能性和现实性是对立的。可能性是潜在的、还没有成为现实的东西,现实性则是已经实现了的可能性。可能性不等于现实性,现实性也不同于可能性,不能把二者混为一谈。所以,我们从事一切工作都要从现实出发,而不能从可能出发,不能以可能代替现实。列宁说:"马克思主义的政策是以**现实的东西**而不是以可能的东西为依据"[26]。在工作中要预计到事物发展有种种的可能性,但却要把自己的活动建立在现实性这个可靠的基础上。而且,只有深刻地把握现实,才能正确预计事物发展的种种可能性。

其二,可能性和现实性又是统一的。可能性和现实性相互依存,密不可分。现实性离不开可能性,它是实现了的可能性,没有可能性的东西是不会变为现实性的;而可能性则是尚未展开、没有实现的现实性。现实性不是凭空出现的,它是由先在的某种可能性发展而来的,同时又孕育着新的可能性。可能之所以成为可能,不仅由于它存在于现实之中,而且也因其以某种现实为根据。可见,可能性离不开现实性,现实性也离不开可能性,它们是不能相互脱离而单独存在的。

同时,可能性和现实性在一定条件下可以相互转化。客观事物的发展,总是在现实性中产生出可能性,而可能性又不断变为现实性的转化过程。任何一个新事物在产生以前,就是孕育在现实事物之中的一种发展趋向,一种处于萌芽状态的现实性,通过事物的矛盾双方的斗争,新的方面战胜了旧的方面,新事物则由萌芽状态的潜在的现实性转化为直接的现实性。而新的现实中则又包含着新的矛盾,孕育着新的可能,它在矛盾发展到一定阶段时又转化为新的现实。客观世界的发展,就是在可能性和现实性的相互转化过程中实现的。

3. 掌握可能性和现实性辩证关系原理的重要意义

首先,可能性和现实性的统一,使人们的主观能动性具有充分发挥的余地。人们可以依靠自己的主观努力,把有利的可能的东西变为现实的东西,并且在自己创造的现实中展示出继续前进的光明前景。

其次,可能性和现实性又是对立的,因而使人的主观能动性具有发挥的必要。可能性转化为现实性需要一定的条件,其中包括客观条件和主观条件。在社会领域中和在有人力干预的自然过程中,这两方面的条件都是不可缺少的。当然,在自然界和人类社会由可能变为现实有很大的不同。单纯的自然过程由可能向现实的转化是按其固有的客观规律自发进行的,没有人的干预也能实现;但在一切有人的地方,人的主观能动性能够给自然过程以越来越大的影响。而在社会领域,一切社会过程由可能向现实转化,都离不开人的有目的的实践活动,因此在尊重客观规律的前提下,应该力求全面地把握事物发展的各种可能性,以及事物由可能转化为现实的种种条件,努力促进事物由可能变为现实。在客观条件已经具备的情况下,人的主观能动性对于实现由可能向现实的转化起着特别重大的作用,是实现这种转化的关键性条件。在现实的可能性基础上,经过主观努力和积极斗争,才能创设有利的条件,克服不利的条件,使有益的可能的东西变为现实的东西。可能向现实转化要经历一个或快或慢的过程,这是一个条件变化的过程,而条件的变化在很大程度上也取决于人的主观努力。发挥主观能动性,可以创造有益的可能转化为现实的条件。在实际生活中,估量某项工作或某种事情的可行性,关键在于科学地分析它由可能转化为现实的各种条件的总和。如果客观条件基本具备,加上主观努力可以实现,那它就具有可行性;反之,则不具有可行性。我们的任务是努力去办那些具有可行性的事情。不尊重事物的发展规律,不顾及事情的可行性便行动起来,那是"左"倾盲动;对于本来具有可行性的事情而不敢去做,那就是右倾保守。

第五节 面对质疑与争论

一 辩证法的"主体向度"和矛盾观

辩证法作为一种对世界图景的理论建构和人们的思考方式,自古就受到过各种形式的责难和非议;马克思主义的唯物辩证法也遭逢了相同的际遇,甚至可以说它是马克思主义哲学学说中受到抨击、质疑、曲解、歧解最严重的部分之一。质疑的焦点体现在辩证法的适用范围、辩证矛盾与逻辑矛盾的关系以及辩证法作为一种思维方式是否有效等问题上。

1. 社会辩证法、实践辩证法和自然辩证法

1932年马克思的《1844年经济学哲学手稿》发表之后,出现了把马克思主义"人本主义化"、把马克思思想"两个阶段化"(即青年马克思和老年马克思)、把马克思与恩格斯"对立化"的思潮,这一思潮体现在对唯物辩证法的看法上,就是夸大它的"主体向度",限制它的适用范围。西方马克思主义是这种观点的典型代表。它们反对把马克思主义哲学解释为关于自然、社会和思维发展的一般规律的概括和总结,认为它是一种社会哲学、实践哲学,它的对象只限于社会实践领域;与此相应,马克思主义哲学的辩证法就只能是社会辩证法、实践辩证法,而不可能包括恩格斯所谓的自然辩证法。

在《历史和阶级意识》一书中,卢卡奇说道,具有首要意义的,是要认识到马克思主义的辩证法仅限于历史和社会领域。他认为,辩证法最关键的因素,是主体和客体的相互作用,是理论和实践的统一,是社会现实(作为辩证法范畴的基础)的历史变革。而在恩格斯那里,没有给这些因素以首要地位,甚至根本就没有提到它们。但是,如果没有主体和客体的相互作用,辩证法就不会是革命的了。因为对马克思主义辩证法来说,中心问题是改革现实。列菲伏尔也同样把马克思主义辩证法看作是主体和客体的关系,认为辩证法不是存在于一切事物之中的,不应到自然中,而应到实践中,到人与自然的关系中去寻找辩证法思想的基石。布洛赫明确地说,辩证法本身在人类创造的世界中就是客体——主体的关系,此外无它。萨特也提出,应当在个人与自然界、个人与种种"现实条件"和人与人的关系中去探究辩证法。因为辩证法是与人的劳动、人的活动直接联系在一起的,它只存在于人的活动领域,而不是什么在人之外的普遍的客观规律。因此萨特断言,辩证法不是别的,就是实践,是人的活动的逻辑,因而也是人的自由的逻辑。他说,如果我们不想把辩证法重新变成一种神的法则和形而上学的宿命论,那么,它就必须来自一个个的个人,而不是来自我所不知道的什么超个人的集合体。因此,他把辩证法规定为"人学"的普遍规律和普遍方法,即"人学的辩证法"。法兰克福学派也反对把马克思主义辩证法本体论化。马尔库塞认为,辩证方法在本质上是一种历史方法。

在西方马克思主义者看来,把辩证法作为人的实践的逻辑、作为主体与

客体之间的相互作用的这样一种理解,与恩格斯晚年为"补充"和"完善"马克思主义哲学体系而突出强调和研究的自然辩证法有根本性的差异。因此,他们对"自然辩证法"采取了严厉的批评态度。卢卡奇认为,恩格斯把辩证法扩展到自然界,只是仿效了黑格尔,因为只有黑格尔才把辩证法看作是在人之外的,普遍存在于自然、逻辑、历史中的东西。但是,在外部自然中,我们找不到主体和客体的关系,更找不到变革客体的活动。因此,自然辩证法只是黑格尔思想的残余。列菲伏尔认为,如果说辩证法像马克思所说的那样是革命的,那它就不能来自自然;如果说它来自自然,它就不会具有革命的性质。自然辩证法,在萨特看来,乃是把社会的辩证法"外推"到自然界的产物,是人为地"导入"自然之中的。其结果,使辩证法,即人的本性,脱离了人而寓于一种先验规律之中,寓于一个超人的自然界之中,寓于一种从星云开始的自然历史之中,而这样必然陷入一种新的神学,因为只有上帝才能知道有这样一种规律,而且也只有上帝才能创造这样一种规律。葛兰西虽不一般地反对自然辩证法,但他所理解的自然是已被纳入实践活动之中,因而也被纳入人类历史之中的自然,因此他是在实践哲学的前提下承认自然辩证法的。阿尔都塞虽不直接否认自然辩证法,但实际上他对马克思主义辩证法的阐释却仅仅借助于社会历史。

在我们看来,马克思主义哲学的辩证法当然包括社会辩证法、实践辩证法。过去对社会历史领域和人的实践活动的规律和方法的探讨的确有比较大的问题,要么重视不够,要么否认它们的特殊性,将其等同于自然规律、自然辩证法,而且对辩证法的研究也主要在世界观和方法论的意义上进行,没有与人的实践、现实人的存在联系起来,等等。但是这并不表明,马克思主义哲学的辩证法**只是**人的实践的逻辑,**只是**主体与客体的相互作用,它仅仅存在于社会之中;更不意味着,社会辩证法、实践辩证法是与自然辩证法对立的,必须否定自然辩证法,才能确立和凸现社会辩证法、实践辩证法。在马克思主义哲学的视界内,自然、社会、历史和人的活动与思维有一种同构性关系,一定程度上体现出相同的逻辑,整个世界是一幅具有普遍联系和永恒发展的总体特征、并且由联系和发展的种种规律和环节构成的辩证图景。自然较之社会、历史和实践来说保持着它的"先在性"、"优先地位",自然界的规律是社会历史规律、人的活动的规律的基础,自然辩证法是社会辩证法、实践辩证法的基础;当然在此基础上后者又表现出其特殊性。它们之间的真实关系,与其说是对立的,不如说是相互关联的和互补的。恩格斯晚年的确花比较大的精力研究了自然辩证法,但这并不表明他否认社会辩证法、实践辩证法,它们都是马克思主义哲学辩证法的组成部分和题中应有之义。因此我们认为,西方马克思主义对马克思主义辩证法的探讨是有益的,但把辩证法只局限于社会历史领域又是极端的、片面的。至于所谓"人学辩证法"的提法,也是值得商榷的,对于马克思主义哲学来说,它研究的是"现实的人"、"社会关系中的人",而不是"抽象的人"、"纯粹的人"、"作为独立个体的人",所谓"人学辩证法"阐释的是什么人的活动和规律呢?

2. 辩证矛盾与逻辑矛盾

在西方哲学家中,波普尔和邦格也是对辩证法抱有很深成见的两位代表性学者。在其著述中,他们反复申明自己的学说与辩证法的对立,并专门写了长篇批判文章《辩证法是什么?》和《辩证法批判》,产生了广泛影响。波普尔在文章中断言,黑格尔的辩证法是一种"荒谬的、不可置信的哲学"的典型,而马克思提出的"辩证法同唯物主义的结合,在我看来甚至比(黑格尔的)辩证唯心主义还要糟糕。"邦格则认为,辩证法"为不相容辩解","使其信仰者疏远科学性思维","如果唯物主义意欲沿着精确化以及与科学相协调的路线发展,它就必须同辩证法划清界限"。

清理他们对辩证法的责难,可以看出,主要是对其中的矛盾学说的不满。波普尔认为,如果承认辩证法的矛盾学说,则"必然导致科学的瓦解,批判的瓦解,亦即理性的瓦解","一切人类智力进步都必定同归于尽"。这一论断的逻辑依据是经典逻辑演算的一条定理:$p \wedge \bar{p} \to q$,即从 p 与非 p 的合取可推出任意命题 q,换言之,从矛盾可以推出任何命题。波普尔称这条定理是"基础逻辑中那些并非无关紧要并值得每一个思考的人认识与理解的少量事实之一。"他花了很大篇幅详细讨论这一定理,采用两种不同论证方式,从一些更简单更直观的逻辑定理将它导出,并举出从"现在太阳高照并且现在没有太阳"这个矛盾命题,既可推论"恺撒是叛徒",也可推论"恺撒不是叛徒"的例子。波普尔断言,如果像辩证法那样承认矛盾的合理性,则一切是非界限将取消,只会给诡辩论开辟道路。波普尔进而分析了辩证法承认矛盾的"认识论根源"。他认为,由于历史上排除矛盾的努力推动了科学发展,使辩证法家产生了错觉和误解,认为没有必要回避这些富有成果的矛盾,而应欢迎和接受它们。波普尔写道:"辩证法家说,矛盾富有成效、丰富多彩、导致进步,在一定意义上我们也承认这是真的。但是,只有当我们决心不容忍矛盾,决心改变任何包含矛盾的理论时,这才是真的;换句话说,千万不要认可一种矛盾。"他告诫辩证法家:"二者不可兼得。要么由于矛盾富有成效而爱好矛盾,因而决不能接受矛盾;要么准备接受矛盾,那矛盾将变得毫无成效。"[27]

无疑,波普尔上述论述对于人们理解矛盾律在科学体系中的重要价值是有益的,但他以此来批判辩证法,却误入了歧途。从矛盾可推出任意命题,确属逻辑演算的一条重要定理,它在经典逻辑演算的各系统中都居重要地位。但这条定理所表达的思想并非在逻辑演算中才出现。形式逻辑的奠基人亚里士多德在论证矛盾律时就曾说明,如果不遵守矛盾律,则会导致视同为异,视异为同,"万事万物混而为一"。亚里士多德最先提出的矛盾律,至今仍被证明是正确思维的必要条件和根本性法则,逻辑演算的成就更进一步确证了它的价值。然而,作为辩证法的核心范畴的矛盾并不是经典逻辑演算所刻画的逻辑矛盾。辩证法的矛盾法则即对立统一法则,非但不与矛盾律相抵忤,反而应是以之为前提的。正是建立在科学实践观基础上的马克思主义辩证法,深刻地揭示了人类思维的辩证法与自然发展的辩证法、人类活动的辩证法之间的不可分割性,从而表明了遵守形式逻辑法则的必要性和重要性。以把握对象的对立统一机制为目标的辩证思维,应自觉地把拒斥逻辑矛盾作为自己的内在规范。恩格斯指出:在科学理论研究中,"任何时候都必须用思想的首尾一惯性去帮助还不充分的知识。"[28]列宁也明确要求:"'逻辑矛盾'——当然,在正确的逻辑思维的条件下——**无论**在经济分析中**或**在政治分析中都是不应当有的。"一切分析都"不容许'逻辑矛盾'"。[29]马克思的《资本论》,不仅是运用辩证法矛盾学说的典范,也是运用矛盾律的典范。我们在其中看到的是举世公认的首尾一惯性和逻辑条理性,而看不到违反矛盾律的逻辑混乱。波普尔认为辩证法的矛盾学说容许甚至等同于逻辑矛盾的观点,显然是不正确的。

波普尔对辩证法的误视和错解,在西方学术界一再为不少哲学家所重复。邦格《辩证法批判》一文,便是另一篇具有代表性的作品。就矛盾理论而言,邦格注意到了辩证法所讲的矛盾与形式逻辑所讲的矛盾不同,但他的分析仍建立在对辩证矛盾学说的错解和误视的基础之上。例如,邦格认为可以从辩证矛盾学说中抽象出这样一个命题:"对于具体客体的每一性质都有一个反性质"。他通过对"反性质"的几种可能的含义的比较,认为只有如下理解一种性质的"反性质"才是有意义的:"它能限制、平衡或取消这种性质,如推和拉相互补偿并使一物体保持稳定一样。"在这里,邦格接触到了客观矛盾的一种重要情形。但他的进一步的分析同样走向了歧途。他说:"并不是每一种性质都有一种反性质,……例如,具有质量这一性质就不具有所说意义上的对立面,因为并不存在反质量或负的质量。"他由此得出结论,只化为量的规律;对立的互相渗透的规律;否定的否定的规律。"[35]又说:"辩证法是关于普遍联系的科学,主要规律:量和质的转化——两极对立的相互渗透和它们达到极端时的相互转化——由矛盾引起的发展或否定的否定——发展的螺旋形式。"[36]恩格斯的这两段话,虽然在文字的表达上不完全一样,但其基本思想是一致的,都明确肯定了质量互变、对立统一、否定之否定规律是唯物辩证法的三个基本规律。

列宁也表达了和恩格斯的上述观点大致相同的思想。恩格斯论述唯物辩证法三个规律的《自然辩证法》是在列宁逝世之后出版的,列宁生前没有见到这部著作。但是,列宁关于唯物辩证法基本规律的见解与恩格斯是一致的。他在《卡尔·马克思》一文中论述辩证法的特点时写道:"发展似乎是在重复以往的阶段,但它是以另一种方式重复,是在更高的基础上的重复('否定之否定'),发展是按所谓螺旋式,而不是按直线式进行的;发展是飞跃式的、剧变式的、革命的;'渐进过程的中断';量转化为质;发展的内因来自对某一物体、或在某一现象范围内或某一社会内发生作用的各种力量和趋势的矛盾或冲突;每种现象的一切方面(而且历史不断地揭示出新的方面)相互依存,极其密切而不可分割地联系在一起,这种形成统一的、有规律的世界运动过程,——这就是辩证法这一内容更丰富的(与比通常的相比)发展学说的若干特征。"[37]这里,列宁把否定之否定、质量互变、对立统一都概括为辩证法这一发展学说的特点,实际上是肯定了辩证法三个基本规律的思想。列宁在论述辩证法的要素时,虽然没有像恩格斯那样明确地把辩证法的基本规律概括为三个,但这三个规律他都讲到了。其中,第四条"这个事物中的内在矛盾的**倾向**(和#**方面**)";第五条"事物(现象等等)是**对立面**的总和**与统一**",第六条"这些对立面、矛盾的趋向等等的**斗争**或展开",第九条"不仅是对立面的统一,而且是**每个**规定、质、特征、方面、特性向**每个**他者(向自己的对立面?)的**过渡**",讲的是对立统一规律;第十三条"在高级阶段重复低级阶段的某些特征、特性等等",第十四条"仿佛是向旧东西的复归(否定的否定)",讲的是否定之否定规律;第十六条"从量到质和**从质到量**的过渡",则讲的是质量互变规律。可见,同恩格斯一样,列宁也肯定了对立统一、质量互变、否定之否定规律是唯物辩证法的基本规律。[38]

唯物辩证法的三个基本规律,构成了辩证法科学体系的主体。这些规律同唯物辩证法的范畴结合在一起,全面而又深刻地揭示了一切事物和现象联系、发展的辩证本性。

2.辩证法的规律、范畴之间的关系

接下来的问题是,辩证法的这些规律该如何排列?应当注意到,历史上论述过辩证法规律的思想家,对此没有统一的见解,同一个思想家的排列次序也时有不同。比如,黑格尔,从他思想体系展开的过程看,是按照质量互变规律、对立统一规律、否定之否定规律的顺序排列的,但就重要性而言,无疑他夸大了否定之否定规律的作用,把它抬到了整个辩证法体系最根本的地位。马克思主义经典作家多数情况下也是按照质量互变规律、对立统一规律、否定之否定规律的顺序排列的,有时也做一些调整,将对立统一规律或否定之否定规律置于首位的情形都有。

我们认为如果就贯穿辩证法体系的线索、在辩证法体系中的地位而言,应该将对立统一规律置于首位,因为它是唯物辩证法的实质和核心:第一,对立统一规律揭示了事物辩证联系的本质,特别是揭示了事物运动、变化、发展的内在源泉和动力,揭示了辩证法同形而上学的根本对立。第二,正是由于对立统一规律揭示了事物联系的本质和发展的源泉、动力,它就贯穿于质量互变、否定之否定规律和辩证法的一系列范畴之中,成为我们理解辩证法其他规律和范畴乃至辩证法整个体系的钥匙。从根本上说,质量互变规律所揭示的是由事物的对立统一引起的发展过程的两种基本形态——量变和质变的辩证关系;否定之否定规律所揭示的则是由事物的对立统一引起的发展是由肯定到否定,再到否定之否定的过程。不论是量变与质变的关系、肯定与否定的关系,还是唯物辩证法的诸对范畴如现象和本质、形式和内容、原因和结果、偶然和必然、可能和现实、个别和一般、相对和绝对的关系,都是对立统一的关系。第三,矛盾分析法是最根本的认识方法。唯物辩证法既是科学的世界观,又是科学的方法论。唯物辩证法作为世界观,最根本的就是关于世界的矛盾观。作为认识方法,最根本的就是矛盾分析法。总之,只有把握对立统一规律,才能深刻理解唯物辩证法的其他规律和一系列范畴,才能从本质上理解事物的联系和发展,也才能掌握唯物辩证法的整个科学体系。

此外,现象与本质、形式与内容、原因与结果、偶然与必然、可能与现实等基本范畴,它们是对不同方面的普遍的辩证联系,即矛盾关系的正确反映。所以它们都是成对的,都具有对偶性。用成对的范畴来反映普遍的对立统一关系。基本范畴是基本规律的补充,是辩证法的重要组成部分。它同总体特征、基本规律一起构成唯物辩证法的科学体系。

这样,马克思主义辩证法体系结构就比较完整了。其基本原理是:联系实践辩证法,它们都是马克思主义哲学辩证法的组成部分和题中应有之义。因此我们认为,西方马克思主义对马克思主义辩证法的探讨是有益的,但把辩证法只局限于社会历史领域又是极端的、片面的。至于所谓"人学辩证法"的提法,也是值得商榷的,对于马克思主义哲学来说,它研究的是"现实的人"、"社会关系中的人",而不是"抽象的人"、"纯粹的人"、"作为独立个体的人",所谓"人学辩证法"阐释的是什么人的活动和规律呢?

2. 辩证矛盾与逻辑矛盾

在西方哲学家中,波普尔和邦格也是对辩证法抱有很深成见的两位代表性学者。在其著述中,他们反复申明自己的学说与辩证法的对立,并专门写了长篇批判文章《辩证法是什么?》和《辩证法批判》,产生了广泛影响。波普尔在文章中断言,黑格尔的辩证法是一种"荒谬的、不可置信的哲学"的典型,而马克思提出的"辩证法同唯物主义的结合,在我看来甚至比(黑格尔的)辩证唯心主义还要糟糕。"邦格则认为,辩证法"为不相容辩解","使其信仰者疏远科学性思维","如果唯物主义意欲沿着精确化以及与科学相协调的路线发展,它就必须同辩证法划清界限"。

清理他们对辩证法的责难,可以看出,主要是对其中的矛盾学说的不满。波普尔认为,如果承认辩证法的矛盾学说,则"必然导致科学的瓦解,批判的瓦解,亦即理性的瓦解","一切人类智力进步都必定同归于尽"。这一论断的逻辑依据是经典逻辑演算的一条定理:$p \wedge \bar{p} \rightarrow q$,即从 p 与非 p 的合取可推出任意命题 q,换言之,从矛盾可以推出任何命题。波普尔称这条定理是"基础逻辑中那些并非无关紧要并值得每一个思考的人认识与理解的少量事实之一。"他花了很大篇幅详细讨论这一定理,采用两种不同论证方式,从一些更简单更直观的逻辑定理将它导出,并举出从"现在太阳高照并且现在没有太阳"这个矛盾命题,既可推论"恺撒是叛徒",也可推论"恺撒不是叛徒"的例子。波普尔断言,如果像辩证法那样承认矛盾的合理性,则一切是非界限将取消,只会给诡辩论开辟道路。波普尔进而分析了辩证法承认矛盾的"认识论根源"。他认为,由于历史上排除矛盾的努力推动了科学发展,使辩证法家产生了错觉和误解,认为没有必要回避这些富有成果的矛盾,而应欢迎和接受它们。波普尔写道:"辩证法家说,矛盾富有成效、丰富多彩、导致进步,在一定意义上我们也承认这是真的。但是,只有当我们决心不容忍矛盾,决心改变任何包含矛盾的理论时,这才是真的;换句话说,千万不要认可一种矛盾。"他告诫辩证法家:"二者不可兼得。要么由于矛盾富有成效而爱好矛盾,因而决不能接受矛盾;要么准备接受矛盾,那矛盾将变得毫无成效。"[27]

无疑,波普尔上述论述对于人们理解矛盾律在科学体系中的重要价值是有益的,但他以此来批判辩证法,却误入了歧途。从矛盾可推出任意命题,确属逻辑演算的一条重要定理,它在经典逻辑演算的各系统中都居重要地位。但这条定理所表达的思想并非在逻辑演算中才出现。形式逻辑的奠基人亚里士多德在论证矛盾律时就曾说明,如果不遵守矛盾律,则会导致视同为异,视异为同,"万事万物混而为一"。亚里士多德最先提出的矛盾律,至今仍被证明是正确思维的必要条件和根本性法则,逻辑演算的成就更进一步确证了它的价值。然而,作为辩证法的核心范畴的矛盾并不是经典逻辑演算所刻画的逻辑矛盾。辩证法的矛盾法则即对立统一法则,非但不与矛盾律相抵忤,反而应是以之为前提的。正是建立在科学实践观基础上的马克思主义辩证法,深刻地揭示了人类思维的辩证法与自然发展的辩证法、人类活动的辩证法之间的不可分割性,从而表明了遵守形式逻辑法则的必要性和重要性。以把握对象的对立统一机制为目标的辩证思维,应自觉地把拒斥逻辑矛盾作为自己的内在规范。恩格斯指出:在科学理论研究中,"任何时候都必须用思想的首尾一惯性去帮助还不充分的知识。"[28]列宁也明确要求:"'逻辑矛盾'——当然,在正确的逻辑思维的条件下——**无论**在经济分析中**或**在政治分析中都是不应当有的。"一切分析都"不容许'逻辑矛盾'"。[29]马克思的《资本论》,不仅是运用辩证法矛盾学说的典范,也是运用矛盾律的典范。我们在其中看到的是举世公认的首尾一惯性和逻辑条理性,而看不到违反矛盾律的逻辑混乱。波普尔认为辩证法的矛盾学说容许甚至等同于逻辑矛盾的观点,显然是不正确的。

波普尔对辩证法的误视和错解,在西方学术界一再为不少哲学家所重复。邦格《辩证法批判》一文,便是另一篇具有代表性的作品。就矛盾理论而言,邦格注意到了辩证法所讲的矛盾与形式逻辑所讲的矛盾不同,但他的分析仍建立在对辩证矛盾学说的错解和误视的基础之上。例如,邦格认为可以从辩证矛盾学说中抽象出这样一个命题:"对于具体客体的每一性质都有一个反性质"。他通过对"反性质"的几种可能的含义的比较,认为只有如下理解一种性质的"反性质"才是有意义的:"它能限制、平衡或取消这种性质,如推和拉相互补偿并使一物体保持稳定一样。"在这里,邦格接触到了客观矛盾的一种重要情形。但他的进一步的分析同样走向了歧途。他说:"并不是每一种性质都有一种反性质,……例如,具有质量这一性质就不具有所说意义上的对立面,因为并不存在反质量或负的质量。"他由此得出结论,只能把上述命题中的全量词"每一"改为存在量词"有",而在此意义上的矛盾就失去了普遍性[30]。邦格通过诸如此类的分析,否定辩证法关于矛盾普遍性的学说。

事实上,辩证法所谓矛盾的普遍性,说的是本体论层面的客观矛盾无处不在,无时不在,但矛盾的形式是多样的,并不限于像推和拉这样相互平衡或抵消的性质。矛盾的普遍性体现在对任何对象、任何属性都可以作对立统一的分析,首先是辩证法另外两大规律所揭示的质与量、肯定因素和否定因素的对立统一分析。

由于邦格不了解辩证矛盾的实质,不了解辩证矛盾的不同语义层面,所以他对辩证法关于"形式逻辑是辩证法的特殊情况"这一命题感到难以理解。他仅从本体论角度去理解辩证法则,认为"就谓词演算或任何别的逻辑理论与物理学或本体论的法则的关系来说……。前者描述的是概念和命题所发生的情况,后者所涉及的则是物理系统描述。……因此,形式逻辑不可能是辩证的本体论的一种特殊情况。"其实,正是运用现代逻辑的严格层次化思维可以表明,不是作为本体论的辩证法,而是作为逻辑学的辩证法,即建立在本体论辩证法基础之上的辩证思维方法论——辩证逻辑,可以内在地将形式逻辑基本法则作为自己的一个必要环节。在这里,辩证法的逻辑学说与其本体论是一致的,并没有不相容之处。

波普尔和邦格作为著名哲学家,他们对辩证法的上述理解及其产生的广泛影响,也是发人深思的。认为辩证法的矛盾观念与以拒斥逻辑矛盾为根本大法的形式逻辑不相容,并不是一种个别性观点,在相当长的一个时期内,这是西方特别是英美哲学界的主流性观点。这种观点的流行,对辩证法的命运产生了重大影响,大大抑制了本来与现代科学发展十分合拍的辩证哲学之作用的发挥。这种状况的形成,亦与辩证法理论的历史情况相关。黑格尔的辩证法由于其唯心主义体系的影响,"在其现有形态上是不适用的"。而毋需讳言的是,在马克思主义哲学发展史上,也曾出现过混淆逻辑矛盾和辩证矛盾,甚至把作为形式逻辑现代发展的逻辑演算当作伪科学批判的情况,在实际思维中,辩证法成为"通向诡辩论的桥梁"的事例也并不鲜见。然而,这与辩证法的真精神是背道而驰的。今天,现代形式逻辑已获得了长足发展并日益显示出其巨大的应用价值,而整个科学的发展又处于既高度分化又高度综合,更加迫切需要辩证思维的时代。在这种形势下,汲收现代逻辑的科学成果,全面系统而清晰地阐发逻辑矛盾与辩证矛盾的区分,阐发矛盾律与对立统一规律乃至形式逻辑(在其现代意义上)与辩证法相辅相成的关系,既是在交流与对话的过程中正确分析和回答西方学者对辩证法的批判的需要,也是完善和发展辩证哲学,使之更加适应时代要求的需要。

3. 作为思维方式的辩证法在当代的有效性

那么,如何看待作为一种思维方式的辩证法在当代的命运呢?这也是一个重要问题。应该说,西方马克思主义是十分重视方法论问题的。他们当中多数人反对把马克思主义哲学看作是一个描述世界一般规律的本体论,而把它看作是人们认识和改造现实的方法。卢卡奇曾说,正统的马克思主义,仅仅是指方法,他所说的方法,就是辩证法。他认为,只要坚持这一辩证方法,即使是放弃了所有的马克思的结论,仍不失为"正统的"马克思主义者。在"新实证主义的马克思主义"者德拉-沃尔佩和科莱蒂的眼里,马克思主义辩证法只是一种科学实验的方法或逻辑,而决不是物质世界或社会历史本身的客观规律。

说辩证法是方法,这当然是不错的,但这种方法来自哪里,是不是来自外部世界,它们为什么能有效地用于认识和改造外部世界,如果不承认客观辩证法,就不能正确地解答这些问题。西方马克思主义对马克思主义辩证法的看法,与他们对马克思主义哲学的对象、性质及马克思主义哲学唯物论的态度一样,显然不是从马克思主义哲学奠基人的一贯立场前进而是后退了。尤其是把马克思主义辩证法等同于一种实验方法或形式逻辑,更是从根本上背离了马克思主义。

那么,马克思主义辩证法作为方法在当代的有效性如何呢?与西方马克思主义不同,邦格等提出了质疑,认为辩证法的矛盾观导致"两极化"思维方式,与现代科学的系统思维方式相违。在邦格看来,"两极化"思维方式"忽略了中间状态或过程","试图将现实以及丰富的科学理论强行纳入一种预设的、使思想简单化的两极模式。"

对辩证法的这种批评,凸显出邦格对辩证矛盾的实质缺乏正确的理解。《资本论》的范例表明,辩证思维方法论倡导探索认识对象的两极对立及其统一机制,把握两极之间复杂的联结方式,正是为了追求认识的最大程度的全面性,以形成关于对象的"多种规定性统一"的有机整体性认识,这与当代系统思维"多维(多向度、多层面)整合"的要求非但不相抵忤,而且具有强烈的一致性。至于两极之间中间过渡状态的把握,更是把握对立面相互贯通的"统一性"的一个重要方面。列宁曾把全面性要求作为他所说的辩证逻辑的首要原则:"要真正地认识事物,就必须把握住、研究它的一切方面、一切联系和'中介',我们永远也不会完全做到这一点,但是,全面性的要求可以使我们防止错误和防止僵化。"[31]而在列宁看来,达到全面性要求的方法,就是运用辩证矛盾观点,把握对象本身复杂多样和对立面的复杂多样的统一机制。"要认识在'**自己运动**'中,自生发展中和蓬勃生活中的世界一切过程,就要把这些过程当作对立面的统一来认识。"[32]多维整合的要求,本是辩证思维方式的题中应有之义。邦格所批评的那种"两极化"思维方式,恰恰是不符合辩证思维规范的一种形而上学思维方式。实际上,现代系统科学的奠基人贝塔朗菲,曾明确地把矛盾辩证法作为系统科学思想的重要理论源泉,他认为:"黑格尔和马克思强调思维以及思维所产生的世界观的辩证结构:不是个别的命题,而只有在辩证过程中达到矛盾双方的统一,……才能够完全解释现实,他们的这一论断是非常深刻的"[33]。从系统科学研究实践看,它的一系列重要范畴,如封闭与开放、熵增与熵减、突变与渐变、对称与破缺、线性与非线性等等,都能够而且应当运用辩证矛盾观点把握其对立统一,因而,邦格断言现代科学"不再辩证地思维,即不再借助于对立面去思维",显然是不符合科学研究的实际图景的。

可见,西方学者对辩证法的批判,乃立基于对辩证法特别是其中的矛盾观的误视和错解基础之上。当然,我们不能局限于简单的反驳,而应从中引出一些有益的启示。必须注意到的是,哲学家的自我陈述与其思想的实质之间存在某种程度的错位现象。比如,在明确表示反辩证法的波普尔的科学哲学理论中竟也含有辩证思维的因素。正是他打破了逻辑经验主义的静态分析法的垄断局面,开了科学哲学动态研究的先河。他关于科学知识增长的动态模式以及确认度逼真度理论等,都渗透着深刻的辩证精神。至于邦格的"科学唯物主义"学说,也有许多与马克思主义辩证法相合和相近的地方,他关于逻辑、语义学与本体论之关系的探讨,对深化辩证法研究具有重要的启发意义。这从反面更衬托出了他们对辩证法的误视。而误视辩证法特别是矛盾学说,又使得他们不能将辩证法精神贯彻到底,不能自觉地克服其学说中的一系列片面化、极端化缺陷。我们既不能由于他们的诸多理论建树而回避甚至迎合他们对辩证法的偏见,也不能因为反驳他们对辩证法的批判,而忽视对其学说中合理内容的吸收和借鉴。

二 辩证法体系再探讨

除了对辩证法提出各种责难的论者外,前苏联和我国学术界那些对辩证法总体上持赞同态度的论者对其理论体系也有争论。争论的焦点在于:

辩证法的规律该怎样表述和排列;辩证法的规律与规律之间、范畴和范畴之间、规律和范畴之间是怎样的关系;原有的规律和范畴是不是自足的,现在有没有必要用新的规律和范畴来替换或补充。关于后者我们将在下一节做论证和辨析,这里谈前两个问题。

1. 辩证法的规律该怎样表述

现有辩证法三大规律的表述,是在斯大林的《论辩证唯物主义和历史唯物主义》(即《联共党史》第四章第二节)中固定下来的,这个表述是否准确或合适呢？针对有的论者对此的责难,前苏联和我国学术界进行了大量的考证,主要是从作为近代辩证法集大成者的黑格尔和马克思主义经典作家那里寻找立论的依据。大多数论者认为,用质量互变规律、对立统一规律、否定之否定规律来表述辩证法的规律是适当的。关于辩证法三个规律的思想,在黑格尔那里就有了。马克思指出,黑格尔"第一个全面地有意识地叙述了辩证法的一般运动形式"[34]。所谓"辩证法的一般运动形式",包括了黑格尔在《逻辑学》中所阐述的关于辩证法三个规律的思想。黑格尔在《逻辑学》中环绕着辩证发展的基本思想,深刻论述了关于发展是由量到质和由质到量的转化的思想,关于矛盾是发展的内在源泉的思想,关于发展是否定之否定的思想,实际上是把辩证发展归结为质量互变、对立统一、否定之否定三个规律。在《逻辑学》的"存在论"里,黑格尔考察了质、量、度这三个概念,着重阐明了发展是由量到质和由质到量的转化的思想;在"本质论"里,他论述了对立统一规律,强调了矛盾是一切运动和生命力的源泉;在"概念论"里,他系统地考察了否定之否定规律。尽管黑格尔当时还没有明确使用辩证法的规律这一概念来表述自己的上述思想,但是他对辩证法的三个规律都做了比较系统深入的论述。当然,黑格尔辩证法思想的"合理内核"是同他的唯心主义哲学体系紧密联系在一起并从属于他的唯心主义体系的,他的辩证法从本质上说是"神秘化了"的、"倒立着的"唯心主义辩证法。

马克思、恩格斯对黑格尔的唯心主义辩证法进行了唯物主义的改造,吸取了它的辩证法"合理内核",抛弃了它的唯心主义体系,在此基础上创立了崭新的唯物主义的辩证法。马克思、恩格斯所批判继承的黑格尔哲学的"合理内核",就是他的辩证发展观以及与此相联系的关于辩证法的三个规律的思想。

在马克思主义哲学发展史上,第一个对唯物辩证法的基本规律作出明确概括的是恩格斯。恩格斯在《自然辩证法》中指出:辩证法是关于自然界、人类社会历史和思维运动的"最一般的规律",这些规律是:"量转化为质和和发展是世界运动的总体特征,对立统一、质量互变、否定之否定规律是世界联系和发展的基本规律,现象与本质、形式与内容、原因与结果、偶然与必然、可能与现实等是世界联系和发展的基本环节;其基本范畴是:联系、发展、矛盾、对立、统一、质、量、度、量变、质变、肯定、否定、现象和本质、形式和内容、原因和结果、偶然和必然、可能和现象等。应该说,在马克思主义哲学体系的各个组成部分中,辩证法的这个结构是最精致、最完整的。

三 唯物辩证法与系统科学

但是,对上述体系结构有的论者提出不同看法。理由是,20世纪以来,自然科学和社会科学迅速发展,重大成果层出不穷,既为辩证法的研究提供了大量的观察材料,同时给辩证法的生存和发展以深刻的影响。特别是自80年代下半期以来,我国哲学界深入探讨了唯物辩证法与现代系统论的关系。

1. 现代系统论是对唯物辩证法的证实和深化

系统科学是20世纪科学的重大发现之一。它是40年代以来兴起的一门以系统为研究对象的综合性学科群,它主要包括一般系统论、控制论、信息论、耗散结构理论、协同学、超循环理论、突变理论等新的横断科学。这些新学科从不同侧面,以不同方式研究系统的性质与运动状况,进而揭示系统所具有的普遍属性和规律,从而深刻地揭示了物质世界联系和发展的本性,进一步证实和发展了唯物辩证法。

但是,在看待唯物辩证法与现代系统论的关系上,观点不尽一致。概括地看,有三种比较突出的有代表性的观点。

一是"取代论"。持这种观点的论者认为,矛盾辩证法是伴随着近代第一次产业革命而产生的,系统辩证法则是现代第二次工业革命的产物。在当代,仅用两极思维模式已不能圆满地解释复杂问题,而系统辩证法却具有量化性、精确性、现代自然科学性优势,因而应该代替矛盾辩证法。持这种观点的研究者,最基本的依据之一是认为系统理论表明事物是"一分为多"而不是"一分为二"的。

二是"并列论"。持这种观点的论者认为,在当代,人类对自然和社会的认识有了很大的进展,我们应该在现代科学技术蓬勃发展的今天,建立起一个新的思维体系,即"系统辩证论"。如果说19世纪中叶,由于三大发现促进了大工业蓬勃发展,马克思主义的创始人用唯物辩证思维的方式总结形成自己的唯物辩证的哲学体系的话,那么在当代各种新学科纷纷建立,出现一个个学科群之际,就要适应这个新时代,用系统辩证的思维方式进行概括总结,从而形成系统辩证论新的哲学体系,这是实践的发展,时代的呼唤。"并列论"者认为,辩证法既然是关于矛盾、关于对立统一的学说,这就表明它不是包容一切的。比如系统哲学虽然也讲联系,也讲发展,但它所说的联系并不是矛盾的联系或主要不是矛盾的联系,它所说的发展也不是矛盾的发展或主要不是矛盾的发展,而是系统的联系和系统的发展。有的学者创建了一系列的哲学规律和范畴,其中把差异协同律(也称为差异自组律),看作是系统物质世界的最根本的规律,也是系统辩证论的中心规律。认为差异协同律引用差异原理、协同原理和自组织原理来阐述系统物质世界运动的规律,深化和发展了对立统一规律。差异协同律对于"一分为二"的理解,已不是传统意义上的了解,而是系统的、多极的、非线性的、耦合的理解。

三是"吸取论"。持这种观点的论者认为,系统论并没有推翻矛盾辩证法,而以最新自然科学材料丰富了辩证法,因而应当纳入矛盾辩证法体系之中。首先,马克思主义哲学中存在着丰富的系统思想。19世纪中叶以后,随着资本主义社会关系的成熟和科学技术的发展,特别是自然科学中的三大发现,使得客观世界普遍联系的特征得到了深刻的揭示。系统思想以整体观念和联系观点为特征,在马克思主义经典作家的有关哲学思想中得到了最集中的表现。系统思想在马克思主义哲学中是联系和发展原则的统一,也是自然观和历史观的统一,同时又是本体论和方法论的统一。其次,以一般系统论、控制论、信息论、耗散结构理论、协同学、超循环理论、突变理论等新的横断科学为主要学科的系统理论,从不同侧面,以不同的方式研究世界的性质与运动的状况,进而揭示系统所具有的普遍属性和规律。它深刻地揭示了物质世界联系和发展的本性,为唯物辩证法提炼了新范畴和新方法,从而进一步证实和发展了唯物辩证法。

我们认为"吸取论"的观点比较公允。系统科学是对唯物辩证法的证实和发展,而不是证伪和推翻。首先,系统科学进一步证实和发展了唯物辩证法的联系原则。系统科学表明,任何事物都是作为系统而存在的,系统具有整体性、结构性、层次性和开放性。整体性揭示了系统与要素的联系;结构性揭示了系统中诸要素之间的联系;层次性揭示的是系统不同层次之间的联系;开放性揭示的是系统与环境之间的相互联系。其次,系统科学进一步证实和深化了唯物辩证法的发展原则。系统科学特别是耗散结构理论、协同学、超循环理论等自组织理论,十分重视对系统演化规律的研究,它们从不同角度证实和深化了物质世界发展变化的辩证图景。再次,系统科学拓展了唯物辩证法的范畴体系。系统科学为唯物辩证法的范畴系列增添了大量的新内容。系统、信息、反馈、结构与功能、协同与竞争、开放与封闭等概念，都具有一般科学的意义，经过哲学提炼和升华，这些范畴有可能被上升为唯物辩证法的新范畴。最后，系统科学丰富和发展了唯物辩证法的方法系列。系统学具有浓厚的方法论色彩，在系统科学基础上产生的系统方法、反馈方法、信息方法、黑箱方法、模拟方法，已经被广泛地应用于自然科学和社会科学的各个领域之中，有些方法由于具有一定的普适性，经过哲学提炼和升华，有可能成为唯物辩证法的新的方法论工具。

系统科学证实和发展了唯物辩证法，已经得到了大量事实的证明。一般系统论创始人贝塔朗菲在《一般系统论的历史与现状》一文中也曾明确指出："虽然起源不同，但一般系统论的原理和辩证唯物主义相类似则是显而易见的。"[39]他不仅不认为系统理论否定了矛盾学说，相反，明确指出是矛盾学说对一般系统论观念的形成和发展作出了贡献。

这里还必须澄清系统科学与对立统一规律的关系，正确看待系统科学的"一分为多"和辩证法的核心矛盾学说的"一分为二"。我们认为，"一分为二"与"一分为多"有本质的区别。"一分为二"是对对立统一规律的通俗表达，它指的是一切现象和过程都含有互相矛盾、互相排斥、相互对立的趋向。这种对立的趋向是由人的抽象思维所把握的，它在现象形态上的表现是无比丰富的。至于系统科学的"一分为多"，它指的是系统的构成要素在数量上的特点。系统科学认为，任何系统都是由相互联系的诸多要素所构成的。这些要素在数量和种类上是无比繁多的，而由两个要素所构成的系统则是系统的最简单的情况。显然，"一分为多"这种概括并没有超越事物的现象形态，它所描述的只是经验事实。在系统理论看来，在系统的诸多要素中所体现的最基本的倾向就是独立运动（竞争）与合作运动（协同）。贝塔朗菲与哈肯认为，这两种对立倾向，是系统的本质与协同学的精粹之所在；此外，还必须看到，"一分为二"是一种哲学方法论，它在实践中具有普遍的指导意义，而"一分为多"是一种现象描述，把它作为一种普遍的方法，在很多情况下不仅办不到而且也没有必要。当然，"一分为二"与"一分为多"也是相互联系、彼此一致的，是可以统一起来的。那种以"一分为多"否定"一分为二"的观点是在对系统科学与矛盾学说作了双重曲解之后所构造的虚幻对立。总之，从对立统一规律的角度看，系统科学也是证实和发展了唯物辩证法，而不是否定了唯物辩证法。

2. 系统科学的范畴和原则要进入辩证法的范畴和方法体系，必须经过哲学的提炼和升华

辩证法总是以旧范畴内涵的新变化或新范畴的产生作为自身的发展形式，而现代化的社会实践和科学的发展则是新范畴得以产生的基础和原因。作为横断科学的系统科学从整体与部分的相互关系的角度考察事物的联系和发展，为辩证法范畴体系增添了新内容，为我们分析复杂事物内外关系提供了新的科学的认识方法和思维方式。系统科学的范畴和方法论原则与一般哲学辩证法的范畴和原则是什么关系呢？这是需要厘清的重要问题。

首先，一般系统论有两个最突出特点：其一，它把辩证法思想早已有的整体性思想当作自己的中心思想突出起来，以系统为研究对象，以整体性原则为最基本原则。关于这点，贝塔朗菲曾说过："我们要是正确地提出和评价现代系统论，就不能把它看作时髦一时的产物，而应把它看作与人类思想史交织发展的一种现象，……从最古时起，在欧洲哲学中就存在系统的观念，……亚里士多德的世界观及其固有的整体论和目的论的观点，就是这种宇宙秩序的一种理论表达。亚里士多德的'整体大于它的各部分总和'的论点，至今仍然是基本的系统问题的一种表述。"[40]其二，它把整体性思想，用数学和逻辑工具定量化、精确化、模型化，属于逻辑和数学的领域，它有一套自己的科学工具和专门的科学任务，可以直接应用于具体科学之中，成为一般科学方法论。

其次，一般系统论有一套自己的基本范畴，包括：系统、要素、层次、结构和功能等。系统是"处在一定相互联系中与环境发生关系的各组成部分的整体"[41]，是"相互作用的诸要素的复和体"[42]，也就是我们通常所说的，是由相互作用与相互依赖的若干要素结合起来的具有一定结构与相应功能的整体；要素是参与整体性联系和构成整体的特殊的单个因子，是形成整体的基础；层次是事物中某一级梯的有机组合，要素在结构排列上的等级性，事物内诸层次之间是事物整体的层次结构，某一层次中诸要素之间的关系，是层次内结构；结构是系统中各要素相互联系与相互作用的形式，即诸要素交换物质、能量与信息的机制；功能则是指具有一定结构的系统在内部和外部联系中表现出来的、与结构相应的特性和能力，结构是功能的基础，功能是结构的作用的显现。

最后，一般系统论也有自己基本的理论原则，这就是：整体性原则、有序性原则、动态原则。

整体性原则是系统科学最重要的原则。贝塔朗菲说：一般系统论"科学

地表达了'整体'和'完整性'的概念"[43]。它认为整体的性质和规律只存在于组成各要素的相互联系、相互作用之中,而各组成部分孤立的特征和活动的总和不能反映整体的特征和活动方式。对于这一原则,贝塔朗菲曾沿用亚里士多德的"整体大于部分总和"的命题来表述。其实,其基本含义是整体不等于部分的总和。除了大于,还可能小于,其中也包括等于,不过等于只是不等于中的一种特殊状态。当系统处于有序状态,结构合理时就会大于;当系统处于无序状态,结构不合理时就会小于。关于这点,贝塔朗菲在《一般系统论的基础发展和应用》中说过:整体大于部分总和这句话多少有点神秘。其实它的含义不过是组合性特征不能用孤立部分的特征来解释。科学发展的成果与实践经验一再表明:系统无论从量上还是从质上都存在着整体功能不等于它的各部分总和的非加和性。

有序性原则是指一般系统论认为系统的结构是"等级结构",具有"等级秩序",一般的系统都是按严格的等级组织起来的,系统是分层次的,组成要素的排列是有规则的,每个要素都处于一定的层次,都有一定的地位与作用。系统的这种有序性表征着要素之间的相互联系是有机联系,而不是偶然堆积。

动态原则是指一般系统论认为任何系统都不是凝固不变的,而是运动变化的。贝塔朗菲指出系统不是被动的而是能动的。它能够在同环境的相互联系中,不断地调整自己的行为和活动,从无序到有序,具有自组织力。比如,一切生命体都是处于积极的活动状态的活的开放系统,经常与环境发生物质与能量的交换,新陈代谢,自我更新。

综上所述,一般系统论有一套自己的范畴系列和方法论原则,这些范畴和方法具有较大的普遍性和概括性,具有一般科学的意义。但是,同样可以看出,系统科学毕竟不是哲学,不是世界观的理论体系,而是一门横断科学。贝塔朗菲也从来没有把它看成哲学,否则,他就没有必要再做从一般系统论中引申出哲学的努力了。一般系统论在人类知识的宝塔上处于中上层,而不是最高层,它处于具体科学与哲学的中介地位。

因此,我们认为,系统科学并没有在辩证法的三个规律之外提出一个新的规律,它只是对原有规律的进一步证实和深化;系统科学以自己的范畴系列和方法论原则为辩证法的范畴体系和思维方法增添了新内容,但这些范畴系列和方法论原则要上升为辩证法的范畴体系和思维方法,必须经过哲学的提炼和升华。而马克思主义哲学的辩证法是从本原的高度对于自然、社会、思维普遍规律的正确反映。它不仅具有最大的概括性、普遍性,而且具有反思的特点。它直接处理的是思想资料,既包括对科学的反思(思考、概括各种具体科学的认识成果,从中吸取营养,以不断丰富和发展自身,哲学来自非哲学);也包括对哲学自身的反思(思考理论思维自身的发展,从而去深化发展理论思维的逻辑范畴与原理原则)。

可见,在辩证法与一般系统论之间,同样存在着科学丰富哲学、哲学指导科学的辩证关系。

注　释

〔1〕《马克思恩格斯选集》第3卷,人民出版社1995年版,第359页。
〔2〕《列宁全集》第55卷,人民出版社1995年版,第85页。
〔3〕《马克思恩格斯选集》第3卷,人民出版社1995年版,第359页。
〔4〕《毛泽东选集》第1卷,人民出版社1991年版,第323页。
〔5〕《马克思恩格斯选集》第4卷,人民出版社1995年版,第244页。
〔6〕《马克思恩格斯选集》第4卷,人民出版社1995年版,第217页。
〔7〕《马克思恩格斯选集》第4卷,人民出版社1995年版,第244页。
〔8〕《列宁选集》第2卷,人民出版社1995年版,第557页。
〔9〕《列宁选集》第2卷,人民出版社1995年版,第556页。
〔10〕《马克思恩格斯选集》第4卷,人民出版社1995年版,第321页。
〔11〕《毛泽东选集》第1卷,人民出版社1991年版,第333页。
〔12〕《邓小平文选》第3卷,人民出版社1993年版,第90页。
〔13〕《列宁选集》第2卷,人民出版社1995年版,第558页。
〔14〕《毛泽东选集》第1卷,人民出版社1991年版,第320页。
〔15〕《邓小平文选》第3卷,人民出版社1993年版,第3页。
〔16〕《邓小平文选》第2卷,人民出版社1994年版,第182页。
〔17〕《马克思恩格斯选集》第2卷,人民出版社1995年版,第112页。
〔18〕《邓小平文选》第3卷,人民出版社1993年版,第373页。
〔19〕《列宁全集》第55卷,人民出版社1990年版,第110页。
〔20〕《毛泽东选集》第1卷,人民出版社1991年版,第99页。
〔21〕《列宁全集》第55卷,人民出版社1990年版,第213页。
〔22〕《列宁选集》第2卷,人民出版社1995年版,第412页。
〔23〕《毛泽东选集》第3卷,人民出版社1991年版,第838页。
〔24〕《马克思恩格斯选集》第3卷,人民出版社1995年版,第361页。
〔25〕《马克思恩格斯选集》第4卷,人民出版社1995年版,第247页。
〔26〕《列宁全集》第47卷,人民出版社1990年版,第493页。
〔27〕参看波普尔:《辩证法是什么?》,选自《猜想与反驳》,上海译文出版社1986年出版。

〔28〕《马克思恩格斯全集》第 20 卷,人民出版社 1971 年版,第 376 页。
〔29〕《列宁全集》第 28 卷,人民出版社 1990 年版,第 131、132 页。
〔30〕参看邦格:《辩证法批判》,选自《科学唯物主义》,上海译文出版社 1989 年出版。
〔31〕《列宁全集》第 40 卷,人民出版社 1986 年版,第 291 页。
〔32〕《列宁全集》第 55 卷,人民出版社 1990 年版,第 306 页。
〔33〕《普通系统论的历史和现状》,见《科学学译文集》,科学出版社 1980 年版,第 306 页。
〔34〕《马克思恩格斯选集》第 2 卷,人民出版社 1995 年版,第 112 页。
〔35〕《马克思恩格斯选集》第 4 卷,人民出版社 1995 年版,第 310 页。
〔36〕《马克思恩格斯选集》第 4 卷,人民出版社 1995 年版,第 259 页。
〔37〕《列宁选集》第 2 卷,人民出版社 1995 年版,第 423 页。
〔38〕《列宁选集》第 2 卷,人民出版社 1995 年版,第 411—412 页。
〔39〕贝塔朗菲:《一般系统论的历史与现状》,《国外社会科学》1978 年第 2 期。
〔40〕贝塔朗菲:《一般系统论的历史与现状》,《国外社会科学》1978 年第 2 期。
〔41〕贝塔朗菲:《一般系统论的历史与现状》,《国外社会科学》1978 年第 2 期。
〔42〕贝塔朗菲:《生命问题——对现代生物思潮的评价》,转引自《系统科学方法导论》,人民出版社 1983 年版,第 24 页。
〔43〕贝塔朗菲:《一般系统论的历史与现状》,《国外社会科学》1978 年第 2 期。

第四章
人对世界的认识

在阐释了马克思主义哲学对世界的存在方式和辩证图景的理解之后,我们来探讨人对世界的认识问题。如果说前两章回答的是世界的本质是什么、世界怎样存在的问题,那么现在研究的就是人能否认识世界和怎样认识世界的问题,具体说来要阐明认识的基础、本质、结构、过程以及认识的真理性等问题。通常把关于人的认识的学说和理论称为认识论,这一领域的研究在哲学史上一直占有非常重要的地位,特别是在近现代哲学中。就本质而言,马克思主义的认识论是实践基础上能动的反映论,它科学地揭示了认识的本质及其发展规律,实现了认识论上的变革;而现代自然科学尤其是物理学、分子生物学、脑科学、神经生理学等领域的成就进一步揭示了认识发生的具体机制和过程,证实、深化和发展了马克思主义认识论。

第一节 认识的前提、基础和本质

一 认识的前提

在哲学史上,对人能否认识世界、能认识到怎样的程度的问题是有争论的。有些哲学家和哲学派别对人的认识能力进行了先验的、孤立的考察,认为与自然界、人类社会的无限复杂和深邃相比,人没有与之相匹配的足够的认识能力,因而干脆否认人类认识世界的可能性。有的论者则给人的认识划定了界限,认为它超不出感觉经验的范围,至于在人的感觉经验之外世界是否存在、怎样存在,人是无法知道的。有的论者虽然承认世界的客观存在,但认为它是不可认识的"自在之物",人们只能通过感觉认识各种现象,而不能进一步认识外部世界的本质。还有的论者则认为自然界是可以认识的,因为自然界的变化是有规律的,自然界的结构随着科学的发展是可以揭示出来的,而人类社会和人自身由于人的主体性的介入或者它们本身就是主体活动的产物,从而无法把握,所以,社会现象和人的内心世界不可知。还有的观点则认为,人只能懂得和理解自我,人的认识只能局限于个体生命的人生体验与生存价值,对个体之外的存在,包括他人、社会以及自然等均应保持"沉默"或予以"拒斥"。

以上各派观点尽管不尽一致,但总体上认为世界及其规律是不能认识或不能完全彻底认识的,因此把它们统称为不可知论。

与此不同,马克思主义认识论首先是一种可知论,它充分肯定人类认识世界的必要性与可能性;而支持这一观点的是相互联系的三个前提信念:

1. 作为人的认识对象的世界是客观存在的

马克思主义的认识论是与唯物论一致的,承认世界的客观存在、承认认识对象的客观存在是马克思主义认识论的理论前提和基本信念。认识是主体对客体的观念把握,如果作为认识对象的客体不是客观存在的,而是虚无缥缈的神秘的东西,那么认识既没有必要,也没有可能。诚如列宁所说:"对象、物、物体是在我们之外、不依赖于我们而存在着的,我们的感觉是外部世界的映象。这个结论是由一切人在生动的人类实践中作出来的,唯物主义自觉地把这个结论作为自己认识论的基础。"[1]

就具体的认识活动而言,认识的对象可能是多种多样、千差万别的,但如果对这些认识对象进行归类和抽象,可以将其归纳为自然界、人类社会和主体自我三类,而这三类认识对象都具有客观实在性。首先,作为认识对象的自然界是客观存在的。虽然作为认识对象的自然界与自在的自然界是有差别的(后者是前者的基础,前者是纳入人的实践与认识活动范围的后者,在下节我们还要做详细阐述),但两者都是一种客观存在,在这一点上它们是相同的。现代自然科学提供了大量确凿的事实证明自然界的客观实在性。整个宇宙,只存在着以时间和空间为自己存在形式的运动着的物质,物质的基本形态是实物和场,它们相互联系、相互转化,构成宇宙中的各种物质形态。

其次,作为认识对象的人类社会也是客观存在的。表面看来,社会是作为主体的人的活动的领域,而人是有目的、有意识地从事其活动的,这样社会的存在就打上了格外鲜明的"主体性"烙印,然而这种主体性不能否认社会存在的客观实在性。这不仅体现在作为社会生活物质方面的生产方式、地理环境和人口等具有不以人的意志为转移的性质,而且体现在作为社会精神现象的社会心理、社会意识形式以及它们赖以发挥作用的各种设施、制度等都是社会存在的反映,必须与之相适应,而不能凭空产生、随意创设,也不能随意更改或取消。

最后,作为认识对象的主体自我也具有客观存在性。人的认识作为一种高级的思维活动,区别于动物式的本能"反映"的一个最独特的方面,就是能进行自我认识、自我反思,亦即具有自我意识。自我意识也就是认识主体对自身(物质、精神状态及社会关系等方面)的反省和认识,在现实的自我认识过程中,"自我"表现为双重身份,即具有整体统一性的"自我"分裂为两部分:"主体我"与"客体我"。所谓"主体我"也就是自身活动与行为觉察者的我,"客体我"则是被观察到、被认识到的自我的身心活动的状况和规律,即黑格尔的所说"Dasich"。这个存在是有限定的、受动的。无论主体状况如何,客体的存在将具有终极的制约意义。试想,如果没有一个"客体我"的实际存在,那么自我意识便失去了其源泉,自我意识不可能产生。胡塞尔现象学把自我意识理解为各种心理活动或意向体验的总称而排除主体的客观性基础,结果导致了自我意识的无意识。

2. 客观存在的认识对象是可以进行分析的

所谓"可以进行分析",指的是任何认识对象不仅是客观存在的,而且是有结构、有规律的;从静态上看它们都是由某些特定要素构成并表现出某些特征的结构性存在物,而从动态上看这些认识对象又处于有规律性的运动、变化之中。当然,结构、规律是由人来揭示和表述的,但这种由人揭示和表述的结构、规律本身却是"自在"的,它们的存在是人认识、把握、揭示事物本质的前提。

与前述认识对象的分类相适应,自然界、人类社会和主体自我也都是有结构、有规律的,是可以进行分析的。就自然界而言,迄今为止,宇宙中的物质存在,可划分为微观、宏观、宇观三个层次。微观世界包括分子、原子、原子核、基本粒子、夸克等层次的物质形态,它们的运动遵循核子物理和量子力学的规律;宏观世界包括分子体系、凝聚态物体、地面物体、太阳系内天体系统等层次的物质形态,其运动遵循经典物理学和化学的规律;宇观世界包括星系、星系团、总星系等层次的物质形态,其运动遵循广义相对论的规律等等。

就人类社会而言,它诚然是由许许多多按自己的主观意愿行事的人及其活动所构成的,但它的发展规律和趋势就深藏在那些无数意见、计划、情绪、意志、愿望之中或之后,摆在人们目前的任务是游过这些意见、计划等构成的汪洋大海而达到彼岸,揭示出它们发展的规律和趋势。的确,面对复杂的社会历史,过去的思想家要么陷入现象的汪洋大海,不究底里,不明秩序,进而产生无法把握的慨叹;要么从特定的立场出发做出了不具普适性的解释,得出荒谬的论断。但这不意味着社会不存在结构和规律。马克思、恩格斯提出了劳动实践以及生产力、生产关系、经济基础、上层建筑、社会存在、社会意识以及阶级、阶级斗争、社会革命等概念,真实地从理论上再现了各种社会现象之间的内在联系,揭示了社会生活发展、变化的原因、途径、趋向,使得纷繁复杂的社会生活显现出井然的秩序。这种社会历史观上的重要变革真正揭示了社会的结构和规律,解开了社会历史之谜。

主体自我的状态与变化也是可分析的,它的内在属性、可知性通过一定的外在形式表现出来,才能被"主体我"所认识,否则它也不可能作为自我意识的客体要素。在通常的理解中,主体的内心世界是由理性和非理性组成的二元结构,能对属于理性方面的状态和变化给予分析和解释倒是比较好理解,那么非理性的状态和变化能否进行分析和解释呢?或者说,对非理性能否用理性的方式去对待呢?答案也是肯定的。因为非理性与理性的划分与割裂只是由人来做出的,其实它们内在地统一在主体内心世界之中,所谓非理性因素不是离开理性而单独存在的,毋宁说它们都有理性的基础,或受到理性因素的作用和影响,如果对诸如情感、情绪、灵感、顿悟等不能用理性的方式进行思考或分析,那人就只能处于一种不可理喻的状态,这与人类自我认识史是不符合的。

3. 人有足够的能力、手段认识世界

针对不可知论者否定世界的可知性,特别是以人的认识能力的有限性和局限性为依据推行其论断,哲学史上不少思想家给予了批判。费尔巴哈从感觉论的立场完全肯定了世界的可知性,他认为,人的感官能够正确地反映外部世界,因为"人恰恰具有从世界的总体性、整体性方面来感知世界所必需的感官。"[2]黑格尔则站在客观唯心主义的立场上,尖锐地批评康德的不可知论。他指出:所谓不可认识的"自在之物",不过是"没有真理的空洞抽象";在现象和自在之物之间,没有不可逾越的鸿沟,认识并不是把人和自然"隔离开来",而是"结合起来"。而马克思主义哲学把科学的实践观点引入认识论,把辩证法应用于反映过程,真正解决了人的感觉器官、认识能力与世界的关系问题。马克思主义哲学认为人有足够的能力、手段认识世界,这主要表现在:

第一,人能够创造出人工认识手段,以弥补人的感觉器官的天然不足。诚然,当我们进入到对宇观或微观世界的探究的时候,人的天然感觉器官会使人感到"力不从心",比如,人的眼睛不能分辨小于0.1毫米的对象,不能看到紫外线、红外线,不能看见遥远星系中的天体;人的耳朵不能听到超声波、次声波;人的嗅觉、味觉和触觉等也比有些动物迟钝。但是,人们通过实践,制造各种仪器,加强和扩大了人的感官。显微镜、望远镜、光电摄像管、声纳、温度计等就是延长了的感官,它们强化了人的认识能力。实验和工业的发展,还会不断提供新的更高效能的仪器,扩大和增强人的感知能力。这表明,人的感觉器官天然的特殊构造和功能不是人的认识极限,以此来否定人对世界的认识是徒劳的。

第二,人能够制造某一自然过程,使它按照其必要条件产生出来,以对其认识结果进行证实或证伪。恩格斯在《路德维希·费尔巴哈与德国古典哲学的终结》中曾举过一个例子,茜素作为一种自然物,过去是从茜草根中提取的,到近代通过实验和工业可以从煤焦油中提取了,这就证明我们对这一自然过程的认识是正确的,说明诸如茜素之类的东西不是什么"自在之物"。现代自然科学的新成就进一步证实了恩格斯这种思考问题的方式的有效性和正确性。现在,随着化学实验和化学工业的发展,我们可以人工合成蛋白质——结晶牛胰岛素等多种生物大分子,并且对组成蛋白质的其中20种氨基酸都已人工合成。这就证明了人们对蛋白质的化学组成的认识是正确的。人们通过对作为生命物质基础的蛋白质和核酸的研究,正在一步步地接近于揭开生命起源和本质的秘密。过去对原子结构、原子核结构也曾认为是不可知的,现在通过用人工方法造成原子核聚变和裂变,利用原子核内蕴藏的巨大能量为改造自然服务,有力地证明了人们对原子结构和原子核结构的认识也是正确的。

第三,人的思维能力可以不断得到发展和提高,凭借大脑的思维能力,人能够透视事物的本质和规律。人的感官只反映个别的、有限的东西,但思维却可以从个别中认识普遍,从有限中认识无限。恩格斯指出:"事实上,一切真实的、穷尽的认识都只在于:我们在思想中把个别的东西从个别性提高到特殊性,然后再从特殊性提高到普遍性;我们从有限中找到无限,从暂时中找到永久,并且使之确立起来。"[3]比如,我们所见到的水的沸腾,无疑都是特定水的沸腾,要无例外地看到古今中外一切场合下水的沸腾是不可能的。认识到水加热到一定的温度就会沸腾这一普遍规律,需要借助于思维。这种认识的正确性是由实践证实的。

需要指出的是,肯定人有足够的能力、手段认识世界,肯定世界的可知性,并不意味着我们现在已经知道了一切。马克思主义认识论认为,人类的"认识能力是无限的,同样又是有限的。按它本性、使命、可能和历史终极目的来说,是至上的和无限的;按它的个别实现情况和每次的现实来说,又是不至上的和有限的。"[4]因此,世界上只有在一定条件下尚未认识的东西,没有绝对不可能认识的东西。在人类认识的长河中,会不断地从不知向知转化。

二 认识的基础

廓清了认识论的前提,我们来解决认识实际产生的基础问题,这也是认识的本质的主要内容。同样作为可知论,马克思主义哲学认识论区别于其他形态的可知论的重要特征,是自觉地把人类的实践作为认识发生的基础。诚如毛泽东所说:"辩证唯物论的认识论把实践提到第一的地位,认为人的认识一点也不能离开实践,排斥一切否认实践重要性、使认识离开实践的错误理论"[5]。

实践对认识发生的基础意义主要体现在:实践是认识的来源;实践是认识发展的动力。前者是从认识的客观内容上揭示了认识对实践的依赖关系,而后者则从认识的发生和发展上阐述了实践对认识的决定作用。

1. 实践是认识的来源

极端的不可知论(指根本否定人认识世界的可能性)不必说了,属于"温和派"的不可知论(人为地为人的认识范围划定了界限,指称人只能认识某一领域,而不能认识另外的领域;只能认识事物的现象,而不能揭示其本质)和马克思主义之外其他形态的可知论有一个共同点,就是在认识主体身上、在理论和认识范围内、在人类"先验的结构"和"天赋的能力中寻找认识的来源,一句话,离开实践去寻找认识的来源。比如康德认为,人类最高层次的知识为天才所掌握,而"天才有天赋的才能",具有"天生的心灵禀赋"。叔本华认为,人的一切知识都是"先天地存在于我们的意识之中",因而人们可以"纯粹先于天地"而认识到一切。尼采也声称,一个"天才"人物可以使"千万年的历史生色",是"救世主"。中国古典哲学中也有论者主张"生而知之","先知觉后知,先觉觉后觉",甚至认为如果古代无圣人,人类就早已绝灭。在知和行即认识和实践的关系上,认为"知之在先,行之在后"。

对此,马克思主义哲学的理解是,思想、认识是主观的东西,自然界、社会是客观的东西,主观的东西归根结底是对客观事物的反映,这是唯物主义反映论的基本立场。但是,仅仅承认这点是不够的,因为如果进一步追问,主观的东西为什么能反映客观的东西?主观的东西和客观的东西联结的中介是什么?这就必须引入实践。实践是主观见之于客观的东西,是沟通主观和客观的桥梁。只有在人们改造客观世界的活动中,通过眼、耳、鼻、舌、身等感觉器官,同外界事物接触,客观对象才能反映到人的头脑中来,然后通过人脑的思维加工,形成关于事物的性质、特点和规律的认识。不通过实践活动,不用人的感官同客观外界接触,任何认识的发生、发展都是不可想象的。一个闭目塞听、根本同外界绝缘的人,就无所谓认识。毛泽东曾用通俗的例子说明这一道理,他指出:"你要有知识,你就得参加变革现实的实践。你要知道梨子的滋味,你就得变革梨子,亲口吃一吃。你要知道原子的组织同性质,你就得实行物理学和化学的实验,变革原子的情况。你要知道革命的理论和方法,你就得参加革命。"[6]

还必须注意到,人类的认识是有层次的。各种分散的、零碎的、具体的认识经过整合、归纳和积累后,形成人类的知识系统,包括了自然科学知识,还是人文科学知识和社会科学知识,而哲学则是它们的概括和总结。但是无论是自然科学知识、人文科学知识、社会科学知识以及哲学知识,都是直接或是间接地从实践中获得的。自然科学知识是从人们改造自然的过程中得来的。人们在从事农业和畜牧业的生产实践中,认识到发展农业、畜牧业同气象变化、四季更替的关系,由此获得了初步的农学、天文学知识;人们在丈量土地、测量容积、计算时间和确定事物的数量关系的实践中,获得了初步的数学知识;人们在兴修水利、建筑、造船、航海等实践活动中,总结出初步的力学知识;人们在同疾病做斗争中,积累了病因、病理和防治等方面的知识,由此产生了医学知识。人文科学、社会科学的知识是人们从改造社会、体悟人生的实践中获得的。人们不仅探索自然界的规律,也摸索、思考社会的秘密,无论是文、史、哲、经、政、法等基础学科知识,还是它们的分支学科知识,都是人们在改造社会的实践活动中所获得的。自然科学、人文科学和社会科学的发展已经证明并将继续证明实践是认识的惟一源泉。

这里的关键之点,是不要把这一论断做简单化的理解,认为既然实践是认识的惟一源泉,那么实践与认识就是一一对应的关系,有什么样的实践就会有什么样的认识,反之,没有什么样的实践就不会有相应的认识。这是机械论者的思路,是错误的。其实人们的实践有直接与间接之分,在认识的来源的问题上,要辩证地看待和正确处理直接实践和间接实践的关系。我们强调只有实践才是认识的惟一源泉,并不是只讲直接实践而否认间接实践,否认间接实践的必要性和重要性,因为无论直接实践还是间接实践,都是实践,在我为直接的,在他人则为间接的,反之亦然,二者是一致的,对正确认识的形成都有重要意义。事实上,各门科学知识都不是孤立地产生和发展的,而是在相互影响、相互推动中不断深化的。任何杰出的科学家,他的科学知识、发明创造都凝结着前人或别人的成果,都是直接实践和间接实践的结合,而绝非是仅靠个人的亲身实践所获得的。时时处处强调直接实践,没有必要,也不可能,在当代更是如此。人类在实践中取得的科学知识,总是社会性的,是人类的共同财富。凡是聪明人,总是既勇于实践,从亲身实践中取得正确认识,同时又善于学习,重视蕴涵在书本中或由别人在实践中形成的经验和认识。

2. 实践是认识发展的动力

人们为什么要进行认识活动?是什么力量启动了人的认识活动?在回答这些问题时有人非常看重诸如"求知欲"、"好奇心"、"科学兴趣"、"理论兴趣"等因素的作用。这是一种用认识本身来解释认识动因的观点和思路,没有看到认识活动背后的物质原因。

与此不同,马克思主义认识论把实践看作是认识的发展动力,这是因为:

首先,实践的需要推动了人类认识的产生。人之所以要进行认识世界的活动不是为了显示其作为"万物之灵长"的智慧,不是为了自娱自乐或自我陶醉,而是为了适应实践的需要,为了解决实践提出的问题和任务。恩格斯说:"社会一旦有技术上的需要,这种需要就会比十所大学更能把科学推向前进。"[7]回顾一下科学发展史,各门具体科学之间为什么会在产生、发展、格局、功能、态势等方面表现出那么大的差异?原因只能到它们所由产生的实践和社会状况中去寻找。在古代,天文学、力学、数学之所以首先产生,原因就在于这几门科学知识是与当时生产发展状况密切相关的。现代科学技术的急剧发展,仍然是现代化大生产推动的结果。20世纪以来,适应航空技术的需要,推动了空气动力学迅速发展;利用原子能的需要,促进了原子核物理、基本粒子物理、放射化学、放射生物学的巨大发展;由于农业和医学发展的需要,推动了现代生物学进入分子水平的研究,并发展起遗传工程技术;特别是新的世纪之交,适应全球化发展的需要,通讯、计算机等信息科学迅速崛起,呈强劲态势。

其次,实践的水平提供了认识实现的可能和条件。比如,认识上任何课题的解决,都必须积累必要的经验材料。如果没有人类长期观察天体的经验和知识的准备,尤其是如果没有15—16世纪工业、商业、航海业等实践活动的发展所积累的经验材料,哥白尼的太阳中心说是不可能产生的。社会主义现代化建设实践的发展,要求从理论上认识"什么是社会主义、怎样建设社会主义",而这个理论课题的解决,又依赖于当代社会主义现代化建设实践的发展提供的经验和启示。这都说明,只有实践才能提供解决一切认识课题的可能性。还比如,实践的发展,特别是近代以来的生产实践,还为人们不断提供新的认识工具和技术手段。现代工业的发展创造了越来越越大的实验手段,如射电望远镜、电子显微镜、光谱分析仪、雷达、声纳、人造卫星、宇宙探测器等现代化的观测手段,还提供了用于变革对象的各种超高温、超低温、超高压、超真空的实验条件以及巨大的回旋加速器、粒子对撞机等等实验设施。这样,就使人们真正可以做到用技术向自然界挑战,大大加强了人类的认识能力,突破了人的生理器官的局限,在宏观和微观两方面都大大地扩大了人类认识的视野,使认识不断达到新的广度和深度。

再次,实践的发展促进了人类的认识能力的提高。产生于实践基础之上的人类的认识呈现为一种"累计—递进"规则,即随着实践的深化,人类的认识的领域越来越广,程度越来越深,成果越来越多,致使科学知识的储备越来越厚,最终由量的积累达到质的跃迁,大大促进了认识能力的提高。科学知识是人的认识能力的必要前提。没有必要的关于自然科学、人文科学和社会科学的知识,就谈不上认识能力,也就无法对自然和社会进行改造。而认识能力又是获得新的科学知识、使认识不断深化的必要条件。人的认识能力,如观察、记忆、想象、推理的能力,思维的广阔性、深刻性、灵活性、逻辑性和敏捷性等,都是在实践中形成和发展的。诚如恩格斯所说:"人的思维的最本质的和最切近的基础,正是**人所引起的自然界的变化**,而不仅仅是自然界本身;人在怎样的程度上学会改变自然界,人的智力就在怎样的程度上发展起来。"[8]

三 认识的本质

由以上的论述可以逻辑地得出结论,在马克思主义哲学看来,认识是在实践基础上能动的反映客观世界的活动。这就是马克思主义哲学关于认识本质的理解。它的具体内涵包括:其一,认识是主体对客体的反映,认识的目的是要在观念中再现和揭示客体固有的结构、性质和规律。其二,主体对客体的反映不是消极、直观、被动的,不是一次性完成的,而是实践基础上积极、能动、逐步深入的过程。更为简略地说,这一论断有两个关键词,一是"反映",二是"能动性"。

上世纪80年代中期以来国内学术界曾经就认识的本质问题进行了热

烈的讨论。讨论恰恰就是围绕对以上两个关键词的不同理解和阐释来进行的,即如何界定"反映"范畴、如何理解"能动性"的所指。有些论者主张用以下几种观点取代传统的"反映论"或"能动的反映论":

1. 选择论

这种观点认为,认识是主体对客体信息的选择,它不是客体结构和性质在人脑中的反映,而是主体积极地、能动地对客体进行改造和选择的结果。与传统认识论对反映的理解不同,这种观点认为主体与客体有三种不同的关系,即反映关系、价值关系和审美关系,它们都是认识关系,认识论是以真、善、美作为自己的对象和内容。选择是主客体相互作用得以形成和发展的内在机制,因而选择性是认识的基本属性。选择论的内容包括真、善、美三个方面,它把认识的反映性和创造性统一起来。这种观点认为,认识论从反映论到选择论是人类认识自我反思的一次重大飞跃和变革。

2. 建构论

"建构"是瑞士神经生理学家皮亚杰在阐释"发生认识论"时使用的概念,他认为在认识发生过程中刺激→反映之间有主体的结构中介,认识不是主体刻板地接受外界刺激的结果,而是主体把对象纳入自己的结构中介,从而达到对对象的理解,这是一个建构的过程。国内学术界有的论者接受了这一观点,认为认识主体与客体之间有主体的智力结构作为中介,它在认识过程起了"软件"的作用,因而认识就是一个主体作用的过程,即建构。建构不同于"摄影"或"复制",它体现了主体的能动性。用建构代替反映,是因为反映意味着作为认识主体的人是被动地认识客体的,认识是从客体到主体的单向作用,还意味着认识主体是没有结构的,在反映者与被反映者之间的作用过程中没有中介。

3. 重构论

"重构"概念源于"建构"概念,持这种观点的论者把旧唯物主义和经典辩证唯物主义的认识论称为"经典认识论",认为它们都是反映论,都没有从主体方面去理解认识活动。而其所主张的"非经典认识论"是主体的创造性活动,即主体在思维中对客体信息的重新构造,因而认识论实质上是重构论。这种观点认为,重构论保留了建构论关于认识活动是主体的不断构造过程的思想,但克服了建构论容易被误解为唯我论的缺点,所以特别强调主体的构造活动并非任意的虚构,而是主体在思维中对客体原型的重新构造。持这种观点的论者认定,建构论只说明了认识活动的内部调节机制,而重构论则包含着对认识活动外部调节机制的说明,所以重构论比建构论对认识活动具有更强的解释力。

4. 创造论

这种观点认为认识的本质在于创造。认识活动的实质就是在主观之内创造主观之外的客观事物,变主观之外的客观事物为主观之内的客观事物,在主观之内创造出在本质上应和被创造的对象相一致的观念图景,达到对对象的观念把握。这种创造包括两个方面的内容:一是"外化"创造认识对象的观念形态。在认识活动中,主体规定的展开就是客体主体化,把认识对象创造为认识内容,使认识对象消除原先的单纯客观片面性,取得主观属性,变为主观上的东西;二是"内构"创造主体的新的规定。客观形态的改变必然会伴随着主观自身形态的改变,主观不断地重新构成自身,不断地创造自己的新规定,是认识活动中一个十分重要的方面。

我们认为,上述讨论对拓展和深化马克思主义认识论的研究无疑是有益的,论者们自觉吸收了当代自然科学比如物理学、神经生理学、脑科学以及横断科学的成就,深化、细化了对认识具体机制和过程的理解,进一步揭示了"反映"的复杂性、曲折性和多层次性,使我们的认识论探讨不再停留在粗浅的定性阶段,而可能进入定量研究或定性与定量研究相结合的层次,这是值得肯定的;但是它们对能动反映论的责难以及试图以"选择"、"建构"、"重构"、"创造"等替代"反映"来界定认识的本质的观点,却是值得商榷的。

其一,用"复制"、"摄影"的含义来诠释列宁的"反映"概念没有文献依据。列宁是在给"物质"下定义时用到"反映"一词的。他的原话是:"物质是标志客观实在的哲学范畴,这种客观实在是人通过感觉感知的,它不依赖于我们的感觉而存在,为我们的感觉所复写、摄影、反映。"[9]在这里列宁把"复写"、"摄影"与"反映"并列起来,这说明"感觉"对"客观实在"的"感知",即认识,可以有"复写、摄影、反映"等多种形式,而"反映"不同于或不能完全等同于"复写"、"摄影"。因此拘泥于对"反映"范畴的旧唯物主义的直观的、消极的、"照镜子式"的理解,有的甚至把它还原为语源学上的光学反射,来指责列宁的认识论是不公正的。事实上无论是在《唯物主义与经验批判主义》还是在《哲学笔记》中,列宁都多次重申"反映"范畴的辩证本性,认为"认识是思维对客体的永远的、无止境的接近。自然界在人的思想中的**反映**,要理解为不是'僵死的',不是'抽象的',**不是没有运动的,不是没有矛盾的**,而是处在运动的永恒**过程**中,处在矛盾的发生和解决的永恒过程中。"[10]这与马克思在《关于费尔巴哈的提纲》中从"实践"视角对直观唯物主义和唯心主义的批判、与毛泽东在《新民主主义论》中明确用"能动的革命的反映论"来概括马克思主义认识论的本质特征是一致的。

其二,"选择"、"建构"、"重构"、"创造"等其实都是"反映"的不同形式、要素和环节,是认识主体"能动性"的体现,即使把它们全部整合来也没有穷尽"反映"的所有形式、要素和环节,更不可能用其中的某一种去替代"反映"。的确,"选择"、"建构"、"重构"、"创造"等问题的讨论,通过不同角度、不同层次的研究确实触及到了认识系统和认识活动中更为具体、深入的机制和过程,但这种探究不是对反映论的否定,而是它的拓展和深化。

更需指出的是,如果用"选择"、"建构"、"重构"、"创造"等这些"反映"的不同形式、要素和环节中的一种去取代"反映",孤立地、抽象地强调其在认识中的意义和价值,很可能会使认识论研究导向主体论、唯我论。比如,我们在认识事物时,当然要进行选择,但选择并不是虚构事物的性质,而是选择事物固有的某种联系,这才是反映的实质;在认识过程中,主体诚然不是带着一块"白板"去接触事物,他有自己的思维模式和价值倾向,但这不能成为随意曲解对象的理由;"重构论"正确地意识到了"建构论"有沦为"唯我论"的可能,但如果在人的思维和意识中的这种重构远离了"客体原型",那么"重构论"就没有超越"建构论";而"创造"一旦作为一个抽象的范畴来运用,特别是在"无中生有"、"少中增多"意义上使用,那就更远离了认识的真谛。

所以,我们认为,马克思主义的认识论是仍然以实践为基础的能动的反映论。这种认识论可以深化和发展,但对认识本质的这一界定不会被推翻。

第二节　认识的要素

从静态角度看,认识是一个系统,认识主体、认识客体、认识中介是组成这一系统的基本要素;而如果对这三个要素再做深入的研究,会发现它们各自又是由若干要素所组成的子系统。特别是在当代,认识结构已经成为一个非常复杂的网络系统。

一　认识主体

认识主体指的是以某种方式从事社会实践和进行认识活动的人。马克思说:"主体是人"[11],但这并不意味着所有的人天然地都能成为认识主体。认识是为人所特有的反映外部世界以及人自身状况的高级思维活动,显然要成为认识主体必须具备一定的条件、能力等等。正因为如此,列宁认为:

"如果要考察逻辑中主体对客体的关系,那就应当注意**具体的**主体(=**人的生命**)在客观环境中存在的一般前提。"[12]。从结构上看,这里所指称的认识系统中"具体的主体"包括了如下几个层次或方面:

1. 生理结构和神经系统

能进行认识活动的主体必须首先具有正常的生理结构和神经系统,即眼、耳、鼻、舌、身等感觉器官,以及把这些感觉器官协调起来的神经系统及其功能。主体的生理结构和神经系统是认识主体的自然基础,它是在人类种系进化的前提下,通过遗传方式而获得的,因而对于每个个体而言是一种天赋的能力。这个极为复杂的生理结构和神经系统一方面以其同外部世界的同构性关系保证着人类反映客观对象的可能性,另一方面也为主体认识能力的发展积蓄和储藏着无穷的潜能。需要说明的是,尽管认识主体的生理结构和神经系统是指人的自然方面,但在不同的时代,生理结构和神经系统的"正常"状态值是不完全一样的。因为随着时代的变迁,人的器官的结构及其功能必然会有程度不同的变化。现在人的眼、耳、鼻、舌、身等感觉器官的正常状态值,以及把这些感觉器官协调起来的神经系统的功能值较过去的时代都不同了;换句话说,在过去时代被认为是进行认识活动的主体的正常的生理结构和神经系统,在今天看来就不正常了,因为在今天进行认识活动所要求的主体的正常的生理结构和神经系统已经发生了变化。因此,不仅主体的"五官感觉的**形成**是以往全部世界历史的产物"[13],而且五官感觉在形成之后也会随着历史的发展而发展和进化。主体的神经—生理方面的变化与认识活动范围的扩大、层次的加深密不可分。在现代,人们的认识对象的种类、层次以及进行认识所需要的工具系统都大大复杂化了,在这种情况下,主体的神经—生理方面必然发生变化。现代脑科学、神经生理学对人的感觉器官及其神经功能的状态不仅描绘出一个共时态的结构,而且对其变化提供了一个历时态的发展历程。

2. 知识储量与经验背景

尽管我们可以把人类的认识作为一个总体来进行考察,但在现实生活中所进行的认识活动都是具体的、多样的,这些现实的认识活动因其对象的不同,需要认识主体具备与之相匹配的知识储量和经验积累。就是说,某一项认识活动,并不是什么人都能胜任或马上就能胜任的;同一个人可能胜任这项认识活动,但未必就能胜任或马上就能胜任另外的认识活动。在这里,主体的知识储量是进行某项认识活动的基本条件。随着认识对象复杂程度的加深,所需要的知识量也在扩大。人带着一块"白板"去认识世界是不可能的。此外,经验也是进行认识活动所必须的一个前提条件。特别是对一些社会现象的认识,认识主体的社会经验和人生阅历不同,结论、效果以及透视问题实质的程度会很不相同。因此历史上许多哲学家对知识和经验的作用都非常重视。培根有句名言"知识就是力量",这里的"力量"无疑也包含了知识在人们认识世界方面的力量;休谟则说"习惯是人生的伟大指南",这也是以"夸大的形式"肯定了经验在为人处世(包括认识世界)方面对人的意义和作用。

3. 心理因素和情感状态

认识的主体是一个生活于现实中的人,又是一个知、情、意的统一体,或者说是一个矛盾体。他既是一个理性存在物,又是一个非理性的存在物,或者说,认识主体既有理性的方面,也有非理性的方面。主体的需求意识、价值观念和情感因素对认识活动的发生具有非常明显的影响,对人的认识能力的发挥和对认识活动的进行起着重要的调节作用。诚如列宁所说:"没有'人的情感',就从来没有也不可能有人对真理的**追求**。"[14]。关于理性与非理性因素在认识中的作用我们在关于认识机制的探讨中还要给予详细的阐发。

4. 抽象能力和思维水平

这是主体进行认识活动的一种前提张力和准备状态,也是主体得以"把握"和"同化"客体、形成观念性认识结果的最重要的条件。认识并不只是接触自然景观、社会现象和精神状态,而是要寻求联系、透视本质、揭示规律和预测态势,主体如果没有一定的抽象能力和思维水平就达不到这样的目的。列宁说:"**物质**的抽象,自然**规律**的抽象,**价值**的抽象等等,一句话,**一切科学**的(正确的、郑重的、不是荒唐的)抽象,都更深刻、更正确、**更完全地**反映着自然。"[15]社会性经验和知识背景只是主体进行认识活动必不可少的材料,但主体的现实的认识能力,并不仅仅取决于这些材料的多少,而在更大程度上取决于这些材料的整合方式以及主体运用这些材料时的活动程序和推理规则。显然,经验材料和知识材料相同的人,认识能力并不相同。比如说,一个人虽然知识和经验的储量十分丰富,但它却不能把这些知识综合地、灵活地运用于他所要认识的对象,那么,这些知识和经验就不能转化为现实的主体能力,体现出他的思维水准,因此也就很难完成对事物的认识。

上述我们只是就个体主体的存在状态而言列举了几个方面的情况,其实,对认识主体还可以进行更细的划分。依据主体的存在形态,可以再把主体分为个体、群体、社会和类几种形式。

比如,作为认识主体的群体,特别是其中按照一定的信仰、目的、利益、规范等组织起来的集团也可以成为认识主体,集团主体是若干个人主体的集合,作为一个整体,它摆脱了个体的局限性,综合了各个个体的优点而形成了一种新的能力。这种能力不是个体功能的简单相加,它"摆脱了他的个人局限,并发挥出他的种属能力"[16]。而社会主体指的是以共同的活动为基础而相联系的人们的总体,是处于一定社会关系中的无数个人的活动的综合、总和。同群体主体相比,社会主体由于集合了更多的主体,有着广泛的社会联系,因而能相对地摆脱群体主体的某些局限性,同时它拥有全社会的力量和整个社会从事认识和实践活动的能力,因此它具有群体主体所没有的社会整体优势。此外,人作为统一的存在物,作为同一自然界的最高产物的物质实体,作为不同时代的个体、群体、社会的总体,也可以成为认识主体,这就是类主体。这些表明认识主体的情形非常复杂。

认识主体是认识系统中的自主性、能动性要素,是认识活动进行的启动者、执行者、调控者和完成者,它承担着确定认识目的、选择认识客体、启动认识进程、调节认识节奏、评价认识结果等功能。

二 认识客体

认识客体指的是进入人的实践和认识活动领域、被主体所把握的的客观对象。一般把认识客体分为:自然客体、社会客体、精神客体。

1. 自然客体

自然客体指纳入主体实践、认识范围的自然界的客观事物。作为认识对象的自然客体与自在的自然界是有差别的。正如前文所说,"主体是人",但并不是所有的人都能成为主体;同样,自然客体属于自然界,但并不是自在的自然界的全部都是认识客体,只有进入实践、认识领域的那部分自然才是认识客体。或者说,尚未进入这个范围的只是潜在的间接的认识客体,只有进入实践、认识领域的自然界才是现实的直接的认识客体,随着实践和认识的发展,潜在的间接的客体会转化为现实的直接的客体。

为什么要做这种区分?这是由马克思主义认识论不同于旧唯物主义认识论的实践视角和原则决定的。在《关于费尔巴哈的提纲》中,马克思批评了对事物只是从客体或客观的方面去理解,不是从主观方面去理解,否定实践在形成主体与客体及其相互关系中的作用,不懂得客体是由主体的实践活动所设定的。有些论者担心从主体实践、认识活动来设定客体,会导致否定唯物论的基本原则而陷入唯心论。其实,这种担心是不必要的,因为主体根据自己的本质力量、自己的需要并通过实践、认识去设定客体是以承认自然界的优先地位为前提的,这同否定自然界先于人类而存在、把自然界说成是绝对精神的外化或主观精神的产物的唯心主义观点是根本对立的。能动的反映论从世界物质统一性这一根本原理出发,认为自然界是客观存在的,人也是自然界的一部分,离开了自然界,作为主体的人,自身就难以存在,更谈不上进行对象性的活动。马克思说:"没有**自然界**,没有**感性的外部世界**,工人就什么也不能创造。"[17]"人并没有创造物质本身。甚至人创造物质的这种或那种生产能力,也只是在物质本身预先存在的条件下才能进行的。"[18]因此,"人在生产中只能象自然本身那样发挥作用,就是说,只能改变物质的形态。不仅如此,他在改变形态的劳动中还要经常依靠自然力的帮助。"[19]

2. 社会客体

社会客体指纳入人的实践活动范围并与认识主体发生联系的社会关系,它包括社会生产关系和社会政治法律关系。人的实践和认识活动指向自然,同时也指向社会,人通过实践活动改造自然界的同时,也产生、创造出自己的社会关系。人们如果不以一定的方式结合起来共同活动和相互交往的活动,就不能进行生产。马克思认为,各个人借以进行生产的各种关系、联系"**总合起来就构成为所谓社会关系**,构成所谓**社会**,并且是构成为一个处于**一定历史发展阶段上**的社会,具有独特的特征的社会。"[20]社会客体实际上是人们的生产实践活动及其结果,即人们的社会生产关系和政治关系。生产关系是社会的物质关系。人们认识了这种物质关系就能正确处理它与生产力的关系,从而推动社会的发展。为了认识社会生产、经济发展的规律,政治经济学和其他社会科学都把生产关系作为自己的研究对象,可见,它是认识客体。社会政治法律关系,也是属于社会客体,成为政治学、法学、社会学的研究对象或内容。

3. 精神客体

精神客体指精神活动的产物和物化了的思维活动,它包括思维活动的结果和思维活动过程本身。精神活动的产物即精神活动的物化,它表现为精神产品,如以书本、录音带、电影拷贝、计算机贮存系统等物质形式为载体,以文字、语言、图形、符号等形式表现出来的科学著作、文艺作品,等等。它们是借助于一定的物质外壳一代一代流传下来的精神成果,它不随认识主体的亡故而消失。历代保存下来的精神产品是人类社会极为宝贵的精神财富。精神产品是认识主体精神活动的产物,是人的本质力量对象化的成果。它是社会精神文明建设极为重要的方面,人们可以利用社会客体作为手段、工具更有效地认识自然、社会和人类自身。而对象化了的思维活动是指思维、意识、心理活动等主观过程,它已成为心理学、思维科学、人工智能等学科的研究对象。

精神客体与自然客体、社会客体不同,有其自身的特点,它提供给认识主体进行认识的是精神或思想观点,而自然客体与社会客体提供给认识主体进行认识的是自然界和社会关系本身。有的论者不承认存在精神客体,认为这是扩大了客体范围,会导致混淆物质和精神的区别。在他们看来,客体只能是物质的,不能是精神的。这种观点是不正确的,也不符合现代科学发展的实际状况。我们认为,精神客体的存在是客观的,是脑力劳动和体力劳动分化的产物。我们所讲的精神现象既不是客观唯心主义所说的理念、绝对精神,也不是主观唯心主义所说的意识、感觉、心,而是根源于物质世界,是自然界长期发展的产物,是人脑的机能即人脑对客观世界的反映。精神现象一旦产生,就具有相对独立性、有其自身的发展规律。它是客观存在的主观映象,从形式上看,它带有主观特征,但内容是客观的。精神客体是在人类长期劳动实践基础上产生的,是从自然客体和社会客体分离出来的,是体脑分工的产物。随着科技和社会实践的发展,随着人类智力的发展,精神客体越来越丰富。

在认识系统中认识客体制约着主体的认识目的、限定了主体的认识方式和方法、提供主体所要把握的对象的全部信息。这些是它独特的功能和作用。

三 认识中介

主体和客体作为认识系统中互相关联的两极,它们之间的关系,不是一种简单的、直接的二项式关系。在主体和客体这两个子系统之间,还有一个把它们关联起来并借以发生相互作用的中介子系统。或者说,主体和客体这两个子系统之间的相互关联,是通过中介这个子系统而相互关联的。

一般来说,认识中介可分为物质中介、精神中介和语言符号中介。

1. 物质中介

物质中介指的是既依照人的需要又考虑到自然物的属性、规律而对自然物进行加工改造而形成的工具。这类中介是人的肉体器官的延伸,能代替人的肉体器官的一部分功能。比如,作为主体运动器官延伸的劳动生产工具,在认识过程中可代替人的肉体器官作用于客体,从而干扰或激发客体,使其信息为主体器官所接受;作为主体感受器官延伸的科学实验仪器和设备,如显微镜、望远镜、地震仪、声纳器、摄谱仪、透视器、扫描器、各种探测器及遥感器等等,它们是随着近代实验科学发展的需要而从生产工具中分化出来的,它们能在主体的观察测量、通讯记录、计算等方面延长人的感觉器官,能帮助主体获得对象的状态属性、结构、性能的信息;而作为主体思维器官延伸的认识工具,主要是指电子计算机和智能机,能代替或模拟人脑部分功能,在帮助人进行思维操作和信息存贮与加工方面起了极为重要的作用,它们的出现给人的脑力劳动带来前所未有的变化,为人类理性地认识世界开拓了新的前景。

2. 精神中介

精神中介指的是作为人的思维能力的延伸而形成的工具,如以书籍、绘画、雕刻、录音磁带等为外壳或载体的精神产品,它包括两个方面:其一是各门科学所提供的知识内容;其二是各门科学所提供的概念、范畴、公理、法则、认识图式以及科学方法。作为主体精神产品的知识、思想,一方面是具有物质外壳或载体的精神内容,另一方面是具有"客体"形态的人类知识,它一旦形成就具有了不依赖于认识活动的具体主体而独立存在的特性,并取得了认识工具的职能。例如逻辑的"格"、逻辑方法经过人们千百万次实践而形成、固定后,就具有公理意义,从而成为人们的思维工具。当然,精神性的认识工具有物质外壳或载体,但人们在认识过程中对它使用的着眼点并不在于其物质外壳或载体,而在于它的精神内容,故称为精神性的中介或认识工具,不能把它与物质性的认识中介或工具混为一谈。

3. 语言符号中介

语言符号中介是人类传递、贮存和加工信息的基本工具。语言是人们最常见的每天要接触到因而最熟悉的符号形式,而且是最为"典型"的符号形式。其他符号形式都是以语言符号为基础而生长发展起来的。语言符号包括自然语言符号与人工语言符号即科学语言符号。自然语言是人类早期在部落或民族等区域发展中历史地形成的语言,它是人们交往传递信息的最基本的手段和工具,是人们日常生活中最常见、最普遍的语言符号,离开了自然语言,也就没有人们的社会生活。但是自然言语有缺点,有局限性,比如,自然语言不精确、不规范,有许多多义词容易产生歧义;自然语言的语法是不严格、甚至是混乱的等等。这些缺点限制了它发挥作为符号的功能,不适用于作为表达精确的科学知识的手段或工具。人工语言符号是指人们为科学地研究某一对象而人为规定和编制的抽象符号系统或代码系统,如各门科学所特意创立的那些符号。这些科学符号具有单义性、精确性、简便性,能克服自然语言的歧义性、模糊性等缺点;但人工语言又丧失了自然语言的丰富性、多样性等特征。

从功能上看,物质中介延长了人的感觉器官,克服了人的感觉器官的生理局限性,扩大了认识对象的范围,提高了认识主体接受信息的能力;精神中介延长了人的思维器官,加强了人对信息的处理、储存和传递的能力;语言符号中介则有助于巩固、传递思维活动的成果。这些就是在认识系统中把认识主体与认识客体连接起来的认识中介的作用。

第三节　认识的具体机制

以上我们探讨了认识系统中的三个要素的结构及其功能,在此基础上,现代认识论还深入研究了认识的具体机制,即这些要素的匹配、结合、运行与进化。这节我们结合学术界近些年的讨论,主要阐明认识的主体性含义、主体性原则、主体的理性因素(主要是认知图式)和非理性因素的功能和作用。

一　认识的主体性和主体性原则

1. 主体性的含义

"主体性"这一概念在不同的场合有着不同的含义,仅仅从已被人们广泛接受的角度来说,这一概念在认识论领域和其他社会科学领域就具有极为不同的内容,后者涉及的问题显然要比前者复杂得多,这样从什么样的角度来理解主体性就显得非常关键。

马克思指出:主体性"是**对象性的**本质力量的主体性,因而这些本质力量的活动也必须是**对象性的活动**"[21]。基于此,我们认为必须从主体的对象性活动、从主体与客体相互关系的角度来规定、理解主体性,而不能离开这种关系和活动孤立地强调主体和主体性。就认识系统而言,也必须从主体的认识活动、从认识主体与认识客体的关系出发研究认识的主体性,只有这样,才有可能比较客观地把握认识主体在认识系统中的地位和作用,进而确立、维持其主体地位,发挥其主导作用。

从认识主客体关系角度来看,认识的主体性就是主体在实践、认识活动过程中,运用自身的本质力量,能动地作用于认识客体的特性,即主体在认识活动中体现出来的特性。它包括主观性、自主性和创造性等等。

主观性指主体在实践、认识活动中的意向性和目的性,就是说,主体是在一定的精神状态下,带着某种意愿、目的,在一定的观念、理论指导下进行实践、认识活动的。必须指出的是,这里的主观性并不是主观随意性,后者指单纯从主体的想象出发,去看待和处理问题的态度。毛泽东曾经指出:"所谓主观性,就是不知道客观地看问题,也就是不知道用唯物的观点去看问题。"[22]这种主观性,指的是一种不顾客观的主观主义态度。

自主性指主体在实践、认识活动中的意志力和自由感,即它总是处于主导地位,以一定的情感、意志作用和支配客体,不断地调整实践、认识的方位和方案,使客体朝着有利于自身需要的方向发展。同时,作为主体,还以自己为对象,支配自己,成为自己的主人。只有能够支配自身,才能真正支配外界事物。任何主体,只有真正感到自己是自主的,是自己活动的主人,才能产生活动的热情,发挥出积极性和创造力。

创造性是指主体在实践、认识活动中的积极性和建构性。主体以积极的态势投入到实践、认识活动中去,按照自身的目的、需要,选择活动的手段,选择客体;在一定程度上,主体通过实践活动,不仅能改变客体的量,而且能改变客体的质,不仅能改变客体的形象,而且能创造新客体;主体通过认识活动,不仅能反映客体的现在,而且能复制客体的过去,预见客体的未来,不仅能反映客体的现象,而且能揭示客体的本质及其发展规律,不仅能反映客体,而且能建构和重组客体形象。

2. 主体性的表现

很显然,体现上述特性的主体性在整个认识系统和认识活动中,都有表现。

首先,是认识对象中的主体性。认识对象不是处于自在状态的客观事物,而是与主体发生对象性关系的那一部分事物。主体周围的哪些事物、事物的哪些方面成为主体的对象,取决于主体的需要和选择。状况与能力不同的主体往往会把不同的事物或事物的不同的方面设立为自己的认识对象。因此,被设立为对象的事物,虽然就其客观状态而言并未发生什么变化,但它却是主体通过自己的意愿按照自己的方式设定的结果,反映着主体的欲望、兴趣、爱好、知识、力量等等。

其次,认识过程的主体性。主体认识对象的过程不是机械反映的过程,而是主体在认识图式的统摄下创造性地理解对象的过程。认识过程的每一环节,从最初对象的选择,中途信息的加工,到最后认识的形成,都是主体以自己的认识图式在头脑中再现、改造、建构对象的过程。因此,整个认识过程充满了主体性,对不同的主体来说,认识过程会显示出不同的风格和色彩。

最后,认识结果中也表现出主体性,甚至可以说它是认识主体性的最集中的表现。认识对象的主体性,认识过程的主体性,最后都趋向、汇集、凝聚为认识结果的主体性。作为认识的结果,反映从来不是人脑对对象的机械性复制,而是主体对于对象的创造性理解,主体的价值取向、思维水平和审美习惯不同,主体对对象作出不同的反映。据说德国画家路德维希·李希特曾和三个朋友约定同时描写同一处风景,原则是不背离自然,尽可能精确地复写他们所看到的东西。然而结果是画出了四幅不同的画,连形式和色彩都是根据个人的气质来领悟的。由此可见,认识的结果中凝聚着主体属性和主体因素。

3. 主体性原则

由对主体性的探讨,引申出主体性原则。对于主体性原则能否作为马克思主义哲学的方法论原则,在我国哲学界还没有达成共识。有的学者认为"很难概括出一个基本的主体性原则",甚至有的学者断言:"主体性原则是一个错误的原则","主体性原则不能成立。"

我们认为,主体性原则作为马克思主义哲学的重要方法论原则还是成立的。它是马克思主义哲学对主体性理论内容、主客体关系的一般概括,反映着主体在主客体关系中的地位和作用。肯定马克思主义哲学的主体性理论,就必须要承认作为方法论原则的主体性原则的成立及合理性。

马克思主义哲学的主体性原则作为方法论原则,最一般的规定是从主体方面出发去把握客体。马克思指出,对事物、现实、感性,不能只是从客体或者直观的形式去理解,必须把它们当作人的感性活动、当作实践去理解,必须从主体方面去理解。马克思强调主体在"对象性活动"中对客体的改造作用和创造功能,认为主体与客体的关系是"从自己出发","为我而存在"的关系。这一原则的要旨可以概括为:一是主体从自身的需要出发,能动地去改造客观事物,使事物(客体)按照主体的要求存在、变化和发展;二是根据主体的实践需要能动地去反映外部世界,以获得关于外部对象(客体)的正确认识;三是在上述基础上,依照主体的需要和利益去处理主客体关系;四是在客体面前,自主地发挥和表现自己的内在本质力量。

但是,同时必须指出,主体性原则不是马克思主义哲学惟一的方法论原则。主体性原则与实践性原则、与客观性原则是辩证统一的。在马克思主义哲学研究中孤立、单纯地强调主体性原则,是不对的,正如不能孤立地单纯强调实践性原则、客观性原则一样。

实践性原则是马克思主义哲学的一个重要原则和观照世界的方式,它认为实践是人类最基本的生存方式,是人类最重要的活动方式,主体应以实践为基础,去处理主客体关系。因此,主体性原则应以实践性原则为基础,主体性就是主体在实践中相对于客体所表现出来的主观性、自主性、创造性,没有实践,就没有主体与客体的关系,就无所谓主体性。当然,实践性原则也离不开主体性原则,实践是主体对客体的改造,相对于客体,主体总是处于主客体关系的能动方面,没有主体性,实践活动便无法正常而能动地进行。

客观性原则是承认并重视客体的客观实在性及其固有规律,以及对主体制约作用的原则,它强调客体对主体的独立性和不依赖性,主体对客体的受动性、受制约性和受束缚性。根据这一原则,人的一切活动都要从实际出发、实事求是,按照客观事物本身所固有的规律办事,人的活动追求主客观的统一,在实践活动中,坚持客观性原则,就是要使目的、计划对象化、客观化;在认识活动中,坚持客观性原则,就是要使认识活动的结果符合客观实际。这样,主体性原则与客观性原则的关系也是辩证统一的。主体性原则是以客观性原则为前提的,主体、客体、主体作用于客体的工具、认识的内容都是客观的。如果离开客观性原则,主体性原则就会变成主观随意性。当然,在认识论领域里,客观性原则也离不开主体性原则,认识客体的客观性,也是对主体的主体性而言的。主体性原则与客观性原则的统一,主要表现为这两个原则都是主体实践、认识活动的基本原则。也就是说,主体在实践、认识活动中,既要遵循客观性原则,也要遵循主体性原则。

二 理性因素在认识中的功能与作用

理性有广义和狭义之分,广义的理性是指认识运动过程中的感性反映形式和理性反映形式;狭义的理性仅指概念、判断、推理等抽象逻辑思维形式。我们这里所谓的理性与非理性相对应,指的是认识活动中主体先存的思维框架和思维方式。改革开放以来我国学术界集中探讨的主体认知图式就属于主体的理性因素。

1. 主体的认知图式的含义

对于 schema 一词,我国学术界有"图式"、"图型"、"范式"、"格局"、"构架"等多种译法,对其功能的界定也不尽一致,有人把它看成头脑中反映事物的一种"内在网络",有人把它比喻为头脑中主体认识事物的"索引夹",也有人认为它大体相当于某种图表、格式、模型等等。这些译法和界定,从不同角度、不同侧面描绘了 schema 的基本轮廓。在本书中我们将它称为认知图式。

所谓认知图式是认识主体凭借对象性活动逐步建立起来并不断完善着的基本的概念框架和思维定势,它体现了主体能动地反映客体的一种能力,是主体改造客体的规则、程序和方式。对类似认知图式这样的问题的探讨很显然不是现在才开始的,在哲学史上它也是一个很古老的问题,但从本质上讲,认知图式既不像柏拉图所认定的"理念"范畴那样是神赐的,也不像康德所说的"统觉"形式那样是先验的,当然也不似皮亚杰发生认识论所认为的那样只是动作的内化。从马克思主义哲学实践论的角度看,通过实践活动外部世界的现象、结构、形式为人们所了解和掌握,然后转化为语言、符号和文化的信息体系,最终内化、凝聚和积淀为人的心理结构,从而形成了主体的认知图式。因此,认知图式只能是客体结构的反映,是实践结构的内化,以主体的知识结构为基础,通过长期积累并不断完善而形成的。

2. 主体认知图式的功能

主体认知图式的在认识系统和认识活动中的功能,主要表现为:

第一,设定对象的选择功能。认识对象不是自在存在的事物,而是它们当中与主体发生关系的部分;它们不是自然地成为主体的认识对象的,而是主体认知图式有选择地设定、创立的。认知图式实际上是主体确定对象的框架,具有很强的选择性。认知图式中若无相关的机制或结构,某些事物即便呈现在主体面前,也很难成为他的对象。例如,再美的音乐也不能成为正在为饥肠而忧心忡忡的穷人欣赏的对象,从而引起他们的愉悦;一元二次方程不能成为所有儿童的课题,唤起他们的注意力;一个外科医生不会把微观物质结构作为自己的研究对象。主体认知图式决定了主体对事物的态度和指向,规定着他去注视什么而忽视什么。认知图式实际地规定着人的视野阔或狭,眼界深或浅。如果认知图式结构僵化,功能固结,那么人的认识视野就始终越不出图式的框架。

第二,整理信息的规范功能。在认识过程中,同一个对象往往提供多方面的信息。这些信息,侧面角度不同,层次深度不同,性质也常常各异,甚至截然相反。主体要对如此众多的信息进行过滤筛选,然后加以整理综合,经历一个"从完整的表象蒸发为抽象的规定"和"抽象的规定在思维行程中导致具体的再现"的复杂过程,才能形成认识。主体自觉或不自觉地筛选、整理客体信息时的规范或参照,就是主体的认知图式;认知图式不同的主体对同一对象的信息会作出不同的筛选、加工和整理。主体总是以自己的认知图式为规范来筛选对象所提供的信息,不合认知图式的对象信息被作为无意义的东西舍去,保留下来的信息也被主体按照自己的认知图式加工和整理成一定的知识形态。

第三,形成认识的解释功能。认识作为一种"能动的反映",是主体对对象进行一系列复杂的加工整理之后而"构成"、"创立"的"世界图画",是"思维的、理解的产物"。解释或理解,是主体认知图式最为重要也是最为根本的认识功能。首先,它制约着主体认识图式的选择功能和规范功能,并贯穿于这些功能之中。主体之所以那样去确立和选择对象。那样去摄取和整合材料,往往与主体对客观事物的预先理解有关。其次,它是主体认知图式诸功能中形成认识的最主要功能。认识本质上是主体用现存认知图式对感官所提供的关于客观对象的感觉材料的解释和理解。当然,认知图式的选择功能和规范功能也不仅仅发生在设定对象和整理信息之时,认知图式的各种认识功能实际上是相互渗透、协同作用的。

必须注意的是,同世界上的事物无不具有两面性一样,主体认知图式的上述功能也具有二重性。既有积极的方面,也有消极的方面。积极功能是指主体在认知图式的控制和支配下,能够正确反映事物的本质和规律,达到真理性认识。认识的根本任务是把握对象的属性、本质和规律,为实践活动提供正确的知识和理论。然而,对象呈现在主体面前的总是它的现象,本质和规律则潜藏它的背后。这时主体以其认知图式对大量的个别现象、偶然现象、表面现象,进行分析与综合、归纳与演绎、比较和分类,并展开联想和想象,从而使个别所包含的一般、偶然所体现的必然、现象所掩盖的本质为主体所把握,形成规律性的认识。科学的每一进步都是主体认知图式积极工作的结果。

主体认知图式在发挥出巨大的极积功能的同时,也具有严重的消极功能,妨碍和阻挠着人们卓有成效地认识世界和改造世界。突出表现在它有可能导致认识上的主观性,思想上的封闭性和思维方式上的僵化性。首先,主体总是通过主体认知图式去反映客观对象的,从设定对象,整理信息到作出解释,都是主体认知图式在执行,这样,主体就有可能以认识图式中的原有的知识、观点等去图解对象,导致或者看不到对象的实际情况,或者置对象的实际情况于不顾而想当然地加以歪曲,从而使认识与客观对象不相符合,表现出很大的主观性。其次,主体认知图式的消极性不仅在于使主体用它主动图解客观对象,而且还在于它使主体拒绝或摒弃一切与它不相吻合的东西,包括新事物、新观点、新现象。主体思想形成了一个封闭的圈子,思想的封闭性也就是保守性。有时,主体认知图式所导致的思想的封闭性,甚至同时出现在某个时代的整整一代人身上。因此,某些突破性的正确思想,直到发现者离开了人世也还得不到社会的承认。最后,在思维方式上,主体认知图式所导致的刻板的思维路线和固定机械的思维格局,这种思维路线和思维格局已经成了一种恒定的"模式",主体以这种模式思考、处理和解决一切问题。他不是让思维顺应事物的无限多样性和变动性,而是让事物削足适履地服从、顺应它的模式。主体思维一经形成僵化的模式,立刻就失去了它所固有的灵活性、可塑性和勃勃生机,以一种强有力的惯性沿着既定的轨道运行下去,直到完全陷入死胡同。思维方式的僵化性是主体认知图式所导致的最严重也是最深层的消极后果。前述认识上的主观性和思想上的封闭性都与思维方式的僵化性联系在一起。

因此,正确看待主体认知图式在认识活动中的功能和作用,需要辩证思考。

三 非理性因素在认识中的功能与作用

长期以来,人们较多地注意实践和理性因素在认识活动过程中的作用,而忽视非理性因素及其认识过程中的作用。然而日益趋向微观方向发展的当代心理学、生理学、脑科学都越来越多地揭示了非理性因素和认识的联系,证明了非理性因素在认识过程中的不可忽视的作用。

非理性因素主要是指以情感、意志为主,并包括信念、习惯、潜意识等在内的意识形式,这些因素之所以被称为非理性因素,并不是说它们在认识过程中只能起干扰作用,而是指它们相对于理性因素而言具有不同的作用和活动特点。在认识过程中非理性因素的作用是多方面的,主要表现在以下几个方面:

首先,非理性因素对认识具有动力作用。

非理性因素对认识的动力作用,是指情感、意志等因素在认识过程中,对主体认识的指向性、积极性所产生的影响。情感是主体对客体所持有的态度体验,意志是主体自觉地确定目标、选择手段、调节行为、克服困难、实现预定目的的心理过程。人是社会的人,人总是在一定的情感、意志的影响下从事实践和认识活动的。情感、意志又具有指向性、倾向性的品性,这就决定了情感、意志在认识活动中,会成为推动认识主体认识事物、追求真理的力量。在认识活动中,饱满的热情、坚韧的意志、坚定的信念能够使认识主体始终处于一种积极的、能动的状态中,并能激起卓绝的精神力量,推动认识辩证运动的进程和认识目标的实现。

其次,非理性因素对认识具有诱导作用。

诱导作用是指情感、意志等非理性因素,在认识过程中对主体认识在诱发、引导方面所产生的影响。人具有好奇心、求知欲、兴趣等心理倾向,当主体对某一事物发生兴趣时,总是怀着欢愉的心情,兴致勃勃地关注它,甚至达到忘我的程度。好奇心、求知欲互相联系,依次发展。正是这种好奇心、求知欲、兴趣等非理性因素诱导着人们去探索大自然、社会、思维的奥秘,去从事科学的认识活动;而一旦有了新的发现,又会给人带来进行新探索的强烈的兴奋和莫大的喜悦。科学发展史证明,大多数卓有成就的科学家都可以从少年时期的好奇心、求知欲和兴趣的萌芽中看到成功的端倪。

最后,非理性因素对认识具有调节作用。

非理性因素对认识的调节作用主要是通过非理性因素对理性因素的激发或抑制来实现的。认识主体在受到各种信息刺激后,就要调整原有认知图式或改变运动方式,以适应外界环境。在这过程中主体要形成思维定势或者解除思维定势。思维定势是主体在认识过程中按照习惯了的、比较固定的思路去反映对象、去寻找解决问题的方式。思维定势既有积极作用,又有消极作用。其积极意义在于它能排除思维活动的意外干扰,使主体能强化动机,较稳定地实现某种认识目标。因为实践活动的需要是人的一切活动的原始动力,也是人的认识活动的内在动力。但是,这种动力信号必须具有一种放大的媒介才能激发人去行动和认识,起这种作用的就是情感、意志等非理性因素。情感、意志等因素通过不断放大主体内部的需要驱动力,就可触发和维持思维定势,使思维过程向着某种预定的轨道运行。热烈的情感、稳定的情绪、顽强的意志、坚定的信念、美好的心境,都因为能满足主体的需要,成为诱发思维定势的巨大力量。思维定势也有其消极意义,当遵循固定的思路和程序反映对象遇到较大的困难,甚至难以克服的障碍时,固有的思维定势就表现了一种消极影响:情感体验恶化,意志上呈现出动摇性、冲动性或执拗性,迫使主体停止正在进行的思维过程,使主体思维陷入困境,影响着问题的解决。在这种情形下,情感、意志等非理性因素对认识运动过程的调节作用,就表现出一种解除思维定势的倾向。

那么认识中的理性因素与非理性因素有怎样的关系呢?我们认为,就认识活动而言,理性因素在主体精神结构中占主导地位,非理性因素是对理性逻辑思维能力的补充,当然在认识主体系统中它也是一个不可忽视的组成部分。哲学史上的理性主义，片面强调理性因素在认识中的重要地位，而竭力贬低非理性因素的作用，认为情感、意志等非理性因素是理性的巨大障碍，甚至认为是人在认识中犯错误、妨碍认识目标实现的原因。相反，非理性主义则片面强调非理性因素在认识中的作用，甚至由此走向了反理性、反科学的神秘主义。无论是理性主义，还是非理性主义，都是从现实的辩证认识运动过程中抽取某一方面加以夸大和绝对化，看不到认识主体系统是理性因素与非理性因素协同发生作用的过程。哲学发展的历史证明，不论是理性因素的主导地位，还是非理性因素的非逻辑认识的补充作用，在认识运动中都是不可或缺的重要组成部分。

第四节 认识的过程

如果说，从静态角度看，认识是一个系统；那么，从动态角度来考察，它就呈现为一种过程。用列宁的话说，就是"从生动的直观到抽象的思维，**并从抽象的思维到实践**，这就是认识**真理**、认识客观实在的辩证途径。"[23] 毛泽东则把认识的发展概括为"实践、认识、再实践、再认识，这种形式循环往复以至无穷"[24]的过程。

一 从感性认识到理性认识

从某种意义上讲，实践只是提供了认识发生的基础，它还只是认识形成的"外在因素"，认识的"独立"发展和"思维自己构成自己"的道路需要经过由感性认识阶段向理性认识阶段的过渡和飞跃。

1. 感性认识

感性认识是人们通过各种感官直接与外部世界接触所获得的关于事物的认识。这一阶段认识发展的一般路径或程序是：首先，主体凭借天然感官或物质中介接触认识对象，形成对客观事物表面、局部和个别特征的直接反映，这种反映是认识主体和认识对象同时"在场"时获得的；然后，事物的各种特征作用于人的感官，在人头脑中把关于事物的分散的初步的印象综合起来，从而形成对整个事物形象的反映，这是对认识主体和认识对象同时"在场"的若干个"场景"的连缀；最后，曾经作用于感官的那些客观对象的形象事后在主体脑海中再现出来，这时认识主体和认识对象已经分离，不同时"在场"了，这是认识主体对认识对象事后的追忆和回顾。

与上述三个阶段分别相应，形成了感性认识的三种形式，即感觉、知觉主体始终处于一种积极的、能动的状态中,并能激起卓绝的精神力量,推动认识辩证运动的进程和认识目标的实现。

其次,非理性因素对认识具有诱导作用。

诱导作用是指情感、意志等非理性因素,在认识过程中对主体认识在诱发、引导方面所产生的影响。人具有好奇心、求知欲、兴趣等心理倾向,当主体对某一事物发生兴趣时,总是怀着欢愉的心情,兴致勃勃地关注它,甚至达到忘我的程度。好奇心、求知欲互相联系,依次发展。正是这种好奇心、求知欲、兴趣等非理性因素诱导着人们去探索大自然、社会、思维的奥秘,去从事科学的认识活动;而一旦有了新的发现,又会给人带来进行新探索的强烈的兴奋和莫大的喜悦。科学发展史证明,大多数卓有成就的科学家都可以从少年时期的好奇心、求知欲和兴趣的萌芽中看到成功的端倪。

最后,非理性因素对认识具有调节作用。

非理性因素对认识的调节作用主要是通过非理性因素对理性因素的激发或抑制来实现的。认识主体在受到各种信息刺激后,就要调整原有认知图式或改变运动方式,以适应外界环境。在这过程中主体要形成思维定势或者解除思维定势。思维定势是主体在认识过程中按照习惯了的、比较固定的思路去反映对象、去寻找解决问题的方式。思维定势既有积极作用,又有消极作用。其积极意义在于它能排除思维活动的意外干扰,使主体能强化动机,较稳定地实现某种认识目标。因为实践活动的需要是人的一切活动的原始动力,也是人的认识活动的内在动力。但是,这种动力信号必须具有一种放大的媒介才能激发人去行动和认识,起这种作用的就是情感、意志等非理性因素。情感、意志等因素通过不断放大主体内部的需要驱动力,就可触发和维持思维定势,使思维过程向着某种预定的轨道运行。热烈的情感、稳定的情绪、顽强的意志、坚定的信念、美好的心境,都因为能满足主体的需要,成为诱发思维定势的巨大力量。思维定势也有其消极意义,当遵循固定的思路和程序反映对象遇到较大的困难,甚至难以克服的障碍时,固有的思维定势就表现了一种消极影响:情感体验恶化,意志上呈现出动摇性、冲动性或执拗性,迫使主体停止正在进行的思维过程,使主体思维陷入困境,影响着问题的解决。在这种情形下,情感、意志等非理性因素对认识运动过程的调节作用,就表现出一种解除思维定势的倾向。

那么认识中的理性因素与非理性因素有怎样的关系呢?我们认为,就认识活动而言,理性因素在主体精神结构中占主导地位,非理性因素是对理性逻辑思维能力的补充,当然在认识主体系统中它也是一个不可忽视的组成部分。哲学史上的理性主义,片面强调理性因素在认识中的重要地位,而竭力贬低非理性因素的作用,认为情感、意志等非理性因素是理性的巨大障碍,甚至认为是人在认识中犯错误、妨碍认识目标实现的原因。相反,非理性主义则片面强调非理性因素在认识中的作用,甚至由此走向了反理性、反科学的神秘主义。无论是理性主义,还是非理性主义,都是从现实的辩证认识运动过程中抽取某一方面加以夸大和绝对化,看不到认识主体系统是理性因素与非理性因素协同发生作用的过程。哲学发展的历史证明,不论是理性因素的主导地位,还是非理性因素的非逻辑认识的补充作用,在认识运动中都是不可或缺的重要组成部分。

第四节 认识的过程

如果说,从静态角度看,认识是一个系统;那么,从动态角度来考察,它就呈现为一种过程。用列宁的话说,就是"从生动的直观到抽象的思维,**并从抽象的思维到实践**,这就是认识**真理**、认识客观实在的辩证途径。"[23] 毛泽东则把认识的发展概括为"实践、认识、再实践、再认识,这种形式循环往复以至无穷"[24] 的过程。

一 从感性认识到理性认识

从某种意义上讲,实践只是提供了认识发生的基础,它还只是认识形成的"外在因素",认识的"独立"发展和"思维自己构成自己"的道路需要经过由感性认识阶段向理性认识阶段的过渡和飞跃。

1. 感性认识

感性认识是人们通过各种感官直接与外部世界接触所获得的关于事物的认识。这一阶段认识发展的一般路径或程序是:首先,主体凭借天然感官或物质中介接触认识对象,形成对客观事物表面、局部和个别特征的直接反映,这种反映是认识主体和认识对象同时"在场"时获得的;然后,事物的各种特征作用于人的感官,在人头脑中把关于事物的分散的初步的印象综合起来,从而形成对整个事物形象的反映,这是对认识主体和认识对象同时"在场"的若干个"场景"的连缀;最后,曾经作用于感官的那些客观对象的形象事后在主体脑海中再现出来,这时认识主体和认识对象已经分离,不同时"在场"了,这是认识主体对认识对象事后的追忆和回顾。

与上述三个阶段分别相应,形成了感性认识的三种形式,即感觉、知觉和表象。可以看出,由感觉到知觉再到表象,人的认识由个别特性达到完整的形象,由当前的直接的感受达到印象的保留和事后的回忆。这里已经显示出认识由部分到全体、由直接到间接的辩证发展趋势。但是,这个认识阶段的局限性也非常明显,其表现是:第一,人们只能利用已有的知识和概念去把握事物,还不能形成对该事物的新的概念。第二,它是对事物的现象的、外部联系的认识,还不能达到对事物的本质的、内在联系的认识。第三,它只是对现象的总画面的混沌的认识,还不能达到对构成这幅总画面的各个细节及其综合的本质的具体认识。因此,总体上说,感觉、知觉和表象这三种形式的认识仍然没有摆脱对事物片面的、表面的和外部联系的认识,即相对于理性认识来说,三者之间也只是量的差别,而没有质的差别;而认识本身的发展必然要由感性认识上升到理性认识。

2. 理性认识

理性认识是人们在感性认识的基础上,借助思维加工而获得的对事物全面的、本质的、内部联系的认识。这一阶段认识发展的一般路径或程序是:首先,在感性材料的基础上对同类事物共同的、一般特性进行概括,形成对该事物的界定,即概念;然后,对客观事物是什么或不是什么,是否具有某种属性进行判明和断定,这就是判断;最后,在此基础上,以一个或一些判断为根据,合乎规律地推出另一个或另一些判断,这种思维形式就是推理。

因此,理性认识也有三种形式,即概念、判断和推理。很明显,概念这种东西已经不是反映事物的现象、事物的各个片断、事物的外部联系了,而是抓住了事物的本质、事物的全体、事物的内部联系了。概念同感觉相比,不但是量的差别,而且有了质的差别。概念已经属于理性认识阶段。判断是对事物之间联系和关系的反映,推理则是对不同判断间联系和关系的演绎、归纳和类比。从概念到判断再到推理,是理性认识由低级到高级的发展。三者既相区别又相联系。概念是思维的细胞,它是构成判断、从而进一步构成推理的因素;反过来,概念又通过判断来揭示,依靠推理来形成。一种思维形式,脱离开其他思维形式是不可能形成的。多少复杂一点的理性认识,都是各种思维形式综合起作用的结果。

3. 感性认识和理性认识的关系

感性认识和理性认识作为认识发展的两个不同的阶段是相互区别、相互对立的。这种相互区别、相互对立表现在内容和形式两方面:在内容上,感性认识的对象是事物的现象,理性认识的对象是事物的本质;在形式上,感性认识是人脑凭借感官以感觉、知觉和表象等具体形象的形式直接反映事物,理性认识则是人脑在感性材料的基础上以概念、判断和推理等抽象思维的形式反映事物。

但是,还必须指出,感性认识和理性认识一方面是相互区别、相互对立的,另一方面又是相互依赖、相互转化和相互渗透的。这种相互依赖、相互转化和相互渗透表现在:

第一,感性认识有待于发展为理性认识。

感性认识是认识的起点,是理性认识的基础,但它有局限性。它只是对事物的表面的、片面的、外部联系的认识,即使它数量再多、内容再生动丰富,也还是停留在对事物的外部印象阶段。"感觉只解决现象问题,理论才解决本质问题。"[25]要反映事物的本质和规律,感性认识必须上升到理性认识;而且认识的真正任务在于经过感性认识而达到理性思维,认识的最终目的是为了变革现实、改造客观世界,而单凭感性认识不能指导实践,达不到改造世界的目的。只有掌握了事物的本质和规律,按规律办事,才能达到有效地改造世界的目的。因此,感性认识必须发展到理性认识,这是由感性认识的局限性和认识的最终目的决定的。感性认识有待于发展到理性认识,这是认识论的辩证法。从感性认识上升到理性认识不是量的变化,而是质的变化,是认识的飞跃。理性认识的特点表现为一系列的抽象和概括、分析和综合的过程。科学的理性认识已经不是对个别事物的印象,而是综合了许多事物或各方面的感性材料,经过思考加工,舍弃了次要的东西,从中抽出了本质的和规律性的认识。抽象的理性认识虽然离开了个别的具体的事物,但只要是依据实践而进行的科学抽象,不是主观臆造和随意剪裁事实,那它就是更深刻、更正确、更完全地反映了客观事实的正确认识。

第二,理性认识依赖于感性认识。

感性认识是认识的起点,是认识的必经阶段和初始阶段,没有感性认识也就没有理性认识。因为理性认识是对事物本质的认识,而事物的本质就存在于事物的现象之中。人们只有通过事物的现象,才能把握事物的本质。人们认识任何事物,总是先积累有关事物的感性材料,然后通过头脑加工制作,才形成一定的理论。如果把人脑比作"加工厂",把理性认识比作成品的话,感性认识就是"原材料"或"半成品"。没有"原材料"或"半成品",也就无法制作出成品。所以,没有感性认识,就不可能产生理性认识。理性的东西之所以靠得住,正是由于它来源于感性,有感性作基础。否则,理性的东西也就成了无源之水、无本之木,成为主观自生的东西了。"认识开始于经验——这就是认识论的唯物论"。"如果以为理性认识可以不从感性认识得来,他就是一个唯心论者。"[26]

第三,感性认识和理性认识是互相渗透的。

感性认识和理性认识的统一不仅表现在它们的相互依存和相互转化上,而且还表现在它们的相互渗透上。也就是说,在人的认识中,感性认识和理性认识也总是交织在一起,你中有我,我中有你。二者的相互渗透,表现在两方面:一方面,感性中有理性。人的感觉与其他动物的感觉的根本区别在于人的感觉是包含着理性的感觉,是在理性指导下的感觉,脱离了理性的纯粹感性,在现实的人的认识中实际上是不存在的;另一方面,理性中有感性。理性认识不仅以感性材料为基础,而且以具有一定声响或文字符号等感性形式的语言作为自己的物质外衣与表达手段。离开了感性的纯粹理性,在现实人的认识中也是不存在的。

感性认识和理性认识的相互渗透,在"经验"这个概念中表现得十分明显。我们平常说的"经验",传统上是把它看成感性认识,有时又说成"感性经验"。实际上在"经验"中,总是已经带有理性成分,是感性和理性的综合形式。在科学知识中,通常区分为经验科学(实验科学)和理论科学(纯科学)。经验科学偏重于处理感性经验材料,理论科学侧重于抽象的理论思维,但是,二者的区分只具有相对的意义。事实上,经验科学总是离不开理性思维,理论科学也总是离不开感性经验。

哲学史上曾经有过唯理论和经验论的争论。经验论只承认感性认识的可靠性,而否认理性认识的可靠性;唯理论则只承认理性认识的可靠性,而否认感性认识的可靠性。因此,从感性认识和理性认识的相互渗透的角度看,唯理论和经验论尽管都包含有正确的因素,但它们都歪曲了整个认识的发展过程,把统一的认识过程中的感性和理性两个阶段截然对立起来,各执一端、片面夸大,在认识的整体上都是偏颇的。唯理论和经验论这两种思想倾向在国际共产主义运动史上,在实际工作中也有表现,那就是曾经多次给社会主义革命和建设事业带来巨大危害的教条主义和经验主义。教条主义者轻视实践,不从实际出发,而是从本本出发,把马列主义当成教条,到处生搬硬套;经验主义者轻视理论的指导作用,否认感性认识上升为理性认识的必要,沾沾自喜于一得之功和一孔之见,满足于表面的、片面的感性经验,抓不住事物的本质和规律。理论上的偏颇必然导致实践中的危害,这是必然的。

澄清感性认识与理性认识的区别与联系,是为了获得正确认识的条件,达到正确认识的目的。一般来说,从感性认识上升到理性认识有两种可能:

一种可能是把感性材料经过头脑的加工，透过现象、抓住本质，从而获得了正确的认识；另一种可能是对感性材料经过头脑的加工，歪曲了事物的本质，得到了错误的认识。因此必须审慎地处理从感性认识到理性认识的过渡和飞跃。毛泽东对此在《实践论》中结合中国革命实践做了精辟的论述，其要旨在于：第一，必须占有大量反映客观实际的感性材料，"只有感觉的材料十分丰富（不是零碎不全）和合于实际（不是错觉），才能根据这样的材料造出正确的概念和论理来。"[27]第二，"要完全地反映整个的事物，反映事物的本质，反映事物的内部规律性，就必须经过思考作用，将丰富的感觉材料加以去粗取精、去伪存真、由此及彼、由表及里的改造制作工夫，造成概念和理论的系统。"[28]显然，在获得十分丰富和合于实际的感性材料基础上，经过一系列的逻辑思考和创造性的想象，形成由概念、判断和推理所构成的理论体系，这是一个能动的飞跃。它要求认识主体充分地发挥自觉能动性，既要勤于和善于实践，又要勤于和善于思索。

二　从理性认识到实践

人们在社会实践的基础上，从感性直观上升到抽象思维，产生了理性认识，这是认识的第一个飞跃。然而，认识运动并没有到此完结。人们还必须将在实践中获得的认识再回到实践中去，指导实践，使理论得到实现，这是认识的第二个飞跃。

1. 理性认识回到实践的必要性

理性认识之所以必须再返回实践、向实践飞跃，是由于：

第一，认识的成果还没有得到确证。而这种确证又无法在认识范围内由认识自身来进行，必须通过实践去检验、补充、修正和发展。理性认识是客观规律的反映，这个反映是否正确，在第一次飞跃中没有解决也是不可能解决的。只有将理性认识再回到实践中去，看其是否能达到预期的目的，看其是否与实际相符合以及符合的程度，理论才能得到检验、补充、修改和发展。

第二，认识的目的还尚未达到。人不是"为认识而认识"，认识的目的在认识之外。认识世界是为了改造世界，强调理性认识必须回到实践中去，这是马克思主义认识论革命的能动精神的体现，也是马克思主义认识论区别于其他认识论的重要标志。从这个意义上说，人们即使已经获得了正确的认识，它也只是主观的东西，它的必然性并没有转化为现实性。只有把认识、理论再回到实践中去付诸实践，才能达到改造世界的目的。

因此，较之于第一个飞跃，第二个飞跃的意义更大。马克思主义之所以十分重视理论，就因为它是正确地反映了事物的规律，能够指导实践活动，不然，再好的理论也是没有意义的。正是在此意义上，马克思曾说过："哲学家们只是用不同的方式**解释**世界，而问题在于**改变**世界。"[29]毛泽东说："马克思主义哲学认为十分重要的问题，不在于懂得了客观世界的规律性，因而能够解释世界，而在于拿了这种对于客观规律性的认识去能动地改造世界。"[30]马克思主义不赞成那种"为科学而科学"，"为理论而理论"的做法和宣传。自然科学、社会科学和思维科学以及作为它们的概括和总结的哲学，无一例外的都是要为实践服务的。第一个飞跃的重要性，也必须从第二个飞跃的必要性、必然性来加以说明。正是因为认识要指导实践，要求预见事物的发展趋势，才需要认识世界的本质和规律，才需要使认识由感性上升到理性。这说明，认识过程中的两个飞跃是内在地联系着的。从对于一个具体事物的认识运动来说，第一个飞跃是在实践中形成思想的阶段，第二个飞跃则是在实践中实现思想的阶段。

2.理性认识回到实践的条件系统

理性认识向实践的能动飞跃，依赖于一定的必要条件，归纳起来主要是以下几点：

第一，用来指导实践的理性认识必须是正确的。

众所周知，在第一次飞跃中，从感性认识上升到理性认识，我们要求感觉材料十分丰富（不是零碎不全）而又合于实际（不是错觉），也就是要求在第一次飞跃中，作为认识的起点和基础要可靠；同样，在第二次飞跃中，起点是理论，是理性认识，也要求起点、基础稳固而扎实。这就要求将要"物化"的理论正确可靠。只有把正确的理论运用于实践，才能转化为人们所需要的客观现实，达到预期的目的。离开了正确的飞跃起点和基础，就会飞跃到邪路上去。当然，我们要求第二次飞跃的前提和基础正确，也只具有相对的意义。其精神实质是要求人们在做第二次飞跃时，要有严肃的科学态度，决不能马虎从事、掉以轻心，尤其是不能把没有根据或根据不充分的理论见之于实践。

第二，要始终从实际出发，坚持理论和具体实践相结合的原则。

认识对实践的依赖关系，不仅表现在理性认识的形成过程中，即第一次飞跃中，而且也表现在理性认识的实现过程中，即第二次飞跃中。理论虽然对实践有重大的指导作用，并不能改变理论对实践的依赖关系。所以这里强调从实际出发、坚持理论和具体实践相结合的原则，还是为了使理性认识更好地服务于实践。这是在第二次飞跃中继续贯彻认识论的唯物主义原则。要使理论与实践结合得好,必须注意两点:首先,着眼于实践的特点。理论是普遍的,实践总是具体的、特殊的。理论在指导实践时,不能脱离实践的时间、地点和条件,一句话,不能离开实践的具体特点,不然理论就不能起到指导作用。其次,着眼于实践的发展变化。实践总是历史的实践,发展着的实践。在实践中,总会不断地出现新情况、新问题。因此,理论在与实践相结合的时候,决不能不顾实践的发展,也不能让发展变化了的实践去适应原来的理论,而是让理论去适应实践的发展。

第三,要将理论原则具体化,需经过技术科学、应用科学等中间环节。

理论所反映的是客观实际中一般的规律性的东西,而实际总是具体的复杂的。因此,要使理论付诸实践,还应经过必要的中间环节,使理论与实际的距离缩短。技术科学、应用科学等中间环节既是对一般理论原则的扬弃,又是对一般理论认识的具体化。

在自然科学中,数、理、化、天、地、生是几大基础学科,但是这些基础学科还往往不能直接解决生产、工程技术、医疗实践中的具体问题。比如,牛顿力学不能直接回答如何计算建筑材料的强度,电磁理论也不能直接解决电机制造中的许多具体问题。要解决这些具体问题,还得有材料力学、电机制造等技术科学、应用科学,而且还要有产品设计、工艺研究、技术推广等环节。通过这些科学门类和中间环节,就使理论具体化了,向实际更加接近。而且现代科学技术的发展趋势表明:一方面学科的门类越来越细,另一方面,也出现了学科之间的相互衔接、交叉和渗透,出现了许多边缘学科,带有很强的综合性。因而,在现代化的大生产中,往往要综合治理,运用多种学科知识,做出具体的实施方案。这些实施方案也是理论向实践转化的中间环节。

社会科学理论与实践结合,也要从实际出发,在马列主义一般原理的指导下,制定纲领、路线、方针、政策,乃至提出具体的执行计划、步骤、方法和行动口号。这些也是使理论进一步具体化、不断向实际接近的过程。

三 认识过程的多次反复和不断发展

人们对于一个复杂事物的认识,往往不是一次就可以完成的,而是需要经过由实践到认识、由认识到实践的多次反复才能完成。这是因为,人们在认识世界和改造世界的过程中,不能不受到客观条件和主观条件的限制。

从客观条件上讲,首先要受到客观过程的发展及其表现程度的限制。

无论是生产斗争、阶级斗争还是科学实验,都有一个不断展开的过程。事物的各个侧面,只有在事物的多种多样的联系和相互作用中才能逐步地暴露;事物的本质,只有从事物多方面的现象中才能逐步被揭示出来。而事物的现象及其本质的暴露程度,最终依赖于人们实践的广度和深度。既然客观事物的本质的暴露有一个过程,人们对它的认识自然也要有一个过程。其次,也受到科学技术条件的限制。没有望远镜,就很难观测天体;没有显微镜,就很难观察微观客体;没有加速器,就无法进行原子和基本粒子的实验。当然,科学技术条件的限制是可以通过实践逐步打破的。

从主观条件上讲,人的认识受思维者本身肉体和精神状况的限制。如年龄、健康状况、阶级立场、思想方法、受教育程度,等等。由于上述主客观的原因,既限制着人们取得十分丰富的而又合于实际的感性材料,又限制着人们进行思维加工的能力。所以,对于一个具体过程的认识,往往不容易一下子达到主观和客观的统一。很可能走一些弯路、犯一些错误,因而对原有的方针、方案、计划和办法部分地修改或全部修改都是常有的事,是符合认识规律的。那种认为认识可以一次完成的观点,是把认识过程的主观和客观、认识和实践的复杂矛盾运动简单化了。

更为复杂的情况在于,多次反复可以完成对某一事物、过程局部和阶段的认识,而对于人类整体的认识来说却永无止境。具体而言,人们的认识经由实践到认识、由认识到实践的多次反复,达到了主观认识和客观过程的规律性相符合,并且在实践中实现了预想的结果,这时候,对于某一具体事物、具体过程的认识来说,算是完成了。但是对于过程的推移而言,则并没有完成,也不可能完成。这是因为:自然界和社会的任何一个具体过程,都不是凝固不变、静止不动的。事物总是作为过程而向前发展的,与此相适应,人们的认识也应该随着客观过程的发展而发展。事物不停地变化,人们必须随着变化了的情况而改变自己的认识,使认识不断向纵深发展。人的认识又总是从特殊到一般,又从一般到特殊,由认识事物的特殊本质,进而概括事物的共同本质,又以共同本质为指导,进而认识事物的特殊本质。这种由浅入深、由低级到高级、由片面到全面的认识过程永远不会完结,所以,客观事物本身纵横两方面的无限发展和无限联系,决定了人们的实践和认识也必然是一个不断发展、不断深化的过程。毛泽东说:"一切客观世界的辩证法的运动,都或先或后地能够反映到人的认识中来。社会实践中的发生、发展和消灭的过程是无穷的,人的认识的发生、发展和消灭的过程也是无穷的。"[31]

所以,整个认识的全过程就表现为"实践、认识、再实践、再认识"的螺旋上升。从形式上看,表现为实践和认识的不断循环;从内容上看,实践和认识之每一循环,都比较地进到高一级的程度。实践、认识、再实践、再认识、循环往复,以至无穷,这就是人类认识运动的全过程、总公式。

从过程论的角度来把握人类的认识运动具有非常重要的意义。毛泽东把这一理论运用到实际工作中去,形成了党的群众路线的领导方法和工作方法。他认为:"在我党的一切实际工作中,凡属正确的领导,必须是从群众中来,到群众中去。这就是说,将群众的意见(分散的无系统的意见)集中起来(经过研究,化为集中的系统的意见),又到群众中去作宣传解释,化为群众的意见,使群众坚持下去,见之于行动,并在群众行动中考验这些意见是否正确。然后再从群众中集中起来,再到群众中坚持下去。如此无限循环,一次比一次更正确、更生动、更丰富。这就是马克思主义的认识论。"[32]群众路线与马克思主义认识论的内在统一性表明"从群众中来到群众中去"的领导方法与"从感性认识到理性认识、又从理性认识到实践"的认识秩序是一致的。认识的基础是实践,而实践的主体是群众。毛泽东指出:"我们的结论是主观和客观、理论和实践、知和行的具体的历史的统一,反对一切离开具体历史的'左'的或右的错误思想。"[33]

对于无产阶级政党是这样,就个人而言,也是如此。既然人的认识不是一次完成的,而是无限发展着的历史过程。这说明不能由于一时缺乏经验,走一些弯路就悲观失望,失去信心,而是要总结经验、吸取教训、发扬成绩、纠正错误,变失败为成功;也不能因为有一次基本成功,就认为全部成功,有一次大致正确的认识,就认为"一贯正确",从而骄傲自满、固步自封;而是要谦虚谨慎、戒骄戒躁、不断进取。

第五节 认识的真理性

一 对几种真理观的评论

作为哲学史上的一个重大理论问题,真理的定义不可避免地被世人不断地探讨和论争。经过历史的积淀,终于形成了几种有代表性的、影响较大的真理理论。

1. 符合真理论

符合论是从命题与客观事实的关系上来定义真理的。根据符合论,命题乃是对客观事物的性质、状态或关系的陈述,一个命题符合它所陈述的事实,它就是真的,否则就是假的。

在各种真理理论中符合论的历史最悠久。早在古希腊时期,亚里士多德就表述过这种真理观,他说:"真假的问题依事物对象的是否联合或分离而定,若对象相合者认为相合,相离者认为相离就得其真实。"[34]这一看法具有明显的唯物主义倾向,在哲学史上有着极为深远的影响。在现代,符合真理论也被一些哲学家置于另外的认识论基础上加以论述,比如罗素和维特根斯坦就从逻辑原子论出发,论述了符合论。罗素认为,命题和事实之间存在着严格的对应关系,这是一种逻辑同构的关系。也就是说,命题是表述事实的,命题与它所表述的事实之间在结构上是同型的。因此,命题的真假取决于它是否符合相应的事实。维特根斯坦则试图从语言与世界之间的对应关系上论证符合真理论,他用"符合"这个概念给真理下了定义,并且规定了命题的真、假界限,他认为语句是现实的图像,用语言符号描述事态,类似于画家用线条、色彩、图案描绘事物。在维特根斯坦之后,日常语言学派的哲学家约翰·兰肖·奥斯丁(J. L. Austin)提出了一种以约定或惯例为根据的符合论,他为,当人们运用语言交流思想时,总是借助某一组符号;这些符号可以是语词,也可以是信号旗或信号灯等等。这些符号由说话者造出来,又能被受话者所观察,而人们由符号表达的东西就是"世界"。

应该说,符合论的基本精神是应予肯定的,因为它把握住了命题是客观事物的反映或陈述这个关节点,但问题的关键在于如何对符合论作出科学的阐发。很显然,上述符合论均未臻完善,谈论真理的定义时,不强调外界事物的客观存在,而往往用"事实"、"事件"等含义模糊的概念代替对"客观事物"的诠释,机械地认为命题与事实之间存在严格的同构关系,眼界只局限于语句或命题何以为真,这是非常不够的,因为语句之真、命题之真并不等于真理之真,所以它们在"什么是真理"这一关键问题上都没有提供出满意的答案。

2. 语义真理论

语义真理论是美籍波兰逻辑学家塔斯基在20世纪30年代提出来的。塔斯基的语义真理论实际上与亚里士多德的符合真理论有着思想渊源上的联系。塔斯基赞同亚里士多德关于真理的观点,同样认为语句的真理性就在于它与事实相符合。但是,他认为亚里士多德的真理定义,缺乏精确性和清晰性,容易引起"说谎者悖论"一类的语义悖论。导致悖论产生的根源,是由于日常语言不分层级的缘故。据此,塔斯基分析了语言层级。他指出,语言有"对象语言"(object language)与"元语言"(metalanguage)的层级之别。对象语言指称外界对象,元语言则指称对象语言。元语言具有比对象语言更高的阶,它是用以谈论对象语言的。并且,语言层级是无限的阶梯,对任何一层语言来说,总有它的高层语言存在,"真"和"假"都是元语言的语词,对象语言中的真理定义必须在元语言中给出。塔斯基对于在日常语言中构造真理定义的做法表示了彻底的怀疑,因而致力于运用现代逻辑分析和语义分析的手段,在特定形式语言中构造真理定义。塔斯基以语言层次论为基础,以类演算为形式语言,运用递归定义的方式,先提出基本语句函项的满足条件,再提出复合语句函项的满足条件,通过把"符合"这一颇为棘手的概念,化为一个简单的概念"满足",借助于"满足"而定义了真理。

我们看到,塔斯基提出语义真理论,旨在为古典的符合论作出精致的语义解释,运用现代逻辑分析和语义分析的手段细致入微地阐明了真理的定义,提供了符合论所一直缺少的东西,即对符合关系的恰当表述。然而,真理问题并不能归结为语言问题,关于句子何以为真或为假的探讨,还只是在知性的水平上探讨真理,还不能揭示真理的更为深刻的内涵、更为深广的实践和社会背景。另外语义真理论把"满足"诠释为与事物的一次性直接对应,至于关于真理是过程等等问题,塔斯基并没有涉及,对此我们虽然不能苛求于他,但是从真理论的完整性上来要求,这毕竟也是语义真理论的一个严重缺陷。

3. 分析真理论

分析真理论是人们对逻辑经验主义真理观所作的概括。其基本观点是:存在着两类命题,即分析命题和综合命题。相应地,就存在着两种真理,即逻辑真理和事实真理。分析命题的真仅取决于命题中的逻辑符号的用法,而与经验内容无关,因此分析命题表述的是逻辑真理。而综合命题的真则在于它与经验事实相符合,因而综合命题表述的是事实真理。这样,逻辑真理就是必然的,事实真理则是偶然的。可以看出,逻辑经验主义的真理观中有符合论的影响。但是,从他们特别强调两种真理的区分,特别注重对分析命题和逻辑真理进行句法分析这方面说,他们在真理问题上的基本观点是分析真理论。

应当看到,从命题的不同抽象程度看,分析命题与综合命题(可能称作形式命题与经验命题更恰当)是有所区别的,形式命题的抽象程度要比经验命题的抽象程度更高。看到这种相对的区别,在认识论上也有一定的意义。这首先有助于揭示形式科学与经验科学的不同特征。然而,作为一种真理观,分析真理论却是失之偏颇的,这主要在于他们把逻辑真理和事实真理的区分看成是不可通融的,并将这一观念变成了教条,而这样一来,也就割裂了真理的客观性与其普遍必然性的联系。按照他们的解释,分析命题具有必然性但不具有客观性(因为分析命题与经验无涉),而综合命题具有客观性但却不具有必然性(因为综合命题的真是或然的),这实际上是重复了西方哲学史上经验论与唯理论的对立。

4. 融贯真理论

融贯论又称贯通论或一致论。如果说语义真理论和分所真理论仍然与符合真理论有着这样或那样联系的话,那么融贯真理论就与此大相径庭了。融贯论完全离开了符合论,认为命题之为真理,不在于它与客观事实相符合,而仅仅在于它可以被毫无矛盾地纳入某个命题系统中,与命题系统中的其他命题相一致。这样,融贯论就与语义论、分析真理论乃至亚里士多德的符合论形成了一个显著差别:它不是对命题或语句作孤立的、分散的考察,而是置其于命题系统之中去考察,因而具有整体论的特征。

真理观上的融贯论着眼于命题之间的联系,着眼于命题体系的无矛盾性来谈论真理,确有其合理之处。就这一点而言,可以说它比那些孤立地考察命题的真理论略高一等。真理当然不应该包含逻辑矛盾,理论体系的一致性乃是使之成为科学、成为真理的必要条件。然而,不包含逻辑矛盾的命题或思想体系未必就是真理,谬论、谎言或迷信之说也可以不包含逻辑矛盾而自圆其说。可见,相容性或一致性并不是真理的根本标准。

5. 工具真理论

工具真理论是由美国哲学家杜威明确提出的。根据这种真理观,一个命题或者一种理论是真的,当且仅当它是有效用的。用杜威的话说就是,"真理即工具",而工具既不是真的也不是假的,工具只有这样的性质:它们是有效的或无效的、适当的或不适当的。各种概念和理论,同所有的工具一样,"它们的价值并不在于它们自身,而在于它们的功效,功效是显示在它们所造成的结果之中的","简言之,'真的'不过是有关我们思想的一种方便的方法",它在于"好的结果"[35]。

工具真理论自问世以后,就一直受到来自各方面的批评。但是,一批哲学家坚持这种观点,并且造成了广泛影响,显然不是偶然的。应当看到,工具真理论并不是因为肯定了真理具有效用而遭到指责,只由于它把真理归约为效用才招致批评。工具真理论重视理论的"效用"和"功能",对于人们从一个新的视角认识真理是有启发意义的。它因此而成为真理论百花园中奇特的一枝。如果说符合论告知人们真理具有客观实在性,工具论则和融贯论一样,提醒人们要注意评定一个命题或理论之为真理的理由,这可以看作是对符合论的一种必要补充。但是真理对人们有效用,不能反过来就认为"有用即是真理",不能强调真理的有用性而否认真理的客观性。因为真理之所以是真理,最终的依据是因为它正确地反映了客观事物及其规律,而不是因为它有用。有用性是以客观性为前提的,客观性才是真理的根本属性。把有用和没用作为区分真理和谬误的依据,实质上是把真理的标准主观化,否定了真理的客观性,最终导致抹杀真理和谬误的界限。

马克思主义认识论的真理观是对以上各种真理理论的超越,它在马克思主义科学实践观的基础上,坚持唯物主义与辩证法的统一,拓展和深化了真理理论的视域,科学地回答了什么是真理、真理有哪些特性、如何检验、发展真理等问题。

二 真理的客观性

马克思主义哲学认为,认识产生和发展的过程,就是在实践的基础上不断发现真理、证实真理和发展真理的过程。真理是人们对客观事物及其规律的正确反映。真理是一种认识,它不是客观事物及其规律本身,而是对它们的正确反映。从形式上看,真理是主观的;但真理是有客观性的,因而称之为"客观真理"。真理的客观性是指:第一,真理的内容是客观的,真理中包含着不以人的意志为转移的客观内容。第二,检验真理的标准是客观的社会实践。

马克思主义哲学承认真理的客观性,是以坚持物质第一性,意识第二性,在实践的基础上主体能够正确反映客体为前提的。承认人们的认识内容来自客观世界,也就是承认了客观真理。列宁指出:"认为我们的感觉是外部世界的映象;承认客观真理;坚持唯物主义认识论的观点,——这都是一回事。"[36]坚持真理的客观性,就是在真理观上坚持了唯物主义。

在真理客观性的问题上,有三个问题需要甄别清楚:即真理的阶级性、真理与价值、真理与谬误的关系问题。

1. 真理的阶级性

真理是客观的,那么它是否有阶级性呢？我们注意到,在真理是否有阶级性问题上,争论是很激烈的。主张真理有阶级性的学者在具体阐释上也存在分歧,他们对真理阶级性的含义和来源的理解并不一致。主要有客体论、主体论、服务论三种意见。所谓客体论是指,在阶级社会中人们只要如实地反映社会存在,揭示其本质和规律,就必然同时反映先进阶级的根本利益。所谓主体论是指,真理是主客观的统一,说真理没有阶级性就意味着抛弃了真理的主观形式这一面。所谓服务论是指某些真理只能为某个或某些阶级所掌握和利用,而不能为另一个或另一些阶级所掌握和利用。还有的学者指出,部分真理具有阶级性,这是真理的价值属性在阶级社会的特殊表现。

我们认为,上述论证均不能成立。客体论把真理有阶级性的根据建立在真理反映的对象上,这就混淆了真理所反映的客体的属性与真理本身的属性;而主体的阶级性又不可能加到真理中去,因为真理指的是主体的表象中包含的不依赖主体的客观内容,所以主体论也不能成立;至于运用真理为某阶级服务,正像武器本身可以为各阶级利用,但不能因此就说武器有阶级性一样。所以,我们认为,尽管在阶级社会人们对真理的认识和运用总是受阶级立场制约,但真理本身是没有阶级性的。因此,"真理面前人人平等"。这一句话的内涵是:其一,在对真理的认识上人人平等,究竟谁能掌握真理,不在于他的权位高低,而取决于他有没有老老实实的科学态度;其二,在真理标准面前人人平等,检验真理的标准是社会实践,对任何人都是一样的;其三,在真理的作用上人人平等,任何人都要服从真理,一个人不管权位多高,如果违背真理,迟早会受到真理的惩罚,人人要服从真理,其实际内容是人人都要服从客观规律。

2. 真理与价值

真理与价值的关系问题,也是国内外学术界研究中的一个热点和难点。国外有的学者认为:"凡是在价值问题研究领域享有权威的哲学家没有一个不曾就价值与真理的相互关系表明过自己的立场"[37];我国价值理论研究中有的学者也提出"价值真理"概念,特别是有的论者还探讨了真理的主体性和价值性问题,认为真理与价值问题密切相关,主体性与价值性是真理的重要特性,即使不是惟一的特性,至少是对客观性的补充。

我们当然也并不坚持"真理与主体性绝缘"的"传统信念",不认为探讨价值会"污染"真理的"纯粹性"。的确,在人类追求认识和真理的活动过程中主体性因素的"嵌入"是个不争的事实,但是我们认为认识和真理获得的过程与认识和真理的特性、认识和真理的结果与对这种结果的价值评判,不是一回事,不能完全混同。从这个意义上讲,主体性与价值性并不是真理的特性,"价值真理"概念不能成立。因为价值与真理所依据的标准不同。价值评判是一种不同于事实判断的活动,它不是以客体事物本身的存在、发展为取向,而是以客体对主体的意义为取向。价值评判的特点在于,它是主体以一定的标准衡量客体,从而评判客体对主体的关系和意义。在这一过程中,主体所使用的衡量客体的标准直接制约着评判结果。采用不同的标准衡量同一客体,会得出不同的价值判断。而价值评判的标准无论采取什么形式,其实质都是人的需要。价值评判实质就是主体根据一定的需要去判定客体与这一需要的关系。而人的需要是多层次的,各层次之间不一定是统一的;人的需要是随着社会文化、随着实践活动等不断变化的。需要具有因人而异、因时而异、因情势而异等特质。而真理的情形与此不同,如果一种认识是真理,其充分必要条件是这一认识包含着不依任何人的意志(包括需要、情感、愿望等等)为转移的、符合认识对象的客观内容。真理并不因人而异、因时而异、因势而异,它仅以客观实在如何而异。显然价值判断并不具有这种情形。

此外,真理与价值所指涉的范围也不同,一般来说,我们是在认识论范围内讨论真理问题的,而价值显然不限于此,而是进入更宽广的领域。

3. 真理与谬误

在认识过程中,既有真理,又有谬误。真理和谬误是对立的统一。

"对立"的含义是指,真理是对事物及其规律的正确反映,而谬误是对事物本来面目的歪曲反映,二者在一定范围内的区分是绝对的,不能混淆。"统一"的含义是指,一方面,真理和谬误相比较而存在,相斗争而发展;另一方面,真理和谬误在一定条件下相互转化。真理向谬误的转化主要表现为,真理是具体的,任何真理都有其适用的条件和范围,如果超出了其适用的条件和范围,真理就会变成谬误。

真理与谬误之间的相互转化是一个需要在理论上深入探讨,在实践中更需引起足够重视的问题。真理和谬误都是就主体相对于一定条件下的客观事物的认识而言的,因而都有其具体的条件和范围,有其自身特有的质和量的规定性。在一定条件下是真理性的认识,其所以会在另一条件下转化为谬误,就在于人们在掌握、运用真理时,超过了或缩小了真理自身适用的条件和范围,超过了或缩小了自身特有的质和量的规定性。其主要表现有:

其一,把真理的全面性片面化。本来真理是对客观事物的全面认识,"是由现象、现实的**一切**方面的**总和**以及它们的(互相)**关系**构成的"[38],如果把真理的某一方面、某一原则加以片面的夸大,或者孤立地抽出来,使之脱离了全面,切断同其他方面、原则的联系,就会把真理引向谬误。

其二,把真理的具体性抽象化。任何一条真理,都只存在于一个个具体的真理性的认识之中,都是在一定的时间、地点和条件下,主观和客观的具体的历史的统一,都有其自身适用的具体条件和范围。如果看不到真理的具体性,将只表现于某一时间和空间,即只适用于某一领域、某一范围、某一历史阶段的具体真理抽象化,将其搬用到一切领域、一切范围、一切阶段,那就会变成谬误。

其三,把真理的过程性僵硬化。真理不是凝固的、僵死的、万古不变的教条,而是充满着活力的无限的运动过程。人们在认识和运用真理时,如果看不到或忘记了真理的过程性,把真理看成凝固的、僵死的、万古不变的东西,就会把真理僵硬化,变成谬误。

其四,把真理的普遍性教条化。真理是在大量的、个别的、十分丰富和合乎实际的感性认识的基础上,经过思维加工、抽象概括出来的理性认识,都具有一定的普遍性。有些真理如马克思主义的基本原理,普遍性更大,是适应于一切社会历史领域的普遍真理。但是运用马克思主义的普遍真理时,必须和具体实践相结合,才能解决革命和建设工作中遇到的实际问题。如果把普遍真理教条化,当作解决一切具体问题的灵丹妙药,普遍真理就会变成谬误。在我们党的历史上教条主义之所以成为一种挥之不去的顽症,就在于不能把马克思主义的普遍真理运用于中国的实际,而是把马克思主义教条化,歪曲和践踏了马克思主义,教条主义是我们在革命和建设事业中付出的一笔昂贵的代价。

所以我们说,真理转化为谬误,不是由于真理本身包含着谬误,而是由于人们掌握运用真理时,没有准确把握其自身的条件和范围。那么如何理解谬误向真理的转化呢?

第一,真理是具体的、有条件的,谬误同样是具体的,在特定的条件下和范围里才能存在。一定条件下的谬误,当它超出了这个条件或范围而在新的条件下进入另一范围时,它就有可能转化成真理;再者,既然真理超出一定范围就会变成谬误,那么,将其回到原来的范围之内,它就又可成为真理。

第二,从人们的认识过程来看,错误往往是正确的先导,失败常常是成功之母。人们在认识世界和改造世界的过程中,不可能一贯正确,事事如意,在成功的喜悦中总会包含着纠正错误、经受挫折考验的努力与艰辛。人们只要善于从失败中总结经验教训,分析犯错误的原因,就会逐步取得对客观事物及其发展规律的正确认识,从而使谬误变成真理,并指导人们获得成功。

第三,在批判谬误的过程中获得真理和发展真理,这也是谬误向真理转化的一种特殊形式。通过对错误东西的分析批判,一方面,可把错误的东西作反面教员,从反面给我们以启迪,增强自身"免疫力";另一方面,又可加深对客观事物及其规律的正确认识,使真理的内容更加丰富。在对各种错误思想的批判使人们明辨是非,分清真伪,提高识别能力。

三 真理的绝对性和相对性

真理具有客观性,同时又具有绝对性和相对性,因而认识是一个由相对真理走向绝对真理的过程,这是真理问题上的辩证法。

真理具有绝对性,因而可以称之为"绝对真理"。真理的绝对性有两个方面的含义:第一,任何真理都是对客观事物及其规律的正确反映,都包含着不以人的意志为转移的客观内容,这是无条件的、绝对的。实际上承认了真理的客观性也就是承认了真理的绝对性。第二,每一个真理性认识的获得,都是向无限发展着的客观世界的接近,这也是无条件的、绝对的。人类认识按其本性来说,是能够正确认识无限发展的客观世界的。虽然人们不可能一下子完全认识世界,但可以一步一步地接近。每一个真理都使人的认识向物质世界接近一步。在这个意义上,承认了世界的可知性,也就是承认了真理的绝对性。

真理又具有相对性,因而也可以称之为"相对真理"。真理的相对性有两方面的含义:第一,从广度上看,任何真理只能是对无限发展的客观世界的某些部分、某些方面的正确反映,认识有待于扩展。任何真理在广度上都是有限的,无限发展着的客观世界总还有许多领域和事物没有被认识。承认世界上还有未被认识的东西,承认真理性的认识有待于扩展,也就是承认了真理的相对性。第二,从深度上看,任何真理都是对世界的某些方面一定程度、一定层次近似正确的反映,认识有待于深化。就是说,真理作为对世界的某些方面、某些特定事物的正确认识,在深度上是有限的。承认真理的近似性,承认真理性认识有待于深化,也就是承认了真理的相对性。

同时需要说明的是,绝对真理和相对真理并非两种不同的真理,而是同一真理的两种不同属性和方面,它们之间是对立统一的关系。首先,绝对真理和相对真理是相互联结、相互渗透的。一方面,相对之中有绝对,任何相对真理中都包含着绝对真理的颗粒。另一方面,绝对寓于相对之中,绝对真理通过相对真理表现出来,无数相对真理的总和构成绝对真理。其次,相对真理是向绝对真理转化的,真理是一个由相对真理向绝对真理转化的发展过程,每一个真理都是这个转化过程中的一个环节。每一个真理都是相对真理,都是对事物及其规律近似正确的反映,因而是需要不断发展的。而每一个相对真理又包含着绝对真理的颗粒,因此,真理发展的过程就是不断接近无限发展着的客观世界的过程。这个过程就是真理由相对走向绝对的过程,每一个真理都是这个过程的一个环节。人们对真理的认识像登山运动员登山一样,每登高一步,就接近顶峰一步。与登山不同的是,人们永远不可能达到真理的顶峰。因为客观世界的发展是无限的,人们认识的发展也是无限的,人们只能不断地接近无限发展的客观世界,永远不会穷尽它。

真理是绝对性和相对性的统一,如果割裂两方面的统一,就会陷入形而上学的绝对主义真理观或相对主义真理观。绝对主义真理观片面夸大真理的绝对性,否认真理的相对性,否认真理是一个发展过程。它把人们在一定历史条件下达到的有限的、近似正确的认识凝固化,使之变成僵死的教条。中国革命历史上的教条主义者把马克思主义真理绝对化,把不断发展着的马克思主义看成绝对不变的教条,当成一种现成的公式,到处生搬硬套,结果导致在实践中失败,危害了革命事业。相对主义真理观片面夸大真理的相对性,否认真理的绝对性,从而否认了客观真理的存在。这样,就把真理的相对性夸大为主观随意性,抹杀了真理和谬误的界限,陷入诡辩论。比如,相对主义真理观认为,既然科学史上总是新理论不断代替旧理论,那么真理只能是相对的,并不存在绝对性。实际上,科学史上新理论不断代替旧理论的过程,是真理不断发展的过程,决不是对真理绝对性的否定。爱因斯坦的相对论代替了牛顿的经典物理学,是物理学的发展,并不是说牛顿的经典物理学中不包含任何具有客观性、绝对性的真理。

把握真理的绝对性和相对性统一的原理,对于我们正确理解和对待马克思主义有重要意义。马克思主义是科学真理,它也是绝对性和相对性的统一。它正确地反映了自然、社会和思维发展的普遍规律,是经过150多年的实践证实了的真理,因而它有绝对性的一面。但是,马克思主义并没有穷尽一切事物及其规律,仍然需要随着社会实践的发展而发展,它又具有相对性的一面。正因为马克思主义真理具有绝对性,所以我们必须坚持以马克思主义作为我们的指导思想;又因为它具有相对性,所以我们又必须在实践中丰富它、发展它。既坚持又发展,才是对待马克思主义的正确态度。只有坚持,才能发展;只有发展,才是真正的坚持。要坚持和发展马克思主义,必须反对两种错误倾向:一要反对把马克思主义当成僵死不变的教条的教条主义;二要反对认为马克思主义已经"过时"、否认它的真理性和指导作用的倾向。

四　实践是检验真理的惟一标准

1．只有实践能够充当检验真理的标准

一个认识是否符合客观事物及其规律,是不是真理,靠什么鉴别呢?标准是什么呢?过去的哲学家提供的思路,有的把真理的标准主观化,把它归结为精神性的东西,比如"以圣人之言定是非"、"以吾心是非为是非"、"以多数人是否承认定是非"等等;有的干脆说没有真理标准,主张"此亦一是非,彼亦一是非",导致真理标准上的虚无主义;也有的哲学家承认人的认识是主观对客观的反映,因而一般来说,它们都主张真理的标准是客观的,在真理标准问题上也做过一些有益的探讨。比如,法国百科全书派的领袖狄德罗认为:"我们有三种主要方法:对自然的观察、思考和实验。观察搜集事实;思考把它们组合起来;实验则证实组合的结果。"[39]人们要想证实思考的结果,"除了实验以外,没有别的办法可以识别错误。"[40]德国古典哲学中唯物主义的代表费尔巴哈还说过:"唯心主义的根本错误就在于:它只是从理论的角度提出并解决世界的客观性和主观性的问题现实性和非现实性的问题"[41],却不懂得"理论所不能解决的那些疑难,实践会给你解决。"[42]在这里,他提出了实践的客观标准问题,并认为,生活实践是对唯心主义的有力驳斥,对唯物主义的有力证明。但总的说来,旧唯物主义者不了解认识对实践的依赖关系,只是机械地从客体的或者直观的形式去理解、把握客观事物本身,把真理和检验真理的标准混为一谈,最终也没有真正科学地解决检验真理标准问题。

马克思主义哲学把科学的实践观点引入认识论,才正确地解决了检验真理的标准问题,彻底地证伪了唯心论、怀疑论和不可知论,并克服了旧唯物论的局限性。早在1845年,马克思在《关于费尔巴哈的提纲》中就指出:"人的思维是否具有客观的[gegenstandliche]真理性,这不是一个理论的问题,而是一个**实践的**问题。人应该在实践中证明自己思维的真理性,即自己思维的现实性和力量,自己思维的此岸性。关于思维——离开实践的思维——的现实性或非现实性的争论,是一个纯粹**经院哲学**的问题。"[43]以后,马克思、恩格斯、列宁和毛泽东都反复强调和进一步发挥了这个思想。毛泽东在《实践论》中也明确指出:"判定认识或理论之是否真理,不是依主观上觉得如何而定,而是依客观上社会实践的结果如何而定。真理的标准只能是社会的实践。"[44]。

之所以只有社会实践才能成为检验真理的标准,是由真理的本性和实践的特点决定的。

所谓真理就是客观事物及其规律在人的意识里的正确反映,就是主观同客观相符合的认识。那么怎么判断主观同客观是否相符合以及符合的程度呢?首先,认识本身不能自我鉴定,自己不能成为检验自己的标准。因为认识还是观念形态的东西,认识的正确与否,不能凭主观上觉得如何而定。这个问题在主观认识范围内是无法解决的。其次,客观实际本身也不会开口讲话,站出来指明某种认识与它是否相符合以及符合的程度,从而对认识进行检验。所以,主观认识和客观实际都不能成为检验真理的标准,只有社会实践才能成为检验的标准。这是由实践的特点所决定。

第一,实践是联结主观和客观的桥梁。要检验认识,必须使主观和客观实际联系起来,不联系起来就无法检验。实践是"主观见之于客观"的东西,恰恰能把主客观联系起来。一方面,实践是人们有意识有目的的活动,是能动的活动,同人的主观世界联系着;另一方面,它又是现实的客观物质活动,同客观世界直接联系着。实践是沟通主观同客观的桥梁,在联系中才有可能把主观和客观两者加以比较。

第二,实践具有直接现实性,能使主观与客观进行比较。物质世界有一个按着它自身固有规律不断发展的客观过程,物质的过程只有靠物质的力量来改变、来推动,而认识作为观念形态的东西,单靠它本身不能与物质运动直接发生关系,不能和物质运动规律加以比较。实践是主观见之于客观的东西,具有直接现实性的特点,是一种物质力量。它能通过一系列的物质手段,作用于客观世界,引起客观世界的某种变化,给人们提供改造自然、改造社会的现实成果。在这种作用中,就能使指导实践的认识与客观规律加以比较,从而使认识得到检验。一般说来,如果一种认识,当它指导了实践,达到了预期的目的,就证明了主观符合客观,这个认识就是正确的;如果认识指导了实践,没有达到预期的目的,就表明主观不符合客观,认识是错误的。总之,通过实践,就能用事实表明主观认识与客观实际是相统一还是相分离,从而使认识得到检验。

2. 实践标准的绝对性和相对性、确定性和不确定性

对于实践标准必须作辩证的理解,即实践作为检验真理的标准既是绝对的、确定的,又是相对的、不确定的。

实践标准的绝对性和相对性,也就是列宁在《唯物主义和经验批判主义》中讲的"确定性"和"不确定性"。所谓实践标准的绝对性是指:实践对认识的检验是客观的、科学的和不可动摇的,具有确定性和无条件性。主要表

现在:第一,从现实的角度看,实践是检验认识的惟一标准,此外再无第二个标准。在一定条件下,凡是经过实践证实的一切认识都是客观真理,都具有不可推翻的性质;凡是经不起实践检验的被实践所否定的认识都是谬误。第二,从发展的角度看,随着实践的发展,一切尚未检验的认识,一定会受到实践的检验,是真理终究会被实践所证实,是谬误终究会被实践所否定。由于实践对认识的检验具有确定性或绝对性,所以人们不仅能够通过实践发现真理,而且能够通过实践证实真理。

所谓实践标准的相对性,是指实践标准的不确定性和有条件性。主要表现在:第一,从现实角度看,由于实践总是具体的、有限的,它对于认识检验的广度、深度和精确度都是有限的。它不能完全地证实或驳倒现有的一切理论、观点。人们的实践活动都是在一定的具体条件下进行的,因而总是受到这个条件下的生产水平、科技水平的限制,也要受到客观事物发展程度的限制。因此,具体实践无论在广度上和深度上都有局限性,只能相对地检验认识的真理性。它们能在一定程度上证实或驳倒的,只是在一定历史条件下产生的某些理论、观点和学说。第二,从发展的角度看,实践本身是发展的,因而实践对认识的检验常常不是一次完成的,而要有一个反复的过程。有些理论、观点和学说虽然暂时还没被证实,不等于就没有真理性,它会随着实践的发展逐渐被证实。

由于实践对认识的检验具有不确定性和相对性,因此,也不能把经过实践证实的理论凝固化、绝对化。人们不仅要通过实践证实真理,而且要通过实践发展真理。

3. 实践检验与逻辑证明

必须指出的是,把实践作为检验真理的惟一标准,并不排斥逻辑证明的重要作用。实践检验与逻辑证明二者是相辅相成的。离开实践检验夸大逻辑证明的作用,就会离开唯物主义;然而,完全抛开逻辑证明讲实践检验,在实践中也行不通。

所谓逻辑证明,是一种在认识过程中运用正确的概念和判断进行推理,从理论上论证和确定另一个新判断是否正确的逻辑方法。它对于明辨是非、论证真理、探索真理和宣传真理都是十分必要的。逻辑证明既是正确思维的必要条件,也是建立科学理论体系的重要方法。逻辑的推理和证明作为实践检验的必要补充主要表现在:

第一,检验理论的某个实践总是具体的、特殊的,而被实践检验的理论相对讲是抽象的、普遍的。因此,必须借助于逻辑证明进行理论分析,把实践经验由特殊提高到普遍,才能辅助实践检验。在理论和实践相结合的过程中,不论是把理论运用于实践引出一定的客观效果,还是把这种客观效果和被证明的理论相对照,都存在个别和一般、特殊和普遍、具体和抽象的关系问题。因此必须借助于使用从个别到一般的归纳法和从一般到个别的演绎法以及其他的逻辑方法,才能实现通过实践检验真理。

第二,逻辑证明是实践检验的先导。每当人们提出一项工作计划、医疗方案和工程设计之后,常常不是立即付诸实践,而是先进行逻辑证明,对其可行性进行论证。如果在逻辑证明中不能成立,就要修改计划、方案、设计。逻辑证明在一定的范围内能对某种认识是否正确起到断定作用。例如,有人要制造一台永动机,不用实践就可以根据能量守恒和转化定律,利用逻辑推理断定他是要失败的。

第三,有些理论要借助逻辑推理来证明,而不能单靠人们的有限实践直接来证明。我们说科学理论要经受检验,并不等于说所有的定律、定理都可以从实践直接得到证明,特别是处于知识层次比较高,普遍性、概括性大的学科的命题更是如此。例如,数学上的有些公式的正确性只能靠它们在力学、物理学和其他学科中的应用来间接检验。哲学上的有些普遍性命题也不能直接由有限的物质生产或科学实验去检验,而要靠全部的人类认识史(包括科学史)去证明。实践中常有这种情形:成千上万的肯定性事例未见得能直接证实一个普遍性命题,而实践中个别的否定性事例有可能推翻一个普遍性命题。那么如此说来,是不是没有被实践直接证实的普遍命题就不能成立了呢?不是的,而是要靠逻辑证明来补充。对哥德巴赫猜想之类数学命题的证明是如此,对时空无限性等哲学命题的证明也是如此。

然而,逻辑证明的根本特点在于它是一种主观的理性思维方式,它可以在主观认识范围内对一种认识的可靠性进行逻辑论证。它不但不能代替实践对认识的检验作用,而且也不能脱离实践检验而单独论证认识的真理性。它归根结底必须依赖于实践检验。这表现在:

首先,逻辑证明的前提必须正确,前提错了,不可能推导出正确的结论。而正确的逻辑前提是人们从长期的社会实践中总结出来的,并且这些前提还要在实践中不断加以检验。例如,欧几里得几何学上的公理,被人认为是不证自明的,一直被当作逻辑推理的前提。但是,这些公理并非真的不证自明,而是通过人们的无数次实践活动总结出来的,是被实践证明了的。而且,这些公理严格来说也不是一成不变的,由黎曼和罗巴切夫斯基所创立的非欧几何,就得出了一系列与欧几里得几何学根本不同的结论。

其次,逻辑推理和证明必须遵循和运用正确的逻辑规则,如果违背逻辑规则,必然陷入逻辑,作出错误判断。而正确的逻辑规律、规则和方法,也是人们在长期的社会实践中形成并不断发展完善的。列宁说:"人的实践经过亿万次的重复,在人的意识中以逻辑的式固定下来。这些式正是(而且只是)由于亿万次的重复才有着先入之见的巩固性和公理的性质。"[45]形式逻辑的基本规律,如同一律、矛盾律、排中律等,都是人们在实践的基础上对于客观事物的相对静止以及不同事物之间的确定界限的反映。逻辑证明的方法,如演绎法、归纳法等,也是在实践中形成和发展的。

最后,人们从正确的逻辑前提出发,遵循科学的逻辑规则进行推导,一般说来结论应该是正确的。但是,这样的结论,仍然需要回到实践中去检验。这是因为,由于人们实践水平的限制,往往不能保证推理的前提百分之百正确;或者由于思维能力的限制,在逻辑证明的过程中还可能在推理的某个环节上发生错误。这些都可能使推理的结论不一定正确,这就要由实践检验作最后裁决。

总之,从逻辑推理的前提、过程到结论,每一步骤都要注意和实践相结合,用实践来检验。离开了实践检验做后盾,逻辑上的推理和证明也就没有"根基"了。所以,归根结底实践是检验真理的惟一标准。

注　释

〔1〕《列宁选集》第 2 卷,人民出版社 1995 年版,第 107 页。
〔2〕转引自《列宁全集》第 55 卷,人民出版社 1990 年版,第 46 页。
〔3〕《马克思恩格斯选集》第 4 卷,人民出版社 1995 年版,第 341 页。
〔4〕《马克思恩格斯选集》第 3 卷,人民出版社 1995 年版,第 427 页。
〔5〕《毛泽东选集》第 1 卷,人民出版社 1991 年版,第 284 页。
〔6〕《毛泽东选集》第 1 卷,人民出版社 1991 年版,第 287—288 页。
〔7〕《马克思恩格斯选集》第 4 卷,人民出版社 1995 年版,第 732 页。
〔8〕《马克思恩格斯选集》第 4 卷,人民出版社 1995 年版,第 329 页。
〔9〕《列宁选集》第 2 卷,人民出版社 1995 年版,第 89 页。
〔10〕《列宁全集》第 55 卷,人民出版社 1990 年版,第 165 页。
〔11〕《马克思恩格斯全集》第 42 卷,人民出版社 1979 年版,第 167 页。
〔12〕《列宁全集》第 55 卷,人民出版社 1990 年版,第 172 页。
〔13〕《马克思恩格斯全集》第 42 卷,人民出版社 1979 年版,第 126 页。
〔14〕《列宁全集》第 25 卷,人民出版社 1988 年版,第 117 页。
〔15〕《列宁全集》第 55 卷,人民出版社 1990 年版,第 142 页。

〔16〕《马克思恩格斯全集》第 23 卷,人民出版社 1972 年版,第 366 页。
〔17〕《马克思恩格斯全集》第 42 卷,人民出版社 1979 年版,第 92 页。
〔18〕《马克思恩格斯全集》第 42 卷,人民出版社 1979 年版,第 58 页。
〔19〕《马克思恩格斯全集》第 23 卷,人民出版社 1972 年版,第 56—57 页。
〔20〕《马克思恩格斯全集》第 6 卷,人民出版社 1961 年版,第 487 页。
〔21〕《马克思恩格斯全集》第 42 卷,人民出版社 1979 年版,第 167 页。
〔22〕《毛泽东选集》第 1 卷,人民出版社 1991 年版,第 312 页。
〔23〕《列宁全集》第 55 卷,人民出版社 1990 年版,第 142 页。
〔24〕《毛泽东选集》第 1 卷,人民出版社 1991 年版,第 296 页。
〔25〕《毛泽东选集》第 1 卷,人民出版社 1991 年版,第 286 页。
〔26〕《毛泽东选集》第 1 卷,人民出版社 1991 年版,第 290 页。
〔27〕《毛泽东选集》第 1 卷,人民出版社 1991 年版,第 290 页。
〔28〕《毛泽东选集》第 1 卷,人民出版社 1991 年版,第 291 页。
〔29〕《马克思恩格斯选集》第 1 卷,人民出版社 1995 年版,第 61 页。
〔30〕《毛泽东选集》第 1 卷,人民出版社 1991 年版,第 292 页。
〔31〕《毛泽东选集》第 1 卷,人民出版社 1991 年版,第 295 页。
〔32〕《毛泽东选集》第 3 卷,人民出版社 1991 年版,第 899 页。
〔33〕《毛泽东选集》第 1 卷,人民出版社 1991 年版,第 296 页。
〔34〕亚里士多德:《形而上学》,商务印书馆 1958 年版,第 186 页。
〔35〕参见[美]托马克.E.希尔:《现代知识论》,中国人民大出版社 1989 年版,第 383 页。
〔36〕《列宁选集》第 2 卷,人民出版社 1995 年版,第 89—90 页。
〔37〕转引自《第十六届世界哲学会议论文集》,中国社会科学出版社 1984 年版,第 120 页。
〔38〕《列宁全集》第 55 卷,人民出版社 1990 年版,第 166 页。
〔39〕《18 世纪法国哲学》,商务印书馆 1962 年版,第 327 页。
〔40〕《18 世纪法国哲学》,商务印书馆 1962 年版,第 408 页。
〔41〕转引自《列宁选集》第 2 卷,人民出版社 1995 年版,第 102 页。
〔42〕《费尔巴哈哲学著作选集》上卷,商务印书馆 1984 年版,第 248 页。
〔43〕《马克思恩格斯选集》第 1 卷,人民出版社 1995 年版,第 55 页。
〔44〕《毛泽东选集》第 1 卷,人民出版社 1991 年版,第 284 页。
〔45〕《列宁全集》第 55 卷,人民出版社 1990 年版,第 186 页。

第五章
社会结构

人类社会是一个巨系统,包括许多要素,各要素之间有着复杂的联系。社会结构就是指组成人类社会的要素及其联系和关系。社会结构概念就是从静态角度研究人类社会各要素之间的联系和关系。可以根据研究社会的本质及其发展规律的实际需要,从不同角度划分和研究社会结构。本书重点从构成人类社会的经济领域、政治领域和意识领域这三大领域,研究社会的基本结构,即社会的经济结构、社会的政治结构和社会的意识结构;同时,从构成人群共同体的历史形式方面,简要介绍家庭、氏族和部落、民族等问题。

第一节 社会存在和社会的经济结构

一 社会物质生活条件

社会物质生活条件即社会存在,包括地理环境、人口因素和物质资料的生产方式。在第一章第二节已经讲述了地理环境及其在社会发展中的作用,这里只论述人口因素和物质资料的生产方式及其在社会发展中的作用。

1. 人口因素在社会发展中的作用

所谓人口,是一个包括人口数量、质量、构成、人口的发展、人口分布和迁移、人口的自然变动和社会变动等各种因素的综合范畴。

(1)人口生产的特点

与物质生产相比,人口生产具有自身的特点,主要表现在以下几个方面:

第一,人口生产的周期较长。人口生产的周期指一代人生育下一代人的间隔时间。这个周期最短也要十五六年,因为妇女的生育年龄一般说来最小是从十五六岁开始的。随着社会经济、文化的发展,人们的婚龄和育龄有推迟的趋势,这就使人口生产的周期进一步延长。目前世界上大多数国家,人口生产周期在20年以上。相对于人口生产周期,物质生产的周期要短得多。物质生产的周期是指从一个生产过程结束到下一个生产过程完成所需要的时间。不同的物质产品有不同的生产周期,农产品一般是一年收获一次,大多数工业品生产周期更短。随着科学技术进步和劳动生产率的提高,物质生产的周期呈现出缩短的趋势。

第二,人口生产的形式与物质生产的形式不同。人口生产是通过男女结成一定的婚姻关系、组成家庭进行的。在历史上,人类的婚姻和家庭形式不断改变,但人口生产始终是在家庭范围内进行的。物质生产则只是在其一定发展阶段上才以家庭为单位进行。在原始社会,由于生产力低下,必须集体劳动,人们结成一定的人群共同体从事生产。在机器大工业以来,则主要以工厂、农场、矿山、企业为单位进行生产。在生产过程中,人们结成一定的社会生产关系,这种生产关系与婚姻家庭关系是不同的。

第三,人口生产的结果与物质生产的结果不同。人口生产是为了人类世代延续所进行的生产,生育后代是人口生产的必要环节。而物质生产的结果是生产出为满足人们的物质需要的物质产品。

第四,人口生产具有较强的惯性。人口生产的惯性表现为,凡是长期不断增长的人口,都有一种继续增长的趋势;反之,长期不断缩减的人口,具有一种继续缩减的趋势。这种惯性使人口生产具有重复性和渐进性。一个时期出现生育高峰或低峰,过二十几年以后,必定相应地出现另一个生育高峰或低峰。无论是生育高峰还是生育低峰,其形成或改变都是渐进的,不能要高马上高,要低马上低。相比较而言,物质资料的生产则较少惯性,既可以较快地使某些产品的数量增加,也可以较快地使某些产品的产量减少。

(2)人口因素对社会发展的影响

人口因素是社会物质生活的必要条件之一,对社会的发展起着制约和影响作用。主要表现在以下几个方面:

第一,一定数量的人口是社会物质生产的必要前提。没有物质生产,社会就不能存在和发展,而人口是物质生产的自然基础。没有一定数量的最低限度的人口,就不可能有物质生产,当然也就没有人类社会的存在和发展。这一点在原始社会表现得最为明显。在原始社会,人类和自然抗争的能力十分低下。在这种情况下,人类要生存下去,就必须以群体的联合力量和集体行动来弥补个体劳动能力和自卫能力的不足,所以必须在一定数量人口的基础上,才能进行社会的物质生产,才能形成人类社会。

第二,人口状况能够加速或延缓社会的发展。在社会发展的不同时期,人口数量、质量、密度、构成和增长速度上的差异,对物质生产和社会发展有不同的影响。在生产力比较低下的情况下,生产的发展主要依靠劳动力的增加。因此,这时人口生产能否提供足够数量和密度的人口充作劳动力,就对物质生产的发展、从而对整个社会的发展具有重要的制约作用。在人类历史上曾经出现过这样的时期,在人口数量多、密度大的地区,物质生产和科学文化的发展较快,社会较为繁荣;而在地广人稀、劳动力不足的地区,物质生产和科学文化的发展较慢,社会不够繁荣。随着生产力的发展和科学技术的进步,物质生产水平的提高主要依靠科学技术进步来提高劳动生产率,这时对人口数量的需求就相对减少,因而要求对人口增长的速度适当加以限制。如果人口数量过多、密度过高、增长过快,就会在衣、食、住、行、教育、卫生各方面压迫生产力,影响积累以及物质生产发展的规模和速度,给社会造成沉重的负担。另一方面,随着生产力的发展和科学技术水平的提高,对人口质量的需求越来越高,因而优生优育,不断改善、优化人口的职业构成、教育构成、技术熟练程度的构成以及年龄构成、性别构成等,越来越成为生产发展和社会进步中起重要作用的因素。由此可见,既不能抽象地说人口数量越多、密度越大、增长越快越好,也不能反过来说人口数量越少、密度越小、增长越慢越好。只有与物质生产相适应的人口状况,才最有利于促进社会的发展。

(3)人口因素在社会发展中的作用的性质

人口因素对社会发展具有制约和影响作用,有时甚至起非常重要的作用,但人口因素不能决定社会制度的性质和社会制度的更替。

第一,人口因素不能决定社会制度的性质。因为人口状况,即人口数量、质量、密度、构成、增长速度等,与社会制度的性质没有本质的、必然的联系。例如人口状况相同的国家,社会制度的性质可能是不同的;人口状况不同的国家,社会制度的性质又可能是相同的。再如,我们既不能说人口数量多、密度大、增长快的国家社会制度必定先进(或落后),也不能说人口数量少、密度小、增长慢的国家,社会制度必定落后(或先进)。决定社会制度性质的是物质资料的生产方式的性质。

第二,人口因素不能决定社会制度的更替。这是因为,社会制度的更替是由生产力与生产关系、经济基础与上层建筑之间的矛盾造成的。在阶级社会里,则与阶级斗争直接相关。当生产关系阻碍生产力发展时,革命阶级就要起来革命,推翻旧的社会制度,建立新的社会制度,而人口状况的变化,不会也不可能引起社会制度的更替。在人类历史上,各种人口状况的国家,都曾多次发生过社会制度的更替;人口状况发生重大变化、社会制度却没有发生变化,或者人口状况没有发生明显变化、社会制度却发生了根本变化的情况,也是屡见不鲜的。

第三,人口因素只有通过物质生产才能对社会发展发生影响。因为人口生产受物质生产制约,物质生产从根本上决定了人口生产的发展方向和基本趋势。

首先,生产力的发展水平制约着人口的数量、质量、密度、构成和增长速度。人口生产决定于物质生产的需要,归根结底取决于物质生产力的发展对劳动力的需求。生产资料、特别是生产工具的性质决定了人口的状况。当物质生产以手工工具和体力劳动为主时,客观上要求人口数量增加;当物质生产的发展主要依靠科学技术进步提高劳动生产率时,客观上对人口的数量要求降低,对人口的质量要求提高。物质生产的发展水平、发展规模、发展速度,制约着人口生产的方向、规模和速度。

其次,物质资料的生产方式决定人口生产的社会形式,即婚姻家庭形式。人类的婚姻家庭形式,在历史上大致经历了由群婚制(包括血缘家庭和普那路亚家庭)到对偶婚制再到一夫一妻制三种基本形式。每一种形式都是同一定的生产方式相适应的。大体说来,群婚制与蒙昧时代的生产方式相适应;对偶婚制与野蛮时代的生产方式相适应;一夫一妻制与文明时代的生产方式相适应。在进入一夫一妻制以后,家庭的规模经历从大到小、家庭的职能经历从繁到简的发展过程。在个体小生产时代,家庭一般同时又是生产单位;在进入社会化大生产以后,家庭的生产职能逐渐减弱以至消失。这些也都是生产方式的变化引起的。

(4)我国人口问题的迫切性

我国的人口问题是现代化建设中一个十分严重的问题。突出地表现为人口数量多,在一段时间内增长速度快,人口生产与物质生产比例严重失调,从而导致了人口生产与经济建设之间的尖锐矛盾,并且带来了一系列社会问题。具体表现在以下几个方面:

第一,每年增加的大量劳动力适龄人口与国民经济发展提供的就业机会之间存在着尖锐的矛盾。在20世纪50年代,我国每年新增加1300万就业人口,除工业部门安置100万人就业外,其余1200万人安置在农村。进入80年代,每年要安排的就业人口达2000—2600万之间,这个数字比所有发达国家一年新增加劳动力的总和还要多。要缓解这个矛盾,需要相当长的时间。在目前的经济条件下,安排这么多人就业,势必影响技术装备的改善和劳动生产率的提高。随着科学技术的进步和机械化、自动化水平的提高,必然使劳动力的供需矛盾更加尖锐。

第二,人口增加与消费品增长之间也存在着尖锐矛盾。由于我国消费结构中,吃饭占的比重较大,因此,这个矛盾突出地表现为人口增长与农业生产之间的矛盾。1949年建国以来,我国农业生产发展速度总的说来是比较快的,1979年我国农业总产值比1952年增长了227.27%。但是由于这段时间人口增长太快,造成按人口计算的平均农产品消费量没有显著提高,甚至有些农产品还有所减少。农业生产由于受气候影响较大,很难逐年稳定增长,而人口却在持续增长,这就更加剧了人口增长对农业的压力。由于粮食不足,我国已从20世纪50年代的粮食净出口国变为粮食净进口国。此外,人口膨胀对工业、交通、住房以及其他消费品的生产也构成了巨大压力。

第三,人口增长与全民族科学文化素质的提高之间也存在着尖锐的矛盾。新中国成立以来,我国科学、文化、教育事业有了很大发展,但由于人口增长太快,使得这方面的总体水平仍然相当落后,远远不能适应国家经济发展的需要。目前我国青壮年中,还有一亿多人是文盲和半文盲,工农业劳动者的平均文化水平很低。还有一部分学龄儿童不能入学,不能升入初中和高中的学生的比例很高,高中毕业生能上大学的所占比例就更小。我国的科学文化教育水平与发达国家存在很大差距,甚至落后于一些发展中国家。除此之外,教育事业在经费、师资、教室、实验设备等方面遇到的困难,无一不和人口过多、增长过快有直接或间接的联系。

第四,人口增长过快,加重了国家、集体和家庭的负担,拖了经济建设的后腿。据统计,我国从1949年新中国成立到1981年,新出生人口达6.8亿,需要支付托育费(至16岁)15000亿元人民币,约占累计国民收入总和的1/3。这样,必然影响到积累,并极大地限制了人民生活水平的提高。

我国人口生产和物质生产比例失调的原因是多方面的。一方面与我国接受旧中国严重的人口包袱有关,另一方面是由于新中国成立后人民生活水平改善,社会福利增加,医药卫生事业普及,社会稳定,使得人口平均寿命延长,致使人口由高出生率、高死亡率、低增长率型转变为高出生率、低死亡率、高增长率型。此外,还与我们指导思想上的错误与工作中的失误有重要关系。早在20世纪50年代初期和中期,著名经济学家马寅初、王亚南先生就敏锐地洞察到中国"人口多,资金少"这一矛盾,预见到如果对人口增长不加以控制,这个矛盾将成为社会主义现代化建设的严重障碍。这个观点已被实践证明是正确的。但在当时以及以后的一段时间内,没有被采纳,党和政府没有及时采取有效措施抑制人口的迅速增长。这个教训是十分深刻的。只有认真汲取教训,充分估计到我国人口问题的严重性,坚持正确的政策和采取切实可行的措施,才能解决好我国的人口问题。我们既要看到我国人口问题的严重性,又要对我国人口问题的解决充满信心。

2. 生产方式在社会发展中的作用

地理环境和人口因素是社会物质生活的必要条件,对社会发展起制约和影响作用,但它们不是社会发展的主要的决定力量,在社会发展中起决定作用的是物质资料的生产方式。这是历史唯物主义一条极为重要的基本原理,马克思、恩格斯反复强调这个原理。马克思在《〈政治经济学批判〉序言》中说:"物质生活的生产方式制约着整个社会生活、政治生活和精神生活的过程。"[1]恩格斯在评价马克思这句话时指出:"这个原理,不仅对于经济学,而且对于一切历史科学(凡不是自然科学的科学都是历史科学)都是一个具有革命意义的发现:'物质生活的生产方式制约着整个社会生活、政治生活和精神生活的过程',在历史上出现的一切社会关系和国家关系,一切宗教制度和法律制度,一切理论观点,只有理解了每一个与之相适应的时代的物质生活条件,并且从这些物质条件中被引申出来的时候,才能理解。"[2]恩格斯在《社会主义从空想到科学的发展》1892年英文版导言中说:我用"'历史唯物主义'这个名词来表达一种关于历史过程的观点","这种观点认为一切重要历史事件的终极原因和伟大动力是社会的经济发展,是生产方式和交换方式的改变,是由此产生的社会之划分为不同的阶级,是这些阶级彼此之间的斗争。"[3]

生产方式是人类借以向自然界谋取必需的生活资料的方式,包括生产力和生产关系两个方面,是特定的生产力和特定的生产关系的统一。生产方式在社会发展中的决定作用,主要表现在以下几个方面:

第一,生产方式或生产活动,是人类从动物界分离出来的根本动力和人类区别于动物界的根本标志。劳动创造了人本身。人类与动物界的根本区别,如制造和使工具的本领、社会关系、自觉能动性、抽象思维和语言等,都是在生产劳动中形成的。可以说生产劳动在何时何地开始,人类和人类社会就在何时何地出现。

第二,生产方式或生产活动是人类和人类社会得以存在和发展的基础。人类要生存,就要解决吃、喝、住、穿的问题,为此就必须进行物质资料的生产活动。若停止生产,人类就不能生存,人类社会就要灭亡。人类要从事政治、司法、科学、艺术、宗教等活动,也必须首先解决吃、喝、住、穿问题,所以生产活动又是从事其他各种社会活动的基础。

第三,生产活动是形成人类一切社会关系的基础。生产活动不仅创造了人类生存的物质资料,而且创造了人与人之间的生产关系。在生产关系的基础上,又形成了人们之间的政治关系和思想关系等其他社会关系,从而形成了整个人类社会。

第四,生产方式决定社会制度的性质和社会制度的更替。有什么性质的生产方式,就有什么性质的社会制度。一种生产方式被另一种生产方式所代替,就意味着旧的社会制度被新的社会制度所代替。

历史唯物主义在生产劳动的发展史中找到了理解全部人类历史的钥匙。由于历史唯物主义揭示了物质生产活动在社会发展中的意义,从生产劳动的观点出发来考察和理解人类社会发展的历史,就客观地、全面地揭示了人类社会的辩证过程及其规律性。生产劳动概念以萌芽的形式包含着历史唯物主义的全部概念和概念之间的关系,整个历史唯物主义理论体系,可以说就是生产劳动概念的逐步展开。

二 社会的经济结构

在马克思主义的历史观和经济学说中,经济结构这个概念有广义的和狭义的两种界说。广义的经济结构是指生产方式的结构,包括生产力结构和生产关系结构两个方面;狭义的经济结构,或者单指生产力结构,或者单指生产关系结构。马克思在《〈政治经济学批判〉序言》中说:"生产关系的总和构成社会的经济结构"[4],这是指狭义的经济结构。马克思在《资本论》第3卷中说:"生产的承担者对自然的关系以及他们互相之间的关系,他们借以进行生产的各种关系的总和,就是从社会经济结构方面来看的社会。"[5]"生产的承担者对自然的关系"即生产力;生产的承担者"互相之间的关系"即生产关系。这两方面的"关系的总和",就是社会的经济结构,这是广义的经济结构。本章从广义上使用经济结构概念。下面分别介绍生产力结构和生产关系结构。

1. 生产力系统

生产力是人类利用自然、改造自然、从自然界获取物质资料的能力。生产力的要素或成分,按照一定的比例和形式结合起来,形成生产力的整体功能,就是生产力系统。生产力系统由独立的实体性因素、运筹性的综合因素、渗透性因素和准备性因素四类要素构成。

(1)独立的实体性因素。这是以物质实体的形式相对独立存在的因素,包括具有一定生产经验和劳动技能的劳动者、劳动资料和劳动对象。生产力中的劳动者,既包括体力劳动者,又包括物质生产领域的脑力劳动者。劳动者具有一定的生产经验和劳动技能。劳动者的生产经验和劳动技能,包括体力和智力两个方面。劳动者个体的体力和智力,在生产力发展的不同阶段,各自的地位和作用不同。就其发展的一般趋势而言,劳动者的智力因素所占比重日益增大。在体力劳动和脑力劳动分工以后,劳动者划分为体力劳动者和脑力劳动者。在资本主义机器大生产出现以后,物质生产领域的脑力劳动者,即科学技术人员和工程技术人员,也是生产劳动者。

劳动资料亦称劳动手段,是人们在生产劳动过程中用来改变或影响劳动对象的一切物质资料和物质条件。劳动资料包括十分复杂的内容。生产工具是劳动资料的主要内容,是生产力发展水平的主要标志。同时劳动资料还包括生产的运输设备、灌溉设备、仓储设备、包装设备、劳动对象的容器等。在现代化生产中,生产的动力系统、自动控制系统和信息传递系统,在劳动资料中占有重要地位。

劳动对象是劳动过程中被加工的东西。劳动对象分为两大类:一类是天然存在的劳动对象,如矿藏、原始森林、江河湖海里非人工养的鱼、空气等等;另一类是经过劳动加工的劳动对象,如做衣服用的布,织布用的棉纱,纺纱用的棉花,炼油厂用的原油,炼钢用的铁等等。经过劳动加工的劳动对象叫原料。

劳动资料和劳动对象的区分具有一定的相对性。一个物件在某一生产过程中是劳动资料,在另一生产过程中就可能成为劳动对象;还有些物件,在同一生产过程中,既是劳动资料,又是劳动对象。某一物件到底是劳动资料还是劳动对象,或者兼是二者,应该根据它在生产过程中所起的实际作用而定。例如,矿井里被开采的煤是劳动对象,而在工厂里用作能源和动力的煤,则属于劳动资料;土地在农业生产中,作为被加工的东西,它是劳动对象,作为劳动场所,则属于劳动资料。

劳动资料和劳动对象合称生产资料。

(2)运筹性的综合因素。这类因素既不是生产力的独立因素,也不是生产力所独有的因素,而是既涉及生产力系统,又涉及生产关系系统,甚至有的还涉及上层建筑系统乃至社会意识系统。这就是说,这类因素不仅属于生产力系统,而且还属于人类社会的某个或某几个其他子系统,因此把它称之为综合因素。这类因素的作用,在于通过对生产力系统的其他因素的选择、调动、处置、匹配等手段,在数量和比例上做到合理结合,从而形成生产力的整体功能。因此,我们又把它称之为运筹性因素。具体说来,运筹性的综合因素包括经济管理、分工协作、预测决策等。

(3)渗透性因素。这类因素与运筹性的综合因素有相同之处,它也不是生产力的独立因素和独有因素。同时,它与运筹性的综合因素又有区别,它在应用于现实的生产过程之前,并不形成现实的生产力,只有把它应用于现实的生产过程之中,渗透到生产力的其他各类因素中去,才能转化为现实的生产力。具体地说,这类因素主要指自然科学,包括基础科学、技术科学、应用科学等。

自然科学本身是关于自然界的现象、性质和发展规律的知识理论体系,是一种社会意识形式,一种精神现象,因而不是现实的物质生产力。但是,自然科学又是一种特殊的社会意识形式,它是对生产力发展水平的直接反映,是由生产力直接决定的,是人们认识自然、改造自然、从自然界获取必需的物质资料的一种精神力量。把它应用于现实的生产过程,它可以渗透到生产力系统的其他各个要素中去,转化为物质生产力,推动物质生产力的发展。

(4)准备性因素。这类因素与运筹性的综合因素和渗透性因素有共同之处,它也不是生产力的独立因素和独有因素。同时它又与前两类因素有所不同。准备性因素本身并不是生产力,它的作用在于为继承和发展生产力作准备。准备性因素主要指教育。教育从本质上说属于上层建筑,它的主要任务之一是向受教育者传授知识。这种知识包括两个方面的内容:一是自然科学知识,一是社会科学知识。通过向受教育者传授自然科学知识,可以培养、提高受教育者的生产经验和劳动技能,向社会输送生产建设方面的人才;通过向受教育者传授社会科学知识,使受教育者掌握一定的思想、理论以及管理社会的知识和技能,向社会输送各方面的管理人才。因此,教育在生产力的继承和发展中起着重要作用。正是在这个特定的意义上,我们把教育称为生产力系统的准备性因素。

我们没有把技术单独列为生产力的要素。这是因为技术表现为两个方面,一是生产的物质设备,即"硬件",属于劳动资料和劳动对象;二是人的生产经验和劳动技能,即"软件",属于劳动者范畴。技术已经包含在生产力系统的三个独立的实体性因素之中,所以没有必要再单独把它列出来。

2. 生产关系体系

生产关系是人们在物质资料生产过程中结成的经济关系。斯大林在

《苏联社会主义经济问题》一书中,明确规定了生产关系的内容。他指出:"政治经济学的对象是人们的生产关系,即经济关系。这里包括:(1)生产资料的所有制形式;(2)由此产生的各种社会集团在生产中的地位以及它们的相互关系,或如马克思所说的'互相交换其活动';(3)完全以它们为转移的产品分配形式。"[6]简单地说,生产关系包括生产资料的所有制形式、人们在生产中的地位及其相互关系(包括交换)和产品的分配方式三个方面的内容。这三项内容既不是互相孤立的,也不是彼此平行、不分主次的,而是互相制约、互相影响的,其中生产资料所有制形式起着决定作用,是整个生产关系的基础。生产资料所有制形式在生产关系体系中的决定作用,主要表现在以下几个方面:

第一,生产资料所有制形式是生产劳动得以进行的前提。要进行生产劳动,必须具备劳动者和生产资料两项因素,而且二者在彼此分离的情况下无法进行生产劳动,只有二者以一定的方式结合起来才能进行生产劳动。而劳动者与生产资料相结合的社会形式,就是生产资料所有制形式。原始公有制的、奴隶制的、封建制的、资本主义的和共产主义的生产资料所有制形式,就是劳动者和生产资料相结合的各种社会形式。

第二,生产资料所有制形式决定整个生产关系的性质。与历史上依次经历的五种生产资料所有制形式相适应,有五种不同性质的生产关系。它们可以分为两大类型:一类是以生产资料公有制为基础的生产关系,包括原始公有制的生产关系和共产主义公有制的生产关系;另一类是以生产资料私有制为基础的生产关系,包括奴隶制的生产关系、封建制的生产关系和资本主义的生产关系。除去这两种类型的生产关系之外,还有劳动者个人占有生产资料的小生产的生产关系。它不能成为独立形态的生产关系,而是依附于当时占统治地位的生产关系。

第三,生产资料所有制形式决定人们在生产中的地位及其相互关系。首先,生产资料所有制形式的类型,决定人们在生产中的地位和相互关系的性质。在生产资料公有制中,由于劳动者平等地共同占有生产资料,因而在生产劳动过程中人与人之间的关系是平等的。虽然有时还需要有专门从事管理的人员,但这些管理人员与其他社会成员之间的关系也是平等的。他们是群众推举出来的代表,是为群众服务、受群众监督的。在生产力高度发展和人们的科学文化技术水平普遍提高、绝大多数人都具有了管理能力时,全体成年社会成员将轮流参加管理,管理者和被管理者的划分将不再是固定的。在生产资料私有制中,由于生产资料掌握在少数剥削者手里,广大被剥削的劳动者没有或者只有很少的生产资料,因而生产的指挥权和管理权掌握在少数剥削者及其代理人手中,广大劳动者无权参加管理,被迫从事直接生产劳动。其次,同样是生产资料私有制,由于具体形式不同,人们在生产中的地位及其相互关系也具有不同的特点。在奴隶制的生产资料所有制形式中,奴隶主不仅占有全部生产资料,而且占有奴隶本身,奴隶是奴隶主的私有财产、会说话的工具。奴隶对奴隶主具有全人身依附关系,没有任何自由,奴隶主可以打骂、买卖、屠杀奴隶。在封建制的生产资料所有制形式下,封建主占有主要的生产资料——土地。农奴或农民只占有简单的生产工具,用自己的生产工具在封建主的土地上劳动,对封建主是一种半人身依附关系。在资本主义生产资料所有制形式下,资本家占有生产资料,工人只占有自己的劳动力,劳动力成了商品。工人必须把自己的劳动力出卖给资本家,才能在资本家的工厂或农场里劳动。

第四,生产资料所有制形式决定产品的分配方式。生产和生产资料的所有制形式,对产品的分配方式起决定作用。马克思指出:"分配的结构完全决定于生产的结构。分配本身是生产的产物,不仅就对象说是如此,而且就形式说也是如此。就对象说,能分配的只是生产的成果,就形式说,参与生产的一定方式决定分配的特殊形式,决定参与分配的形式。"[7]这说明,生产资料所有制形式不同,产品的分配方式也就不同。在原始的生产资料公有制形式下,由于社会成员平等占有生产资料并共同劳动,因而平均分配劳动产品,没有一部分人无偿占有另一部分人劳动的现象;在社会主义生产资料公有制下,实行"各尽所能,按劳分配"的原则;在共产主义生产资料公有制下,将实行"各尽所能,按需分配"的原则;在奴隶制的生产资料私有制形式下,奴隶劳动的产品全部归奴隶主,然后奴隶主从中拿出一小部分维持奴隶的生命;在封建制的生产资料私有制形式下,农奴或农民以贡赋或地租的形式,把劳动产品交给农奴主或地主,自己只能留下收获物的一小部分;在资本主义生产资料私有制形式下,资本家获得利润,即以利润的形式占有工人创造的剩余价值,工人只能获得维持其生活的工资。

第二节 国家政权和社会的政治结构

社会的政治结构,是指建立在经济结构之上的政治法律设施、政治法律制度及其相互关联的方式,包括政党、政权机构、军队、警察、法庭、监狱和关于政权的组织形式以及立法、司法、宪法的规程等。因为国家政权是社会的政治结构的核心,所以这里主要讲国家问题。

一　国家的起源

阶级的出现是国家形成的基础。原始社会没有阶级划分,也就没有国家。原始社会后期出现了阶级划分,就逐渐形成了国家。国家的形成是原始社会转变为阶级社会的重要标志之一。列宁指出:"国家这种强制人的特殊机构,只是在社会划分为阶级,即划分为这样一些集团,其中一些集团能够经常占有另一些集团的劳动的地方和时候,只有在人剥削人的地方,才产生出来的。"[8]为什么社会有了阶级划分就必然产生国家呢?

我们知道,历史上最先出现的阶级是奴隶主和奴隶。奴隶主占有全部生产资料,奴隶一无所有,而且连奴隶本身也是奴隶主的私有财产,可以被奴隶主随意鞭打、买卖或屠杀。奴隶主利用占有的生产资料,残酷地剥削奴隶,而奴隶不断用逃亡、暴动、起义等方式进行反抗,力图摆脱被剥削被压迫的地位。奴隶主和奴隶之间的这种矛盾是不可调和的。奴隶主阶级为了维护自己的经济利益,对奴隶进行剥削,只用经济手段是不够的,必须在政治上建立自己的统治地位,用强力使奴隶服从自己的剥削,并且借助于强力缓和奴隶主和奴隶之间的矛盾,维护奴隶主剥削、压迫奴隶的秩序,使奴隶主对奴隶的剥削和压迫合法化、固定化。特别是因为奴隶主是少数,奴隶是多数,奴隶主的少数如果不用强力和暴力,根本不能剥削、压迫奴隶的多数。比如,在古希腊雅典城邦的全盛时代,自由民的总数(包括妇女和儿童在内)只有9万人,而男女奴隶加在一起有36.5万人,另外还有被保护民(外地人和被释放的奴隶)4.5万人。每个成年的男性公民平均有18个奴隶和2个以上被保护民。而且自由民中只有一部分是奴隶主,另一部分是平民。平民也在不断分化为富人和穷人,富人成为奴隶主,穷人沦为奴隶。在这种情况下,奴隶主不用强力、暴力,就不能维护对奴隶的剥削和压迫。所以列宁说:"要强迫社会上的绝大多数人经常替另一部分人做工,就非有一种经常性的强制机构不可。"[9]奴隶主阶级所建立的这种经常性的强制机构,就是奴隶制的国家。由此可见,国家是阶级矛盾不可调和的产物和表现。在阶级矛盾客观上达到不可调和的地方、时候和程度,便产生国家。反过来说,国家的存在表明阶级矛盾的不可调和。

国家既然是从控制阶级对立的需要中、又是从阶级冲突中产生的,所以国家从来就不是代表全体国民的,它具有鲜明的阶级属性。从表面上看,国家似乎是整个社会的代表,似乎是凌驾于社会各阶级之上、调和阶级矛盾和阶级冲突的一种力量。事实上,只要阶级存在,阶级矛盾就是不可调和的,阶级间的冲突就是不可避免的。如果阶级矛盾是可以调和的话,国家就不会产生,更不会保持下去。国家对各个阶级不是一视同仁的,它是阶级统治的工具,是一个阶级压迫另一个阶级的机构。

二　国家的特征

国家与旧的氏族组织比较,具有两个显著特征。

第一,国家按地区划分居民,而氏族组织按血缘关系划分居民。我们知道,氏族组织分为氏族、胞族、部落、部落联盟等若干层次。氏族组织建立在血缘关系的基础上,氏族机关只能管理有血缘关系的人。在社会划分为阶级以后,就不能再按血缘关系划分居民了。首先,奴隶主和奴隶原来属于不同的氏族,没有血缘关系,现在必须居住在同一地区;其次,同一氏族或部落的成员也发生分化,富人成为奴隶主,穷人沦为奴隶,原来的氏族机关不能解决他们之间的矛盾;再次,由于生产的发展,交换的扩大,商业的繁荣,每一个氏族或部落都居住着外地来经商的人,氏族组织不能管理这些外地人,外地人也无权参加氏族组织的管理。这时,不管某一地区的居民原来属于哪个氏族或部落,只要他们的经济利益是相同的,就构成同一个集团,即构成同一个阶级。在这种情况下,按血缘关系组织起来的氏族组织,已经不能适应新的经济关系的需要,它必须让位于按地区划分居民,即让位于国家组织。按地区划分居民主要是由于生产力的发展和阶级分化造成的,由此也可以进一步看出,国家是阶级矛盾不可调和的产物和表现。

第二,国家的武装力量是"特殊的武装队伍",氏族组织的武装力量是"居民的自动的武装组织"。在氏族公社时期,每个居民都有武装,它的作用是为了抵御其他氏族和部落的侵犯,对内不起作用。氏族内部的秩序是靠社会舆论、习惯和族长的威信来维持的。所以,氏族的这种"居民的自动的武装组织"不能作为奴隶主压迫奴隶的工具。如果社会上出现阶级分化以后,每个居民手里仍然都有武装,奴隶就会用自己手里的武装反抗奴隶主的剥削和压迫。所以,奴隶主阶级必然要破坏"居民的自动的武装组织",剥夺奴隶手里的武装,使奴隶失去反抗的手段,建立起为自己的经济利益服务的"特殊的武装队伍"。从国家的这一特征可以看出,国家是阶级压迫的暴力工具,暴力是国家作为阶级压迫工具的主要标志。国家的主要成分是军队、警察、法庭、监狱等物质附属物。所以毛泽东说:"从马克思主义关于国家学说的观点看来,军队是国家政权的主要成分。"[10]

三 国家的职能

国家是阶级压迫的工具。但是在奴隶社会、封建社会和资本主义社会，为什么只有剥削阶级才能建立自己的国家，而被剥削阶级则不能建立自己的国家呢？对于这个问题，应该用经济基础和上层建筑的关系来说明。恩格斯指出："由于国家是从控制阶级对立的需要中产生的，由于它同时又是在这些阶级的冲突中产生的，所以，它照例是最强大的、在经济上占统治地位的阶级的国家，这个阶级借助于国家而在政治上也成为占统治地位的阶级，因而获得了镇压和剥削被压迫阶级的新手段。"[11]这就是说，只有经济上占统治地位的阶级，才有力量、有条件建立自己的国家；国家属于上层建筑，它必须建立在一定的经济基础之上。国家是在经济上占统治地位的阶级压迫被统治阶级的工具。无产阶级专政的国家也需要有自己的经济基础。无产阶级夺取政权以后，如果不建立自己的经济基础，不发展生产力，它的国家政权就不会巩固。国家作为阶级压迫的工具，有对内对外两种职能。其对内职能是镇压被统治阶级的反抗，对本阶级实行一定程度的民主，以保持统治阶级在经济上、政治上和思想上的统治地位，维护统治阶级的利益；其对外职能是防御外来的侵略和颠覆，保护本国利益不受侵犯。

以上我们从国家的起源、国家的特征、国家的职能三个方面，说明了国家的本质是阶级压迫的工具。但是，这是就国家区别于无阶级社会的社会管理机关的本质特征而言的，并不是说国家的惟一职能就是充当阶级压迫的工具。国家除去阶级压迫工具的职能（简称政治职能）以外，还有多方面的其他社会职能。主要有：第一，调整本阶级内部各个社会成员、各种政治派别以本阶级和同盟者阶级之间的关系，以维护本阶级和同盟者阶级的共同利益，免得因内部矛盾而使其阶级利益受损害。第二，调整其他各种社会关系，如不同地区之间的关系，不同部门之间的关系，不同民族之间的关系，以及家庭关系、社会成员之间的各种纠纷等，以保持社会秩序的安定和保障各种社会活动的正常进行。第三，组织领导社会生产活动和科学文化教育事业，这项任务在社会化大生产的国家里尤其重要，更是无产阶级专政的国家的主要任务，无产阶级专政的国家要把发展生产力作为自己的根本任务。当然，国家承担这些社会职能，也是从统治阶级的利益出发、为统治阶级服务的，因而首先有利于统治阶级。同时，客观上在某些方面也于全体社会成员有利。而且，承担这些社会职能，对于作为阶级压迫工具的国家来说，是十分必要和重要的。任何一个统治阶级，只有行使好这些社会职能，它的国家政权才能巩固和强大有力,才能使国家发挥阶级压迫工具的作用。这就是说,国家行使社会职能是它行使阶级压迫工具职能的基础。正如恩格斯所说:"政治统治到处都是以执行某种社会职能为基础,而且政治统治只有在它执行了它的这种社会职能时才能持续下去。"[12]

四 国体和政体

国体问题,说的是社会各阶级在国家政权中的地位和作用,即国家政权究竟掌握在哪个阶级手里,掌握国家政权的阶级联合什么阶级、压迫什么阶级。正如毛泽东所说:国体问题,说的"就是社会各阶级在国家中的地位"[13]。国体问题揭示了国家的阶级本质和阶级内容。根据国家的阶级内容可以把国家划分为四种类型:奴隶主阶级专政的国家,封建主阶级专政的国家,资产阶级专政的国家,无产阶级专政的国家。前三种是剥削阶级专政的国家,最后一种是被剥削阶级专政的国家。

政体问题,说的是国家政权的组织形式和管理形式。统治阶级采取什么形式组织自己的政府,实行自己的专政,管理自己的国家,属于政体问题。毛泽东指出:政体问题,"是指政权构成的形式问题,指的是一定的社会阶级取何种形式去组织那反对敌人保护自己的政权机关"[14]。国体和政体是既有区别又有联系的。

首先,国体和政体是不同的。国体指国家的阶级本质和阶级内容,政体指国家政权的组织形式。我们在观察、研究国家问题的时候,必须把国体和政体区分开,把本质和形式区分开,不要被国家的形式所迷惑而看不清国家的阶级本质。例如,不同类型的国家在组织形式上可能有相同或相似之处,但阶级本质却根本不同。以共和国的形式而论,有资产阶级的共和国,也有无产阶级的共和国。如果只看组织形式,不看阶级本质,就可能把这两种性质根本不同的国家相混淆。

其次,国体和政体又是密切联系着的,是同一个事物的两个方面。国体决定政体,政体必须与国体相适应,即必须根据国家的阶级内容采取适当的政权组织形式。毛泽东说:"没有适当形式的政权机关,就不能代表国家"[15]。我们在观察、研究国家问题的时候,不仅要研究国体问题,而且要研究政体问题。同一种类型的国家,可能采取不同的政体。例如,同样是奴隶主阶级专政的国家,就有君主制、贵族共和制、民主共和制;同样是封建主阶级专政的国家,也有君主制和共和制;同样是资产阶级专政的国家,有的实行民主共和制,有的实行君主立宪制,还有的曾经采取过法西斯制。不同类型的国家,又可能采取相同的政体,例如,奴隶主阶级专政的国家,封建主阶级专政的国家,资产阶级专政的国家,无产阶级专政的国家,这四种类型的国家,都实行过共和政体。另外,同一国家在不同的历史时期,也可能采取不同的政体。例如,有些资产阶级国家,曾经交替使用过民主共和制和君主立宪制。但是,不管资产阶级国家在政体上有多大区别,或发生什么变化,在本质上都是资产阶级专政,都是资本压迫雇佣劳动的工具。资产阶级思想家总是掩盖资产阶级国家的阶级本质,把资产阶级民主共和国描绘成"自由"、"平等"的乐园,用以欺骗群众,实现维护资产阶级统治的目的。

第三节 精神生产和社会的意识结构

一 社会的精神生产

1. 精神生产的含义和本质

精神生产并非一开始就是人类的一种独立的生产活动。它是人类历史发展到一定阶段的产物。因此,马克思说:"分工只是从物质劳动和精神劳动分离的时候起才真正成为分工"[16]。而这种分工正是建立在物质生产力水平的一定发展程度和人口数量有相当增长的基础上的。所以,精神生产是在人类社会生产,尤其是物质生产发展到一定阶段的产物,是体力劳动和脑力劳动分工的产物。

精神生产一旦从人类劳动中分化出来成为一种相对独立的生产活动,就必然逐渐形成自己特殊的劳动过程和本质。首先,精神生产是一种脑力劳动。它主要是通过人的脑力(思维力、理解力、记忆力、想像力等)的支出进行的。其次,在精神生产这种劳动过程中,人们主要是通过脑力劳动生产和创造精神产品与精神价值,以满足人类社会生活的需要。再次,这种以脑力劳动为基础的精神生产劳动,与物质生产劳动具有共同性,是整个人类劳动过程的一个组成部分,是人类劳动的一种特殊形式。所以,正如精神生产作为一种生产活动独立出来之时,正是人类社会脑力劳动和体力劳动分工产生之日一样,当精神生产与物质生产在形式上一体化之日,也就是脑力劳动和体力劳动分工消亡之时。

因此,精神生产的基本含义就是:精神生产是一个社会历史范畴。它本质上是人的脑力劳动过程。在精神生产中,人们主要通过自己的脑力(思维力、理解力、记忆力、想像力等)的支出,进行创造性的精神劳动,生产和创造出具有精神价值的产品,以满足整个人类社会生活的需要。

2．精神生产的内容和范围

对精神生产的内容和范围,历来有不同的看法。有代表性的观点主要有三种。第一种观点认为,精神生产就是"思想、观念、意识的生产",可统称为"意识的生产";第二种观点认为,精神生产仅仅包括意识的高级形式,即科学、哲学、宗教、道德、文学艺术等的生产;第三种观点则认为,精神生产即是"一切科学工作,一切发现,一切发明。"事实上,第一种观点太宽泛;第二种观点失之褊狭;第三种观点又过于笼统。而任何试图将精神生产固定化的倾向都不是符合实际的。因为,精神生产从其萌芽时期开始,它的内容和范围就是随着人类社会生产活动的不断发展而不断丰富和扩大的。例如,在原始社会,精神生产处于萌芽时期。它的主要内容就只能是与物质劳动混沌未分的经验意识和以后逐渐产生的原始宗教、原始艺术等等;而到了资本主义社会,精神生产的内容即包含"一切科学工作,一切发现,一切发明";当未来社会,即共产主义社会时,甚至进行物质生产活动的过程,也可能主要是靠脑力的支出,主要变为一种精神劳动,而不再是传统意义上的主要靠体力支出的物质劳动过程。

因此,根据人类社会生产的历史和现实状况,可以把精神生产的基本内容概括如下:

(1)经验意识

这是精神生产的萌芽或初级形式。它主是指原始社会中的经验意识,不同于后来的日常意识。这是在人类社会低级阶段,伴随着人类基本实践活动同语言一起产生的。语言最初是思维的直接现实,是思维本身的要素。人类最初的精神成果,如原始宗教、原始艺术、巫术、神话、生产技能、科学萌芽、经验等等,都是靠语言保存和传递下来的。在这个意义上,可以说语言是精神生产产品的第一个物质性载体。

(2)理论意识

这是相对于经验意识而言的,它包括政治、法律、道德、艺术、宗教、哲学等意识形式,属于精神生产的高级形式。

(3)科学知识

这里的科学知识既包括自然科学知识,又包括社会科学知识。从知识的角度又可将其分为:"经验知识"和"理论知识"。"经验知识"一般与"经验意识"相关,都属于精神生产的初级形式;而"理论知识"即我们所说的科学,它属于精神生产的高级形式。

(4)教育

教育作为人类特有的一种活动,由于它主要是通过教育工作对受教育者进行的知识传授活动,所以,它是一种特殊的精神生产活动过程。从它的生产过程来说,它主要也是劳动者的一种脑力的支付,是一种精神劳动过程;从它的产品来看,它是再生产出具有一定科学文化知识的劳动主体,即人本身。正是由于这个原因,教育在精神生产中,乃至在整个社会生产中都占有十分关键的地位。

(5)管理

管理活动虽然不直接生产任何产品,但是由于它也是一种脑力劳动,所以也应该属于精神生产的范围。管理主要分为社会、国家等管理和社会生产(物质生产、人为自身生产、精神生产)管理两大类。国家和社会管理人员,都要生产各类方针、政策和决策方案等;社会生产管理活动较为复杂。主要是涉及到物质生产的管理人员和管理活动,往往要参与物质生产过程。而物质生产的最终产品又是物质产品。据此有人将物质生产管理活动划归物质生产范围。但是,物质生产管理人员也主要是从事脑力劳动。而且随着科学技术的发展,这种管理活动越来越知识化、科学化。虽然有些管理人员参与到了物质生产过程中,如产品的设计、规划、产品生产过程中的科学技术指导等等,但是,这些管理人员一般并不直接去生产物质产品,他们只生产计划、方案、意见、图纸等等。实质上进行的是精神生产,直接生产的东西仍属精神产品。这些产品表明的不过是精神生产对物质生产过程的参与和渗透。并且,随着科学技术的发展,这种渗透和参与已经从广度和深度上以越来越积极的形式表现出来。知识经济时代的到来,正是这种发展趋势的必然结果。

3. 精神生产的基本特征

由于精神生产主要是依靠人的脑力进行的一种精神劳动,所以,它有自己独特的劳动过程和特征。一般说来,精神生产的特征主要有以下几个方面:

第一,精神生产具有创造性。这是精神生产的基本特征。因为,精神生产过程一般都具有非重复性,是一种创新活动。不断创新是精神生产的生命。精神生产要不断提出新见解、新理论、新思想、新设计、新工艺、新作品。精神生产的创造性具体表现在:其一,它是精神生产者思维能动性的高度发挥,不断从深度和广度上拓展对自然界、人类社会和人的思维的本质、规律的反映、再现和建构,并在继承人类以往积累起来的思想资料的基础上,不断创造出新的精神产品;其二,精神生产还不断创造出客观世界并不现成存在的东西的思维形象,创造出预测发展趋势的思想图景;其三,许多精神产品的消费过程本身,也是一种精神的"再创造"过程。总之,精神生产的过程,从一定的意义上来说,是对一个未知领域探索的过程,是要解决前人的认识所没有解决的新问题。探索未知领域的过程,需要最大限度地发挥个人的思维能动性和创造精神,既要善于独立思考,又要勇于追求真理,才能创造出新的真正有价值的精神产品。

第二,精神生产具有观念性。精神生产的观念性首先表现在精神生产主体运用特定的思维方式和符号系统等,对客体进行观念形态的加工、改造、制作。精神生产主体对劳动对象的加工只是在思想形式中改变对象,一般不引起劳动对象的实际改变。因此,精神生产主要是从事脑力劳动的生产主体创造出具有一定思想体系和一定意识形式的观念形态的产品的生产活动;其次,精神产品一般是一种物现了的观念性的产品,其载体虽然是物质形态的东西,但其内容却属于精神性、观念性的东西。人们对精神产品的消费一般是消化吸收附着在物质载体中的观念成果,即精神价值,以满足特定的精神需要。所以,只要是一种完成了的精神产品以物的形式表现出来,它就成为一种物现了的观念形态的东西,这是精神生产观念性特征的一个重要方面。正由于此,精神产品才具有信息性、传播性、共享性等一般属性。

第三,精神生产具有自主性。首先,这种自主性主要体现在精神生产者可以自主地发挥自己的精神创造能力,能自由地表达自己的思想和感情。精神生产作为一种观念性的活动,主要是通过主体的大脑来完成的。精神生产者可以积极发挥自身的创造能力,充分表达自身的意识倾向。因此,一般来说,精神劳动才是真正意义上的"自由自觉的活动"。其次,精神生产者可以自主地运用精神生产手段加工改造对象。在精神生产中,精神生产者有目的的活动和生产手段、生产对象的结合,本质上是精神生产主体的思维活动内部的"结合"过程。因此,大体说来,精神生产者可以自由地运用生产手段和生产对象进行观念创造,可以根据自己的需要自由地选取、整合生产手段和生产对象。所以,精神生产者运用生产手段加工生产对象的过程,实际上是精神生产者自主活动的过程。再次,精神生产者对前人的精神成果可以自主地进行有选择的继承。在精神生产中,生产主体不但要用自己的头脑进行创造,而且必须借助前人的头脑进行创造。然而,精神生产者在继承时的选择是自主的。这种自主的选择继承性一般说可以超越阶级限制、时代限制和民族、地域限制。最后精神产品的消费,一般说来,也是消费者自主的活动过程。人们在进行消费活动时,一般只能通过消费主体自身的头脑来进行。人们还可以相对自由地选择精神消费对象和消费方式。

第四,精神生产还具有累积性和加速性。首先,由于精神生产的个体性和自主性,使得精神产品往往具有独特性和不可替代性。又由于精神产品大都具有无限的重复使用性,所以,事实上,每一代人的精神产品都成为下一代人精神生产的生产资源。历史上的精神产品不断积累,形成了人类精神文化的丰厚沉积层,这种丰厚的累积,使得精神生产的手段、对象等精神生产资料成为后人进行精神生产取之不尽、用之不竭的源泉。精神生产资料不是越用越少,而是越用越多。其次,从人类社会生产历史发展的长时段视角来看,精神生产又具有加速性。这就是说,精神生产,尤其是其中的知识生产呈加速度发展趋势。18世纪以前,在过去的一万年时间里,人类知识以算术级数增长,相对比较缓慢。但是,自18世纪以后,特别是在18世纪至20世纪初的工业化进程中,人类社会知识以几何级数迅速增长。尤其是1945年以后,人类社会又进入前所未有的知识总量(在质和量、深度和广度、内涵和外延等方面)全方位迅猛扩张、飞速发展的时期。据统计,人类现有的知识总量,有90%是近50年生产创造的。它是人类过去一万年知识积累总量的19倍。据最乐观的估计,公元1500年以前,欧洲每年出版图书1000种。到1950年,每年出版已达12万种。也就是说,仅从图书出版速度来看20世纪50年代的一年,等于公元1500年前100年的出书量。到60年代中期,全世界每天出书1000种,90年代又以几倍的数字高于60年代。总之,知识生产和创新的速度已到了按指数增长的水平。

需要注意的是,精神生产的特征可以从不同方面、不同角度来概括。但是,以上的四个特征,可以说是最基本的,也是最带全局性的。精神生产的这些特征也不是彼此孤立、互不相干的。它们实质上是相互关联、彼此渗透、有着内在联系的。

4.精神生产的要素

精神生产的要素包括精神生产者、精神生产手段和精神生产对象。

精神生产者即精神生产活动中的主体。他们一般是指随着社会分工而产生的一批专门从事精神生产的脑力劳动者。例如,科学家、社会科学研究人员、作家、艺术家、教师、工程师、各类神职人员、管理人员等。所以,精神生产者是物质生产发展到一定历史阶段、从物质生产中分化出来的现实的人。在阶级社会里,他们主要由三种人构成:(1)直接属于或依附于统治阶级的成员;(2)雇佣劳动者;(3)自由的精神生产者。

精神生产者是精神生产中的能动的主导因素。因此,在一定历史阶段,一个国家或民族的精神生产发展的水平和状况,就取决于这个国家或民族的精神生产者的水平和状况,即精神生产者的质量和数量等因素。当然,精神生产者的水平和状况最终又是被一定社会的物质生产力水平所决定的。所以,随着人类社会物质生产力水平的不断提高,精神生产者的数量在不断增加、质量在不断提高,精神生产的水平也在不断增长,规模也日益庞大。精神生产者在精神生产中的主导因素,还受制于精神生产者自身的内在素质。这主要指的就是精神生产者的文化水平、道德修养、知识结构、理论思维能力、心理品格、价值观念等等。一般说来,精神生产者的综合素质愈高,他所生产的精神产品的质量也就愈高。因而,精神生产者自身素质的提高,对精神生产力水平的提高有着十分重要的作用。

精神生产资料是精神生产中的另一类基本要素。精神生产资料总的可以分为两大类,即精神生产手段和精神生产对象。

精神生产手段又包括物质性手段和思想性手段。物质性手段主要指各种科学仪器和实验设备、教学仪器和设备、广播电视制作和传播系统及设备、新闻出版机构以及图书馆、影剧院等文化设施。物质性手段一般都是由物质生产提供的,但其目的却是为精神生产提供必不可少的物质性条件和手段,并非为了物质生活的需要,而是为了再生产人们需要的精神产品和精神生活。思想性手段主要包括:语言符号系统;概念、范畴、观念以及由它们组合起来的理论模型、范式;理论思维及其方式和方法论原则等等。在精神生产手段中,思想性手段更为主要。它既是历史上人们进行创造性脑力劳动的思想成果,又是人们进一步开展精神生产的起点和思想工具。其中,理论思维又是思想性生产手段的核心。恩格斯就曾高度评价过理论思维的作用和意义。他说:"一个民族要想登上科学的高峰,究竟是不能离开理论思维的。"[17]

精神生产对象主要是指精神生产者所面对的需要直接"加工"、"改造"的物质对象和思想对象。前者可称为物质客体,后者可称为思想客体。作为精神生产对象的物质客体主要是指精神生产者所要认识、反映和再现的客观对象。如自然界、人类社会和人本身。作为精神生产对象的思想客体主要包括人类在社会实践活动中形成的粗坯的思想材料及前人所生产创造并积累和流传下来的典籍等思想资料。前者属于人们在认识和改造客观世界中所积累的经验意识、经验知识,可以统称为经验材料。如各种实验资料和数据,来自社会生活的调查材料,各类手稿、笔记以及文学艺术家所积累的创作素材等等。后者属于历史上的精神生产者所创造并传承下来的文化典籍、思想著作和各种情报资料等。所以,思想客体一般都是过去精神生产的成品或半成品,而成为后来精神生产加工和创作的劳动对象。任何精神生产都要有它的先驱者遗留下来的思想资料作为前提,才能进行新的精神生产,制造新的精神产品。正如恩格斯在谈到哲学的发展时所说,"每一个时代的哲学作为分工的一个特定的领域,都具有由它的先驱传给它而它便由此出发的特定的思想资料作为前提"[18]。

精神生产的物质对象和思想对象,都是不可缺少的。但是,二者是有区别的。物质对象相对于思想对象而言,是源,它是思想对象的客观内容;思想对象相对于物质对象而言,是流,它是人类在社会实践基础上对客体对象的能动的反映和再现。历史上遗留下来的思想资料无论多么丰富,归根到底,也是精神生产者对物质对象进行加工、整理、创造的结果。如果没有物质对象为基础,最初的思想资料就无从产生。

此外,由于精神生产的继承性和积累性特征,使精神生产资料中的思想性手段和思想对象两者之间存在着一种相互依存、相互渗透、相互转化的过程。在现实的精神生产中,很难把它们完全区分开来。所以思想性的精神生产资料往往既是现实的精神生产过程中的精神生产手段,又是现实的精神生产过程中的精神生产对象。

总之,精神生产者、精神生产手段和精神生产对象共同构成了精神生产过程的三个基本要素。它们三者相互依存、相互渗透、相互转化,缺一不可。其中精神生产者是能动的主导因素。精神生产手段和精神生产对象都要由精神生产者来组合调配、并发挥其创造性的能动作用,才能生产出符合人类需要的合格的精神产品。当然,精神生产资料(包括精神生产手段和精神生产对象)也是不可缺失的。没有它们,同样也不能进行现实的精神生产活动。

5. 精神生产的功能

精神生产是人类社会有机体的头脑和心脏。在一定的意义上,可以说,没有精神生产,就不会有人类社会生产和人类社会本身。精神生产对人类社会有机体的功能和作用是多方面的。

第一,精神生产为物质生产提供了智力支持。物质生产可以说是生产着社会的骨骼和肉体组织,而精神生产则为社会生产思想和智力。作为精神产品的自然科学知识的生产,为物质生产提供了智力支持和理论论据,是一种潜在的生产力。当科学知识产品一旦转化为技术被应用到物质生产领域,就转化为现实的生产力。现在科学转化为技术并应用到物质生产的过程越来越短。物质生产过程现在已处处渗透着科学成果即精神生产的成果。现时代,无论从物质劳动资料,还是从物质劳动对象以及物质劳动者本身来看,都离不开精神生产成果的作用。科技、教育等精神生产力量的发展和壮大已成为振兴经济、发展物质生产、调整人类自身生产、提高人类物质文明总水平的关键。

第二,一般说来,精神生产还为人类认识和改造客观世界和主观世界提供世界观和方法论,为人类的社会管理提供科学的理论指导。作为精神生产中的哲学社会(人文)科学知识的生产,既源于社会实践,是社会实践经验的概括和总结,同时又为新的社会生活实践提供理论指导。例如,马克思主义为我们提供了认识世界与改造世界的世界观和方法论。又如,邓小平建设有中国特色的社会主义理论,既是过去几十年社会主义建设实践的经验总结,又为现实的和今后的社会主义建设提供了理论基础。科学的社会理论一般能为改造社会、变革生产关系、改造政治体制、完善生产体系的组织管理等方面提供理论依据,使上层建筑和经济基础同生产力的发展状况相适应,以促进物质生产力的高速发展,创造丰富的物质生活资料,为物质文明建设和精神文明建设奠定坚实的物质基础。

第三,精神生产又是精神文明建设的重要支柱。精神文明建设除了依赖发展物质生产来为自己奠定物质基础之外,更具独立意义的是要发展精神生产,为社会创造丰富多彩的精神产品,为精神文明建设提供丰富而具体的内容。离开富有成效的精神生产活动和精神生产成果,人类是不可能有高度发达的精神文明的。

第四,精神生产在满足人类社会绚丽多彩的精神生活需要的同时,更为根本的作用是提升人的精神境界,发展人的综合素质,使人类在迈向"人的全面发展的社会"的进程中,真正科学地发挥人自身的自觉能动性。精神生产不仅在人们改造客观世界的活动中,而且也在改造人们的主观世界的活动中,发挥着越来越重要的作用。

6. 精神生产的发展规律

精神生产不仅有自身的运行机制和相对独立的社会功能,而且还在其历史形式中形成了自身的发展规律。这一规律一般可以表述为:精神生产发展与物质生产发展的不平衡规律。其基本含义是:一定的精神生产虽然从一般状况上,归根到底受一定的物质生产所制约。但是,精神生产的发展又有其独立性,即它的发展过程并非只是紧跟物质生产发展过程其后,亦步亦趋的。事实上,在人类社会生产发展的历史中,精神生产始终都与物质生产的发展处于不平衡状态。可以说这种不平衡是绝对的,而平衡只是相对的。这是因为:

第一,从精神生产的起源来看,精神生产并非和物质生产同步产生的。精神生产一开始主要是指随着劳动分工出现的以脑力劳动为主,以一定系统化形式的精神产品为结果,以满足人们的精神需要为目的的生产活动。尽管精神生产的历史形式最初萌芽于原始社会,但由于那时人们的物质生产力水平很低,社会分工尚未真正产生,所以,作为"真实分工"的物质劳动和精神劳动之间的分工就还没有出现。精神生产的产生正是要以物质劳动和精神劳动、体力劳动和脑力劳动相分离为前提的。因而,从这个意义上说,真正独立的精神生产在原始社会尚未产生。由于物质生产力的发展,人口的增加,奴隶制度的建立,使一批人脱离物质生产和体力劳动专门从事社会管理和精神创造成为可能。于是真正意义的社会分工开始出现,精神生产便应时而生。所以,从精神生产的产生来看,它是相对滞后于物质生产的。

第二,由于精神生产具有自己独特的观念性特征,所以,精神生产一经产生,便开始充分显示了自己的独立性和主体性。这种思想观念的独立性和主体性集中体现在精神生产发展中的超前性上。精神生产的超前性首先表现在精神生产主体的内在超越性上,即超越精神生产者自身接受的思想前提和基础,产生了具有质的飞跃的精神思想成果。其次,精神生产者生产的精神产品又具有外在超越性,即其产品所具有的价值和意义超越了精神生产者自身生存的时代、阶级和民族,甚至可以获得世界历史性的意义。所以,精神生产具有很强的溢出效应。一个新的思想或科学发现可能会导致改变整个社会结构和人们对世界的原有看法,甚至会引起连锁反应。再次,有些精神产品是只有在特定的时代才会产生的思想成果。例如,古希腊的神话和哲学,以及中国先秦的诸子哲学等等。

第三,由于精神生产内容的复杂性和交叉性,所以精神生产中的某些内容一经产生出来,便会具有相对独立的意义而被人们长期所认同。特别是精神生产中的社会意识形态部分,常常具有保守性和滞后性。精神生产的这种滞后性常常表现在当新的社会制度确立以后,旧的意识形态还会长期存在于社会组织和成员之中,并发生着相对独立的影响和作用。此外,精神生产的这种滞后性,有时也发生在精神生产内部。例如,在人类社会的一定历史阶段,可能社会意识形态及其思想体系发展较充分完备,而科学知识生产则相对滞后;或相反,科学革命带来了科学知识生产的飞速发展,而社会意识形态则相对滞后,如此等等。

第四,精神生产与物质生产的发展之所以具有不平衡性,还由于精神生产是极具个体性和自主性的生产活动。其产品一旦被创造出来,就具有不可替代性和重复使用性。并且,历史上的精神产品不断被创造出来,积淀成十分丰厚的历史文化资源。这些文化资源,其价值又往往具有永久的魅力。人们可以不断地回归和重读历史文本,挖掘其中有益于时代的积极内容,再生产出超越原来价值的新的精神价值。原有的产品及价值并不会损耗、贬值,而是越来越丰富并继续发挥着它的资源作用。这就是精神产品具有永久性价值的原因所在。

第五,精神生产与物质生产的发展之所以具有不平衡性,还由于精神生产和物质生产之间始终存在着一定的张力。这种张力所表示的是:一方面,在物质生产和精神生产之间,物质生产虽然是精神生产产生和发展的基础,但是,精神生产,特别是其中的科学知识生产的超前性,却推进着物质生产,使物质生产获得了更大跃进;而发展了的物质生产反过来又不仅为精神生产提供了强大的基础和工具,而且还对精神生产提出了更高的要求,刺激着精神生产不断向前跨越。这种持续不断的相互作用,相互影响,目前已经使精神生产达到了这样的地步,即科学革命实际上已处于社会发展的领先地位。随着社会的进步与发展,精神生产已经越来越显示出其独立性与超前性。另一方面,社会意识形态以及包括社会科学在内的精神生产,有时即使在经济上落后的民族和国家,也可以起先导作用。然而,无论是精神生产的滞后性还是超前性,都是物质生产与精神生产之间存在一定张力的表现。正是这种必要的张力,使得两种生产相互作用,相互影响,从而推进精神生产的发展。

总之,精神生产发展的不平衡规律是相对于物质生产而言的。离开物质生产,精神生产不仅没有什么规律可言,而且连其自身都不可能存在。所以,精神生产发展的不平衡规律实际上指的就是精神生产的发展与物质生产发展的不平衡规律。

二 社会的意识结构

社会意识指社会的精神生活过程。社会的意识结构建立在社会的经济结构基础之上并受社会的政治结构制约。社会意识具有自身的结构、特点和作用。

1. 社会意识的构成

社会意识具有复杂而精微的结构,由诸多层次和因素构成。从反映社会存在的程度和特点来看,社会意识包括社会心理和思想体系两个层次;从社会意识主体的范围来看,它可以分为个体意识和群体意识。

(1)社会心理和思想体系。社会心理是社会意识的低级层次,它是特定阶级、民族、社会集团或其他特定环境中的人群,在日常生活和交往中自发形成的、不定型、不系统的社会意识,表现在人们的情感、情绪、愿望、要求、风俗、习惯、传统,自发倾向和社会风气等等之中。社会心理亦可称作日常的、普通的社会意识。思想体系是社会意识的高级层次,亦称社会意识形式,它以相对稳定的形式反映社会存在,具有系统化、抽象化的特性。

各种思想体系由于对经济基础的关系不同和反映社会存在的方式不同,又可以分为两类。一类是属于意识形态范围的思想体系,包括政治思想、法律思想、道德、宗教、艺术、哲学和绝大部分社会科学。它们是上层建筑的重要组成部分,从不同的侧面、以不同的方式反映特定的经济基础并为之服务,在阶级社会里具有一定的阶级性。另一类是属于非意识形态范围的思想体系,包括自然科学、语言学、逻辑学等,它们不是特定经济基础的反映,不属于上层建筑,其自身没有阶级性,可以一视同仁地为各个阶级和各种社会制度服务。社会心理和思想体系之间具有密切联系。首先,社会心理是思想体系的原料仓库,它为思想体系的形成提供必不可少的素材。从这个意义上,可以说在社会意识范围内,社会心理是思想体系的基础和根源,犹如在人们的认识过程中感性认识是理性认识的基础,离开感性认识理性认识就成了"无源之水、无本之木"一样,在社会意识范围内,离开社会心理,思想体系也会成为"无源之水,无本之木"。其次,思想体系是社会心理的集中、概括、提炼和升华,在社会心理基础上形成的思想体系反过来又对社会心理产生重要影响。因此,只有发扬先进的思想体系并用它们去指导和影响社会心理,才能优化社会心理,提高人们的社会意识水平。

(2)个体意识和群体意识。个体意识即社会成员的个人意识,它是社会成员个人的社会经历和社会地位在自身头脑中的反映。个体意识的主要内容有社会成员个人的自我意识、社会成员个人对自身所处的社会环境和自然环境的意识,以及社会成员个人对自身与自然和社会的关系的意识。不同个人的个体意识千差万别,各具特点,具有丰富多样的个性。群体意识是人类群体的社会地位、社会经历及其共同利益和与整个社会生活的关系在该群体成员头脑中的反映。群体意识的主体是特定的社会群体,群体意识的内容是群体的自我意识和群体与社会关系的意识。人类社会群体是复杂多样的,群体意识也是复杂多样的,有家庭意识、集体意识、团体意识、阶层意识、阶级意识、民族意识、社会整体意识等等。不同的群体意识具有各自不同的特点,同时彼此之间又相互包含、相互渗透、相互交错,形成复杂多样的群体状态和不同群体意识之间的联系。

个体意识和群体意识之间的联系主要表现在以下三个方面:首先,个体意识与群体意识是相互依存、密切结合的。个体意识离不开群体意识,群体意识也离不开个体意识;个体意识是群体意识的个别表现,群体意识寓于个体意识之中并通过个体意识表现出来。其次,个体意识与群体意识之间相互渗透、相互作用。个体意识既渗透着群体意识,又影响和制约着群体意识的形成和发展;反之,群体意识也制约着个体意识,任何个体意识都受到群体意识的深刻影响,在阶级社会里尤其受到阶级意识这类群体意识的深刻影响。再次,个体意识和群体意识是可以相互转化的,在一定条件下,个体意识可以转化为群体意识,群体意识也可以转化为个体意识。

2. 社会意识的一般特点

社会意识的一般特点,是指贯穿在各种社会意识形式之中,各种社会意识形式都具有的本质特征。

(1)社会意识依赖于社会存在。社会存在决定社会意识,社会意识是社会存在的反映,这是社会意识的一个重要特点。社会意识对社会存在的依赖性表现在两个方面。首先,社会意识的内容来源于社会存在。人的意识既不是天上掉下来的,也不是头脑里固有的,而是在实践的基础对客观实际的反映。人脑好比一个加工厂,其原料和半成品来自客观实际。马克思指出:"观念的东西不外是移入人的头脑并在人的头脑中改造过的物质的东西而已。"[19]正确的意识其内容来源于客观实际,这是显而易见的。即使是错误的意识,甚至荒诞的观念,也不是纯粹主观臆造的,仍然可以从社会存在中找到根源,它是对社会存在的歪曲的、虚幻的反映。其次,社会意识随社会存在的发展而发展。社会意识作为社会存在的反映,必然随着社会存在的发展变化而发展变化。例如,随着原始公有制的解体和生产资料私有制的出现,私有观念就跟着产生了。当将来私有制彻底消灭以后,私有观念也必将逐渐消亡。

在阶级社会里,作为社会存在的反映,社会意识的某些形式具有鲜明的阶级性。不同的阶级由于阶级地位和经济利益不同,必然具有不同的社会意识。在经济上、政治上居于统治地位的阶级,为了维护其经济利益和政治地位,总是凭借其经济上和政治上的优势,利用手中掌握的宣传工具和精神生产手段,制造、控制舆论,宣传本阶级的思想,从而在思想上也占居统治地位。

正如马克思恩格斯所说:"统治阶级的思想在每一时代都是占统治地位的思想。这就是说,一个阶级是社会上占统治地位的**物质**力量,同时也是社会上占统治地位的**精神**力量。支配着物质生产资料的阶级,同时也支配着精神生产资料,因此,那些没有精神生产资料的人的思想,一般地是隶属于这个阶级的。"[20]对于无产阶级及其政党来说,必须坚持马克思主义在意识形态中的主导地位和指导作用。中国共产党则把马列主义、毛泽东思想、邓小平理论和"三个代表"重要思想作为自己的指导思想。

(2)社会意识具有相对独立性。社会意识的相对独立性是指社会意识在反映社会存在、被社会存在所决定的同时,还具有自身的能动性和独特的发展规律,它的发展与社会存在的发展并不总是保持着一致和平衡。社会意识的相对独立性主要表现在以下几个方面:

第一,社会意识与社会存在变化发展的非完全同步性。主要有以下两种情形:首先,社会意识往往落后于社会存在的变化。这是指,社会意识并不是随着社会存在的改变而立即发生变化的。当某种社会意识赖以存在的社会制度改变以后,这种社会意识不会立即消灭,而是要在一个相当长的时期内存在并发生作用。这是因为,一方面社会意识对社会存在的反映本身要经历一个复杂的过程,社会存在虽然发生了变化,但这种变化反映到社会意识中来需要一段时间;另一方面,社会意识一经形成,就具有一定的稳定性、保守性,在一定条件下甚至变成一种顽固的保守力量,牢固地占据着人们的头脑,阻碍新的社会意识的产生和传播。其次,社会意识有时可以超越现实社会存在的发展状况。这是因为先进的社会意识由于反映和代表了进步的社会势力的利益和要求,往往能在一定程度上预见社会发展的趋势,成为社会变革的先导。

第二,社会意识与社会经济发展水平的不平衡性。这种不平衡性主要有两种表现:一种表现是,从历史的纵向即从同一国家的不同时代来看,在社会经济发展水平较高的阶段,某些社会意识形式的发展水平可能较低;相反,在社会经济发展水平较低的阶段,某些社会意识形式的发展水平却较高。例如,英国18世纪的经济发展水平远远超过了16世纪,但16世纪莎士比亚时代的英国戏剧,却不可比拟地高于18世纪英国戏剧。另一种表现是,从社会的横向即从同一时代的不同国家来看,社会经济发展水平较高的国家,某些社会意识形式的发展水平却低于社会经济发展水平较低的国家;与此相反,社会经济发展水平较低的国家,某些社会意识形式的发展水平却可以超过社会经济发展水平较高的国家。例如,18世纪的法国在经济发展水平上落后于英国,但在哲学方面却领先于英国;19世纪中叶的德国,在经济发展水平上落后于当时的英国和法国,但在哲学上却高于英国和法国;社会主义的中国在经济发展水平上落后于发达资本主义国家,但在思想领域的某些方面却超过发达资本主义国家。

第三,社会意识的发展具有历史继承性。任何时代的社会意识,都和以前时代的社会意识有联系,它的产生和发展要以前人所积累的思想材料为前提,继承前人的思想成果。恩格斯指出:"每一个时代的哲学作为分工的一个特定的领域,都具有由它的先驱传给它而它便由此出发的特定的思想材料作为前提。"[21]哲学如此,其他社会意识形式也不例外。每一个时代的社会意识,都是人类社会意识整个发展链条上的一个环节,没有社会意识的历史继承性,整个链条就会中断。社会意识的历史继承性,使得各种社会意识形式都形成了自己相对独立的历史发展线索。这种历史继承性的长期积淀,便形成了不同的文化传统和各种社会意识的民族特点。在社会意识的发展过程中,新的社会意识的形成和发展,不是对旧的社会意识的全盘否定,而是既克服又保留,克服其陈腐落后的东西,保留其积极合理的因素。马克思主义在对待文化遗产问题上要反对两种倾向:一种倾向是对历史文化遗产的全盘肯定,不加分析地兼收并蓄,搞复古主义;另一种倾向是对历史文化遗产一概排斥,否定一切,搞历史虚无主义。正确的态度应该是批判继承,弃其糟粕,取其精华,把继承和创新统一起来。马克思主义对待文化遗产的科学观点和正确态度,为我们正确对待中国传统文化指明了方向。

第四,社会意识各种形式之间相互作用、相互影响。社会意识各种形式之间不是彼此孤立、互不相干的,而是相互联系、相互作用、相互影响、相互渗透的。一般地说,政治和法律思想对其他社会意识形式的影响最大,因为政治和法律思想最直接、最集中地反映一定的经济基础,体现着一定阶级和社会集团的利益;哲学对其他社会意识形式的影响最为深刻,因为哲学作为世界观和方法论对其他社会意识形式具有指导作用;科学是一种在历史上起推动作用的、革命的力量,社会越向前发展,它的作用就越大,对其他社会意识形式的影响也就越加明显。特殊地说,在不同国家和不同的历史时期,社会意识之间的相互作用和相互影响是不同的,在有些国家、有些时期,这种社会意识形式的影响较大,在另一些国家、另一些时期,则那种社会意识形式的影响较大。例如,在欧洲中世纪,宗教对其他社会意识形式的影响最大;在18世纪的法国,政治思想和哲学思想对其他社会意识形式的影响较为突出。

(3)社会意识具有能动性。社会意识的能动性亦称社会意识对社会存在的反作用。这是社会意识相对独立性的一个重要表现。社会意识对社会存在的反作用有两种情况:一是先进的社会意识对社会存在的发展起积极的推动作用,促进社会向前发展;一是落后的或反动的社会意识对社会存在的发展起阻碍作用,延缓历史的发展进程。社会意识对社会存在的反作用,必须通过人民群众的实践活动。马克思说:"批判的武器当然不能代替武器的批判,物质力量只能用物质力量来摧毁;但是理论一经掌握群众,也会变成物质力量。理论只要说服人,就能掌握群众;而理论只要彻底,就能说服人。"[22]这是对社会意识的反作用与群众实践活动的关系的极好说明。理论一旦被群众所掌握,用以指导群众的实践,变成群众的自觉活动,就会变成改造世界、推动社会前进的巨大物质力量。而先进的社会意识所以能掌握群众,就是因为它反映了社会发展规律,反映了人民群众的利益、愿望和要求,为人民群众的革命斗争提出了任务,指明了方向。落后的或反动的社会意识对社会发展起阻碍作用,也要通过它在群众中的影响。正因为它在群众中有影响,才能腐蚀群众的意志,束缚群众的思想,破坏群众的革命行动,从而阻碍历史的进步,延缓历史发展的进程。落后的或反动的社会意识在群众中的影响一旦消失,它也就丧失了阻碍社会发展的作用。

三 社会意识与精神文明建设

学习和掌握历史唯物主义关于社会意识的基本原理,不仅对于深入了解社会意识的本质、特点和作用,全面、准确地把握历史唯物主义的理论体系是十分重要的,而且对于深刻理解物质文明和精神文明的关系,认识社会主义精神文明建设的重要意义和确立进行社会主义精神文明建设的原则和方法,都具有重要的直接的方法论意义。

1. 社会意识与精神文明

社会存在与物质文明、社会意识与精神文明,分别属于社会物质生活和社会精神生活两大领域,可以看作同一序列的范畴。但是,社会存在与物质文明、社会意识与精神文明之间既有区别又有联系。社会意识与精神文明之间的区别主要表现为:社会意识是社会物质生活过程在人们头脑中的反映,它既包括社会精神生活过程中的精华,又包括社会精神生活过程中的糟粕;精神文明则不同,它是人们改造客观世界和改造主观世界过程中所形成的精神生活的积极成果,主要包括思想道德和科学文化两大领域的积极成果及其附属物。社会意识与精神文明之间的联系主要表现为:一方面,社会意识中所包括的糟粕部分则必然阻碍精神文明的发展;另一方面,精神文明的发展又可以通过发扬社会意识中的精华部分和抵制、克服社会意识中的糟粕部分,使整个社会意识水平和人们的社会精神生活水平不断得到提高。

根据历史唯物主义关于社会存在决定社会意识和社会意识反作用于社会存在的原理,社会精神文明和物质文明之间也是互为条件、相互作用和相互促进的。一方面精神文明依赖于物质文明,以物质文明为自己必不可少的基础;另一方面精神文明对物质文明又有巨大的反作用,成为物质文明得以巩固和发展的条件。二者相互作用、相互促进、辩证统一,共同推动社会的进步并标志着社会进步的程度。

2. 社会意识与社会主义精神文明建设

历史唯物主义关于社会意识的基本原理是社会主义精神文明建设的重要理论基础,它告诉我们:既然社会存在与社会意识、物质文明与精神文明之间是相互作用、相互促进、互为条件的,在实现社会主义现代化的过程中就必须以经济建设为中心,坚持一手抓物质文明建设,一手抓精神文明建设,这是社会主义建设的长期指导方针;既然精神文明体现着社会意识发展的相对独立性,我们就有可能和有条件在经济比较落后的情况下建设高度的社会主义精神文明,而高度的社会主义精神文明的巩固和发展,又必须以高度的社会主义物质文明为基础;既然精神文明表现了先进的社会意识对社会发展的巨大促进作用,我们就必须以马克思列宁主义、毛泽东思想、邓小平理论以及"三个代表"重要思想为指导,大力加强社会主义精神文明建设,以促进社会主义现代化建设事业的发展。

社会主义建设事业是人类历史上的一项最伟大、最艰巨的任务。全面建设社会主义的纲领包括社会主义经济建设、社会主义民主政治建设和社会主义精神文明建设三个方面。社会主义精神文明建设是我国社会主义现代化建设总体布局中不可缺少的有机组成部分,具有十分重要的战略地位。社会主义精神文明建设是社会主义社会的重要特征;社会主义精神文明建设为改革开放提供有力的理论指导和舆论支持及良好的文化、社会环境,并为改革开放沿着社会主义方向顺利发展提供有力的保证;社会主义精神文明建设还是使社会主义事业立于不败之地的重要条件。

社会主义精神文明建设是一个宏大的系统工程,其根本任务是培养有理想、有道德、有文化、有纪律的社会主义公民,提高整个中华民族的思想道德素质和科学文化素质。

在社会主义精神文明建设过程中,必须坚持马克思列宁主义、毛泽东思想、邓小平理论、"三个代表"重要思想的指导地位和指导作用。历史的经验证明,坚持以马克思列宁主义、毛泽东思想、邓小平理论、"三个代表"重要思想为指导,是我国革命和建设事业取得伟大胜利的关键,也是我国实现社会主义现代化事业和加强社会主义精神文明建设的根本。必须坚持用马克思主义和社会主义思想占领一切思想文化阵地,指导理论、宣传、教育、新闻、出版、文化艺术等领域的工作。决不允许西方资产阶级错误的社会政治观点和资本主义、封建主义的腐朽思想在我国自由泛滥。坚持马克思列宁主义、毛泽东思想、邓小平理论、"三个代表"重要思想的指导地位和指导作用,必须坚决揭露和有力地批驳反对与诋毁马克思列宁主义、毛泽东思想、邓小平理论、"三个代表"重要思想的种种谬论。

马克思主义是革命行动的指南而不是教条。因此,必须用科学的态度对待马克思主义,做到理论与实践的统一,坚持与发展的统一,反对理论脱离实际和思想僵化。

第四节 人群共同体的历史形式

人群共同体是指体现着人的本质和各种社会联系的人们存在的某种社会形式。人群共同体可以分为两种:政治共同体和非政治共同体。政治共同体包括国家、政党和其他带有阶级性的政治团体,是人们为了一定的目的和利益需要组合而成的团体,它是伴随着阶级的产生而出现的。非政治共同体包括氏族、部落、家庭、民族等形式,这些形式经历了一个漫长的演变过程。人群共同体是人类改造社会和自然的活动的社会组织形式,在人类社会生活中起着十分重要的作用。人群共同体的组织形式和历史演变是历史唯物主义研究的一个重要方面。本节着重讨论非政治共同体及其历史演变。

一 家 庭

1. 家庭是社会生活的基本单位

家庭是人类社会中历史悠久的一种共同体形式。早在氏族产生以前,人类就组成了"群婚家庭"。在现代社会中,家庭是个人生活中不可缺少的组成部分。但对家庭的定义则众说纷纭,莫衷一是,社会学家给家庭下的定义多达三十余个。现在为国内大多数社会学者所接受的家庭定义是从社会组织形式的角度做出的。这个定义是:家庭是由婚姻关系、血缘关系或收养关系组成的社会生活的基本单位。我们认为,这个定义相对说来较为全面,它把两性关系、繁衍后代、社会生活等内容都包括进去了。这个定义主要是从现代社会一夫一妻制家庭着眼的,同时也在某种程度上反映了以前各种家庭形式的基本性质。家庭在不同时代、不同民族中差异十分大,很难找到适用一切时代、一切民族的一成不变的家庭定义。我们应该对家庭进行辩证的、历史的考察。

与其他人群共同体相比,家庭具有以下几个特点:

第一,家庭是人群共同体中最普遍的一种组织形式。尤其是在现代社会中,每个人都不能与自己的家庭无关。即使孤儿,也总是出自合法的或不合法的家庭,而且长大以后,就一般情况而言,总是要组成家庭的。家庭可以看作是对个人生存过程影响最早而且颇大的一种共同体。

第二,家庭是一种具有多方面功能的共同体。其他人群共同体一般只具有某一或某几方面的特定功能,而家庭则具有生产功能、生育功能、养育功能、消费功能、性生活功能等多方面的功能。

第三,家庭是人群共同体中最小、最基本、其成员之间关系最密切的形式。所谓最小,是指只要有两个人就可以组成家庭。当然还有所谓一人之家,但那不是正常意义上的家庭。所谓最基本,是指家庭具有不可再分性,即没有比家庭再小的社会生活的单位。社会学创始人孔德曾把家庭定义为"具有自发维持能力的最小社会"[23]。家庭成员之间的关系最为密切,如夫妻之间有性爱关系,父母子女、兄弟姐妹之间有血缘关系,各成员之间有经济利害关系、名誉关系等等。

2. 家庭的起源与发展

人类社会并不是一开始就有家庭的。马克思在《摩尔根〈古代社会〉一书摘要》中明确肯定:"最古是:**过着杂交的原始群的生活**;没有家庭"[24]。这是由生产力发展水平所决定的。当时人们还没有完全摆脱动物状态,至少还是部分地在树上,以植物的果实、根茎作为食物,使用天然的石块、树枝作为工具追逐野兽,不会用火。由于生产力十分低下,个人征服自然的能力极其薄弱,人们必须成群地生活在一起,否则就无法生存。杂乱的性交关系正是适合于这种群居生活的。在这种情况下,两性关系上的任何排他性,都必然削弱群体行动和联合力量,影响到人类的生存。只有在人类征服自然的能力有了一定程度的提高以后,两性关系才形成排他性的固定形式,从而出现家庭。在人类历史上,除去了血亲杂交,先后有过血缘家庭、普那路亚家庭、对偶家庭、一夫一妻制家庭四种形式。

1. 血缘家庭

血缘家庭是人类历史上第一个家庭形式,产生于大约170万年前,属于旧石器时代。在血缘家庭里,两性关系是以辈分为界限的。不同辈分的人,例如父母和子女、祖父母和孙子女之间不能有两性关系。这是血缘家庭与血亲杂交不同的地方。血缘家庭限制了不同辈分的人们之间的两性关系,但同辈分的兄弟姐妹之间可以有两性关系。虽然按现代观点这依然是一种群婚制,但它总还是对两性关系的一种比较固定的限制,因而我们称它家庭。摩尔根把这种家庭称之为"最简单的因而也是最古老的"[25]家庭制度。他指出:"这种血缘家庭中,**丈夫**过着**多妻**的生活,而**妻子**则过着**多夫**的生活。想在**原始时代找出其他任何可能有的家庭雏型都是困难的**。"[26]当然,这种家庭和现代有固定的生活住所、有法律保障的一夫一妻制家庭是大不相同的。在这种家庭制度下,凡是兄弟姊妹的子女,不分亲疏远近,都是他(她)们的共同子女。而这些共同的子女不分亲疏远近也都是兄弟姊妹,他(她)们把与自己父母同辈的兄弟姊妹都称为父亲或母亲,把与自己子女同辈的兄弟姊妹都称为自己的儿子或女儿。我们当然不能用现代人的眼光去责备古人,而应该用历史主义观点看待它。德国音乐家瓦格纳曾创作过一部歌剧《尼伯龙根》,写的是远古时代的故事,用的却是现代人的观点。其中有一句歌词:"谁曾听说哥哥抱着妹妹做新娘?"马克思在一封信中严厉地批评了这句话。他说:"**在原始时代,姊妹曾经是妻子,而这是合乎道德的**。"[27]

2. 普那路亚家庭

人类的婚姻家庭形式发展到普那路亚家庭时,对两性关系又做了进一步的限制,排除了兄弟姊妹之间的性关系,实行两个集团之间的伙婚。具体说来,就是在两个集团之间,集团甲中的一切女子均属于集团乙中的一切男子,前者中的一切男子相应地也属于后者中的一切女子。"普那路亚"这个词最早是从实行这种家庭制度的夏威夷群岛土著人那里来的,意即"亲密的伙伴"。摩尔根在《古代社会》一书中叙述了夏威夷土著人中普那路亚家庭的情况:"**在夏威夷人中,一个丈夫把他的妻子的姊妹称作自己的妻子**;他的妻子的所有姊妹,不论直系或旁系,都是**他的妻子**。但是,他把**他妻子姊妹的丈夫称作普那路亚**,意即**他的亲密的伙伴**;他的妻子的各种姊妹的丈夫,他也都如此称呼。**他们都处于集体的群婚中**。这些丈夫们可能**不是兄弟**，不然的话，**血缘亲属关系将会压倒姻亲关系**。但是，**他们的妻子却都是直系或旁系的姊妹**。在这种情况下，**妻子们的姊妹关系就构成这种集团的基础**，而丈夫们则相互处于普那路亚关系之中。""另一集团则以**丈夫们的兄弟关系**为基础，一个妻子把她丈夫的兄弟称作**自己的丈夫**；他丈夫的所有兄弟，同胞和旁系的，也都是她的丈夫，但是，**他丈夫的兄弟的妻子**对她来说则是普那路亚的关系。"[28]

普那路亚家庭排除了兄弟姊妹之间的性关系，这是人类家庭发展史上的一个重大进步。恩格斯评价道："这一进步的影响有多么大，可以由**氏族**的建立来作证明，氏族就是由这一进步直接引起的，而且远远超出了最初的目的，它构成地球上即使不是所有的也是大多数野蛮民族的社会制度的基础，并且在希腊和罗马我们还由氏族直接进入了文明时代。"[29] 普那路亚家庭历史上存在于欧洲、亚洲和美洲。直到 19 世纪，美洲易洛魁人中间还流行这种家庭的亲属制度，而夏威夷土著民族当时还保留着此种家庭形式。

3．对偶家庭

普那路亚家庭再向前发展，就出现了对偶家庭。血缘家庭和普那路亚家庭，严格说来都属于群婚制，只不过有一些限制而已。对偶家庭不同，它是一种个体婚，即一男一女的婚姻，已经开始初具一夫一妻制家庭的形式，只不过这种形式还不太牢固，很容易离异。在对偶家庭条件下，男女双方有明确的婚姻关系，而子女的存在又使这种关系日趋巩固和持久。但是，这种关系可以根据夫妻任何一方的愿望而解除，以后双方都有重新结婚的自由。建立这种对偶家庭并不是以感情为基础，而是以方便和需要为基础。从易洛魁人和印第安人部落的风俗习惯中可以看到，母亲为女儿议婚时是不让她知道的，也不可事先征求她的同意；所以互不相识的人结成夫妻。婚前男方要向女方赠送礼物。结婚仪式也很简单：部落祭司把新娘长外衣的一端和新郎外套的一端连接起来，婚姻关系就成立了。新娘把带来的一切东西都牢牢地记在心中，以便在离异时带走。离异时丈夫带走女儿，妻子带走儿子，双方可以再婚再嫁。在易洛魁人中，几个这样的对偶家庭住在一座大房子中，组成集体大家庭，共享一切财物。这表明家庭还很脆弱、很不稳定，还不能单独从事生产和社会经济活动。而这种婚姻关系的不稳定，又使人们不需要有自己的家庭经济。我国西南地区永宁纳西族的"阿注"婚姻，就是一种对偶制家庭形式。男女双方互称自己的配偶为"阿注"，但他们并不生活在一起，男子只在晚饭后才到女子家庭中过夜，第二天一早又回到自己母亲家生活。一般来讲,男女阿注之间主要是性关系。因此,阿注之间的感情十分有限。他们认为,你既不属于我,我也不属于你,谁都不靠谁吃饭。许多人阿注关系保持虽久,却感情淡薄,生前少爱,死时不悲。有的男女双方维持阿注关系达 30—40 年,并生有子女,但死后也不通知对方,对方得知后也全无失偶之痛,不去致哀。他们说:"我们不像汉人那样需要一个老伴"。在永宁纳西族的语言中,还没有"爱情"一类词汇。他们根本不知爱情为何物。爱情是伴随着一夫一妻制家庭出现的。摩尔根说得好:"现在在文明民族中如此有力地发展了的**一男一女结对同居的倾向,并不是人类的常规**,而是像心灵上的一切伟大的感情和力量一样,**都是由经验产生的**。"[30]

4. 一夫一妻制家庭

一夫一妻制(专偶制)家庭在原始社会末期就开始出现,但在奴隶社会才确立起来。一夫妻制家庭在奴隶社会、封建社会、资本主义社会以及社会主义社会,具有不同的表现形式。恩格斯指出:一夫一妻制"不是个人爱情的结果,它同个人性爱绝对没有关系,因为婚姻和以前一样仍然是权衡利害的婚姻。专偶制是不以自然条件为基础,而以经济条件为基础,即以私有制对原始的自然产生的公有制的胜利为基础的第一个家庭形式"[31]。在私有制社会里,一夫一妻制家庭有以下几个特征:

第一,夫妻关系比较稳固。无论在东方或西方,法律和风俗习惯都竭力维护夫妻家庭关系。我国的《周易·卦传》就写道:"夫妇之道,不可以不久也"。在中世纪欧洲,夫妻双方无重大理由不得离异,如必须离异,须经教皇宣告婚姻无效。一夫一妻制家庭的产生主要是为了财产继承问题。男方需要保证自己的财产由自己亲生的子女来继承。如果男女结合不牢固,轻率离异,子女血统、继承关系便难于确定。

第二,男子占统治地位。夫权高于一切,妇女在家庭中处于无权地位。我国封建社会要求妇女"在家从父、出嫁从夫、夫死从子"。印度《摩奴法典》对妇女的规定与这几乎完全一样。西方也是如此。古希腊史诗《奥德赛》描写特里曼殊禁止他的母亲出去和客人谈话,命令她:"赶快回到内庭去做你的事,到纺锤和纺机那儿去,……谈话这些事情乃是男子,尤其是我自己的职责,因为我乃是宫廷里的主人。"基督教经典《圣经》中说:"你们做妻子的要顺从自己的丈夫,……就如撒拉听从亚伯拉罕,称他为主。"

第三,事实上的一夫多妻。一夫一妻制家庭只是要求妇女一夫,而男子却过着多妻生活。恩格斯在猛烈抨击私有制社会虚伪的一夫一妻制时说:"一方面是专偶制,另一方面则是淫游制以及它的最极端的形式——卖淫。

淫游制和社会的任何其他制度一样,也是一种社会的制度;它使旧时的性的自由继续存在,以利于男子。在实际上不仅被容忍而且特别为统治阶级所乐于实行的淫游制,在口头上是受到诅咒的。但是实际上,这种诅咒决不是针对着参与此事的男子,而只是针对着妇女:她们被剥夺权利,被排斥在外,以便用这种方法再一次宣布男子对妇女的无条件统治乃是社会的根本法则。"[32]这点在统治阶级内部表现得十分明显。王公贵族莫不有三妻四妾,此外还有妓院。在我国,直到解放前,有钱人家还可以公开纳妾。真正的一夫一妻制家庭,大都出现在下层劳动人民中间。因为夫权的统治,一夫多妻是以男性占据财产和生产资料为基础的,而在劳动人民家庭中,夫妻双方都处于没有财产、受剥削的地位,双方都要靠自己的劳动维持生活。

第四,对妇女贞操的严厉要求。这是服从于要保证确是出自丈夫血统的子女继承财产的需要的。妻子不论是否对丈夫有爱情,都要绝对地为丈夫保守贞操,不许与丈夫以外的任何男人有性关系,稍有越轨,就要受到极为严厉的惩罚。在西方奴隶社会,丈夫如果发现妻子有了所谓不贞的行为,可以随便把她杀死,法律对此不予追究。

从以上几点可以看出,私有制下的一夫一妻制家庭实质上是男子对女子的压迫。毛泽东曾把"夫权"作为束缚中国人民特别是广大劳动妇女的"四大绳索"之一。在历史上,妇女解放运动往往跟阶级斗争联系在一起。但是,广大妇女的彻底解放,男性对女性家庭统治的结束,只有消灭私有制才能实现。

社会主义社会消灭了生产资料私有制,因而为从经济上消灭男女不平等提供了物质基础。社会主义国家的法律明文规定妇女在参与生产劳动、社会活动、文化学习以及个人生活诸方面享有与男子完全平等的权利。"因为随着生产资料转归社会所有,雇佣劳动、无产阶级、从而一定数量的……妇女为金钱而献身的必要性,也要消失了。卖淫将要消失,而专偶制不仅不会灭亡,而且最后对于男子也将成为现实。"[33]

二 氏族和部落

1. 氏族和部落的性质与特征

氏族与部落是人类早期的共同体形式。氏族在蒙昧时代中级阶段发生,在高级阶段继续发展起来,到了野蛮时代的低级阶段,它便达到了全盛时代。恩格斯指出:"**氏族**制度,在绝大多数情况下,都是从普那路亚家庭中直接发生的。""氏族不仅是必然地,而且简直是自然而然地从普那路亚家庭发展起来的"[34]。氏族是以血缘关系为纽带、同族内禁止通婚的集团,是为生产而直接结合起来的原始社会的基本经济单位和社会单位。它包含三重属性:既是一个血缘亲属集团,又是一个社会的生产单位,还是一个社会的基本单位。部落则是由几个氏族联合而成的组织。在部落部内,每个氏族仍然是独立的生产单位和生活单位,但同时也出现了部落的公有地。

氏族与部落组织有以下几个特点:

第一,氏族内部实行生产资料公有制,生活资料平均分配,氏族全体成员享有平等权利。氏族成员共同劳动,共同消费,按性别和年龄不同进行一些简单的自然分工。如男人外出打猎、作战、捕鱼;女人采集果实、制衣、做饭;老年人制造工具;小孩做些辅助劳动。

第二,与生产资料公有制相适应,氏族内部实行原始的民主管理。没有与社会脱离并凌驾于社会之上的公共权力。每个氏族的酋长都由氏族全体成年男女选举产生,也由他们随时撤换。酋长处理日常事务,没有什么特权。军事首领仅仅在出征时才发布命令。氏族的最高权力机关是氏族议事会,它决定氏族的一切重大问题,如血亲复杂、收容养子等。氏族所有的成年男女都有平等的表决权。部落的最高权力属于部落议事会,由各氏族的酋长和军事首领组成。开会时全部落成员都围在四周,每个人都有发言权,共同决定全部落的重大问题;没有常备军,如果发生战争,由氏族内成年男子组成志愿军参战。氏族内部没有法律,然而社会秩序井然有序,这是靠氏族酋长的威信、习惯和传统的力量、社会舆论来维持的。虽然没有任何强制,但由于氏族成员之间不存在根本的利害冲突,因而人们都能自觉遵守社会秩序。

总之,氏族和部落组织是一种"不知有**国家**的一个社会的组织"[35]。恩格斯这样评论氏族组织:"这种十分单纯质朴的氏族制度是一种多么美妙的制度啊!没有大兵、宪兵和警察,没有贵族、国王、总督、地方官和法官,没有监狱,没有诉讼,而一切都是有条有理的。一切争端和纠纷,都由当事人的全体即氏族或部落来解决,或者由各个氏族相互解决;血族复仇仅仅当作一种极端的、很少应用的威胁手段……家户经济是由一组家庭按照共产制共同经营的……丝毫没有今日这样臃肿复杂的管理机关。一切问题,都由当事人自己解决,在大多数情况下,历来的习俗就把一切调整好了。"[36]

2. 氏族和部落的发展与消亡

氏族的发展经历了母系氏族与父系氏族两个阶段。在母系氏族阶段,氏族成员的血统只能根据母亲方面来划分。在生产方面,男子出外打猎捕鱼,收获不稳定。而妇女则就近从事采集和家务劳动,生活来源比较稳定可靠,因而在社会经济中的地位较男子重要。同一始祖母的若干女儿们的后代形成一个氏族公社。我国母系氏族的形成大约在15万年前。后来,随着生产力的进步,主要劳动由男子承担,使男女的经济地位发生了显著的变化。男子从事田间生产,管理牲畜,女子从事家务劳动。因此男子渐渐在社会经济中占据主导地位。同时,群婚制已经过渡到对偶婚,子女可以确认自己的生身父亲了,而氏族内部已经出现了私有财产,父亲力图改变传统的继承制度,把财产传给自己的儿子,因此,父系氏族便代替了母系氏族。我国进入父系氏族的时代,大约在5000年前。

氏族从一开始出现,就随着人口的增长而不断分衍。每个氏族分化为几个较小的氏族,几个氏族组成一个胞族,几个胞族组成一个部落,几个部落由于某种需要(如防备外来的袭击)又组成部落联盟。恩格斯指出:"氏族作为社会单位出现以后,氏族、胞族和部落这整个社会组织就怎样几乎以不可抗拒的必然性(因为是天然必然性)从这种单位中发展出来。这三种集团代表着不同层次的血缘亲属关系,每个都是闭关自守,自己的事情自己管理,但是又互相补充。归它们管辖的事情,包括低级阶段上的野蛮人的全部公共事务。"[37]然而,氏族和部落组织是以生产力极不发达为前提的,随着生产力的不断发展,它就逐渐不能与之相适应了。因为,氏族制度的前提,是人们以血缘关系为纽带,共同生活在纯粹由他们居住的同一地区之中。但随着社会分工而来的商业活动、职业变换和土地所有权转让的影响,氏族成员到处杂居。他们中间还有战俘和外地人,氏族组织再也不能集会来处理自己的事情了。土地私有、独立经营的个体家庭成为社会的经济单位,社会逐渐分裂为奴隶和奴隶主两大对抗阶级,这两大对抗阶级之间存在着根本的利害冲突,这种冲突是不可调和的,而氏族社会是从没有根本性的内部对立的那种社会中生长出来的,而且只适合于这种社会。除了舆论之外,它没有任何强制手段,因而无力解决日益尖锐的阶级冲突。结果,由民主选举产生的部落首领渐渐变成世袭的君主,设置了由特殊武装力量、监狱、法庭等组成的新机关,成为镇压奴隶的暴力机器,氏族机关就这样转化为自己的对立物;由人民意志的工具转为压迫人民的机器。总而言之,"氏族制度已经过时了。它被分工及其后果即社会之分裂为阶级所炸毁。它被**国家**代替了"[38]。

三 民 族

1. 民族问题的实质和意义

民族一词有广义和狭义两种用法。广义的民族泛指历史上形成的、处于不同社会发展阶段的各种民族的全体,如原始民族、古代民族、现代民族等概念,都是民族一词的广义用法。狭义的民族是指人们在历史上形成的,一个有共同语言、共同地域、共同经济生活以及表现于共同文化上的共同心理素质的稳定的共同体。作为人群共同体形式之一的民族,主要指狭义上的民族。

民族问题有它自己的特殊性。这种特殊性首先表现在:民族一旦形成,便会产生出强烈的民族意识和民族感情,以致这种意识和感情鲜明地渗透在各民族的经济、政治、文化生活中,铭刻在每一个民族成员的心坎上。虽难以捉摸,却可以明显感觉到。民族由于客观经济发展的规律而产生,但它形成之后,却以共同语言、共同地域、共同经济生活和共同文化上的共同心理素质为特征,具有较高的稳定性。历史上的民族都有很长的历史过程,如今天在中国人口中占绝大多数的汉民族,形成于秦汉时期,至今已有两千多年。而且特别引人注意的是,有些民族在历史上历尽沧桑,颠沛流离,作为民族形成标志的四大特征早已残缺不全,然而强大的民族感情纽带依然维系着民族共同体的生存,表现出民族的强大生命力。

民族问题特殊性的第二个表现是:在私有制社会里,民族问题实质上是阶级问题,民族斗争实质上是阶级斗争。斯大林在谈到资本主义上升时期的民族斗争时说:"在资本主义上升时期,民族斗争是资产阶级之间的斗争。有时资产阶级也能把无产阶级吸引到民族运动中去,那时民族斗争表面上就会带有'全民的'性质,然而这只是表面上如此。**实质上**这个斗争始终是资产阶级的,主要是有利于和适合于资产阶级的。"[39]毛泽东在 1964 年发表支持美国黑人抗暴斗争声明时说:"民族斗争,说到底,是一个阶级斗争问题。"

为什么说民族问题实质上是阶级斗争问题呢?

马克思主义认为,在阶级社会里,个人是从属于一定阶级的,是在一定的阶级地位中生活的。作为人群共同体的民族,既包括上层剥削阶级,它在民族中居于统治地位;也包括被剥削阶级,它由占民族总人数百分之九十以上的劳动者组成。在私有制社会里,任何一个民族都是由这两部分人组成的,不存在什么超阶级的民族,民族成员之间的根本利益并不是一致的。一个国家中,各个民族的统治阶级尽管在文化、宗教等方面有许多不同点,在各自的利益上也有许多冲突之处,但在维护剥削制度、镇压本民族被剥削阶级的反抗这一根本利益上却是一致的。同样,各民族中处于被剥削地位的劳动人民,虽然语言不同,风俗习惯不同,但要求推翻阶级剥削制度、走向解放的心理,却是相通的。这就是为什么我国历史上出现过多次各民族人民联合的大起义,而各族统治阶级面临人民反抗时,也会把他们之间的分歧暂时搁置一旁,联合对付劳动人民。事实上,阶级剥削制度是阶级社会里一切民族矛盾、民族压迫和民族斗争的总根源。"人对人的剥削一消灭,民族对民族的剥削就会随之消灭"。"民族内部的阶级对立一消失,民族之间的敌对关系就会随之消失"[40]。民族问题的彻底解决,必须以阶级问题的彻底解决为前提。阶级问题对民族问题有决定性的制约力。马克思主义经典作家在谈到民族解放问题时,总是把它与阶级问题紧密地联系在一起,把民族问题看作无产阶级革命总问题的一部分。马克思和恩格斯在19世纪研究爱尔兰、印度、波兰和中国的民族问题时,把工人革命运动作为它的第一个条件。列宁在为布尔什维克党制订理论纲领时,也十分强调俄罗斯少数民族要真正从沙皇政府大民族沙文主义压迫下解放出来,首先依赖于俄国无产阶级革命的成功。以毛泽东同志为首的中国共产党,在长期的革命斗争中制订了一整套民族解放和人民革命的理论和策略。在新民主主义革命时期,主要是动员和团结国内各族人民,对外推翻帝国主义压迫,实现中华民族的彻底解放,对内推翻封建主义和官僚资本主义的统治,实现民族政治平等。在新中国建立以后,人民政府又采取了一系列措施,如帮助各民族进行土地改革,打击各种反动势力,因而在少数民族地区消灭了封建制和农奴制,使他们进入了社会主义社会,从而为民族问题的根本解决奠定了基础。

2. 民族的产生和发展

不管是原始民族还是现代民族,都是历史的产物,它们形成于一定的历史时期,在发展中经历不同的历史阶段,最终又必然消亡。马克思主义认为,社会生产力的发展是社会发展的最后决定力量。民族的形成、发展和消亡,归根到底也是由生产力的发展、生产力和生产关系的矛盾运动所决定的。

原始民族是从部落或部落联盟形成的。在原始社会末期,金属工具得到了广泛的使用,随着农业、畜牧业、手工业、商业的发展,出现了三次社会大分工。"劳动本身经过一代又一代变得更加不同、更加完善和更加多方面化了。除打猎和畜牧外,又有了农业,农业之后又有了纺纱、织布、冶金、制陶器和航行。伴随着商业和手工业,最后出现了艺术和科学;从部落发展成了民族和国家"[41]。

由于金属工具的使用,提高了农业生产率。一些具备了使用金属工具条件的部落迅速向农业专业化方向发展。同时,畜牧业也由于驯养、繁殖牲畜的技术的提高而发展起来。以农业为主的部落开始定居下来,过着"以农为本"的生活;以畜牧业为主的部落,则过着"逐水草而居"的生活。这种经济类型的部落的产生,便是后来民族共同经济生活的物质基础。

血缘关系纽带的散落、旧部落的分化和新部落的建立,进一步促进了经济文化的融合。由于商业活动的频繁,人们在部落联盟的地域范围之内互相交往,开始过着共同的经济生活;由于经济、生活、军事上的需要,同一地域内各部落的方言便渐渐融合为一种新的语言;随着共同语言的形成,人们的文化生活和风俗习惯也开始趋向共同,形成一致的文化心理素质;于是民族便形成了。

中世纪或封建社会的民族,大多由部族转化而成。它们的形成过程与中央集权国家的形成在时间上是一致的。到了近代,当资产阶级打破封建主义和封建割据时,民族又经历了一个新的融合、分化、统一的过程。正如斯大林所说,资产阶级民族是资本主义社会的产物,"封建制度消灭和资本主义发展的过程同时就是人们形成为民族的过程"[42]。在这个过程中,有的民族消失了,有的转化为新民族,有的被在政治发展、经济文化水平以及组织性方面占优势的另一民族所同化,形成现代民族。马克思和恩格斯在《共产党宣言》中分析了由各个闭关自守的地区结合为"**一个拥有统一的政府、统一的法律、统一的民族阶级利益和统一的关税的统一的民族**"[43]的过程。尽管他们是直接针对西欧各国民族的形成过程来说的,却揭示了现代民族形成的一般基础和条件。

社会主义消灭了各民族内部的阶级剥削和压迫,这就从根本上消灭了民族对立的基础,形成各民族平等、团结、互助的新局面。在社会主义制度下,一方面,允许民族实行区域自治,各民族的特点受到尊重,文化传统、风俗习惯受到保护;经济、文化教育得到较快的发展。另一方面,由于先进的社会主义制度、现代化大生产加强了各民族之间的联系和交往,各族人民在思想、文化、语言、道德以及感情、心理方面产生了越来越多的新的共同点,从而开始了各民族逐步接近的过程,这就为在未来社会中民族新的融合创造了条件。社会主义为各民族的发展提供了广阔的前景。

注　释

[1]《马克思恩格斯选集》第2卷,人民出版社1995年版,第32页。
[2]《马克思恩格斯选集》第2卷,人民出版社1995年版,第38页。
[3]《马克思恩格斯选集》第3卷,人民出版社1995年版,第704—705页。
[4]《马克思恩格斯选集》第2卷,人民出版社1995年版,第32页。
[5]《马克思恩格斯全集》第25卷,人民出版社1974年版,第925页。
[6]《斯大林选集》下卷,人民出版社1979年版,第594页。
[7]《马克思恩格斯选集》第2卷,人民出版社1995年版,第13页。
[8]《列宁选集》第4卷,人民出版社1995年版,第28页。
[9]《列宁选集》第4卷,人民出版社1995年版,第32页。
[10]《毛泽东选集》第2卷,人民出版社1991年版,第547页。
[11]《马克思恩格斯选集》第4卷,人民出版社1995年版,第172页。
[12]《马克思恩格斯选集》第3卷,人民出版社1995年版,第523页。
[13]《毛泽东选集》第2卷,人民出版社1991年版,第676页。
[14]《毛泽东选集》第2卷,人民出版社1991年版,第677页。
[15]《毛泽东选集》第2卷,人民出版社1991年版,第677页。
[16]《马克思恩格斯选集》第1卷,人民出版社1995年版,第82页。
[17]《马克思恩格斯选集》第4卷,人民出版社1995年版,第285页。
[18]《马克思恩格斯选集》第4卷,人民出版社1995年版,第703—704页。
[19]《马克思恩格斯选集》第2卷,人民出版社1995年版,第112页。
[20]《马克思恩格斯选集》第1卷,人民出版社1995年版,第98页。
[21]《马克思恩格斯选集》第4卷,人民出版社1995年版,第703—704页。
[22]《马克思恩格斯选集》第1卷,人民出版社1995年版,第9页。
[23] 转引自刘达临:《家庭社会学漫谈》,山东人民出版社1983年版,第13页。
[24]《马克思恩格斯全集》第45卷,人民出版社1985年版,第337页。
[25] 转引自《马克思恩格斯全集》第45卷,人民出版社1985年版,第344—345页。
[26] 转引自《马克思恩格斯全集》第45卷,人民出版社1985年版,第346页。
[27]《马克思恩格斯选集》第4卷,人民出版社1995年版,第33页。
[28] 转引自《马克思恩格斯全集》第45卷,人民出版社1985年版,第349—350页。
[29]《马克思恩格斯选集》第4卷,人民出版社1995年版,第35页。
[30] 转引自《马克思恩格斯全集》第45卷,人民出版社1985年版,第363页。
[31]《马克思恩格斯选集》第4卷,人民出版社1995年版,第62—63页。
[32]《马克思恩格斯选集》第4卷,人民出版社1995年版,第64—65页。
[33]《马克思恩格斯选集》第4卷,人民出版社1995年版,第74页。
[34]《马克思恩格斯选集》第4卷,人民出版社1995年版,第38—39页。

〔35〕《马克思恩格斯选集》第4卷,人民出版社1995年版,第94页。
〔36〕《马克思恩格斯选集》第4卷,人民出版社1995年版,第95页。
〔37〕《马克思恩格斯选集》第4卷,人民出版社1995年版,第94页。
〔38〕《马克思恩格斯选集》第4卷,人民出版社1995年版,第169页。
〔39〕《斯大林全集》第2卷,人民出版社1956年版,第305页。
〔40〕《马克思恩格斯选集》第1卷,人民出版社1995年版,第291页。
〔41〕《马克思恩格斯选集》第4卷,人民出版社1995年版,第380—381页。
〔42〕《斯大林全集》第2卷,人民出版社1956年版,第300—301页。
〔43〕《马克思恩格斯选集》第1卷,人民出版社1995年版,第277页。

第六章
社会运行机制

"机制"一词,原指机器的构造和动作原理。生物学和医学借用此词,用以说明有关生物的结构和它的内在工作方式。社会运行机制,是指把组成人类社会的各种要素和社会组织结合为一个有机整体并使其正常运转的内在机理或工作方式,属于社会的运筹性因素,包括需要和利益、社会分工、社会交往等。

第一节 需要和利益在社会发展中的作用

需要是人对物质生活条件(要素)和精神生活条件(要素)的依赖关系的反映,是对需要对象的明确指向,并以主观愿望的形式表现出来。需要按其内容,可以区分为物质需要和精神需要;按其水平,可以区分为必要需要和奢侈需要;按其过程,可以区分为现实性需要和理想性需要;按其主体,可以区分为个人需要、集体需要和社会整体需要;等等。

利益是需要主体以一定的社会关系为中介,以社会实践为手段,占有和消费需要对象,从而使需要主体与需要对象的矛盾状态得到克服,即需要的满足。利益具有多层次性,是一个复杂的系统。从利益的主体看,可以区分为个人利益、集体利益和社会整体利益;从利益的内容看,可以区分为物质利益和精神利益、经济利益和政治利益;从利益的实现过程看,可以区分为当前利益和长远利益;等等。

需要和利益在社会发展过程中,有着极为重要的地位,发挥着重大的作用。

一 需要与利益是社会发展的动因

恩格斯说:"一个很明显的而以前完全被人忽视的事实,即人们首先必须吃、喝、住、穿,就是说首先必须**劳动**,然后才能争取统治,从事政治、宗教和哲学等等"[1]。"所以,直接的物质的生活资料的生产,因而一个民族或一个时代的一定的经济发展阶段,便构成为基础,人们的国家设施、法的观点、艺术以至宗教观念,就是从这个基础上发展起来的,因而,也必须由这个基础来解释"[2]。这就指明了社会的政治和思想上层建筑是由经济基础决定的,要由经济基础来解释;全部的经济基础是由人们"直接的物质的生活资料的生产"构成的;而人们的物质生活资料的生产,又源于人们吃、喝、住、穿等需要及其满足。按照这一理解,人的需要与利益在社会历史的发展中,是一个不可或缺的因素,具有不可替代和不可忽略的作用。

第一,人的需要是人的劳动创造活动的原因和根据。

任何事物的产生和存在、发展,都有其自身内在的原因和根据。那么,人的劳动创造活动的原因和根据是什么呢?就是人的需要及其满足。人作为有生命的存在物,必须同外界进行物质、能量和信息的交换,消耗自身能量,从外界获取人的生命活动必需的资料,维护新陈代谢。这是人的生命活动的客观要求。人为了获取满足生命活动的外界资料,必须对客观对象有一定的认识,加以一定的改造,这种认识和改造对象的活动,就是人的劳动创造活动。人的劳动创造活动是满足人的需要的必要的活动,它是人类历史的基础和前提,而它自身又以人的需要作为原因和根据。离开人的需要,人的劳动创造活动就失去了存在的意义和价值,因而,也就不会有人类社会的存在和人类历史的发展。

第二,需要向利益的转化形成生产力。

人的需要是人的劳动创造活动的原因和根据,但人仅仅有需要是什么问题也解决不了的,只有使需要得到满足,成为人的利益,人的生命活动才能持续下去。而满足需要就必须认识和改造客观对象。人的有目的有意识地认识和改造客观对象的活动,是人的社会实践活动,亦即劳动创造活动,而人改造客观对象的能力,则是社会生产力。

需要是人的内在规定性、"天然必然性",但人不仅是一种客观的存在,而且是能够反思自我、能够意识到自身存在的存在,需要对于人来说,也就成为能够意识到的需要。为了使需要得到满足,人必然要按照人的生命活动的要求去认识客观事物,选择客观事物,改造客观事物,在认识、选择和改造客观事物的过程中,人对客观事物的把握和占有能力逐步形成和发展起来,使客观事物作为满足人的需要的对象成为可能,在一定的社会条件下,这种可能又成为现实,构成人的利益。人们对客观事物的这种认识、选择和改造能力,便构成一定的社会生产力。生产力既是在需要向利益转化过程中形成的,又是需要向利益转化的中间环节。没有生产力,需要不能形成利益,人的生命活动也就无法持续下去。

第三,为使需要得到满足必须结成一定的生产关系。

人的劳动创造活动从来就不是孤立进行的,只有结成一定的生产关系,人们才能从事社会生产,只有在一定的社会关系中,人们才能生存和生活。经过人的劳动创造活动改造的客观对象,作为劳动成果或满足人的需要的对象,必须通过人们之间的一定的关系才能被人们占有和应用,并且只有借助于这种关系,人们才能获得自己的劳动成果。在人们改造客观事物的劳动创造活动中结成的关系的实质,它所指向的目标,是对劳动成果的占有。因此,我们可以说,需要既引导人们形成一定的生产力,又促使人们结成一定的生产关系和社会关系。在生产关系和社会关系中,人们的劳动成果才成为满足人的需要的现实的利益。

二 需要与利益内容的丰富与发展推动社会进步

人的需要必须转化为利益,才能使需要得到满足。人的基本需要得到满足后,又会产生新的更高层次的需要,经过人的劳动创造活动,再使这些需要转化为利益。这时的需要与利益,已经是更加丰富和发展的需要与利益。社会的进步,就是人的需要与利益不断满足、不断丰富、不断深化、不断展开的过程。

第一,解决需要与利益的矛盾和冲突推动社会进步。

需要与利益是既对立又统一的。所谓对立,是指需要不是利益,利益也不是需要;需要并非在任何情况下都能转化为利益,只有在社会具备满足需要的能力和条件的情况下,需要才可能转化为利益;利益也并非在任何情况下都能产生新的需要,利益是否能产生新的需要要依主体的具体情况和社会条件而定。所谓统一,是指需要与利益是人的生命活动过程中两个不可分离的环节。只有两个环节紧密地联系在一起,才能保证人的生命活动的进行,两者有机地统一于人的生命活动中。如果两个环节出现分离,就会危及到人的生存和发展。原始社会满足人的需要的社会条件极端贫乏,人的生存受到威胁,创造人的生存的社会条件是人们面临的首要任务。阶级社会满足人的需要的社会条件有了很大的发展,人的生存状况也有很大的改观,即少数人的基本生存需要和部分发展需要得到解决,还出现了奢侈需要得到满足的现象。与此同时却是多数人的基本生存需要得不到保障,特别是发展需要得不到满足。而要解决这一矛盾,必须提高社会生产力,使社会具有从需要转化为利益的物质条件;同时还要改造生产关系和各种社会关系,以及人们的思想观念等,使满足人的需要的物质条件能够被社会的多数成员现实的合理的占有和使用。社会的进步,就是需要与利益之间的矛盾冲突不断得到解决的过程。

第二,需要与利益的多方面发展是社会进步的标志。

人的需要与利益具有无限的发展趋势,这就是"需要增长的规律"[3]。马克思、恩格斯指出:"已经得到满足的第一个需要本身、满足需要的活动和已经获得的为满足需要而用的工具又引起新的需要"[4]。基本需要与利益始终处在不断满足的过程中,在此基础上,又不断产生新的需要与利益。为了满足这些新的需要与利益,社会便要不断地创造新的物质和精神条件。通过这些新的条件的创造,社会生活更加丰富多彩,社会文明水平不断提高。社会满足人的需要与利益的新的物质与精神条件的产生,标志着社会文明发展水平所达到的新的阶段,标志着社会的进步与发展。社会历史就是这样一个不断产生又不断满足新的需要的循环往复过程。

第三,需要与利益获得满足的要求决定社会分工的产生。

社会生产必须同社会需要和满足人们物质利益的要求相一致,才能正常进行,健康发展。人们不是为生产而生产,而是为了满足自己的需要和利益而生产。社会生产的规模和构成必须适应社会需要的规模和构成,必须与人们对自身利益的追求相协调。而社会需要和利益是一个复杂的体系。要满足人们多种多样的需要和利益,就必须生产出多种多样的产品,提供多种多样的服务。这就决定社会生产体系必须是一种分工协作的关系。每种生产都提供一种特殊产品和特殊服务,各种生产互相联系、互相依赖,构成社会分工的复杂体系。正如马克思所说:"绝大多数的产品不是自然界供给的,而是工业生产出来的。如果产品的需要量超过自然界所提供的数量,人们就得求助于工业生产。……个人需要很多东西,'可是不能单独生产这些东西'。需要满足的多种需求,就决定要生产多种东西(不生产就没有产品);要生产多种多样的东西,就已经决定参加这项生产的不止一个人。既然认为从事生产的不只一个人,那么就完全决定了生产是建立在分工之上的。"[5]

三 需要与利益的协调发展是社会进步的趋势

需要和利益是人类社会发展的动因和根据,同时人们之间需要和利益的对立又是人类社会动荡不安、纷争不已的根源。

在原始社会的氏族公社中，由于氏族成员共同占有生产资料，集体劳动，平均分配产品，所以个人利益与氏族的集体利益是基本一致的。各个氏族成员之间和单个成员与氏族的集体之间的利益差别，主要是基于自然需要和自然分工所产生的差别，这种差别主要通过传统习俗进行协调。

在以私有制为基础的社会里，社会成员分裂为两大根本对立的利益集团，利益矛盾日益尖锐，利益冲突不断加剧。剥削者不仅能够满足生存需要、发展需要和享受需要，而且有些人需求无限膨胀，奢侈无度，纸醉金迷，任意挥霍，而被剥削者却连起码的生存需要都得不到满足，衣不裹肤，食不充饥，在死亡线上挣扎。国家政权虽然也通过行政手段、法律手段、道德约束等机制，企图把利益矛盾和利益冲突限制在一定范围之内。但是，由于国家政权被剥削者所掌握，它归根结底是站在剥削阶级的立场、为维护剥削阶级的根本利益协调利益矛盾和利益冲突，这就决定了在阶级社会中，剥削阶级和被剥削阶级之间的利益矛盾和利益冲突是无法从根本上得到解决的。

在社会主义社会（这里指完全的或发达的社会主义社会），由于消灭了生产资料私有制，建立了生产资料公有制，消灭了一部分人利用占有的生产资料剥削另一部分人的现象，由于社会主义生产的目的是为了满足全体人民日益增长的物质文化生活的需要，由于社会主义国家能够正确处理社会、集体、个人三者之间的利益关系，保护个人合理的物质利益，因而人民群众在物质利益上是根本一致的。人们之间在物质利益上虽然还有差别和矛盾，但一般说来，不会导致人们在物质利益上的根本冲突。到了共产主义社会，随着科学技术的巨大进步，社会生产力的高度发展，社会产品的极大丰富，三大差别的消灭，人们觉悟的提高，每一个人的发展成了其他人发展的条件，每个人的需要和利益都能得到全面的满足，人们的需要和利益真正实现了协调发展。

在我国社会主义初级阶段，由于社会主义制度还不完全、不完善，还未达到完全的或发达的社会主义社会的发展程度，因而在需要和物质利益方面和发达的社会主义社会相比，还具有自身的特点。其主要表现是：

第一，在我国社会主义初级阶段，在所有制结构上，存在着多种经济成分，主要有国有经济，集体经济，个体经济，私营经济，中外合资和外国独资的企业等。在不同所有制经济范围内的成员，在满足需要和物质利益的份额和方式上有差别、有矛盾，这种差别和矛盾有时还是很突出的。

第二，在我国的国有经济中，企业是相对独立的经济实体，有经营管理的自主权,经营管理的好坏、经济效益的高低与本企业职工的物质利益密切相关。因此,在国有经济中,不同企业之间由于经营管理的效果不同,在物质利益上也有差别、有矛盾。在市场竞争中,这种差别和矛盾有时会发展到十分尖锐的程度。

第三,在我国社会主义初级阶段,还有管理者和被管理者、脑力劳动者和体力劳动者的分工,虽然他们在社会地位上是平等的,但是由于他们的职权范围不同,工作内容和工作方式不同,分配上的具体形式和所得份额不同,因而在物质利益上也存在差别和矛盾。

第四,由于我国地域辽阔,人口众多,经济发展极不平衡,城市和乡村、沿海和内地、东部和中西部、平原和山区,经济发展的水平差别很大,因而不同地区、不同行业之间的成员,在物质利益上存在着明显的差别和矛盾。

上述这些利益上的差别和矛盾,可以归结为国家利益、集体利益、个人利益之间的矛盾和差别。这些差别和矛盾,往往通过局部利益和整体利益、目前利益和长远利益之间的关系表现出来。处理这些关系的总原则是:对各方面的利益统筹兼顾,合理安排,使之各得其所。国家利益和集体利益高于个人利益,在三者之间发生矛盾时,个人利益要服从国家利益和集体利益;整体利益高于局部利益,在二者之间发生矛盾时,局部利益要服从整体利益;长远利益高于眼前利益,在它们之间发生矛盾时,眼前利益要服从长远利益。同时也要尽可能地使个人利益、局部利益、眼前利益得到适当的满足。

第二节 分工在社会发展中的作用

分工是一种重要的社会现象,在社会生活中起着十分重要的作用。深入系统地掌握马克思主义的分工理论,对于认识社会发展规律、指导我国正在进行的改革,具有重大的理论意义和现实意义。

分工在人类历史发展的长河中,可以分为四个发展阶段:(1)以地理自然和生理自然为基础的自然分工;(2)从原始社会后期开始出现,存在于奴隶社会、封建社会、资本主义社会的自发分工;(3)社会主义社会的半自觉分工;(4)共产主义社会的自觉分工。我们重点讲自发分工(本节中凡未加限定所使用的"分工"概念,均指自发分工或包括自发分工),即旧式分工,而把自然分工放在自发分工的起源中讲,把半自觉分工和自觉分工放在分工的未来发展趋势中讲。

一 分工的本质和结构

1. 分工的本质

作为历史唯物主义的自发分工,是指具有固定专业划分的社会活动形式。

首先,分工是一种社会活动形式。任何社会活动都需要通过一定的社会组织形式才能进行,分工就是社会活动的组织形式。没有分工,就不能把从事社会活动的人按照一定形式组织起来,社会活动便无法进行。可见分工是人类从事社会活动必不可少的条件。这里说的社会活动,包括物质生产活动、精神生产活动、政治活动、服务性活动等人类的一切活动形式。

其次,自发分工是具有固定专业划分的社会活动形式。所谓固定的专业划分,是指一个人或一些人长期从事社会总劳动中的一种劳动或一件复杂工作中的一部分工作,而不是轮流从事各种劳动和各种工作。因此,应当把历史唯物主义体系中这种具有固定专业划分的分工,同日常生活中的临时性分工区别开来。所谓临时性分工,是指完成一件复杂的劳动或工作时,许多人同时分别做各种不同的事情,但不具有固定专业划分的性质。例如,渔民在捕鱼时,在一种场合下,一个人划船,第二个人掌舵,第三个人撒网或叉鱼;在另一种场合下,三个人可以互换位置。没有这种分工协作,捕鱼便无法进行。但这种临时性的分工,并不是历史唯物主义所讲的分工。马克思曾经以捕鱼为例明确指出:在这种"协作中已经出现了分工,因为必须'同时做各种事情',但这不是真正意义上的**分工**。这三个人虽然每个人在合作行动中只完成一项工作,但他们能够轮流地划船、掌舵、捕鱼。而真正的分工却是:'当一些人互相为彼此劳动时,每个人可以只从事他最拿手的工作'等等"[6]。由此可见,历史唯物主义所说的自发分工,不仅仅在于"劳动划分",更在于"劳动划分"的固定化,在于一个人长期固定于一种劳动或工作,而不能轮流或轮换从事各种劳动或工作。

再次,自发分工具有自发性或强迫性。这是与劳动划分的固定化紧密相联的。所谓自发性和强迫性,是说人们不是自愿地而是被迫地服从固定的专业划分。自发分工包括两个方面的内容:其一是劳动分工,即社会总劳动分解为不同的部分,这是分工的客体方面;其二是劳动者分工,即总体劳动者分解为不同的部分,长期地、稳定地固着在不同的劳动活动中,这是分工的主体方面。分工就是劳动分工和劳动者分工、分工的主体方面和客体方面的统一。人的劳动的固定的专业划分,是通过这两个方面的结合表现出来的。所谓人们被迫地服从劳动的固定的专业划分,实际上是劳动者对于劳动的屈从,主体对于客体的屈从,人对于物的屈从。马克思指出:"当分工一出现之后,任何人都有了自己一定的特殊的活动范围,这个范围是强加于他的,他不能超出这个范围:他是一个猎人、渔夫或牧人,或者是一个批判的批判者,只要他不想失去生活资料,他就始终应该是这样的人"。[7]

2. 分工的结构

分工(包括劳动分工和劳动者分工)具有复杂的结构,形成庞大的分工体系。资本主义分工是自发分工发展的最完备形态,它高于以前各个社会形态的分工,并把以前各个社会形态的分工包括在自身之中。"人体解剖对于猴体解剖是一把钥匙"[8]。解剖资本主义分工体系,有助于了解以前各种社会形态的分工。资本主义分工按其结构可以分为三种情况:

第一,社会劳动整体的分工结构,即社会基本分工。其内容是把社会劳动整体分解为物质生产劳动和精神生产劳动,把全体劳动者分解为物质生产劳动者和精神生产劳动者,前者创造物质财富,后者创造精神财富。

第二,物质生产劳动和精神生产劳动各自的内部结构。可以分为三个亚种:(1)一般分工。指各种生产领域的划分。例如,物质生产部门可以分为农业、工业、商业等;精神生产部门可以分为科学、艺术、教育等。与此相适应,物质生产劳动者也分为农民、工人、商人等;精神生产劳动者则分为科学研究工作者、教育工作者、艺术工作者等。(2)特殊分工。指各个生产领域中生产部门的划分。如工业分为轻工业、重工业、交通运输业、能源工业、材料工业等;农业分为种植业、畜牧业、林业、渔业等;科学研究分为自然科学研究部门和社会科学研究部门;教育分为正规教育、业余教育、职业教育等;艺术分为文学、音乐、电影、绘画、舞蹈、雕塑等。与此相适应,劳动者也有具体的划分。(3)个别分工。指企业内部和各个单位内部的分工。如企业内部分为不同的工种和工序;学校内部分为不同的系和专业;科研单位内部分为不同的研究所和研究室;艺术团体内部按职能分为不同的班组等。与此相适应,各种劳动者也有更细的划分。

第三,社会劳动的纵向结构分工。前两种情况的分工可以看作是横向结构分工。与此相对应,则有纵向结构分工,即劳动部门和管理部门、劳动者和管理者的分工。在原始社会的氏族公社时期,为了维护氏族公社成员的共同利益,就有一些社会职能需要由个别成员担当,这些人被赋予全权,这可以看作是管理部门和管理劳动的萌芽。在体力劳动和脑力劳动、物质生产和精神生产分离,特别是在国家形成以后,有一部分人从直接生产劳动中分化出来,专门从事政治、司法等管理活动,从而出现了劳动部门和管理部门、劳动者和管理者的分工。在个体小生产中,个体家庭是基本的生产单位,劳动者和管理者是直接合一的,还没有生产单位内部劳动者与管理者的分工。因此,在以个体小生产为主导的社会形态中,管理劳动主要是对全社会的管理,管理部门主要是各级政府机构。当需要组织规模庞大的公共工程的时候,也需要有专门的管理人员。这些管理人员或者由政府官吏直接承担,或者由政府委派人员承担。在社会化生产占主导地位的社会形态中,则不仅在全社会范围内有管理部门和劳动部门、管理者和劳动者的划分,而且在各个企业、各个单位内部,也从直接劳动者中分化出专门从事管理的人员,产生了管理者和劳动者的分工。这就是说,管理劳动是一切社会化生产和共同劳动所必须的,是社会化生产共有的特点,资本主义社会的管理劳动和直接劳动的分工又有其特点,它是社会劳动过程和剥削社会劳动过程的统一。马克思指出:"资本家的管理不仅是一种由社会劳动过程的性质产生并属于社会劳动过程的特殊职能,它同时也是剥削社会劳动过程的职能"[9]。

二　分工的起源和历史形态

1. 分工的起源

自发分工只是分工发展的一个阶段。人类最初过着不定居的生活,人与人之间除去生理差别之外,几乎完全处于"自然等同状态",这时只有以生理自然为基础的分工。在人类相对定居以后,又出现了以地理自然为基础的分工。这两种自然分工还不是严格意义上的社会分工,只是社会分工的萌芽状态。但是从比较广泛的意义上说,也可以算作分工发展的一个阶段。

以生理自然为基础的分工,是指基于纯生理的差别而形成的按性别、年龄、体质等方面的分工,这是原始共同体内部的分工。

在这种分工条件下,一般是男子主外,负责打猎、捕鱼等;妇女主内,负责采集植物食物,看守住所,烤炙食物,缝制衣服和照管小孩等;老人负责制造工具;儿童则帮助妇女工作。这种分工,曾使劳动生产率得到某些提高。

以地理自然为基础的分工,是指不同的共同体由于居住地区的自然条件不同而产生的地域分工,这是共同体外部的分工。不同的共同体由于居住地区的自然条件的不同,找到了不同的生产资料和生活资料,形成不同的劳动方式和生活方式,生产出不同的产品。这种自然分工,在不同的共同体互相接触时,引起了产品的互相交换。这种产品交换多在共同体互相毗邻的边缘地区进行。这种交换是偶然发生的,不是经常进行的,交换由共同体的首领承担。这种交换没有造成生产领域的差别,而是使不同的生产领域发生关系,并把它们变成社会总生产的互相依赖的部门。

在以生理自然和地理自然为基础的自然分工的基础上,随着社会生产力的发展,先后产生了三次社会大分工。它们属于生产领域的分工,即一般分工。

第一次社会大分工是农业与畜牧业的分离,以及原始人群分化成游牧部落和农业部落。它是由原始社会生产力的进步引起的。人类最初的劳动内容是狩猎与采集。畜牧业是从狩猎中发展起来的,农业是从采集活动中发展起来的。随着采集的发展,某些可食的野生植物受到人们的保护,人们逐渐学会了种植和栽培植物,从而形成了专门从事农业的部落。同时,一部分游牧人,由于种植牲畜饲料,也逐渐转向经营种植业,从而形成农业部落;另一些游牧人则成为专门从事畜牧业的部落。

第二次社会大分工是手工业和农牧业的分离,以及专业工匠的形成。手工业作为一种具体劳动,很早就出现了,但在长时期内仅仅作为食物生产的副业,包括在农牧业之中。在生产力长期而缓慢发展的基础上,人类从石器时代过渡到了金属工具的时代。在金属工具、特别是铁制工具的推动下,农业和畜牧业有了新的和比较显著的发展。除了比较发达的农业和畜牧业以外,各种手工业,如纺织、榨油、酿酒、金属工具和武器的制造等,也获得了较大的发展,从而使手工业从农业和畜牧业中分离出来,成为一个独立的生产领域,并且相应地产生了专门从事手工业的工匠。

第三次社会大分工是商业与生产领域的分离,以及特殊的商人阶层的形成。由于农业和畜牧业、手工业和农牧业的分离,产品交换不断扩大,并日益发展为商品交换。大部分手工业者逐渐成为专门的商品生产者,农业和畜牧业也部分地开始带有商品生产的性质。由于商品交换的日益频繁,交换地区的不断扩大,商品生产者之间的直接交换发生了困难。为了克服和解决这种困难,终于出现了作为买卖双方的中介人的商人。商人是一个不从事生产而只从事商品交换的阶层。商人通过贱买贵卖,从农民、牧民和手工业者那里获利,加速了小生产者破产和分化的过程。

三次社会大分工都只限于生产领域的分工。在生产领域分工的基础上,各个生产领域中又不断分化出一些独立的生产部门,形成各个生产领域内部生产部门的分工,即特殊分工。企业或单位内部的分工,即个别分工,则是到资本主义工场手工业时期才形成的,是资本主义社会特有的现象(和资本主义以前的社会相比较而言)。在物质生产领域的分工和生产部门的分工的基础上,逐渐从物质生产中分化出一小部分专门从事精神生产的人。在原始社会后期,一些担任社会职能的氏族和部落的首领,开始脱离物质生产劳动,可以看作是精神生产者的先驱。在国家形成以后,又形成了一种社会分工的新部门,即形成了专门从事政治、司法等的专职人员以及专门从事科学、教育、文化工作的人员。这就造成了物质生产和精神生产、体力劳动者和脑力劳动者的分离,形成了社会基本分工。

以上各种分工造成了城乡的分离。城乡分工是上述各种分工的综合体现。马克思指出:"物质劳动和精神劳动的最大的一次分工,就是城市和乡村的分离"[10]。"一切发达的、以商品交换为媒介的分工的基础,都是城乡的分离。可以说,社会的全部经济史,都概括为这种对立的运动"[11]。从农业和畜牧业中分化出来的手工业,由于劳动生产率的提高,生产的产品不仅能够满足本村落的需要,而且有了剩余,需要寻找较大的销售市场。于是一部分手工业者逐渐离开农村,聚集在堡垒、寺院和交通道口附近,在那里定居下来,这些地方成了乡镇和手工业中心。这些乡镇和手工业中心,有些在后来发展为大小不等的城市。国家出现以后,专门从事政治、司法的国家机关工作人员,也集中于城市。由于城市交通发达,经济较为繁荣,信息较为流畅,适合于从事科学、教育、文化事业,因而大部分脑力劳动者也集中于城市。一般说来,城市是政治、经济、文化的中心或较为发达的地区。

2. 分工的历史形态

自发分工在历史上经历了三种基本形态,即自然经济分工、简单商品经济分工和资本主义分工。下面分别作些介绍。

(1)自然经济分工

自然经济指生产是为了直接满足生产者个人或经济单位的需要,而不是为了交换的经济形式。自然经济是与商品经济相对立的。商品经济以社会分工为前提,它的发展趋势是把每一种商品的生产,甚至把一种商品各个部分的生产,都变成专门的生产部门。自然经济则与此相反,它排斥生产的社会分工,每一生产者或经济单位利用自身的经济条件,几乎生产自己所需要的一切产品。如在中国延续几千年的奴隶社会和封建社会中,自然经济一直占统治地位,农民不仅仅从事农业,而且从事手工业,手工业是农民的副业。而手工业者也不仅仅从事手工业,而且从事农业,农业是手工业者的副业。在自然经济条件下,分工很不发达。在自然经济单位内部,没有生产分工。在不同的自然经济单位之间,存在着不甚明显的分工。在全社会的范围内和较大的自然经济单位内部,存在着社会基本分工,即物质生产和精神生产、体力劳动者和脑力劳动者的分工。自然经济分工在历史上存在的时间很长,它产生于原始社会末期,存在于奴隶社会和封建社会之中。自然经济分工在其发展的不同阶段具有不同的特征。农村公社制分工带有自然分工的浓厚色彩;奴隶制的分工具有尖锐的阶级对抗的性质;封建制的分工受宗法制度和等级制度的限制。

(2)简单商品经济分工

简单商品经济指以生产资料的个体私有制和个体劳动为基础的商品经济。个体手工业是典型的简单商品经济。在商品、货币经济比较发达的条件下,个体农业的产品有一部分或大部分是为了出卖的,也属于简单商品经济。在原始社会末期简单商品经济就已经出现。以后,它经历了奴隶社会和封建社会。在奴隶社会和封建社会中,自然经济占主导地位,同时又存在着简单商品经济。在由封建社会向资本主义社会过渡的时期,简单商品经济有很大发展。简单商品经济是资本主义商品经济的历史前驱。在价值规律的作用下,简单商品生产者之间不断地进行竞争,经常发生贫富两极分化。简单商品生产者的两极分化,在一定社会历史条件下,必然导致资本主义生产关系的产生。在资本主义社会,也存在着一定数量的简单商品经济;在我国社会主义初级阶段,简单商品经济也仍然是国民经济的一种形式。在简单商品经济中,各个生产者制造不同的产品。每个简单商品生产者的劳动,都是社会分工体系的一个组成部分,是社会总劳动中的一部分。简单商品生产者需要彼此交换自己的产品。私人劳动和社会劳动的矛盾构成简单商品经济的基本矛盾。

(3)资本主义分工

资本主义社会是社会分工充分发展的时代,资本主义分工是自发分工的最完备的形态。主要表现是:第一,在一般分工和特殊分工的基础上,在工场手工业时期,出现了企业内部和单位内部的个别分工。个别分工是资本主义分工以前各种形态的分工中所不存在的。第二,结合劳动分解为专业劳动,新的生产领域和新兴劳动部门不断出现,一般分工和特殊分工不断扩大。第三,企业内部的分工分为程序分工和机能分工两个方面。前者指操作工序的划分以及与此相联系的局部工人的形成,后者指劳动过程中脑力劳动和体力劳动的分离,以及特殊管理部门的形成。第四,社会基本分工的扩大。资本主义以前只在全社会范围内有体力劳动和脑力劳动、体力劳动者和脑力劳动者的分工,在资本主义机器大生产中,企业内部也出现了社会基本分工,而且脑力劳动者人数的比重日益增加。马克思、恩格斯曾经把资本主义生产划分为简单协作、工场手工业和机器大工业三个阶段,各个阶段在分工方面具有不同的特点。

三 分工的社会作用

分工是联结人类社会各个层次、各个领域、各种活动的契机或枢纽。因此,考察分工在社会整体中的制约性,对于理解人类社会各个层次、各个领域、各种活动及其错综复杂的联系是十分重要的。在某种意义上甚至可以说,不了解分工的本质及其在社会发展中的作用,就不能掌握社会生活的本质及其发展规律。

1. 分工与生产力

在社会劳动过程中,生产力的发展水平,特别是其中的生产工具,要求把社会生产划分为不同的领域、部门、企业或工种、工序。例如,随着生产力的发展,首先发生三次社会大分工,把社会生产分为畜牧业、农业、手工业、商业等领域。以后在生产力进一步发展的基础上,又在各个领域中分化出越来越多的生产部门。到了资本主义工场手工业和机器大工业时期,又把单个企业内部的生产分为不同的工种和工序。马克思在讲到生产力的发展水平对分工的决定作用时说:"劳动的组织和划分视其所拥有的工具而各有不同。手推磨所决定的分工不同于蒸汽磨所决定的分工。"[12]由于生产力的发展水平决定分工的发展程度和特点,因而分工的发展程度和特点便是生产力发展水平的标志。正如马克思、恩格斯所说:"一个民族的生产力发展的水平,最明显地表现于该民族分工的发展程度。"[13]分工不仅受生产力发展水平决定,而且还反过来推动生产力的发展。主要表现为:(1)分工是提高劳动生产率的基本方法;(2)分工具有节约劳动时间的功能;(3)分工造成工具的专门化和机器的发明,导致了技术装备体系的不断进步;(4)分工推动科学的发展和文学艺术的繁荣;等等。

当然,自发分工对生产力的发展也有消极作用。例如,在私有制下,分工妨碍劳动总过程的协调一致;由于劳动的单调而影响劳动者的劳动兴趣等。所以,自发分工不是发展生产力的绝对形式,它被自觉分工代替以后,不仅不会使生产力倒退,反而会使人的能力得到全面发展,从而促进生产力以更高的速度发展。

2. 分工与生产关系

生产力对生产关系的决定作用,需要有一定的机制或中介,分工就是重

要的机制或中介。主要表现在以下几个方面:

(1)分工与生产资料所有制

生产资料私有制是在生产力发展的基础上,通过社会分工和产品交换逐渐形成的。具体地说,生产力的发展产生剩余产品,分工和交换加速剩余产品的积聚和集中。就是说,剩余产品的出现是私有制产生的前提,分工和交换是产生私有制必不可少的环节。马克思写道:"分工从最初起就包含着劳动**条件**——劳动工具和材料——的分配,也包含着积累起来的资本在各个私有者之间的劈分,从而也包含着资本和劳动之间的分裂以及所有制本身的各种不同的形式。"[14]生产力的发展不断改变着分工的形式。分工不仅标志着生产力的发展程度,而且制约着生产资料所有制的发展阶段。马克思认为:"分工发展的各个不同阶段,同时也就是所有制的各种不同形式。这就是说,分工的每一个阶段还决定个人的与劳动材料、劳动工具和劳动产品有关的相互关系。"[15]

(2)分工与交换

分工决定交换的产生,交换是分工的必然产物。马克思指出:"如果没有分工,不论这种分工是自然发生的或者本身已经是历史的结果,也就没有交换。"[16]首先,从生产过程中的分工来看,社会总劳动分解为不同的发展过程,需要的劳动能力多种多样,只有多种多样的劳动能力互相交换,才能组成社会总劳动。其次,从劳动者需要的多样性来看,由于生产过程的分工,每个劳动者只能生产一种产品,而劳动者却需要多种产品,这就构成了劳动者生产的产品的单一性与他的需要的多样性之间的矛盾。为了解决这个矛盾,劳动者就必须互相交换自己的产品。

同分工发展的不同阶段相适应,交换也有不同的性质。自然分工没有超出氏族和部落的范围,并且由于只是一群人同时从事一种活动,交换主要是活动的交换;而产品交换只是在不同氏族和部落的边缘地区发生,是不同氏族和部落的交换。在自然经济分工中,自然经济单位(如村社)内部基本上没有产品交换,只是在不同经济单位之间互相交换各自的剩余产品,而且这种交换极不发达。在简单商品经济中,交换表现为商品交换,遵循价值规律,受着无政府状态的支配,造成简单商品生产者之间的两极分化。在资本主义社会,分工发展到最完备的形态,交换的深度、广度和规模都空前扩大,不仅一切物都成为商品,而且劳动力也成了商品,拿到市场上去交换。

(3)分工与人们在生产中的地位及其相互关系

生产力的发展决定社会分工,在分工的基础上,形成各种不同的生产资料所有制形式,生产资料所有制形式又决定着各种社会集团或社会成员在生产中的地位及其相互关系。在原始的生产资料公有制下,人们在生产中处于平等的、互助合作的地位。在各种生产资料私有制下,由于剥削者占有生产资料,所以在生产中处于支配者、指挥者的地位,从事生产中的组织和管理;被剥削者由于不占有生产资料,所以无权参加生产的组织和管理,处于被支配、被指挥的地位,从事直接的生产劳动。在社会主义社会,由于还没有达到每个劳动者都具有管理能力,因而一般是劳动者推举自己的代表进行管理;到共产主义社会,由于每个劳动者都具有了管理能力,所以能够轮流参加管理,管理者和劳动者的固定划分将消失。

3. 分工与阶级划分

恩格斯说:"分工的规律就是阶级划分的基础"[17]。首先,阶级是以生产资料私有制为基础的内部存在对抗的生产关系的直接产物。分工作为社会活动的划分,不直接等同于阶级划分,不应把二者完全混同。但同时也要看到,分工是促成阶级划分的重要因素和必要条件。其次,分工包括物质生产和精神生产、体力劳动者和脑力劳动者之间的分工,在阶级社会里,这种分工往往带有阶级对抗的性质。再次,精神劳动和物质劳动的分工,不仅存在于统治阶级和被统治阶级之间,而且存在于统治阶级内部。统治阶级不仅是社会上占统治地位的物质力量,而且是占统治地位的精神力量。因而在统治阶级内部就必然有分工;一部分人专门从事物质生产的管理和实际政治活动,另一部分人专门从事思想理论活动。后者是统治阶级中积极的有概括能力的思想家,主要任务是为本阶级的统治制造理论根据,注意从本阶级的根本利益、全局利益、长远利益考虑问题,有时甚至主张为了本阶级的根本利益、全局利益、长远利益而牺牲非根本利益、局部利益、眼前利益。而前者则较多地注意自己的具体利益、局部利益、眼前利益。因而这两部分人在对待被统治阶级的立场上虽然是基本一致的,但彼此之间又存在着矛盾和冲突,而且这种矛盾和冲突有时还十分尖锐。正如马克思所说:"在这一阶级内部,这种分裂甚至可以发展成为这两部分人之间的某种程度的对立和敌视,但是一旦发生任何实际冲突,即当阶级本身受到威胁的时候……这种对立和敌视便会自行消失。"[18]

4. 分工与上层建筑

经济基础决定上层建筑,上层建筑根源于经济基础。同时上层建筑的各个领域一旦形成,它就不仅反作用于经济基础,而且成为社会活动的一个独立部门,具有自己的相对独立性和相对独立的发展规律。对于经济基础和上层建筑之间的这种决定作用和反作用的关系,只有从分工的观点才能加以理解。

(1)国家和法是社会分工的独立部门

国家不是从来就有的,它是生产发展到一定阶段产生了阶级和阶级斗争以后才出现的,是阶级矛盾达到不可调和的程度的产物,国家是由经济基础决定的,它归根到底是尾随于经济运动的。但是,国家一旦形成,就成为社会分工的一个独立部门,它有自己的相对独立性和独立发展规律,这些是不能直接地、完全地用经济基础加以说明的,应该由国家本身的相互影响、相互作用加以说明。法也是如此,产生职业法律家的新分工一旦成为必要并且成为现实,法本身也随之成了社会分工的一个新的独立部门。法不仅适应于总的经济状况,不仅是经济状况的表现,而且必须保持自己内部的和谐一致,因而形成本身的相对独立的发展规律。

(2)分工造成社会意识的相对独立性

社会意识的相对独立性,是指社会意识在反映社会存在的同时,还具有自身的能动性和独特的发展规律,它的发展与社会存在的发展并不总是保持着一致和平衡。这是由于社会分工使意识形态成为一种相对独立的部门造成的。这一点从第五章中讲的社会意识相对独立性的各种表现中可以清楚地看出来。

(3)分工是产生哲学唯心主义的社会根源之一

由于国家、法、意识形态成为社会分工的独立部门,具有自己的相对独立性和独特的发展规律,因此,专门从事国家、法、意识形态的工作人员,往往容易离开现实的经济基础,看不到经济基础对国家、法、意识形态的归根结底的决定作用,片面夸大它的相对独立性,单纯从思维中构造国家、法、意识形态等等的理论,从而导致哲学唯心主义。

5. 分工与人自身的发展

分工对人自身的发展具有积极作用和消极作用"二重性"。

分工对人自身的发展有积极作用。首先,分工有助于提高每个个体的专门知识、技能和技巧。社会活动的范围是无限的,而每个个体的能力是有限的,任何个体都无法以其有限的能力去涉足无限的活动领域。而分工恰好为每个个体划定了相对固定的活动范围,以使其在其中获得专门的知识、技能和技巧,使其有限的能力产生出一定的效果,不至于因为没有确定的活动范围而分散精力,一事无成。其次,分工有助于满足每个个体多方面的需要,增强人们之间的相互联系。由于分工使每个个体具有专门的知识、技能和技巧,创造出专门的产品,而所有这些个体组成的人类总体,则具有多方面的知识、技能和技巧,可以生产出多种多样的产品。在分工的条件下,每个人的产品都不只供他个人消费,而且还供其他个人消费;每个人的产品都不能满足自己多方面的需要,只有借助于其他许多人的产品才能满足自己的需要。这就加强了人们之间的相互联系和相互依赖,而且随着分工的发展,人们之间的相互联系还会不断扩大,乃至由一国范围扩大到整个世界。

分工对人的发展也有消极作用。首先,自发分工是异化劳动的原因。生产力的发展引起社会分工,自发的社会分工又使人类的劳动成为异化劳动,即使劳动过程、劳动产品、劳动的社会关系成为在人之外、不受人支配、反而支配人的异己力量。其次,自发分工使个人的发展片面化、畸形化。在自发分工的条件下,由于劳动者个人终生固定于狭小的范围,从事单调无味的繁重劳动,无暇问津和参加其他社会活动,因而使个人的知识、技能和技巧具有极大的片面性,个人的发展是畸形的。自发分工虽然扩大了社会劳动的生产力,即总体劳动的集体力,但却使劳动者个人的生产力遭到摧残、变得贫乏。自发分工包括体力劳动者和脑力劳动者之间的分工,使二者的发展都有片面性:体力劳动者不会动脑,缺乏科学文化知识;脑力劳动者不会动手,缺乏实际的技能和技巧。自发分工包括城市和乡村的分工。城市和乡村都在片面发展,从而居住在城市的人和居住在乡村的人也片面发展,一部分人变成受局限的"城市动物",另一部分人变成受局限的"乡村动物"。再次,自发分工加强了剥削者对劳动者的剥削。这一点,在资本主义机器大工业中表现得尤为明显。由于分工,工人成了机器的附属品,不是工人支配机器,而是工人随着机器运转,增加了劳动的强度和紧张度;由于分工,资本家大量使用童工、女工,使劳动力贬值,造成工人失业。

6. 分工与社会发展动力

分工不仅制约着社会生活的各个方面,而且是推动社会发展的重要因素之一。纵观人类的全部历史,可以说,资本主义及其以前的社会发展,在某种意义上是基于一定生产力发展水平的社会基本分工推动的。马克思指出:"一切先前的所有制形式都使人类较大部分,奴隶,注定成为纯粹的劳动工具。历史的发展、政治的发展、艺术、科学等是在这些人之上的上层社会内实现的。"[19]一方面,由于大部分人承担了社会物质生活资料的生产活动,才能使一小部分人获得从事社会公共事务和社会精神生产劳动的时间和条件,从而发展了人类社会的精神文明;另一方面,由于垄断社会公共事务的人,即统治者,强制物质生产劳动者不断超出自然需要的界限,生产出更多的物质产品,发展了人类社会的物质文明。资本主义以来的近代史,是由商品经济的蓬勃发展揭开的。工业和农业、城市和乡村的分工的进一步发展,瓦解了自给自足的自然经济,开始了为价值而生产的新时代。由于这个转折,生产的发展才超出了为生产者自身需要的狭隘眼界,获得了无限发展的扩张力,由此引起了生产工具的根本变革,生产工艺过程的不断革新,科学技术按几何级数迅速发展,从而推动了生产力突飞猛进的增长和整个社会的长足进步。

但是,我们也不能把分工的作用无限夸大。首先,人类社会的基本矛盾是生产力和生产关系、经济基础和上层建筑之间的矛盾,物质生活的生产方式制约着整个社会生活、政治生活和精神生活的过程。分工则是把生产力、生产关系(经济基础)、上层建筑联系起来的机制,它的作用是服从于社会基本矛盾的。其次,分工虽然制约着社会生活的许多环节和层次,但是同时,它也受社会生活许多环节和层次的制约或影响。分工的发展是以生产力的发展为前提的,生产力的发展决定着分工发展的深度和广度;分工是受生产关系制约的,生产关系决定着分工的性质;分工是受上层建筑影响的,上层建筑作为社会分工的独立部门,对整个分工体系起着调节作用。再次,社会生活的各个环节和层次之间的联系,并不都是直接以社会分工为机制,因此不能用分工说明一切社会现象。最后,自发分工对社会和人自身的发展不仅有积极作用,而且也有消极作用,自发分工被自觉分工代替以后,社会和人将更加协调地发展。

四 分工发展的未来趋势

自发分工只是分工发展的一个阶段,它将经过社会主义社会的半自觉分工被共产主义社会的自觉分工所代替。

1. 消灭自发分工的社会条件

首先,从社会内部的一般分工和特殊分工来看。资本主义大工业的基础是革命的,"现代工业通过机器、化学过程和其他方法,使工人的职能和劳动过程的社会结合不断随着生产的技术基础发生变革。这样,它也同样不断地使社会内部的分工发生革命,不断地把大量资本和大批工人从一个生产部门投到另一个生产部门。因此,大工业的本性决定了劳动的变换、职能的更动和工人的全面流动性"[20]。这就是说,资本主义大工业为消灭工人终身固定于一个生产领域或生产部门这种具有固定专业划分的分工创造了物质技术条件。

其次，从各个生产单位内部的个别分工来看,资本主义生产的发展趋势是不断用自然力代替人力,用机器和机器体系代替人的手工技艺,于是生产过程的进行主要不再依靠人的手工技艺,而是依靠科学的进步和机器或机器体系的革新,而操纵机器或机器体系的劳动者比较容易获得平均的劳动技能,因而企业内部的工作长期固定于某个工种或工序的这种分工就失去了物质技术基础,亦即劳动者分工失去了存在的客观依据。

再次,从人的全面发展的可能性来看。资本主义生产在追逐剩余价值的过程中发展了科学技术,提高了劳动生产率,因而也强制地发展了社会剩余劳动,生产出更多的自由时间,为每个人的全面发展以及有足够的时间参加政治、理论、科学文化活动提供了可能性。正如恩格斯所说:"只有通过大工业所达到的生产力的大大提高,才有可能把劳动无例外地分配于一切社会成员,从而把每个人的劳动时间大大缩短,使一切人都有足够的自由时间来参加社会的理论和实际的公共事务。"[21]这就是说,在资本主义大工业下生产力的高度发展,为消灭社会基本分工即物质劳动和精神劳动的分工提供了物质基础。

资本主义大工业只是为消灭自发分工创造了物质技术基础,但在它的资本主义形式下不仅不能实现自发分工的消灭,而且还会不断地把它再生产出来。因而,大工业的资本主义形式是同消灭自发分工直接矛盾的。只有通过社会主义革命,消灭大工业的资本主义形式,建立社会主义和共产主义的社会生产形式,才能逐步消灭自发分工。

消灭自发分工,是马克思、恩格斯反复讲过的一个基本观点。恩格斯说:"阶级的存在是由分工引起的",到共产主义社会,"现在这种分工也将完全消失"[22]。又说:"现在已被机器动摇了的分工,即把一个人变成农民、把另一个人变成鞋匠、把第三个人变成工厂工人、把第四个人变成交易所投机者的这种分工,将要完全消失。"[23]自发分工消灭以后,并非一切分工都不存在了,而是将建立更加自觉的合理的分工。恩格斯曾经说过:"正是由于这种工业革命,人的劳动生产力才达到了相当高的水平,以致在人类历史上破天荒第一次创造了这样的可能性:在所有的人实行合理分工的条件下,不仅进行大规模生产以充分满足全体社会成员丰裕的消费和造成充实的储备,而且使每个人都有充分的闲暇时间从历史上遗留下来的文化——科学、艺术、交际方式等等——中间承受一切真正有价值的东西。"[24]我们把恩格斯所说的"合理分工"与过去的"自发分工"相对立,称为"自觉分工"。

由自发分工到自觉分工是一个过程。目前世界上的社会主义国家是从经济不发达的国家发展而来的,因而尚未完全消灭自发分工,而是处于从自发分工到自觉分工的过渡阶段,兼有自发分工和自觉分工两重因素和特征。我们把这个阶段的分工称为"半自觉分工"。

2. 社会主义社会的半自觉分工

社会主义社会的分工是从资本主义的自发分工中脱胎而来的,因此,它与自发分工具有一些共同点:

第一,资本主义社会的自发分工的各种具体的分工形式,例如,物质生产劳动和精神生产劳动的社会基本分工,各个生产领域的一般分工,各个生产部门的特殊分工,各个企业和工作单位内部的个别分工,直接劳动和管理劳动的分工,在社会主义社会的一定发展阶段上都依然存在。社会主义社会的分工也表现为劳动分工和劳动者分工两个方面。

第二,社会主义社会的分工仍然带有一定程度的自发性,还没有完全实现人对物的统治。社会主义社会,至少在它的初级阶段,需要实行社会主义市场经济。这种市场经济是与社会主义基本制度结合在一起的,这就使社会主义社会的分工具有一定的自觉调节的性质;另一方面,既然是市场经济,价值规律就依然起作用,在生产资料的分配上,还需要通过市场调节,这又在一定程度上存在着盲目性和无政府状态。

第三,社会主义社会的分工还带有一定程度的强制性。因为社会主义社会生产力水平还不够高,还不可能实行"各尽所能,按需分配"的原则,而"各尽所能,按劳分配"本身就具有强制性:"谁不劳动,谁就没饭吃"[25]。因此,还不能完全按照个人的特长和兴趣分配工作。

第四,社会主义社会的分工还带有固定专业划分的性质。因为社会主义社会的个人,还不是全面发展的个人,还有体力劳动者和脑力劳动者、工人和农民、管理者和被管理者的划分,还不能实现人们在各个生产领域、各个生产部门里的自由流动。

同时,我们又不能把社会主义社会的分工和资本主义社会的自发分工相混同,二者在很多方面具有原则的区别。

第一,自发分工是以私有制为基础的,在社会主义社会,公有制居主体地位。社会主义的分工虽然没有完全与私有制断绝联系,但从总体上来说,是以公有制为基础的。这是两种分工最根本的区别,其他区别都是由此派生的。

第二,社会主义社会的分工不是纯粹自发的、强制性的,它还包含可以自觉调节、自愿服从的特征。在社会主义社会,虽然分工在一定程度上还带有自发性和强制性,但是由于以生产资料公有制为基础,劳动者成了自然界和社会的主人,因而可以在一定程度上自觉运用分工的客观规律,尽最大努力限制它的自发性和强制性,增强它的自觉性和自愿服从的因素。例如,我们可以把个人志愿和社会需要结合起来,合理安排劳动力,可以把计划和市场调节结合起来,合理分配生产资料,以做到人尽其才,物尽其用。而当个人志愿和社会需要发生矛盾时,可以采取说服教育的方法,使劳动者适当地改变个人的志愿,心悦诚服地服从社会需要,而尽量避免采取强制的办法。

第三,社会主义社会的分工,一般说来,失去了自发分工的对抗性质。我们知道,分工本身包含着协作。但在私有制下,由于私人利益的阻碍和破坏,协作不可能是协调的、无冲突的;相反,各种分工之间经常处于互相排斥和竞争之中。而在社会主义社会,由于分工和公有制直接统一起来,全社会的分工表现为一个完整的有机联系的体系。各种具体的分工都是社会总劳动的一部分,各个分工部门和分工主体之间虽然也有矛盾,但这种矛盾是利益根本一致基础上的矛盾,因而是非对抗性的,它可以通过社会主义制度本身加以调节,使其协调发展。

3. 共产主义社会的自觉分工

共产主义社会的自觉分工,是指消灭了分工的自发性和强迫性、建立在有计划调节的基础上的自觉自愿的分工。在自觉分工中,劳动分工依然存在,而劳动者分工则已经消灭。

(1)劳动分工依然存在的依据

随着生产力的发展,劳动过程的结构将日益走向专业化。在企业内部,会随着科学在工艺上的应用形成更加细密的机器分工体系;在社会内部,将不断涌现出新的生产部门;生产规模的扩大,对半成品和零部件的大批量需求,原材料加工难度的增大,以及产品结构的复杂化、精密化,必然导致企业之间在生产对象、工艺和辅助劳动方面,实行更细的分工。因此,生产领域、生产部门、企业内部的分工,就客体方面来看,都将依然存在。此外,随着生产力的发展和科学技术的进步,国际联系的加强,民族国家的消灭,世界范围内经济、政治、科学文化的交往将会大大加强,分工将由一国之内走向国际范围。在共产主义社会,劳动分工不仅不会消灭,而且将会有更大的发展。

(2)劳动者分工消灭的依据

由于生产力的发展、科学技术在工艺上的应用、劳动生产率的提高等原因,城乡差别、工农差别、体力劳动和脑力劳动的差别将消失。因此,尽管劳动分工依然存在,但劳动者可以在各个劳动领域和劳动部门、各个工种和工序之间流动,人们可以轮流参加管理,因而劳动者分工将不再存在。另外,由于劳动生产率的提高,劳动时间将大大缩短,人们将有更多的闲暇时间学习科学文化,获得多方面的知识和技能,人自身将全面发展。当新的劳动部门出现以后,多数劳动者能够较快地适应,从原有的劳动部门流向新的劳动部门。因此,劳动者的固定专业划分和终身从事于一种职业的现象,将不复存在。

在未来共产主义社会里,由于劳动本身还会有领域、部门、工种和工序的划分,因而劳动者在一段时间内还会有相对固定的专业性,但这和自发分工下劳动者的固定专业划分有着本质的区别。这是因为人类已经成了自己劳动的主人,所以人们不会再长久地、终身地束缚在一种职业上。马克思指出:在未来共产主义社会里,"任何人都没有特殊的活动范围,而是都可以在任何部门内发展,社会调节着整个生产,因而使我有可能随自己的兴趣今天干这事,明天干那事,上午打猎,下午捕鱼,傍晚从事畜牧,晚饭后从事批判,这样就不会使我老是一个猎人、渔夫、牧人或批判者"[26]。这句话不是说一个人在一天之内就可以在几个劳动领域或劳动部门从事活动,而是说一个人在一定时期内必须以一种职业为主,兼做其他事情。就这一点而言,他还具有相对稳定的专业。但这种专业不是终身的,而是可以在短期内转换的;这种劳动分配不是自发的,而是有计划的自觉调节的;这种专业划分不是强迫的,而是自愿的;不是使人片面地、畸形地发展,而是使人全面发展。

第三节 交往及其在社会发展中的作用

一 交往概念的含义和界定

"交往"是一个多学科共同使用的科学概念,又是一个多层次概念,学术界对它的理解歧义极大。

首先,"交往"是一个多学科共同使用的科学概念。心理学、社会学、语言学、哲学都研究交往问题。心理学上的交往概念指人与人之间的心理接触或直接沟通,彼此达到一定的认知;社会学上的交往概念主要指特意完成的交往行为,通过交往行为形成特定的社会联系;语言学上的交往概念主要用来表明信息交流;哲学上的交往概念是指人所特有的相互往来关系的一种存在方式,即一个人与其他人的相互联系中的一种存在方式。哲学上的交往概念在抽象层次上高于其他学科,不能归结为上述种种特定的含义[27]。

其次,交往概念的含义具有层次性。(1)广义的交往:既包括人与自然之间的交往,又包括人与人之间的社会交往;(2)次广义的交往:仅仅指人与人的相互作用,包括个人之间的相互作用,社会集团之间的相互作用,国家与民族之间的相互作用;(3)狭义的交往:指与生产相对应的交往,即物质交往;(4)最狭义的交往:把交往理解为劳动产品的交换。哲学历史观上所讲的交往应该指次广义的交往[28]。

再次,有的学者划分出四种不同意义上的交往理论。第一种是狭义的,亦即信息科学和传播学的。它把交往作为一种单一的对象,研究交往的图式、交往的系统管道及交往的技术手段等问题。第二种是广义的社会学意义上的社会交往。它把交往放到社会、文化和历史背景中,研究它与社会系统、社会结构、社会生活等方面的关系。第三种是哲学意义上的交往理论。它的根本特点在于除了承认交往是人与人之间的相互作用的一种中介外,更强调交往与人和社会的内在统一性,认为交往本身就是人的生存方式或生活方式。第四种是马克思主义的社会交往概念,它既是社会学意义上的,也是哲学意义上的。其主要含义是从人类发展的意义上讨论人与人之间的社会交往现象,强调交往与社会关系的密不可分[29]。

我们认为,历史唯物主义的交往概念主要包括以下几个方面的含义:(1)交往是人类特有的存在方式和活动方式。生产活动是人类区别于动物的根本标志,是人类和人类社会存在和发展的基础。孤立的个人不能进行生产活动,人们只有结成一定的社会关系,互相交换自己的活动,才能进行生产,"而生产本身又是以个人彼此之间的**交往**为前提的"[30]。离开人与人之间的交往,人类便无法生存和活动。(2)交往属于人与人之间的社会关系。生产活动包括两个方面的关系,一是人与自然之间的关系,二是人与人之间的社会关系。人与自然之间的关系不属于交往理论的研究范围,交往概念只反映人与人之间的社会关系。(3)交往始源于物质生产活动,又不仅仅存在于物质生产活动中,它是以物质交往为基础的全部经济、政治、思想文化交往的总和。(4)人是交往的主体,交往双方都不仅要承认自己是交往的主体,同时要承认他人也是交往的主体,交往是一种以主客体关系为中介的主体与主体之间的关系。这种关系本质上是互动的,而非一方主动另一方被动的。主体间性是建立交往关系的基础,是人们理解交往关系的关键。

综合上述交往的含义,我们把"交往"概念界定为:**交往是人类特有的存**

在方式和活动方式,是人与人之间发生社会关系的一种中介,是以物质交往为基础的全部经济、政治、思想文化交往的总和。

二 交往形式和交往类型

交往形式是指交往的内容和交往的方式。人们根据交往内容和交往方式的不同,把交往划分为各种不同的形式。

物质交往和精神交往是两种最基本的交往形式。马克思、恩格斯指出:"思想、观念、意识的生产最初是直接与人们的物质活动,与人们的物质交往,与现实生活的语言交织在一起的。人们的想象、思维、精神交往在这里还是人们物质行动的直接产物。表现在某一民族的政治、法律、道德、宗教、形而上学的语言中的精神生产也是一样。"[31]这里讲的物质生产与精神生产、物质交往与精神交往的划分及相互关系,对整个人类历史具有普遍适用性。物质交往是指人们在物质生产实践中发生的交往,它既是物质生产实践的客观要求,又是物质生产实践的产物。物质生产实践之所以客观上要求人与人之间的交往,在于单独的个人依靠自身的生理能力无法在自然界中生存,无法进行生产活动。人们为了生存,就必须克服生理能力的局限。这种克服,一方面通过制造和使用劳动工具延伸自己身体的力量来实现,另一方面通过人与人的互助合作关系而产生的社会力量来实现。在物质交往中,已经包含着精神交往。精神交往包括思想交往和心理交往。生产经验、劳动技能和知识的传播与继承,已经是一种思想交往。政治、法律、道德、宗教、哲学等各种社会意识的传播与交流,也包括在思想交往之中。心理交往与思想交往交织在一起,是精神交往的一个重要方面。物质交往是精神交往的基础,精神交往渗透于物质交往之中,两种交往在实践活动中相互作用,互相促进,共同推动社会的发展。

除去物质交往和精神交往这两种最基本的交往形式的划分,人们还可以从不同角度、根据不同标准,划分出各种不同的交往形式。例如,人们可以根据交往领域的不同,划分出经济交往、政治交往、思想文化交往等形式;可以根据交往在社会发展中所起的不同作用,划分出积极交往和消极交往等形式;可以根据人们之间的交往是否需要有中间环节,划分出直接交往和间接交往等形式;可以根据交往主体的不同,划分出个体之间的交往、群体之间的交往、个体与群体之间的交往等形式;可以根据交往的范围,划分出国内交往和国际交往等形式;可以根据交往中是否使用暴力手段,划分出战争交往与非战争交往,马克思、恩格斯曾经说过,"对进行征服的蛮族来说",

"战争本身还是一种通常的交往形式"[32]。

交往类型是指在不同的社会形态或社会制度中,具有不同性质的交往。下面我们从人的依赖性社会、物的依赖性社会和个人全面发展的社会三种社会形态划分的角度,扼要说明不同社会形态中的不同性质的交往类型。

在人的依赖性社会中,人们的生产能力只是在狭小的范围内和孤立的地点上发展着,人们的活动受血缘关系和地域关系的限制,物质生产活动是他们主要的生产活动。在氏族公社这种原始共同体中,人们的活动具有自然强迫性的特点,他们所做的一切都只是为了维持自身的生存,人与人之间只有性关系交往、血缘关系交往、偶尔发生的不同共同体之间的产品交换。在奴隶社会和封建社会,虽然个人之间的关系表现为明显的人的关系,但他们只是作为具有某种社会规定性的个人互相交往,个人是没有独立的人格和个性可言的。在整个人的依赖性社会中,单个人由于受血缘关系、地域关系、人身依附关系的多重束缚,成了某一狭隘人群共同体的附属物,人与人之间的交往本质上属于一种自然的交往。

在物的依赖性社会即资本主义社会中,由于商品经济的发展,世界市场的开辟,科学技术的广泛应用,交通的极其便利,打破了血缘关系和地域关系对人的束缚,在世界范围内形成了普遍的社会物质交往、全面的关系、各方面的需求以及全面的能力的体系,个人在一定程度上可以独立地、自由地进行交往。个人在挣脱了对狭隘的人群共同体的依赖而具有某种独立性的同时,却又落入了对物的依赖关系,即对金钱关系和商品关系的依赖,成为物的关系包围中"独立的个人",成为异化的个人,成为更加不自由的个人。

在个人全面发展的社会即共产主义社会中,全体社会成员共同占有生产资料,每个社会成员都既是生产资料的所有者,又是生产劳动的承担者;既是生产资料的主人,又是生产劳动过程的主人;既是劳动者,又轮流参加管理。劳动者掌握了丰富的科学知识,使用高度智能化的工具从事生产,从直接生产过程中解放出来,劳动时间大大缩短,闲暇时间大大增加,人们有充足的时间从事自己所喜欢的活动。体力劳动和脑力劳动之间的差别已经消失,具有固定专业划分的旧式分工已经消灭,人们已经摆脱了旧式分工下所从事的强制性劳动,因而全体社会成员在劳动过程中的地位和关系是真正平等的,或者说生产关系中的人已经是真正平等的、获得了自由的人。人一旦在生产关系中获得自由,在被生产关系所决定的其他社会关系中,也就相应地获得了自由。只有在这时,人们之间的真正的自由、平等的普遍交往才能建立起来。正如马克思、恩格斯所说:"共产主义和所有过去的运动不同的地方在于:它推翻一切旧的生产关系和交往关系的基础,并且第一次自觉地把一切自发形成的前提看作是前人的创造,消除这些前提的自发性,使它们受联合起来的个人的支配。"[33]

三 交往的社会作用

交往是人类特有的生存方式和活动方式,在社会发展中起着重要作用。

第一,交往促进生产力的发展。生产力是由具有一定生产经验和劳动技能的劳动者、劳动资料和劳动对象构成的,是人的因素和物的因素在生产过程中的有机结合而产生的总体能力,生产力内部各要素的合理结合和最佳功能的发挥,与交往密切相关。

第二,交往推动社会关系的变革和改善。马克思、恩格斯在谈到交往与共产主义制度的关系时指出:这种制度"只不过是各个人之间迄今为止的交往的产物"[34]。生产关系是社会制度的基础,它是由物质生产领域中的交往活动产生的,其他的社会关系,如政治关系、思想关系等,也是由相应的领域中的人们的交往活动产生的。人与人之间的交往活动,是各种社会关系产生、发展、变革、改善的重要动力和源泉。

第三,交往是科学文化继承和发展的重要途径。马克思、恩格斯指出:"某一个地方创造的生产力,特别是发明,在往后的发展中是否会失传,完全取决于交往扩展的情况。当交往只限于毗邻地区的时候,每一种发明在每一个地域都必须单另进行;一些纯粹偶然的事情,例如蛮族的入侵,甚至是通常的战争,都足以使一个具有发达的生产力和有高度需求的国家处于一切都必须从头开始的境地。""只有当交往成为世界交往并且以大工业为基础的时候,只有当一切民族都卷入竞争斗争的时候,保持已创造出来的生产力才有了保障"[35]。任何一个国家的科学文化,无不是依赖继承前人的科学文化遗产而发展起来的。人类依赖代际交往,使后代人获得前代创造的物质财富和精神财富,使原有的科学文化成果不致中途丧失,并在前人创造的科学文化的基础上,进行新的创造,提高到新的水平。

第四,交往有利于人自身的发展。马克思、恩格斯指出:"一个人的发展取决于和他直接或间接进行交往的其他一切人的发展"[36]。只有在普遍的交往中,"单个人才能摆脱种种民族局限和地域局限而同整个世界的生产(也同精神的生产)发生实际联系,才能获得利用全球的这种全面的生产(人们的创造)的能力"[37]。在交往中,每个人都可以用别人创造的物质文化和精神文化发展充实自己,使自身得到发展。

第四节　社会的运筹性因素和自我调节功能

一　社会的运筹性因素

构成人类社会的各种要素,大致可以分为三种类型。第一,构成人类社会的基本层次,包括生产力和生产关系,经济基础和上层建筑,社会存在和社会意识。第二,各种人群共同体或社会组织,包括氏族、部落、部族、民族、家庭、阶级、国家以及各种党派组织和社会团体。第三,运筹性因素,包括需要和利益、社会分工、社会交往等。运筹性因素的作用,在于通过选择、调动、处置、匹配等手段,使上述两类因素做到合理结合,构成人类社会整体,使其成为活生生的社会有机会。离开运筹性因素,人类社会的各个基本层次和各种人群共同体、各种社会组织,就成了彼此孤立静止的单子,无法构成人类社会。可见,运筹性因素在人类社会的形成、变化、发展中起着多么重要的作用。在某种意义上甚至可以说,不了解运筹性因素在社会发展中的作用,就不能掌握社会生活的本质及其发展规律。

二　社会的自我调节功能

运筹性因素在社会发展中的作用,集中体现在社会的自我调节功能上。长期以来,我国相当多的理论工作者,只承认社会主义社会有自我调节功能,否认阶级社会也有自我调节功能。这种看法具有片面性。

当然,社会主义社会和阶级社会的自我调节功能具有重大区别。首先,社会主义社会的自我调节功能是主动的、自觉的;阶级社会的自我调节功能一般说来是被动的、自发的。统治阶级往往是在被统治阶级强烈反抗的条件下,不得已而对经济基础和上层建筑进行调节的。其次,社会主义社会的自我调节,是从广大人民群众的利益出发的,而阶级社会的自我调节,则是从统治阶级的利益出发,为了更有效地剥削和压迫劳动人民,维护自己的统治地位。再次,社会主义社会的自我调节,可以在社会主义制度本身的范围内,使各种矛盾不断得到解决;阶级社会的自我调节,只能在局部范围内进行,暂时缓和一下社会的矛盾,不可能在旧社会制度本身的范围内最后解决它的固有矛盾。

但是,不能因为阶级社会的自我调节功能与社会主义社会的自我调节功能有重大区别,就否认阶级社会具有一定程度的自我调节功能。否认阶级社会的自我调节功能,无法说明有的阶级社会(如奴隶社会和封建社会)可以存在一两千年之久,特别是无法说明资本主义制度在19世纪中期以后就开始走向没落,而在第二次世界大战以后,一些发达资本主义国家的生产力又得到了相当快的发展。

理论界对战后发达资本主义国家生产力发展较快的根本原因有着不同的解释。有人用生产力的内部矛盾、即生产力的合理配置来解释;有人用新的科学技术的发展及其在生产上的应用来解释;有人则说资本主义制度尚未腐朽,甚至还是先进的,因而能推动生产力迅速发展。我们认为,前面两种解释确实在一定程度上说明了战后发达资本主义国家生产力发展的原因,但没有说明其最根本的原因;至于第三种解释则不能苟同。我们认为,垄断资产阶级对生产关系和上层建筑所做的局部调整,是战后发达资本主义国家生产力发展的最根本的原因。

从人类历史发展的事实可以看出,一种生产关系和上层建筑即使已经腐朽,但只要它还存在,那就不仅是生产力的停滞、倒退、破坏与它有关,而且生产力某种程度的发展也与它有关。统治阶级在它还掌握着统治权的时候,可以对生产关系和上层建筑做某些局部调整,使其对生产力的发展要求有某种程度的适合,从而推动生产力有某种程度的发展。这种情况在人类历史上是屡见不鲜的。例如,在中国长期的封建社会中,一次又一次的农民起义和农民战争,打击了封建主义的生产关系和上层建筑,使得统治阶级一次又一次地改朝换代,被迫对封建主义的生产关系和上层建筑进行一次又一次的局部调整,使得生产力缓慢地向前发展。回顾资本主义发展的历史,这种情况也不断出现。自从19世纪中期以后,资本主义的生产关系和上层建筑就逐渐变得腐朽和反动。正是无产阶级一次又一次地反对资产阶级的斗争,迫使反动资产阶级一次又一次地调整资本主义的生产关系和上层建筑,从而使得生产力在不同时期获得了不同程度的发展。同样,在第二次世界大战以后,发达资本主义国家的垄断资产阶级也对生产关系和上层建筑做了局部调整,如加强国家对经济生活的干预;垄断资产阶级在扶植中小企业的同时,建立以处于垄断地位的大企业为中心的大、中、小企业的分工协作体制;实行短期、中期和长期的经济与社会发展计划,减轻无政府状态的破坏作用;加强国际经济联系,发展跨国公司组织;在生产和资本进一步集中的基础上,实行多样化经营;改变对工人阶级的统治策略,改善工人的劳动条件和生活条件,使劳资矛盾相对说来较为缓和;调整积累和消费的比例,适当扩大积累率,为扩大再生产和固定资产的更新提供可能;等等。这些生产关系和上层建筑方面的局部调整,才是战后发达资本主义国家生产力发展较快的根本原因。但是,这些局部调整,并没有解决资本主义社会的固有矛盾,也不可能挽救资本主义必然灭亡的历史命运。

注　释

[1] 《马克思恩格斯选集》第3卷,人民出版社1995年版,第335—336页。
[2] 《马克思恩格斯选集》第3卷,人民出版社1995年版,第776页。
[3] 《列宁全集》第1卷,人民出版社1984年版,第85页。
[4] 《马克思恩格斯选集》第1卷,人民出版社1995年版,第79页。
[5] 《马克思恩格斯全集》第4卷,人民出版社1958年版,第77—78页。
[6] 《马克思恩格斯全集》第47卷,人民出版社1979年版,第301页。
[7] 《马克思恩格斯选集》第1卷,人民出版社1995年版,第85页。
[8] 《马克思恩格斯选集》第2卷,人民出版社1995年版,第23页。
[9] 《马克思恩格斯全集》第23卷,人民出版社1972年版,第368页。
[10] 《马克思恩格斯选集》第1卷,人民出版社1979年版,第104页。
[11] 《马克思恩格斯全集》第23卷,人民出版社1972年版,第390页。
[12] 《马克思恩格斯选集》第1卷,人民出版社1995年版,第161页。
[13] 《马克思恩格斯选集》第1卷,人民出版社1979年版,第68页。
[14] 《马克思恩格斯选集》第1卷,人民出版社1979年版,第127页。
[15] 《马克思恩格斯选集》第1卷,人民出版社1979年版,第68页。
[16] 《马克思恩格斯选集》第2卷,人民出版社1979年版,第101页。
[17] 《马克思恩格斯选集》第3卷,人民出版社1979年版,第632页。
[18] 《马克思恩格斯选集》第1卷,人民出版社1979年版,第99页。
[19] 《马克思恩格斯全集》第46卷下册,人民出版社1972年版,第88页。
[20] 《马克思恩格斯全集》第23卷,人民出版社1972年版,第533—534页。
[21] 《马克思恩格斯全集》第20卷,人民出版社1971年版,第198页。
[22] 《马克思恩格斯选集》第1卷,人民出版社1995年版,第242、243页。
[23] 同上。
[24] 《马克思恩格斯全集》第18卷,人民出版社1964年版,第246页。
[25] 列宁:《马克思主义论国家》,人民出版社1964年版,第33页。
[26] 《马克思恩格斯选集》第1卷,人民出版社1995年版,第85页。
[27] 张尚仁:《社会历史哲学引论》,人民出版社1992年版,第238页。
[28] 参见陆剑杰著:《实践唯物主义理论体系的历史逻辑分析》,河南人民出版社1994年版,第162—163页。
[29] 参看王锐生、陈荷清等著:《社会哲学导论》,人民出版社1994年版,第131—135页。

〔30〕《马克思恩格斯选集》第1卷,人民出版社1995年版,第68页。
〔31〕《马克思恩格斯选集》第1卷,人民出版社1995年版,第72页。
〔32〕《马克思恩格斯选集》第1卷,人民出版社1995年版,第125页。
〔33〕《马克思恩格斯选集》第1卷,人民出版社1995年版,第122页。
〔34〕同上。
〔35〕《马克思恩格斯选集》第1卷,人民出版社1995年版,第107—108页。
〔36〕《马克思恩格斯全集》第3卷,人民出版社1961年版,第515页。
〔37〕《马克思恩格斯选集》第1卷,人民出版社1965年版,第89页。

第七章
社会发展的动力系统

推动社会发展的动力是多方面的,构成人类社会的一切要素和矛盾,都是推动社会发展的动力。生产力和生产关系之间的矛盾,经济基础和上层建筑之间的矛盾,科学技术的发展及其在生产中的应用,以及生产力各要素之间的矛盾,生产关系各方面之间的矛盾,上层建筑各部分之间的矛盾,都在各种不同程度上推动社会的发展。在阶级社会里,阶级斗争是推动社会发展的直接动力。革命和改革都可以解放生产力,推动社会发展。人民群众是推动社会历史发展的真正动力。人与人之间的交往,在社会发展中也起着重要作用。这些动力不是彼此孤立、互不相干的,而是紧密联系、互相制约的,构成一个社会发展的动力系统。

第一节 社会基本矛盾在社会发展中的作用

生产力和生产关系之间的矛盾,经济基础和上层建筑之间的矛盾,是人类社会的基本矛盾。这两对矛盾存在于一切社会形态之中,贯穿于每一个社会形态的始终,决定着其他一切社会矛盾,是推动社会发展的基本动力,决定着整个社会的面貌、社会发展的必然阶段和客观趋势。这两对矛盾也是人们在社会实践中需要经常解决的矛盾。

一 生产力和生产关系的矛盾

生产力决定生产关系,生产关系反作用于生产力,生产力和生产关系之间的矛盾运动,这三项内容构成生产关系必须适合生产力性质的规律。这是人类社会发展最基本、最普遍的规律。

1. 生产力决定生产关系

生产力和生产关系之间的矛盾是物质生产过程中的内部矛盾。其中生产力是矛盾的主要方面,生产关系是矛盾的次要方面,生产力对生产关系起着决定作用、支配作用。这种决定作用主要表现在两个方面:第一,生产力的性质决定生产关系的性质。一定的生产力要求一定的生产关系和它相适应,一定的生产关系只能依据一定的生产力发展水平才能建立起来。第二,生产力的发展变化决定生产关系的改变。当一种生产力被另一种生产力代替以后,旧的生产关系也必然被新的生产关系所代替。

在生产力和生产关系这对矛盾中,生产力是最活跃、最革命的因素,它处在经常不断的发展变化过程中;而生产关系则是相对稳定的因素。一种生产关系一经形成,就在一定的历史时期内表现为相对固定的形式,它可以在一定限度内容纳发展程度不同的生产力。生产力的最活跃、最革命的性质,是由生产的本性即生产的连续性决定的。人们要生活,就必须从事生产活动;人们要世世代代生活下去,就必须连续不断地进行生产活动。由于人口不断增加,人们的生活水平不断提高,所以人们不仅要进行简单再生产,而且要进行扩大再生产。在连续不断的生产过程中,人们就可能在生产关系基本不变的情况下,逐渐改进原有的生产工具,发明创造新的生产工具,提高自己的生产经验和劳动技能,把生产力提高到一个新的阶段。由此可见,生产的发展和变化,是从生产力首先是生产工具的发展和变化开始的。在生产力发展变化的一定限度内,原来的生产关系尚能容纳它,因而不会引起生产关系的根本变化。但是,当超过一定限度,原来的生产关系再也容纳不了时,生产力就要突破旧生产关系的束缚,使生产关系发生相应的变革,否则就会阻碍生产力的发展。因此,无论生产关系怎样落后于生产力的发展,它迟早要发生根本性的变化,去适合生产力的性质和发展要求。

生产力的发展引起生产关系的改变,是不依人的主观意志为转移的客观过程。马克思指出:"无论哪一个社会形态,在它所能容纳的全部生产力发挥出来以前,是决不会灭亡的;而新的更高的生产关系,在它的物质存在条件在旧社会的胎胞里成熟以前,是决不会出现的。"[1]这就是说,一种生产关系的消灭,另一种生产关系的产生,都是以生产力发展的一定程度为基础的。一种生产关系,当它还能使生产力以较快的速度发展时,是不会灭亡的。在没有具备一定程度的生产力发展水平以前,新的更高的生产关系是建立不起来的;即使在某种情况下建立起来了,也是不巩固的。只有生产力发展到相应的高度,才能巩固起来,其间要经历不少艰难和曲折。

那么,生产力怎样决定生产关系呢?主要通过以下几条途径:

第一,生产力特别是生产工具的性质,决定生产资料所有制的性质。在人类历史发展的不同阶段,具有不同性质的生产资料所有制形式,这归根结底是由生产工具的性质决定的。马克思、恩格斯讲到制约未来共产主义社会的生产资料所有制形式的因素时说:"这种占有首先受所要占有的对象的制约,即受自己发展成为一定总和并且只有在普遍交往的范围里才存在的生产力的制约。因此,仅仅由于这一点,占有就必须带有同生产力和交往相适应的普遍性质。对这些力量的占有本身不外是同物质生产工具相适应的个人才能的发挥。仅仅因为这个缘故,对生产工具的一定总和的占有,也就是个人本身的才能的一定总和的发挥。"[2]这里所说的对生产力的占有,就是指生产资料所有制形式。生产资料所有制形式受生产力制约,特别是受生产工具制约,是适用于一切社会形态的。在原始社会,人类使用简单的石木工具从事生产,还没有能力单身与自然界作斗争,无论是猎取动物、抵御猛兽,还是采集果实、耕种土地,都需要共同劳动,集体协作,这就决定了氏族成员集体占有生产资料的原始共产主义公有制。后来,随着生产力的发展,特别是由于金属工具的使用,出现了剩余产品,使剥削成为可能,于是产生了生产资料私有制。使用粗笨的手工工具的生产力,奴隶主占有生产资料和奴隶本身的所有制是必然的;而使用比较精细的手工工具的生产力,则要求封建主义生产资料所有制与其相适应。一般说来,使用手工工具时,社会分工比较简单,生产规模比较狭小,生产资料的个体劳动者所有制是能够同它相适应。大机器生产的进一步发展,生产过程的进一步社会化,资本主义的生产资料私有制就不再与之相适应了,这就要求消灭资本主义私有制,建立社会主义公有制。

第二,生产力通过决定劳动组织、社会分工等,决定人与人之间在生产中的地位及其相互关系。首先,生产力决定劳动组织。马克思说:"随着新作战工具即射击火器的发明,军队的整个内部组织就必然改变了,各个人借以组成军队并能作为军队行动的那些关系就改变了,各个军队相互间的关系也发生了变化。"[3]马克思在这里用军队使用的武器的变化决定军队内部组织和内部关系、军队与军队之间的关系的变化做比喻,说明生产力、特别是生产工具的变化决定劳动组织的变化和各个劳动组织之间的关系的变化。劳动组织具有二重性,即技术形式和社会形式。劳动组织的技术属性属于生产力范畴,劳动组织的社会属性则属于生产关系范畴。在劳动组织中,管理者与被管理者的社会关系、劳动者彼此之间的社会关系、人们在劳动组织中的不同社会地位等,都属于生产关系。其次,生产力通过决定社会分工决定生产过程中人与人之间的相互关系。例如,在有工农之间、城乡之间、体力劳动者和脑力劳动者之间三大差别和对立存在的条件下,一般说来,人们之间存在着剥削与被剥削、奴役与被奴役的关系。在奴隶社会是赤裸裸的强迫劳动,在封建社会是超经济的强制,在资本主义社会是用饥饿来强制。这些都是与自发分工(旧式分工)相联系的奴役形式。社会主义社会改变了劳动者作为被剥削的对象的情况,但由于三大差别依然存在,因而不能使劳动者完全从旧式分工下解放出来。在社会主义条件下,还不能做到人人都自觉地为社会劳动,劳动依然是谋生手段,还没有成为生活的第一需要。社会主义社会实行"不劳动者不得食"的原则,这也是一种强制。当然,这种强制与奴隶社会、封建社会、资本主义社会的强制具有根本不同的性质。只有在生产力高度发展的共产主义社会,消灭了三大差别和旧式分工,才能达到人与人之间的事实上的完全平等,使人人都自觉地为社会劳动,劳动才失去了任何强制性。

第三,生产力决定产品的分配形式。产品的分配形式是由生产资料所有制形式和各种社会集团在生产中的地位及其相互关系直接决定的,但从最终根源来说,分配形式也是由生产力决定的。在原始社会,由于生产力水平极其低下,人们的全部劳动成果连维持最低限度的生活都有困难,不允许也不可能有什么人比别人多占有产品,这就决定了产品的平均分配。在奴隶社会,出现了剩余产品,奴隶主要攫取这一点点剩余产品,就必须采用极其残酷的剥削手段,这就决定了奴隶主不仅占有物质生产资料,而且占有奴隶本身,可以任意鞭打、买卖以至屠杀奴隶。在封建社会,由于生产力有了进一步发展,生产工具有了改进,一家一户独立从事生产成为可能,因而剥削方式采取劳役地租或实物地租的形式,在商品货币经济比较发达的情况下,实物地租还以货币地租的形式表现出来。在资本主义社会,由于机器工具的出现,一方面造成了财富的集中,另一方面又造成了失去任何生产资料的雇佣工人。工人的劳动力也成为商品,可以自由出卖,资本家按照等价交换的原则,购买工人的劳动力,从中占有他们创造的剩余价值。在社会主义社会,由于实行了生产资料公有制,消灭了一部分人系统地剥削另一部分人的制度,从而消除了在分配方面的剥削性质。但由于生产力的发展水平还不高,还没有消灭旧式分工,还没有造成财富的极大丰富,因而在个人消费品分配方面还必须实行"各尽所能,按劳分配"的原则。只有"在共产主义社会高级阶段,在迫使个人奴隶般地服从分工的情形已经消失,从而脑力劳动和体力劳动的对立也随之消失之后;在劳动已经不仅仅是谋生的手段,而且本身成了生活的第一需要之后;在随着个人的全面发展,他们的生产力也增长起来,而集体财富的一切源泉都充分涌流之后,——只有在那个时候,才能完全超出资产阶级权利的狭隘眼界,社会才能在自己的旗帜上写上:各尽所能,按需分配!"[4]总之,历史上各种不同的分配形式,都是由生产力的发展状况决定的,是同生产力的发展状况相适应的。

2. 生产关系反作用于生产力

生产关系虽然是被生产力性质决定的,但它对生产力的发展不是消极被动的,而是具有巨大的反作用。这种反作用表现为两种情况:第一,适合生产力性质和发展要求的先进的生产关系,促进生产力的发展;第二,不适合生产力性质和发展要求的落后的生产关系,阻碍生产力的发展。其适合与阻碍的程度,又依适合与否的程度而定。

对于适合生产力性质和发展要求的生产关系促进生产力的发展,要有正确理解。它并不是说,只要先进的生产关系一经建立,生产力就会自然而然的向前发展了。所谓先进的生产关系能够促进生产力的发展,只是说先进的生产关系能为生产力的发展开辟道路、扫清障碍、提供可能性,而要使生产力在事实上得到发展,还需要根据生产力发展的客观规律,选择适当的经济体制,采取正确的方针政策和各项发展生产的有效措施,否则生产力还是不能得到较快的发展。

对于不适合生产力性质和发展要求的落后的生产关系阻碍生产力的发展,也要辩证的理解,不能绝对化。这里所说的"不适合",只是基本不适合,并不是没有任何适合的部分或方面。而且只要一种社会制度没有被推翻,虽然反动统治阶级不可能通过这种社会制度从根本上解决生产力和生产关系之间的矛盾,但是它能够对现存的生产关系和上层建筑作某些局部的调整,使它在一定程度上暂时适合生产力的性质和发展要求,从而推动生产力有某种程度的发展。

那么,生产关系如何反作用于生产力呢?主要通过以下几条途径:

第一,生产关系通过能否满足劳动者的物质利益以及满足的程度如何,来促进或阻碍生产力的发展。在以私有制为基础的社会里,剥削者和劳动者在物质利益上是根本对立的。但是,在一种先进的生产关系建立起来以后的一段时间内,不仅剥削者的物质利益能够得到满足,而且被剥削的劳动者也能够获得比以前较好的物质利益,因而他们对生产的效果比较关心,生产积极性比较高,从而在一定程度上推动了生产力的发展。反之,在腐朽的生产关系下,由于劳动者的物质利益越来越得不到满足,生产积极性下降,因而必然阻碍生产力的发展。

第二,生产关系通过能否使生产力各要素的作用较为充分的发挥、生产力各要素之间的矛盾得到较好较快的解决,来促进或阻碍生产力的发展。在先进的生产关系下,生产工具能够得到比较充分的利用、妥善的保管和维修,劳动对象能够得到合理的使用和保护,注意节约原材料、能源、动力,用较小的消耗取得较大的经济效果;劳动者能够努力提高生产经验和劳动技能,具有改进生产工具、发明创造新的生产工具的进取心,注意采取比较先进的经营管理方法,因而劳动者和生产资料之间能够得到合理结合,劳动者、劳动资料、劳动对象之间的矛盾能够及时地得到妥善解决,从而推动生产力的发展。而在腐朽的生产关系下难于做到这些,所以它阻碍生产力的发展。

第三,生产关系通过能否正确处理积累和消费之间的关系,来促进或阻碍生产力的发展。必须有一定的积累,才能扩大再生产,从而促进生产力的发展。如果没有积累,把生产出来的财富全部消费掉,只维持简单再生产,生产力当然无法发展。那么是不是积累越多越好呢?不是的。和积累相对应的是消费。积累和消费之间有一定的比例关系。只有二者比例恰当,才能促进生产力的发展。如果积累太少,扩大再生产的规模受到限制,不能进行生产设备的更新和必要的技术改造,生产力当然不能有较快的发展。如果积累太多,以致影响了消费,劳动者的物质文化生活水平不能提高或提高很慢,他们的劳动兴趣和生产积极性就会降低,也会阻碍生产力的发展。

生产力决定生产关系,生产关系反作用于生产力,就是生产力和生产关系的辩证关系。这个辩证关系从连续不断的动态过程来看,就是生产力和生产关系之间的矛盾运动。

3. 生产力和生产关系之间的矛盾运动

生产力和生产关系之间的矛盾,在生产发展的不同阶段具有不同的情况。在一种生产关系产生和确立起来以后的一段时间内,它与生产力的性质和发展要求是基本适合的,对生产力的发展具有积极的推动作用,促进生产力以前所未有的速度向前发展。虽然这时生产力和生产关系之间也有矛盾,人们也会自觉或不自觉地对生产关系作某些调整,但却不会引起生产关系的根本变革。而当生产力发展到一定程度,原来的生产关系逐渐变得陈旧,它与生产力的性质和发展要求由基本适合变为基本不适合,从而阻碍生产力的发展时,就要求根本变革旧的生产关系,建立新的生产关系。而新的生产关系一旦产生并确立起来,就又出现了生产关系与生产力性质和发展要求在新的基础上的基本适合,开始了生产力和生产关系之间的新的矛盾运动。生产关系和生产力的性质和发展要求之间,这种由基本适合到基本不适合、再到新的基础上的基本适合,是一个川流不息、万古常新的循环过程,每一次这样的循环,都把人类社会提高到一个新的阶段。生产发展的辩证过程总是这样;生产力的发展引起生产关系的改变,新的生产关系的产生和确立,又推动生产力迅速发展。这种生产发展的历史辩证法,充分体现了生产力和生产关系之间的矛盾是生产力发展的根本动力。

生产关系必须适合生产力性质的规律,是无产阶级政党制定正确的路线、方针、政策的理论依据。正确理解和运用这个规律,对于无产阶级的革命和建设事业,特别是对于我国正在进行的改革开放和社会主义现代化建设,具有重大的指导意义。我国社会主义初级阶段实行以公有制为主体、多种所有制经济共同发展的基本经济制度,就是以这一规律为理论依据的。

二 经济基础和上层建筑的矛盾

经济基础是指一个社会中占统治地位的生产关系各个方面的总和,即生产资料所有制形式、各种不同的社会集团在生产中的地位及其相互关系、产品分配方式三个方面的总和。马克思在《〈政治经济学批判〉序言》中指出:"这些生产关系的总和构成社会的经济结构,即有法律的和政治的上层建筑竖立其上并有一定的社会意识形式与之相适应的现实基础。"[5]

经济基础和生产关系是两个术语、同一内容。相对于生产力而言叫生产关系;相对于上层建筑而言,占统治地位的生产关系叫经济基础。人类社会有三个基本层次:生产力、生产关系(经济基础)、上层建筑。生产力和生产关系构成一对矛盾,生产关系作为社会的经济基础又和上层建筑构成一对矛盾。

上层建筑是与经济基础相对应的范畴,指社会的政治、法律、文艺、道德、宗教、哲学等意识形态以及与这些意识形态相适应的政治法律制度和设施的总和。上层建筑包括政治上层建筑和观念上层建筑两部分。政治上层建筑亦称实体性上层建筑,指政治法律制度以及军队、警察、法院、监狱、政府机关等设施,以及与之相适应的一套组织。观念上层建筑又称思想上层建筑,包括政治、法律、文艺、道德、宗教、哲学等各种服务于统治阶级的思想体系。相对于政治上层建筑以"有形"实体的形式存在来说,观念上层建筑则是非物质实体形态的"无形"存在。

政治上层建筑与观念上层建筑之间既互相区别,又互相依赖、互相作用、互相渗透、互相转化。首先,观念上层建筑决定政治上层建筑。政治上层建筑是在一定的思想理论指导下建立起来的,是统治阶级有意识的行动的产物,它随观念上层建筑的变化而变化。正是从这个意义上,我们把政治上层建筑看作是观念上层建筑的物质附属物或物质设施。其次,政治上层建筑一旦形成,又会成为一种强大的、既定的现实力量,反过来影响观念上层建筑。例如,社会主义的政治法律制度建立起来以后,就广泛地传播马克思主义,用科学的世界观和方法论武装人们的头脑。在上层建筑各种因素中,政治居于主导地位;在阶级社会里,国家政权和领导国家政权的政党是上层建筑的主要组成部分。

经济基础决定上层建筑,上层建筑反作用于经济基础,经济基础和上层建筑之间的矛盾运动,这三项内容构成上层建筑必须适合经济基础发展要求的规律。

1. 经济基础决定上层建筑

经济基础和上层建筑之间的矛盾,是人类社会的一对内部矛盾。在这对矛盾中,经济基础是矛盾的主要方面,起着决定作用;而上层建筑则是矛盾的次要方面,处于被支配地位。经济基础对上层建筑的决定作用主要表现在以下两个方面:

第一,经济基础决定上层建筑的产生和上层建筑的性质。任何上层建筑都不是凭空建立起来的,而是在一定的经济基础之上产生的。经济基础是上层建筑的物质根源,上层建筑是适应经济基础的需要而产生的。某种经济基础一旦确立,就要求建立适合自己需要的上层建筑。一定的上层建筑,是一定的经济基础的反映和表现。所以经济基础的性质决定上层建筑的性质,有什么样的经济基础,就必然有什么样的上层建筑与之相适应。恩格斯指出:"每一时代的社会经济结构形成现实基础,每一历史时期的由法的设施和政治设施以及宗教的、哲学的和其他的观念形式所构成的全部上层建筑,归根到底都应由这个基础来说明。"[6]例如,在原始社会,由于人们在经济上没有剥削和被剥削的关系,在政治上也就没有统治和被统治的关系。在奴隶社会、封建社会和资本主义社会,由于在经济上存在着剥削和被剥削的关系,在政治上就存在着统治和被统治的关系。在经济上具有阶级对抗的性质,在上层建筑领域就包含着阶级对抗的内容。在将来,当经济上剥削与被剥削的关系消灭以后,在政治上也就会不再存在统治与被统治的关系。

第二,经济基础的变化决定上层建筑的变化。一定社会的经济基础不是凝固不变的,而是随着生产力的发展不断变化的。当着某一社会的经济基础发生某些局部变化时,被其决定的上层建筑也要相应地发生局部变化;而当经济基础发生根本变革,即旧经济基础被新经济基础代替时,旧的上层建筑也必然被新的上层建筑所代替。然而,在新的上层建筑代替旧的上层建筑的过程中,上层建筑的各个部分并不是同时随着经济基础的变化或消灭而立即变化或消灭的,而是变化或消灭得有快有慢、有早有迟。这是由上层建筑各个组成部分具有不同的特点和具有不同程度的相对独立性决定的。国家政权、政治法律制度与经济基础的关系最直接,相对独立性比较小,它直接被经济基础决定,并直接为经济基础服务。因此,上层建筑的变革,总是首先是国家政权、政治法律制度的变革。而旧的上层建筑的其他部分,如道德、文艺、宗教、哲学等观点,则离经济基础较远,相对独立性较大,它们除去受经济基础决定外,还直接受政治的决定和影响,因此,变化得比较慢,消灭得比较晚。特别是其中的哲学,离经济基础最远,相对独立性最大,它除去受经济、政治的决定之外,还受道德、文艺、宗教等观点的影响,因而变化最慢,消灭得最晚。上层建筑变化的这种情况,决定了意识形态领域阶级斗争的长期性和复杂性。

2. 上层建筑反作用于经济基础

上层建筑是被经济基础决定的,但它并不是消极地反映经济基础,相反,上层建筑一经建立起来,就对经济基础发生巨大的反作用。

上层建筑对经济基础的反作用,集中表现为它是为经济基础服务的。当一定社会的经济基础是先进的经济基础的时候,这一社会的上层建筑就帮助它形成、巩固和发展,从而促进生产力的发展,推动社会的进步;当这一社会的经济基础变为腐朽落后的经济基础的时候,这一社会的上层建筑就极力维护这种经济基础,妄图使其免于灭亡,这时它就阻碍生产力的发展,阻碍社会的进步。由此可见,上层建筑反作用的性质(即它是起进步作用还是起反动作用)不是由自身决定的,而是由它为之服务的经济基础的性质决定的。

因为上层建筑是为经济基础服务的,所以在阶级社会里,任何一个统治阶级,为了巩固和维护自己在经济上的统治地位,总要建立和加强自己在上层建筑领域的统治地位。而被统治阶级为了推翻旧的经济基础,确立、巩固、发展新的经济基础,也总是首先在上层领域进行革命。而最根本的是要推翻旧的国家政权,建立新的国家政权。由此可见,经济上的解放只有通过政治上的革命才能实现。

上层建筑是为经济基础服务的,但这并不是说上层建筑和经济基础之间没有矛盾。在社会主义社会以前,上层建筑和经济基础之间的矛盾表现为两种情形。一种情形是新建立起来的上层建筑和适合生产力发展的经济基础之间的矛盾。这种矛盾表现为新建立起来的上层建筑总有些不完善的地方,这些不完善的地方不能立刻适合经济基础的发展要求,需要采取适当措施使其逐步完善起来。这种上层建筑和经济基础基本适合情况下的矛盾,是可以通过这一社会制度本身的自我调节得到解决的。另一种情形是反动的上层建筑和阻碍生产力发展的落后的经济基础之间的矛盾,即上层建筑和经济基础基本不适合情况下的矛盾。这种矛盾表现为,由于生产力的发展,现存的生产关系即经济基础已经变得陈旧,它阻碍生产力的发展,因而这种经济基础应该发生根本变革。但是反动的上层建筑却极力维护它,阻碍它的根本变革。这样就形成了经济基础自身的变革要求和上层建筑阻碍这种变革之间的矛盾。这种矛盾不能在旧社会制度本身的范围内得到根本解决,只有通过先进阶级推翻反动统治阶级的革命,用新的上层建筑和经济基础取代旧的上层建筑和经济基础,才能最后解决。每一种社会制度的后期都是如此。

经济基础决定上层建筑,上层建筑反作用于经济基础,就是经济基础和上层建筑的辩证关系。这个辩证关系从连续不断的动态过程来看,就是经济基础和上层建筑之间的矛盾运动。

3. 经济基础和上层建筑之间的矛盾运动

在一个社会的上升时期,上层建筑与经济基础是基本适合的,这时虽然二者之间也有矛盾,但这种矛盾可以在这个社会制度本身的范围内,通过调整上层建筑不适合经济基础的部分加以解决。当这个社会发展到没落时期,上层建筑与经济基础基本不适合了,这种矛盾不能通过这种社会制度本身得到根本解决,需要通过先进阶级的革命,消灭旧的经济基础和上层建筑,建立新的经济基础和上层建筑,才能最后从根本上加以解决。而新的经济基础和上层建筑一旦确立或建立起来,上层建筑和经济基础之间就达到了新的基础上的基本适合,开始了上层建筑和经济基础之间的新的矛盾运动。上层建筑和经济基础之间这种由基本适合到基本不适合、再到新的基础上的基本适合,是一个川流不息、万古常新的循环过程,而每一次这样的循环,都把人类社会推进到一个较高的阶段。

上层建筑必须适合经济基础发展要求的规律,是无产阶级政党制定正确的路线、方针、政策的重要理论依据。正确理解和运用这个规律,对于无产阶级的革命和建设事业,特别是对于我国正在进行的经济体制和政治体制改革以及其他方面的改革,具有重大的指导意义。

第二节 阶级斗争在社会发展中的作用

一 阶级的产生和实质

1. 阶级的产生

阶级是一个历史范畴,它不是从来就有的,也不会永远存在下去。阶级是生产发展到一定阶段的产物。在原始社会,生产力十分低下,没有剩余产品,人们只能勉强维持生存。因此,这时没有生产资料私有制,没有人剥削人的现象,也就没有阶级划分。到原始社会末期,生产力有了一定的发展,出现了剩余产品,劳动力有了价值,为阶级的产生提供了可能性。但是,要使这种可能性变为现实,还需要经过社会分工以及随着社会分工而产生的产品交换,出现生产资料私有制。

恩格斯说:"分工的规律就是阶级划分的基础"[7]。这里所说的分工,指的是旧式分工或自发分工,即具有固定专业划分的分工。为什么说分工的规律是阶级划分的基础呢? 首先,有分工就必然有产品交换,而有了产品交换,就会加剧财产的积聚和集中,使财富日益掌握在少数人手中,从而促进私有制的形成和发展。有了生产资料私有制,就把社会成员一分为二,即分为占有生产资料的剥削阶级和不占有生产资料的被剥削阶级。其次,分工的进一步发展,出现了脑力劳动和体力劳动的分工和对立。由于这种分工,出现了只消费不生产、只享受不劳动的人。这些脱离生产劳动的人,专门从事生产的管理以及政务、司法等活动,成为剥削阶级的组成部分。

那么,阶级是通过什么样的途径或道路产生的呢? 奴隶主阶级是通过两条道路产生的。第一条道路是氏族公社中社会职能的独立化,氏族首领由社会公仆变成社会主人。在氏族公社时期,为了维护氏族成员的共同利益,有一些社会职能如解决争端、监督用水、祭祀祖先、举办宗教仪式等,需要个别成员来担当,这些人被赋予全权。在生产力水平很低、没有剩余产品的情况下,这些担任社会职能的人不能脱离生产劳动,在生活状况和社会地位上与其他氏族成员是平等的。但是,在生产力有了发展,出现剩余产品以后,他们便利用职权,化公为私,侵吞公社的集体财产,破坏生活状况与社会地位的平等,逐渐演变为氏族贵族,成为剥削者、统治者。第二条道路是氏族公社内部出现富裕家族。氏族公社时期,土地归氏族公社集体所有,由氏族成员共同耕种。生产力有了发展以后,土地虽然仍归集体所有,但开始分给各个家族耕种。最初一年分配一次,后来几年分配一次,再往后就固定给家族使用。有些家族由于生产上处于有利地位,剩余产品较多,有可能从家族外部吸收一定数量的劳动力到家族里来从事劳动,战争的俘虏正好提供了这种劳动力,这样他们就成了剥削者。这些氏族贵族和富裕家族结合起来,就是最初的奴隶主阶级。

作为奴隶主剥削的对象——奴隶,也是通过两条道路产生的。奴隶开始是由战争中的俘虏来充当的。这些俘虏原来是被杀掉,有时甚至是被吃掉。而当生产力发展到一定阶段,劳动力能够提供剩余产品的时候,就不再把他们杀掉,而是把他们作为剥削的对象,使他们成为奴隶。后来随着生产的发展,分工和交换的扩大,土地买卖、高利贷、抵押制的出现,奴隶的来源就不以战俘为限了,本氏族、本部落里的破产的穷苦人也逐渐沦为奴隶。

从原始社会到奴隶社会,符合历史发展的客观规律,具有必然性,是历史发展中的一个进步。奴隶主残酷地剥削压迫奴隶,当然应该从道义上加以谴责,但不能因此而否定这个历史进步。首先,奴隶制保存了大量的劳动力,把奴隶用于生产劳动,推动了生产力的发展。其次,奴隶制甚至对于奴隶本身也是一种进步,因为作为奴隶来源的战俘,以前是被杀掉或吃掉,现在至少能保全生命了。再次,社会有了阶级划分以后,使体力劳动和脑力劳动的分工固定下来并不断强化和发展,有一部分人专门从事科学文化教育事业,促进了古代科学文化的繁荣。

2. 阶级的实质

在马克思主义以前,某些资产阶级历史学家已经叙述过阶级斗争的历史发展,某些资产阶级经济学家曾经对社会各阶级作过经济上的分析。但是由于历史和阶级的局限,他们都不能科学地揭示阶级的实质。马克思主义第一次揭示了阶级的实质。列宁指出:"所谓阶级,就是这样一些大的集团,这些集团在历史上一定的社会生产体系中所处的地位不同,同生产资料的关系(这种关系大部分是在法律上明文规定了的)不同,在社会劳动组织中所起的作用不同,因而取得归自己支配的那份社会财富的方式和多寡也不同。所谓阶级,就是这样一些集团,由于它们在一定社会经济结构中所处的地位不同,其中一个集团能够占有另一个集团的劳动。"[8]列宁这个定义全面说明了阶级的实质。"在历史上一定的社会生产体系中所处的地位不同",这是总的论述。社会生产体系,就是生产关系体系,包括人们"同生产资料的关系"、"在社会劳动组织中所起的作用"、"取得归自己支配的那份社会财富的方式和多寡"三个方面。其中,对生产资料的关系的不同,是阶级划分的主要标志,同时也不能忽视其他两个方面对阶级划分的意义。不是任何社会生产体系中都有阶级划分,只有以生产资料私有制为基础的社会生产体系,即奴隶制的、封建制的、资本主义的社会生产体系中,才有阶级划分。这个定义的最后一句话,即"由于它们在一定社会经济结构中所处的地位不同,其中一个集团能够占有另一个集团的劳动",则是对阶级的实质的简要概括。

从上述的阶级定义可以看出,阶级首先是一个经济范畴,是一些经济集团,划分阶级的惟一标准是经济标准,即不同的集团在生产关系中的地位不同,不能用政治标准和思想标准划分阶级。同时阶级又不仅仅是一个经济范畴,而且是一个更广泛的社会范畴。阶级的产生是由于经济的原因引起的,但阶级一旦产生出来,就要在经济关系的基础上,派生出各个阶级的政治立场和意识形态。所以阶级不仅仅是一个经济集团,而且是一个社会集团或社会组织。一个阶级的经济地位、政治立场、意识形态这几个方面总和起来构成这个阶级的全部特征,阶级是这些方面的有机统一体。

二 阶级斗争是阶级社会发展的直接动力

列宁指出:"什么是阶级斗争?这就是一部分人反对另一部分人的斗争,就是广大无权者、被压迫者和劳动者反对特权者、压迫者和寄生虫的斗争,雇佣工人或无产者反对私有主和资产阶级的斗争。"[9]这就是说,阶级斗争是指各对抗阶级之间的斗争,其中包括剥削阶级和被剥削阶级之间的斗争,如奴隶主和奴隶、地主和农民、资产阶级和无产阶级之间的斗争;也包括上升时期的剥削阶级和腐朽没落的剥削阶级之间的斗争,如奴隶社会末期和封建社会初期新兴封建主阶级反对没落奴隶主阶级的斗争,封建社会末期和资本主义社会初期新兴资产阶级反对没落封建主阶级的斗争。在同一社会形态中存在的两个被剥削的劳动阶级(如农民阶级和工人阶级)之间,也有差别、有矛盾,但它们之间矛盾的解决,一般不取阶级斗争的形态。

物质利益的对立是阶级斗争的根源。在以生产资料私有制为基础的社会里,剥削阶级利用他们占有的生产资料,占有被剥削阶级的剩余劳动,使被剥削阶级处于被剥削、被压迫的地位,甚至过着极端贫困的生活;同时剥削阶级为了维持他们的经济地位,也必然要在政治上占统治地位,对被剥削阶级实行政治压迫。哪里有剥削、有压迫,哪里就有反抗、有斗争。被剥削阶级只有进行斗争,才能改善自己的经济地位和政治地位,求得自身的解放。阶级斗争归根结底是由于物质利益的对立引起的,而阶级之间进行阶级斗争的目的,都是直接或间接为了某种物质利益。阶级斗争存在于一切阶级社会之中,存在于每一个阶级社会的各个领域之中。阶级斗争的具体形式是多种多样的,归结起来主要有三种形式:经济斗争、政治斗争、思想斗争。

阶级斗争在社会发展中起着重要作用,它是阶级社会历史发展的直接动力或伟大动力。主要表现在两个方面。

首先,阶级斗争推动社会发展的作用,最明显地表现在社会形态更替的过程中。我们知道,生产关系必须适合生产力性质、上层建筑必须适合经济基础发展要求的规律,是人类社会发展的普遍规律。这些规律不能自发地实现,只有通过人的活动,在阶级社会里只有通过阶级斗争,才能实现。就是说,在阶级社会里,当生产关系阻碍生产力发展、上层建筑阻碍经济基础变革时,必然引起革命阶级和反动统治阶级之间的阶级斗争尖锐化,直接爆发以推翻旧政权、建立新政权为目标的政治革命,而政治革命一旦成功,就实现了社会形态的更替,把人类社会从一个较低的社会形态推进到一个较高的社会形态。

其次,阶级斗争推动社会发展的作用,还表现在同一社会形态的量变过程中。在以生产资料私有制为基础的阶级社会里,剥削阶级出于它的本性,总是残酷地剥削和压迫劳动群众,无偿地占有他们的剩余劳动,有时甚至侵吞他们的必要劳动,使劳动群众无法生活下去,社会再生产无法正常进行。在这种情况下,被剥削阶级只有起来反抗,才能迫使剥削阶级节制一下它的剥削欲,保证社会再生产正常进行,从而推动社会在各种不同程度上向前发展。

三 阶级的消灭和国家的消亡

阶级是在生产力有一定发展而又发展不足的情况下产生和存在的。当生产力高度发展,社会财富可以充分满足每一个人的需要,任何人都没有必要占有别人的剩余劳动的时候,阶级就必然消灭。在阶级完全消灭以后,国家也必将消亡。阶级的完全消灭是国家消亡的前提。

在国家消亡问题上要反对两种错误观点:

一是借口国家消亡,否认无产阶级革命打碎资产阶级国家机器的必要性。其实,马克思主义所讲的国家消亡,指的是无产阶级专政的国家的消亡。无产阶级专政的国家在完成剥夺剥夺者、镇压剥削者反抗、迅速发展生产力、消灭一切阶级和阶级差别的历史任务以后,将失去作用,自行消亡。所谓自行消亡,是说无产阶级专政的国家的消亡是一个自发的过程,不需要任何人去推翻它。对于资产阶级的国家,因为反动资产阶级不愿自动放弃政权,反而用它镇压无产阶级的反抗,因此,无产阶级必须通过革命把它推翻。列宁说得好:"无产阶级国家代替资产阶级国家,非通过暴力革命不可。无产阶级国家的消灭,即任何国家的消灭,只能通过'自行消亡'。"[10]

二是借口国家消亡,否认建立和坚持无产阶级专政的必要性。这种观点,一方面来自无政府主义,一方面来自反动资产阶级。无政府主义反对一切国家、一切权威,叫喊要把废除一切国家作为社会革命的第一个行动,实质上是反对无产阶级建立自己的革命专政、革命权威;反动资产阶级借口马克思主义讲过国家消亡,恶毒攻击无产阶级专政。无政府主义者实质上是反动资产阶级的帮凶,他们共同一致地反对无产阶级专政。

第三节 革命和改革在社会发展中的作用

社会革命和社会改革是社会运动的两种基本形式。社会革命是社会制度的根本质变,是用新的社会形态代替旧的社会形态;社会改革是同一社会制度总的量变过程中的部分质变。社会革命和社会改革都是推动社会发展的动力。

一 社会革命及其在社会发展中的作用

1. 社会革命的根源和作用

什么叫社会革命? 社会革命是阶级斗争的最高表现。阶级斗争有三种基本形式:经济斗争、政治斗争、思想斗争。社会革命不是经济斗争,也不只是思想斗争,也不是一般的政治斗争,而是指夺取政权的斗争,革命的首要的基本的标志是国家政权从反动阶级手里转移到革命的进步的阶级手里。正如列宁所说:"无论从革命这一概念的严格科学意义来讲,或是从实际政治意义来讲,国家政权从一个**阶级**手里转到另一个**阶级**手里,都是革命的首要的基本的标志。"[11]根据列宁这段话可以看出,同一阶级内部不同阶层和社会集团之间的政权更替(如中国封建社会的改朝换代),反动阶级对革命政权的篡夺,都不能算社会革命。只有进步的革命的阶级反对反动统治阶级的国家政权的斗争,才算社会革命。

为什么会发生社会革命呢? 社会革命是社会基本矛盾的必然产物。马克思指出:"社会的物质生产力发展到一定阶段,便同它们一直在其中运动的现存生产关系或财产关系……发生矛盾。于是这些关系便由生产力的发展形式变成生产力的桎梏。那时社会革命的时代就到来了。随着经济基础的变更,全部庞大的上层建筑也或慢或快地发生变革。"[12]这就是说,社会革命的最深刻的根源,就在于生产力和生产关系之间的矛盾。当生产关系已经成为生产力发展的桎梏时,生产力的发展就要求革命的进步的阶级消灭过时的旧生产关系,建立适合生产力发展的新生产关系,以解放被束缚的生产力。但是,旧的上层建筑,特别是国家政权,总是要维护旧的生产关系。要解决生产力和生产关系之间的矛盾,就必须首先解决经济基础和上层建筑之间的矛盾,即改变旧的上层建筑,最主要的是消灭旧的国家政权,建立新的国家政权。所以说革命的根本问题是国家政权问题。

社会革命有哪些类型?典型的社会革命有三种类型:新兴封建主阶级推翻没落奴隶主阶级的革命,新兴资产阶级推翻没落封建主阶级的革命,无产阶级推翻反动资产阶级的革命。在奴隶社会,奴隶反对奴隶主阶级的革命,在封建社会,农民反对地主阶级的革命,因其矛头所向是奴隶主阶级和地主阶级的政治统治,所以也可以算作社会革命;但是,由于奴隶和农民两个阶级的局限性,不能最后推翻奴隶主阶级和地主阶级的统治,实现国家政权的转移,因而又不是典型的社会革命。此外,还有一种特殊类型的社会革命,即半封建半殖民地国家所进行的民族民主革命。这种革命,既反对国内的封建地主阶级的统治,又反对国外的帝国主义的侵略。这种革命如果是由无产阶级及其政党领导的,则属于新民主主义革命。革命的前途不是建立资产阶级专政,而是建立人民民主专政,为向社会主义过渡作准备。

革命的作用是什么呢?马克思说:"**革命是历史的火车头**"[13],这句话形象而深刻地说明了革命在社会发展中的作用。

首先,社会革命是阶级社会由低级向高级发展的决定性手段。当着生产关系和生产力、上层建筑和经济基础发生尖锐冲突的时候,只有通过社会革命,才能推翻或摧毁旧的国家政权,建立革命阶级的政治统治,消灭旧的生产关系,建立或确立新的生产关系,从而用较高的社会形态代替较低的社会形态,为解放和发展生产力扫清道路。

其次,人民群众在革命时期能发挥出创造历史的巨大的主动性和积极性。革命是被剥削者和被压迫者的盛大节日,人民群众在任何时候都不能像在革命时期那样以新社会秩序的积极创造者的身份出现。列宁曾经指出:"人民的、特别是无产阶级的以及农民的组织者的创造性,在革命旋风时期要比在所谓安定宁静的(牛车似的)历史进步时期强烈、丰富、有效千百万倍。"[14]

再次,革命阶级在革命斗争中受到锻炼和改造,成为建设新社会的基础。革命不仅要破坏一个旧世界,而且要建设一个新世界。革命阶级只有在革命实践中,才能学会建设新社会的本领。马克思指出:"革命之所以必需,不仅是因为没有任何其他的办法能够推翻统治阶级,而且还因为**推翻统治阶级的那个阶级**,只有在革命中才能抛掉自己身上的一切陈旧肮脏的东西,才能成为社会的新基础。"[15]

2. 革命的客观形势和主观条件

列宁在讲到革命的客观形势时说:"(1)统治阶级已经不可能照旧不变地维持自己的统治;'上层'的这种或那种危机,统治阶级在政治上的危机,给被压迫阶级不满和愤慨的迸发造成突破口。要使革命到来,单是'下层不愿'照旧生活下去通常是不够的,还需要'上层不能'照旧生活下去。(2)被压迫阶级的贫困和苦难超乎寻常地加剧。(3)由于上述原因,群众积极性大大提高,这些群众在'和平'时期忍气吞声地受人掠夺,而在风暴时期,无论整个危机的环境,**还是'上层'本身**,都促使他们投身于独立的历史性行动。"[16]这些不依各个阶级、各个政党、各个社会集团的意志为转移的客观变化总和起来,就叫作革命的客观形势。没有革命的客观形势,就不可能爆发革命。

但是,不是任何革命的客观形势都会引起革命。有了革命的客观形势,再具备革命的主观条件,才能引起革命。那么,什么是革命的主观条件呢?革命阶级的觉悟程度和组织程度大大提高,形成足以推翻反动政权的强大的革命力量,就是革命的主观条件。对于无产阶级领导的革命来说,促使革命主观条件成熟的关键,在于建立一个用马克思主义的革命理论和革命风格武装起来的无产阶级革命党。只有这样的革命党,才能为无产阶级革命指出正确的方向和道路;只有这样的革命党,才能宣传群众,教育群众,组织群众,武装群众;只有这样的革命党,才能击破敌人的种种阴谋诡计,制定出符合斗争实际的战略和策略。总之,只有这样的革命党,才能领导无产阶级夺取社会主义革命的胜利。在国际共产主义运动的历史上,有些国家已经具备了革命的客观形势,但因为没有无产阶级革命政党的正确领导,从而丧失了大好的革命时机。

3. 革命的形式和道路

暴力革命是社会革命的基本形式,这是由国家的本质决定的。国家是统治阶级压迫被统治阶级的暴力工具。反动统治阶级是不会自动让出政权、放弃自己的统治的。当被统治阶级进行反抗的时候,反动统治阶级总是用暴力加以镇压。这就迫使被统治阶级不得不通过暴力革命,推翻反动阶级的统治,建立自己的政治统治,实现社会革命的任务。以往的以实现剥削制度的更替为目标的革命是如此,当代以彻底消灭一切剥削制度为目标的社会主义革命更是如此。这是因为以往的革命,都是一个剥削阶级代替另一个剥削阶级统治的革命,不需要打碎以前的国家机器,只要把它从一个剥削阶级手里转移到另一个剥削阶级手里,进行一些改变就可以利用。而无产阶级社会主义革命,是要彻底推翻资产阶级和一切剥削阶级的统治,建立一个替被剥削者服务、不替剥削者服务反而镇压剥削者反抗的政权。为了完成这个任务,是不能原封不动地利用资产阶级的国家机器的,也不能对它只作一些改变就加以利用。因为资产阶级的国家机器是按照资产阶级的政治法律观点建立起来的,是资产阶级压迫无产阶级的工具。这个压迫无产阶级的工具是不能成为解放无产阶级的工具的。所以无产阶级必须彻底打碎资产阶级的国家机器。资产阶级的国家机器是暴力,所以也就必须用暴力来打碎它。

我们说暴力革命是社会革命的基本形式,并不意味着否认在特定的社会历史条件下,有革命和平发展的可能性。如果能够用和平的手段过渡到新社会,那对人民是有利的。然而这种特定的历史条件,是在阶级力量形成某种特殊对比的情况下出现的,列宁称之为"革命史上极为罕见的机会"[17]。对于无产阶级政党来说,如果确实存在革命和平发展的可能性,应尽力实现革命的和平发展。但是,无论在任何时候,都不能把自己的工作方针完全建立在革命和平发展的可能性上,应该同时准备"两手":革命的和平发展和非和平发展,以革命暴力为后盾,争取革命的和平发展。一旦资产阶级用反革命暴力镇压革命时,无产阶级和革命人民就毫不犹豫地使用革命暴力,去夺取革命的胜利。

二 改革及其在社会发展中的作用

1. 改革的实质和作用

历史唯物主义认为,社会改革是在一定社会制度下,为了解决生产关系不适合生产力,上层建筑不适合经济基础的某些部分或环节,使该社会制度得到自我完善或持续存在与发展,而对社会体制进行的改善与革新。

社会革命与社会改革是历史唯物主义的一对对应范畴,它们都是为了解决生产力与生产关系、经济基础与上层建筑的矛盾,从而推动社会发展的历史运动形式。同时,二者之间又有明显的区别。

首先,社会革命是人类社会的根本质变,是用新的进步的社会制度代替旧的落后的社会制度;社会改革则是同一社会制度总的量变过程中的部分质变,是对该社会制度的社会体制某种程度的调整,不改变该社会制度的根本性质。

其次,社会革命是由被统治阶级发动的,目的是推翻反动统治阶级的国家政权,建立新的革命阶级的政权;社会改革则是由统治阶级或统治阶级内部的某种社会势力、社会集团发动的,目的是维护和巩固统治阶级的统治地位。因此,社会革命一般是由下层群众首先发动的,而社会改革则是自上而下展开的。

再次,社会革命就其一般规律而言,往往要通过武装斗争、暴力革命的形式,实现国家政权的转移;社会改革虽然也要付出代价,甚至流血和牺牲,但一般说来,不需要采取大规模的武装斗争和暴力冲突的形式。

社会改革对社会发展的作用,主要表现在以下几个方面:

第一,社会改革可以巩固新生的社会制度或使原有的社会制度持续存在并获得一定程度的发展。一种新社会制度建立的初期,总是存在着大量的旧社会制度的残余。这时的社会改革,在改善新社会的社会体制的过程中,还包含着消灭旧制度残余的任务,奴隶社会初期、封建社会初期、资本主义社会初期以至社会主义社会的改革,都具有消灭旧制度的残余、巩固新生的社会制度的作用。在一种社会制度的中后期所进行的改革,虽然为的是使这种社会制度持续存在,但由于对生产关系和上层建筑作了某些局部调整,因而也能在一定时期内和一定程度上推动生产力的发展和社会的进步。

第二,在社会主义社会以前,社会改革为新社会制度的诞生作量变和部分质变的准备。在一定社会制度的后期,向新社会制度过渡的趋势越来越明显,同时还出现了新社会制度的萌芽。这时的社会改革,虽然以维护旧社会制度为主旨,但又往往包含着承认甚至促进新社会制度萌芽成分的内容。例如,当代发达资本主义国家的某些改革措施,就有稍许提高工人阶级的经济政治地位、允许共产党合法活动和马克思主义的传播等内容,这些都为社会主义革命准备了一定的政治思想条件;同时这些政治措施或多或少地促进了生产力的发展,又为社会主义革命准备了更加充分的物质条件。

第三,在社会经济、政治体制改革的过程中,必然伴随着人们思想观念和价值取向的变更。新的思想观念和价值取向,既是对改革及其发展要求的反映,又为改革开拓道路,推动改革向纵深发展。社会改革具有在一定程度上破除旧思想、旧观念、旧风俗、旧习惯,树立新思想、新观念、新风格、新习惯,提高精神文明水平的作用。

总之,社会改革是生产力与生产关系、经济基础与上层建筑矛盾运动的必然产物,通过对一定社会制度下的不合理的社会体制的改善和革新,不断巩固、完善一定的社会制度或使其持续存在,从而推动社会经济、政治和文化有某种程度的发展。

2. 社会改革的普遍性和特殊性

社会改革的普遍性是指社会改革不仅存在于社会主义社会中,而且存在于有史以来的各种社会制度中。在世界古代史上,公元前8世纪亚述国王提格拉特帕拉尔三世以铁器的出现和生产为基础,对军事建制、组织体制、武器装备等方面的改革;公元前6世纪波斯国王大流士一世为适应帝国扩张和加强专制主义的中央集权的需要,而对政治机构、军事组织和税收等制度所作的改革;公元前5世纪雅典的最高统治者伯利克里以当时的经济发展为背景,对雅典的民主政治体制、移民以及平民就业制度等方面所作的改革,等等,都在一定程度上推动了当时社会经济文化的繁荣和发展。在中国古代史上,战国时代秦国的商鞅变法,导致了中国历史上第一个统一的中央集权的封建主义国家的建立;汉朝初年的改革带来了封建社会前期的"文景之治"和汉武帝强盛时期;唐朝前期的改革带来了"贞观之治"和"开元盛世",使我国封建社会的经济、政治和文化达到了极盛时期。后来,宋朝王安石的改革,以及元、明、清时期的各次改革,都对社会经济文化的发展起了一定的推动作用。

近代和现代的资本主义国家,也在不断进行经济、政治体制方面的改革。第二次世界大战以后,发达资本主义国家的经济之所以获得较大的发展,重要原因之一,就是这些国家的垄断资产阶级对生产关系和上层建筑进行了某些局部调整,使生产关系和上层建筑在一定程度上适应了生产力的发展要求。当然,这些局部调整,并没有解决资本主义社会的固有矛盾,不能挽救资本主义最后灭亡的历史命运。

社会改革的特殊性,是指社会主义社会的改革与阶级社会的改革相比较,具有根本不同的性质和特点。主要表现在以下几个方面:

第一,社会主义社会的改革是主动的、自觉的,剥削阶级占统治地位的国家的改革是被动的、自发的,统治阶级往往是在被统治阶级强烈反抗的条件下,不得已而对经济基础和上层建筑进行某些调整的。

第二,社会主义社会的改革,是从广大人民群众的利益出发,为了满足广大人民群众的要求而进行的,因而得到广大人民群众的支持和拥护,有广阔而深厚的群众基础;剥削阶级占统治地位的国家的改革,虽然也能满足群众的某些利益和要求,但从根本上说是从剥削阶级的利益出发,为了更有效地剥削和压迫劳动人民、维护剥削阶级的统治地位而进行的,因而不能广泛地唤起民众,缺乏深厚的群众基础。

第三,社会主义社会的改革,可以在社会主义制度本身的范围内,使各种矛盾不断得到解决,使社会主义社会进到更高的阶段,并在条件具备时前进到共产主义社会;剥削阶级占统治地位的国家的改革,只能暂时缓和一下社会的矛盾,但不能在旧社会制度本身的范围内最后解决它的固有矛盾。这种矛盾,只有通过革命阶级反对反动统治阶级的革命,用新的社会制度代替旧的社会制度才能最后得到解决。

3.社会主义社会的改革

社会主义社会的根本任务是以经济建设为中心,大力发展生产力。社会主义改革就是立足本国国情,总结实践经验,根据生产力的现实水平和进一步发展的客观要求,自觉地调整生产关系与生产力不相适应的部分,调整上层建筑与经济基础不相适的部分,从而使社会主义制度自我完善,推动生产力的发展和社会各方面的进步。所以邓小平说:"革命是解放生产力,改革也是解放生产力。"[18]

改革之所以是社会主义制度的自我完善,是由社会主义社会基本矛盾的性质和特点决定的。它是非对抗性的矛盾,可以通过社会主义制度本身不断地得到解决。这就是说,改革并不是改变社会主义的根本的经济制度和政治制度,不是改变社会主义制度的根本性质,不是否认社会主义制度的强大生命力和巨大优越性,而是革除社会主义生产关系中不适合生产力发展、社会主义上层建筑中不适合经济基础发展的部分和环节。改革的目的是兴利除弊,使社会主义制度的优越性更加充分地发挥出来。

改革是共产党领导下的社会主义制度的自我完善过程。党是社会主义现代化建设和改革开放的领导核心。改革必须在党的领导下,按照党的路线、方针、政策有计划、有步骤地进行。

改革是依靠人民群众、发挥人民群众创造力的社会主义变革过程。改革作为社会主义制度的自我完善,必须依靠社会主义制度本身的内在力量。改革力量的最深厚的源泉存在于人民群众之中,人民群众是社会主义社会的主人,也是改革的主人。群众要求改革,改革离不开群众。必须依靠人民群众的实践,创造出适合生产力发展的生产关系的具体形式,以及上层建筑有效地为经济基础服务的合理体制。

改革是在安定团结的政治环境中的社会主义发展过程。社会主义社会的发展是新质不断积累和旧质逐渐消亡的过程。社会主义社会的改革不是一个阶级推翻另一个阶级的政治革命,而是对阻碍生产力发展的体制进行调整。改革只能有步骤、有秩序地进行,不能急于求成。因此,必须创造一个长期稳定的社会环境,保持安定团结的政治局面,才能保证改革的顺利进行。

必须正确处理坚持四项基本原则和坚持改革开放这两个"基本点"之间的关系。四项基本原则是立国之本,改革开放是强国之路,两方面存在着不可分割的联系。坚持四项基本原则,是党的根本性质决定的,是无产阶级国家制度的根本性质决定的,因而它是党和国家从事一切活动的依据和出发点。改革开放是党和国家为了改变我国贫穷落后面貌,使之走上富强、民主、文明之途的伟大战略决策。社会主义如果不进行改革开放,必然窒息自身的生机和活力;改革开放如果不以坚持四项基本原则为前提,必将导致资本主义化,把中国纳入西方资本主义体系。

坚持四项基本原则和改革开放相统一的观点,必须反对资产阶级自由化和思想僵化两种倾向。资产阶级自由化的实质是反对共产党的领导,主张走资本主义道路。不坚决同资产阶级自由化思想进行斗争,现代化建设和改革开放就会偏离社会主义方向,已经取得的革命和建设的成果就会付诸东流。另一方面,因循守旧,墨守成规,也是不能搞好社会主义现代化建设的。为了把我国建设成为富强、民主、文明的社会主义现代化强国,必须大胆探索,勇于创新,努力把马克思主义的普遍真理与中国的具体实际有机地结合起来。

第四节　个人和人民群众在历史上的作用

一　历史观上两种根本对立的观点

是广大人民群众还是个别英雄人物是历史的创造者,即推动历史发展的决定力量,历史唯物主义和历史唯心主义在对这个问题的看法上,存在着根本分歧。

在马克思主义产生以前,历史唯心主义关于英雄创造历史的观点一直占据统治地位。历史唯心主义从社会意识决定社会存在的前提出发,片面夸大极少数英雄人物及其思想、意志在社会发展中的作用,认为历史是由英雄豪杰、帝王将相、立法者、思想家创造的,否认广大人民群众是推动历史发展的决定力量。在中国,历代王朝都推崇"圣人"的作用,认为群众必须在"圣人"的教化下才知道怎样生活。韩愈说:"有圣人者立,然后教之相生养之道","如古之无圣人,人之类灭久矣"(《原道》)。孔子视周公为圣人,后人又尊孔子为圣人,将中国以至世界的历史完全系于少数"圣人"身上。18世纪法国启蒙思想家认为个别天才人物发现的"理性"和"正义"是历史前进的动力。19世纪英国的托玛斯·卡莱尔把世界历史看作是一部在地球上建立功业的伟人的历史,认为这些伟人的活动是"全部世界历史的灵魂"。19世纪末德国哲学家尼采极力鼓吹"超人"哲学和"权力意志论",认为极少数"超人"的权力和意志是决定一切的力量,而人民群众不过是一堆任人使用的无定型的材料。俄国民粹派理论家则认为,历史是由少数"积极的英雄"创造的,人民群众不过是消极的群氓,他们愚昧无知、微不足道,犹如一连串的"零",只有在前头出现具有非凡智慧和才能的伟人这个"实数"时,他们才有价值。

列宁指出:以往的历史理论有两个主要缺点。"第一,以往的历史理论至多只是考察了人们的历史活动的思想动机,而没有研究产生这些动机的原因,没有探索社会关系体系发展的客观规律性,没有把物质生产的发展程度看作这些关系的根源;第二,以往的历史理论忽视居民**群众**的活动,只有历史唯物主义才第一次使我们能以自然科学的精确性去研究群众生活的社会条件以及这些条件的变更"。[19]列宁这段话,既揭露了历史唯心主义的根本缺点,又指出了它长期存在的根源。我们可以把历史唯心主义长期存在并占统治地位的根源归结如下:

(1)阶级根源。对社会历史的解释,直接同各阶级的利益有关。所以不能不更多地受到剥削阶级偏见的曲解。在剥削阶级占统治地位的社会,体力劳动和脑力劳动是分离的,体力劳动者和脑力劳动者的利益是根本对立的。而且剥削者总是垄断脑力劳动的特权,被剥削阶级则被迫从事物质生产劳动。所以,剥削阶级必然夸大脑力劳动的作用,夸大个别人物的聪明才智的作用,贬低物质生产活动的作用,贬低从事物质生产活动的劳动群众的作用。

(2)社会根源。在马克思主义产生以前,历史唯心主义之所以能独占统治地位,还因为生产力水平低,生产规模狭小,社会的变化和发展缓慢,因而限制了人们的眼界,使人们看不到物质生产及从事物质生产的劳动群众在历史发展中的决定作用。

(3)认识论根源。由于社会历史的发展离不开人的有目的、有意识的活动,而英雄人物在历史上的作用又的确比一般的个人要大得多,突出得多。所以,如果人们对社会历史的认识,只停留在人们的思想动机上,特别是只着眼于少数英雄人物的思想动机上,就会片面夸大他们的思想动机在历史发展中的作用,把它看作是历史发展的决定力量,于是得出英雄创造历史的结论。

同历史唯心主义相反,历史唯物主义从社会存在决定社会意识和物质资料的生产方式是人类社会存在和发展的基础的基本原理出发,认为人类历史首先是生产发展的历史,是物质生产的承担者劳动群众的历史,于是得出了人民群众是历史的创造者的科学结论。毛泽东同志指出:"人民,只有人民,才是创造世界历史的动力。"[20]

人民群众是历史发展的动力的理论,与社会基本矛盾、阶级斗争是历史发展的动力的理论是一致的。

人民群众是历史发展的动力,但是在阶级社会里,人民群众是划分为阶级的,人民群众中的不同阶级推动历史发展的作用是有差别的。一般说来,人民群众的主体是被剥削被压迫的劳动群众,包括体力劳动者和脑力劳动者。所谓人民群众是历史发展的动力,主要是说劳动群众是历史发展的动力。同时,上升时期的剥削阶级也属于人民群众的一部分,它们有时甚至充当革命的领导阶级。但是,它们推动历史发展的作用,只有借助于劳动人民的力量才能实现。恩格斯在讲到英、法两国的资产阶级革命时曾经说过:"在十七世纪的英国和十八世纪的法国,甚至资产阶级的最光辉灿烂的成就都不是它自己争得的,而是平民大众,即工人和农民为它争得的。"[21]我们说人民群众是历史发展的动力,一方面指人民群众、主要是劳动群众从事的生产活动和科学实验,推动着历史的发展;另一方面,指劳动阶级和上升时期的剥削阶级反对反动统治阶级的阶级斗争和社会革命,推动着历史的发展。就是说,生产力的发展,上层建筑的革新,社会形态的更替,都应归功于人民群众从事的生产活动、阶级斗争和科学实验等实践活动。由此可见,说人民群众是历史发展的动力,与说社会基本矛盾、阶级斗争是历史发展的动力是完全一致的。

二　人民群众在历史上的作用

人民群众作为历史唯物主义的一个重要范畴,是指推动历史发展的绝大多数成员的总和。这一范畴既有量的规定性,又有质的规定性。从量的规定性来看,人民群众是社会成员的大多数,它是相对于个人而言的;从质的规定性来看,人民群众是指一切推动历史发展和社会进步的社会力量。人民群众是一个历史范畴,在不同国家或同一国家的不同历史时期有不同的内容。就我国而言,在抗日战争时期,一切抗日的阶级、阶层和社会集团都属于人民群众的范围;在解放战争时期,一切反对帝国主义、封建主义、官僚资本主义及其代表国民党反动派的阶级、阶层和社会集团,都包括在人民群众范围之内;在社会主义建设时期,一切赞成、拥护和参加社会主义建设的阶级、阶层和社会集团,以及拥护社会主义和赞成祖国统一的爱国者,也都属于人民群众的范围。在一定历史条件下,当剥削阶级处于上升时期,对社会发展起积极作用时,也包括在人民群众范围之内。但是,不论在任何国家和任何历史时期,劳动群众(包括体力劳动者和脑力劳动者)始终是人民群众的主体。人民群众推动历史发展的作用主要表现在以下三个方面:

第一,人民群众是物质财富的创造者。人民群众之所以能成为人类历史的创造者,从根本上说来,在于他们是社会发展的最终决定力量——社会生产力的体现者,是推动历史前进的最伟大的物质力量。人类和人类社会要生存和发展,就要有吃、喝、住、穿等必需的生活资料,这一切都是劳动群众创造的。人们若不首先获得这些物质生活资料,就根本说不上从事政治、司法、科学、艺术等其他社会活动,也就无所谓人类社会生活和人类历史。同时,劳动群众在物质生产活动中不断积累经验,改进生产工具和生产技术,推动了生产力的发展、生产方式的改变以及整个社会历史的进步。

第二,人民群众是精神财富的创造者。首先,劳动群众的物质生产活动,创造了科学家、思想家、艺术家们从事精神活动的物质前提,没有劳动群众的物质生产活动提供的物质生活资料和其他物质设施,便没有社会的精神活动。其次,劳动群众的实践活动,是一切精神财富创造的源泉。科学文化知识本身是劳动群众实践经验的概括和总结,科学的理论将群众的实践经验概括为系统的规律性的知识,文艺作品则以具体的、典型的形象表现人民的实际生活。中国古代的《本草纲目》就是历代的药物学家、医学家总结人民群众的生产和生活经验,不断丰富和发展,而由李时珍加工整理而成的。许多文学名著,如《水浒》、《三国演义》、《西游记》等,都是在民间口头文学和民间传说的基础上经过加工提炼而成的。再次,人民群众直接参加了精神财富的创造活动。世界上许多杰出的科学家、思想家、艺术家,虽然出身于剥削阶级家庭,然而按其所处的社会地位和所表现的进步作用,是应当归属于人民群众的范围之内的,他们所创造的精神财富成果,也应该包括在人民群众创造的精神财富当中。世界上许多杰出的科学家、思想家和艺术家,直接出身于劳动者阶级。如我国宋代活字印刷术的发明者毕升是一个布衣平民;德国著名的唯物主义哲学家狄慈根和英国的杰出发明家瓦特都是工人;俄国伟大文学家高尔基也是一个劳动者。他们依靠自己的勤奋努力,刻苦学习成才,创造了许多璀璨的精神财富。

第三,人民群众是实现社会变革的决定力量。人民群众不仅以平时的辛勤劳动创造了物质财富和精神财富,而且以革命时期的历史主动性推动了社会形态由低级到高级的飞跃。在阶级社会里,生产关系的变革,上层建筑的革新,整个社会制度的新旧更替,都是由人民群众发动的推翻反动统治阶级的社会革命实现的。人民群众是社会革命的主体,一切真正的革命运动,实际上都是人民群众自己起来摧毁那些腐朽的社会制度的斗争。奴隶们的英勇斗争冲垮了奴隶主的反动统治,为新兴地主阶级的统治创造了有利条件;无数次农民起义和农民战争,使封建统治陷于土崩瓦解,为资本主义的兴起和资产阶级的统治铺平了道路;无产阶级的各种形式的斗争直至暴力革命,必将埋葬资本主义制度。

历史是人民群众创造的,但人民群众却不能随心所欲地创造历史。人民群众创造历史的活动是受既定的社会历史条件制约的。在不同的历史时期和不同的社会历史条件下,人民群众创造历史的具体作用和具体结果是不同的。例如,奴隶阶级和农民阶级都是它们那个时代的历史创造者和推动者。但是由于它们都不是新的生产方式的代表者,都不能提出和建立比奴隶制度或封建制度先进的社会制度,所以虽然它们的斗争都沉重地打击了当时的统治阶级,推动了历史的前进,然而其斗争的胜利果实却总是被新的剥削阶级所占有,仍然摆脱不了历史所给予的苦难命运,不可能成为社会的主人。到了资本主义社会,人类历史上第一次出现了代表先进生产方式的劳动阶级即无产阶级。无产阶级在自己的马克思主义政党的领导下,不仅能够提出彻底推翻资本主义制度和一切剥削制度的纲领,而且能够团结广大人民群众实现这个纲领,建立新的社会主义制度,使自己和广大人民群众成为新社会的主人。无产阶级是人类历史上最先进、最革命的阶级,它的伟大历史作用是其他一切劳动阶级所不可比拟的。社会主义制度的建立为人民群众创造历史作用的充分发挥开辟了一个新纪元。当社会主义社会过渡到共产主义社会高级阶段以后，人类从必然王国进入自由王国，人民群众创造历史的作用将会得到更加充分的发挥。

三 历史人物在历史上的作用

历史唯物主义在肯定人民群众是历史的创造者的前提下，也承认历史人物在历史上的作用，坚持二者的辩证统一。在人类历史上，每一个人都生活在社会之中，都是历史活动的参与者，都在历史上起一定的作用。但这决不意味着每一个人的作用都是一样的，更不意味着每一个人都对历史发展起积极的作用。事实上，不同的个人在历史上的作用有大小之分，有积极与消极之别。个人按其对历史发展作用的大小可区分为普通个人和历史人物。普通个人在历史上的作用虽然较小，但决不能忽视；历史人物的作用比普通个人要大得多，他们在人类历史进程中留下明显的印记。按照历史人物作用是积极的还是消极的，又可以将他们区分为正面人物和反面人物。正面人物亦称杰出人物，是指在一定历史阶段上对社会发展起促进作用或推动作用的伟大人物，包括杰出的政治家、思想家、军事家、科学家和文学艺术家等等。反面人物则主要指那些逆历史潮流而动、阻碍历史发展的反动阶级和反动势力的代表人物。杰出人物在历史上的作用，主要表现在以下几个方面：

第一，一般地说，先进阶级的政治代表人物能够反映他们所处的那个时代的发展趋势，他们比同时代、同阶级的人站得高，看得远，能够提出适应社会发展的先进思想和主张。这些思想和主张常常是社会变革的先导。他们在革命和建设事业中，起着倡导者和发起人的作用。

第二，先进阶级的政治代表人物能够根据他们的先进思想和主张，制定具体的纲领、路线、政策和策略，并动员和组织本阶级成员与广大人民群众同阻碍社会进步的反动阶级、反动势力进行斗争。他们在斗争中起着核心和中流砥柱的作用。特别是在复杂的阶级斗争中，没有他们的组织和领导，不可能取得胜利。

第三，在历史发展的一定阶段上，某些占统治地位的剥削阶级的代表人物，在特定的社会条件下可能成为"开明政治家"，他们的一些主张和改革措施，也能对社会发展起某种促进和推动作用。

第四，杰出的科学家、思想家、文学艺术家等等的创造性活动及其成果，对于人类科学文化的发展和社会物质文明与精神文明水平的提高起着重要的作用,有力地推动了历史的发展和社会的进步。

正确认识和评价杰出人物的历史作用,是一个十分复杂的问题。需要掌握以下几个基本观点和方法:

第一,杰出人物是一定历史条件的产物,要正确认识杰出人物的历史作用,必须深入了解他们所处的历史条件,坚持历史主义原则。任何一个杰出人物的出现,都是时代的需要。马克思指出:"如爱尔维修所说的,每一个社会时代都需要有自己的大人物,如果没有这样的人物,它就要把他们创造出来。"[22]既然任何杰出人物都是一定历史条件的产物,他们的作用也就必定受这种历史条件的制约。

第二,在阶级社会里,杰出人物总是一定阶级的代表,他们是从属于一定阶级的,他们的历史作用同他们所代表的那个阶级的历史作用是分不开的。因此,要正确认识杰出人物的历史作用,必须对他们作阶级分析。

第三,杰出人物的出现及其历史作用都是必然性与偶然性的辩证统一,因此,必须用必然性与偶然性辩证统一的观点来分析杰出人物及其历史作用。

第四,任何杰出人物都有巨大的历史功绩,也必然会有这样或那样的缺点错误,因此,对他们的历史作用要作全面的分析与评价,既不能肯定一切,也不能否定一切。

无产阶级领袖也是杰出人物,但他们又同历史上的杰出人物不同,他们的历史作用是历史上其他杰出人物的作用无法比拟的。他们是人类历史上最先进、最革命的阶级即无产阶级的优秀代表,肩负着领导无产阶级和广大人民群众彻底埋葬资本主义制度、建立社会主义和共产主义制度的伟大历史使命;他们具有高度的理论素养,通晓社会发展规律,能为无产阶级和广大人民群众争取彻底解放的斗争提供理论武器,指明方向和道路;他们是在无产阶级和广大人民群众的革命斗争中涌现出来的,能与人民群众同命运、共呼吸、血肉相连,真正代表他们的利益,并为之奋斗终生;他们善于科学地总结群众的斗争经验,集中其智慧,制定正确的路线、纲领、方针、政策和战略、策略,领导和组织无产阶级和人民群众从一个胜利走向另一个胜利。历史证明,无产阶级和人民群众所取得的每一个伟大胜利,都是和无产阶级领袖的杰出贡献分不开的。因此,他们在群众中享有崇高的威信。我们要热爱无产阶级领袖,维护他们的权威。同时也要认识到,无产阶级领袖是人,不是神,他们有自己的伟大功绩,也不可避免地会有这样那样的缺点或错误。因此,不要神化领袖,搞个人崇拜。

四 无产阶级政党的群众观点和群众路线

从人民群众是历史的创造者这一基本原理出发,产生了无产阶级政党的群众观点和群众路线。

1. 群众观点

群众观点是无产阶级政党的根本观点。主要包括以下四个内容:

第一,人民群众自己解放自己的观点。人民群众是历史的主人,是创造历史的决定力量。无产阶级的各项事业,都是人民群众自己的事业。只有依靠人民群众自觉的努力和斗争,才能取得革命和建设事业的胜利。党对于人民群众的领导作用,就是给人民群众指出斗争的方向,帮助人民群众自己动手,争取和创造自己的幸福生活。因此,无产阶级政党应当相信人民群众的伟大创造力,依靠人民群众,尊重人民群众的首创精神,反对恩赐观点和包办代替。

第二,全心全意为人民服务的观点。全心全意为人民服务是无产阶级政党的宗旨。人民的利益高于一切。无产阶级政党是人民利益的代表者和维护者。除了广大人民群众的利益,无产阶级政党没有自己的私利。一切为了人民群众的利益,是无产阶级政党活动的根本出发点。因此,无产阶级政党及其成员决不能谋一己之私利,不能搞特权、当贵族老爷。

第三,向人民群众负责的观点。人民群众的利益,就是无产阶级政党的利益。无产阶级政党及其成员,要把向人民群众负责作为自己言行的最高准则,要为人民群众的利益坚持真理、修正错误,把对党负责和对人民群众负责统一起来,坚决反对置人民群众的利益于不顾、对人民群众的疾苦漠不关心的官僚主义和对群众敷衍塞责、不负责任的工作作风。

第四,向人民群众学习的观点。要坚信人民群众是真正的英雄,人民群众是智慧和力量的源泉,个人的才能总是有限的。无产阶级要实行正确的领导,就必须虚心向广大群众学习,甘当群众的学生,倾听群众的呼声,遇事同群众商量,先当好学生,然后才能当好先生,反对任何居功自傲、轻视群众和独断专行的思想与行为。

2. 群众路线

群众路线是无产阶级政党的根本路线,是群众观点在实际工作中的贯彻和运用。无产阶级政党要实现对人民群众的正确领导,必须有一条正确的政治路线、思想路线和组织路线,而群众路线则是贯穿于党的政治路线、思想路线和组织路线之中的根本的工作路线,它是我们党在一切工作中克敌制胜的法宝。离开了群众路线,就不可能有正确的政治路线、思想路线和组织路线。所谓群众路线就是"一切为了群众,一切依靠群众,从群众中来,到群众中去。"[23]

"一切为了群众",这是群众路线的基本出发点和最终归宿。它是由无产阶级政党的性质决定的。无产阶级政党是人民群众利益的代表者,除了人民群众的利益以外没有自己的私利。无产阶级政党的一切工作都是为了广大人民群众、服务于广大人民群众的,这是党的根本宗旨。

"一切依靠群众",这是群众路线的基本要求。无产阶级政党的一切工作,必须紧紧地依靠广大人民群众,依靠他们的智慧和力量,依靠他们的信任和支持,离开广大人民群众必将一事无成。

"从群众中来,到群众中去",这是无产阶级政党的基本领导方法,也是群众路线的基本工作方法。毛泽东同志指出:"从群众中集中起来,又到群众中坚持下去","这是基本的领导方法"[24]。他又说:"在我党的一切实际工作中,凡属正确的领导,必须是从群众中来,到群众中去。这就是说,将群众的意见(分散的无系统的意见)集中起来(经过研究,化为集中的系统的意见),又到群众中做宣传解释,化为群众的意见,使群众坚持下去,见之于行动,并且在群众行动中考验这些意见是否正确。然后再从群众中集中起来,再到群众中坚持下去。如此循环往复,一次比一次更正确、更生动、更丰富。这就是马克思主义的认识论"。[25]

第五节 科学及其在社会发展中的作用

科学是一种重要的社会现象,它在社会生产以及整个社会生活中占有十分重要、而且越来越重要的地位,弄清科学的本质和特征、科学的社会功能、科学技术是第一生产力等问题,具有十分重要的理论意义和现实意义。

一 科学的本质

究竟什么是科学?它具有什么样的本质?对此,国内外学术界的看法并不一致。这里只从两个明显的方面作些一般性的论述。

1. *科学是知识的理论体系*

科学的整体包括自然科学、社会科学、思维科学等。科学整体中的每一个组成部分,作为一个独立的学科,都有自己特定的研究对象。自然科学以自然界的各个领域为研究对象,研究自然界各个领域的运动、变化和发展规律;社会科学以人类社会生活的各个领域或各个方面为研究对象,研究社会生活的各个领域或各个方面运动、变化和发展的规律;思维科学以人类思维为研究对象,研究人类思维的形式和发展规律。20世纪中期以来,随着各门科学的发展和社会实践的需要,出现了一些"边缘科学"(如生物化学、生物物理等)、"综合科学"(如生态学、环境科学等)和"横断科学"(如系统论、信息论、控制论等)。我们可以把科学作为一个整体定义为:科学是一种社会精神生活现象,是社会意识的一种特殊形式,是关于自然、社会和思维各个领域或各个方面的具体规律性知识的理论体系。

2. 科学是获得知识的社会认识活动

科学不仅是知识的理论体系,而且是获得知识的社会认识活动。历史唯物主义既看到科学作为知识的理论体系这一侧面,又看到科学作为获得知识的社会认识活动的另一个侧面,把二者统一起来,从而比较完整地揭示出科学的本质。

在社会发展的最初阶段,各种社会活动浑然一体,观念形态的科学还没有形成,因而还没有专门从事科学活动的人,科学也就不能成为社会分工的一个独立部门。在原始社会后期,特别是到了奴隶社会,由于生产力的发展,科学活动逐渐从物质生产活动中分离出来,有了从事科学活动的知识分子。但早期的科学活动规模很小,设备简陋,而且主要是个别学者的业余活动,专门从事科学研究的人员为数极少。到了近代,自然科学广泛采用科学实验这种研究手段,社会科学则采用社会调查等方法,科学越来越成为一种独立的社会活动,一种专门的社会职业。19世纪中叶以后,科学活动日益集中于高等学校、工业实验室和专门研究机构,并按地区、专业组成各种学术团体,出现了一大批专家学者、科技人员和各种专业工作者。他们积累了丰富的图书资料,创造了先进的实验设备和观察手段,拥有各种实验室、实验基地、实验机构,对自然、社会、思维进行着广泛的、有组织的深入研究,科学活动日益社会化。20世纪以来,特别是第二次世界大战以后,科学事业的发展已成为国家战略的重要内容,一些科学部门直接控制在政府手中,许多科研项目已具有国家规模,以至需要国际范围的分工,科学活动在社会生活中占有越来越重要的地位。

二 科学发展的社会制约性和科学的社会功能

科学的发展受各种社会条件的制约。物质生产力的发展水平,社会生产关系的性质,政治上的民主或专制,军事和战争,哲学指导思想,社会整体科研能力,以及其他社会意识形式等,都制约着科学的发展及其应用。其中物质生产力的发展水平是科学发展的基础,恩格斯指出:"科学的产生和发展一开始就是由生产决定的"。又说:"社会一旦有技术上的需要,这种需要就会比十所大学更能把科学推向前进。"[26]物质生产对科学发展的作用主要表现在以下几个方面:(1)物质生产发展的需要是自然科学发展的主要动力;(2)物质生产为科学研究提供的实验设备和观测手段的水平,决定科学研究的水平;(3)物质生产为发展科学所提供的人力、物力、财力的数量和质量,决定着科学发展的规模和速度;(4)物质生产力发展水平的高低,决定着在物质生产中能够在多大程度上利用新的科学技术成果,决定着科学技术物化为直接的现实的生产力的可能和速度。

科学具有多方面的社会功能:科学是一种强大的精神力量,人们依靠科学,可以破除旧思想、旧习惯、旧传统、旧观念,树立新思想、新习惯、新传统、新观念,起到改变人们的精神面貌、解放思想、追求真理的作用;科学具有变革生活方式的功能,人类生活包括物质生活和精神生活两个方面,这两个方面的变革,几乎都是伴随着科学上的重大发现和发明而发生的;科学具有社会管理的功能,人们利用科学去认识和管理社会,有利于社会生活各个部门的协调发展,有利于社会的进步;科学具有改变社会关系的功能,它既可以引起生产关系、阶级关系、政治制度的局部变化,也可能导致社会革命,从而引起社会关系的根本变革;科学具有推动物质生产力发展的功能,它可以物化为生产工具,变为劳动者的生产经验和劳动技能,提高劳动对象的质量、扩大劳动对象的范围,把科学应用于生产管理可以提高管理水平,从而推动物质生产力迅速发展。

三 科学技术是第一生产力

"科学技术是第一生产力",这是一个反映时代精神的科学真理。这个真理主要有以下三层涵义。

1. 科学渗透于现代生产力系统的各类要素之中

在第六章已经讲过,现代生产力系统包括独立的实体性因素、运筹性的综合因素、准备性因素、渗透性因素四类要素。而且指出渗透性因素指的是自然科学,包括基础科学、技术科学和应用科学。马克思指出:"生产力中也包括科学","科学在工艺上的应用""赋予生产以科学的性质"[27]。在机器大生产中,"生产过程成了科学的应用,而科学反过来又成了生产过程的因素即所谓职能。"[28]这些论述都指的是科学应用于生产过程或工艺过程,渗透到生产力的其他各类要素中去,从而转化为直接的现实的生产力。科学是现代生产力系统中的重要因素,如果从现代生产力系统的其他各类要素中抽去渗透于其中的科学因素,那么,现代生产力也就不成为现代生产力了,它和古代生产力和近代生产力就没有什么区别了。可以说,现代生产力系统的各类要素之中,无一不渗透着科学因素。这是现代生产力区别于古代生产力和近代生产力的基本特征之一,也是"科学技术是第一生产力"的第一个基本涵义。

2. 科学对生产的发展具有主导作用和超前作用

在现代化生产中,科学、技术、生产三者互相依赖,形成一个相互作用的完整体系。其中物质生产对科学起归根结底的决定作用,科学对物质生产的发展起主导作用和超前作用,技术是联结科学和生产的中间环节。这是"科学技术是第一生产力"的又一个基本涵义。

科学、技术、生产三者的相互关系及其演变,从古代到现代可以划分为四个阶段。科学对物质生产的主导作用和超前作用,是在科学、技术、生产三者关系发展到一定阶段才产生的。

第一阶段:在人类社会的早期,由于生产力发展水平十分低下,人类对自然界的认识十分肤浅,作为理论形态的自然科学还没有形成,科学、技术、生产三者浑然一体,尚无明确区分,或者说,科学作为一种萌芽,还完全包含在一般物质生产过程之中。

第二阶段:随着物质生产力发展水平的提高,逐渐形成了物质生产和精神生产、体力劳动和脑力劳动的分工。在全社会范围内,科学作为一种精神生产活动,日益从物质生产过程中分离出来,成为社会分工的一个独立部门。这时物质生产和科学生产作为两个独立的部门平行发展,彼此之间的联系尚不紧密和直接。在整个古代,科学本身还没有形成系统的理论,经验性的科学知识仍然占主导地位,技术的发展主要依赖于生产实践中所获得的经验,而不是科学理论的自觉应用和物化。科学的发展也主要来自对生产经验和技术经验的整理、总结和提高。这种科学实质上是归纳的科学,即科学跟在生产和技术之后,概括和总结生产活动和技术活动中积累起来的经验材料,科学还没有走在生产和技术的前面对生产的发展起主导作用和超前作用,就科学、技术、生产三者相互作用的形式来看,基本上体现为"生产——技术——科学"的过程,"科学——技术——生产"的过程尚未形成。

第三阶段:到了近代,随着物质生产力的发展以及与此相适应的科学技术在物质生产过程中的日益广泛的应用,不仅在全社会的范围内,物质生产和科学生产作为两个相对独立的部门都有了进一步的发展,而且在物质生产领域内部也出现了物质劳动和科学劳动的分工。在第一次技术革命以后形成的资本主义机器大生产中,需要有专门的科学技术人员和工程技术人员,他们虽然不从事直接的物质生产劳动,而专门从事科学技术和工程技术活动,但是他们的这种活动是物质生产劳动总过程中不可缺少的一部分。在物质生产领域内出现物质劳动和科学劳动的分离,不仅不是使物质生产和精神生产之间的关系更加疏远了,而是把二者结合在同一生产部门中,使二者更接近、更密切了。但是在整个近代,科学和技术、科学和生产在很大程度上仍然是脱节的。这主要表现在两个方面。其一,是科学的发展常常落后于技术和生产的发展,以至在科学理论上尚未搞清楚的问题,在技术和生产上却可以首先实现它,蒸汽机的发明和使用的过程就是如此。其二,是科学虽然有时因其自身的矛盾运动而出现新理论,但却迟迟不能转化为生产技术,应用于物质生产。例如,电磁感应定律的创立和电力技术在生产中的应用,间隔很长的时间。可以说,在近代,特别是电磁感应的科学原理运用于技术和生产以来,科学走在技术和生产前面的现象已经出现,科学开始显露出对物质生产的主导作用和超前作用,"科学——技术——生产"的过程初露端倪,但尚未明显形成,不占主导地位。

第四阶段:20世纪中期以来,在新技术革命条件下,随着信息论、控制论、系统论的出现和电子计算机的制造成功及其在生产上的应用,在原来由发动机、传输机、工具机组成的机器体系的基础上,又制造出自动控制机,机器体系日益复杂,科技含量越来越高。如果说在使用手工工具和简单的机器的条件下,劳动者还能够通过总结生产过程中积累起来的经验知识,发明创造新的生产工具的话,那么,在使用复杂的机器体系、特别是在使用自动化机器体系的条件下,若是没有科学理论作先导,不仅根本不能发明创造新的现代化的生产工具,就是操纵或重复制造已有的现代化的生产工具也是困难的。而且,随着人类社会的发展,天然的劳动对象越来越不能满足生产者的需要,要求不断出现新的材料,而高级的新材料的制造,需要有材料科学作指导。旧能源被新能源所代替,需要有能源理论及其他相关的科学理论作指导。人类要向太空和海洋进军,扩大物质生产和人类活动的场所,需要有空间科学和海洋科学的指导。物质生产的这种发展状况,要求科学不能再仅仅作为物质生产活动的结果,跟在生产实践活动的后面总结、概括生产实践的经验,而是要求它能够走在生产实践的前面,为生产的发展开辟可能的新途径、新部门,准备各种前提条件,并迅速转化为直接的现实的生产力。当代科学对物质生产的这种主导作用和超前作用,不但极大地提高了物质生产力的发展水平,而且从根本上改变了科学、技术、生产三者相互作用的形式,在以前的"生产——技术——科学"的过程的基础上,又出现了"科学——技术——生产"的这种逆向过程。

从以上的历史考察可以看出,"科学——技术——生产"这种过程的出现,当然包含了科学对物质生产发展的反作用,但又不止于此,它还突出地表现出科学对物质生产的主导作用和超前作用。科学技术不是在任何时代、任何条件下都是第一生产力,只有在当代新技术革命条件下,科学对物质生产具有了主导作用和超前作用的时候,科学技术才成为第一生产力。

3. 科技进步是推动生产力发展的重大杠杆

在任何时代,生产力和生产关系之间的矛盾都是生产力发展的根本动力。而在当代,科技进步已成为推动生产力发展的重大杠杆。这是"科学技术是第一生产力"的第三个基本涵义。当代科学技术推动生产力发展的重要作用主要通过以下几个方面体现出来。

首先,由科学技术因素造成的劳动生产率和经济增长率越来越高。马克思在 1847 年写的《哲学的贫困》一书中有一个统计数字:英国 1770 年由科学技术造成的劳动生产率与手工劳动造成的劳动生产率相比是 4∶1,而经过产业革命,到 1840 年,这个比例则变为108∶1[29];在 20 世纪初,世界大工业劳动生产率的提高,只有 20% 左右靠采用新的科学技术取得;由于 20 世纪中期发生了新技术革命,到 70 年代,这个比例就上升到 60%—80%。正如马克思所说:"大工业把巨大的自然力和自然科学并入生产过程,必然大大提高劳动生产率,这是一目了然的。"[30]又说:"劳动生产力(即劳动生产率——引者)是随着科学和技术的不断进步而不断发展的"。[31]

其次,自然科学从理论突破到新产品试制成功的周期日益缩短。只要我们由远及近地追溯一下自然科学理论转化为生产力的历史,就可以清楚地看出,从提出自然科学理论到在生产过程中加以应用所间隔的时间越来越短。例如,在 19 世纪以前,蒸汽机从发明到投入生产用了 100 年(1680—1780),蒸汽机车用了 34 年(1790—1824),柴油机用了 19 年(1878—1897),电动机用了 57 年(1829—1886),电话机用了 56 年(1846—1902),无线电用了 35 年(1867—1902),真空管用了 33 年(1869—1902),电子管用了 31 年(1884—1915),汽车用了 27 年(1868—1895)。进入 20 世纪以来,雷达用了 15 年(1925—1940),电视机用了 12 年(1922—1934),晶体管用了 5 年(1948—1953),原子能利用从发现原子核裂变到第一台原子反应堆建成用了 3 年（1939—1942），而激光器从实验室发明到工业应用仅用了 1 年时间。20 世纪中期发生新技术革命以来，新的科技成果转化为物质生产力的周期更加缩短，科技成果越来越快地在生产过程中发生作用。新的科学理论层出不穷，新的技术成果不断涌现，新的生产工具不断更新。

再次，科学技术在生产上的广泛应用，使生产力的发展明显地呈现出加速度的趋势。据统计，在原始社会，劳动生产率的增长速度，平均每万年不超过 1%—2%；从奴隶社会开始到封建社会灭亡，劳动生产率平均每百年增长 4%；从 18 世纪开始，由于科学成了知识形态的生产力，使物质生产以神奇的速度向前发展。在此后不到 100 年的时间里，资本主义社会所创造的生产力，比过去一切时代所创造的全部生产力的总和还要多、还要大。19 世纪下半时，由于电力的发明和应用，又仅在 100 年左右，使全世界的工业产值增加了 20 倍。从 20 世纪 40 年代开始，由于现代科学出现了新的飞跃，一系列高新技术群体日益崛起，使生产自动化程度大大提高，劳动生产率成几十倍、几百倍地增长。法国社会学家格·普·阿波斯托尔估计，当今物质生产力 3 年内的变化，相当于 20 世纪初 30 年内的变化，牛顿以前时代 300 年内的变化，石器时代 3000 年内的变化。[32]

第六节　各种动力之间的相互关系

上述社会发展的多种多样的动力，可以归结为社会基本矛盾、阶级斗争和人民群众这三大动力。下面我们就来分析这三大动力之间的相互关系。

一　社会基本矛盾和阶级斗争的关系

1. 阶级社会里，社会基本矛盾必然表现为阶级矛盾和阶级斗争

首先，生产力和生产关系之间的矛盾必然表现为阶级矛盾和阶级斗争。阶级不是从来就有的，它是生产发展到一定阶段的产物，亦即生产力和生产关系的矛盾发展到一定阶段的产物。在漫长的原始社会，由于生产力十分低下，没有剩余产品，不存在人剥削人的可能性，因而也就没有生产资料的私有制，没有阶级划分。到了原始社会末期，由于生产力有了发展，出现了剩余产品，提供了人剥削人的可能性，于是就逐渐出现了生产资料私有制，出现了阶级划分。以生产资料私有制为基础的生产关系本身，就是阶级对抗关系。剥削阶级和被剥削阶级之间，由于物质利益的对立，必然引起不断的、有时隐蔽、有时公开的斗争。特别是当由于生产力的发展，生产关系由

生产力发展的形式变成生产力发展的桎梏的时候,反动剥削阶级总是极力维护现存的腐朽的生产关系,而被剥削阶级则力图破坏这种生产关系。这样,生产力和生产关系之间的矛盾,就表现为剥削阶级与被剥削阶级之间的剧烈的阶级斗争。另外,当在旧社会内部出现了新生产方式的时候,代表新生产方式的先进阶级和代表腐朽生产方式的反动阶级之间,也必然形成尖锐的矛盾。因为先进阶级力图用新的生产方式代替腐朽的生产方式,而反动阶级则力图维护腐朽的生产方式。这样,新旧生产方式之间的矛盾,就表现为先进阶级与反动阶级之间的斗争。而且,在一般情况下,先进阶级在进行革命时总是同被剥削的劳动阶级结成联盟,共同反对剥削阶级的反动统治。

其次,经济基础和上层建筑之间的矛盾也必然表现为阶级矛盾和阶级斗争。生产力和生产关系之间的矛盾与经济基础和上层建筑之间的矛盾是互相联系、互相制约、互相渗透、互相影响的。因而生产力和生产关系之间的矛盾,必然反映到上层建筑领域中,形成经济基础和上层建筑之间的矛盾。剥削阶级为了维护他们的经济利益,必然要在政治上、思想上建立自己的统治,从而形成剥削阶级与被剥削阶级在上层建筑领域中统治与被统治的关系。当生产关系阻碍生产力的发展的时候,反动统治阶级总是利用国家机器等上层建筑,维护现存的腐朽的生产关系;而代表新生产方式的先进阶级和被剥削阶级,为了获得经济上的解放,则必须推翻反动统治阶级的上层建筑,首先是夺取国家政权,并以国家政权为杠杆,确立或建立新的生产关系,推动生产力发展。所以经济基础和上层建筑之间的矛盾,也表现为剥削阶级和被剥削阶级、先进阶级和反动阶级之间的阶级斗争。

2. 社会基本矛盾的发展状况,决定着阶级矛盾和阶级斗争的发展阶段和状况

在每一个特定的阶级社会中,阶级斗争是始终存在的,但经历着不同的发展阶段。就大的发展阶段而言,一般分为革命前的准备阶段和直接进行革命的阶段。阶级斗争的这种发展,是由生产力和生产关系、经济基础和上层建筑之间的矛盾发展状况决定的。在生产关系基本适合生产力发展的时候,生产关系和生产力、上层建筑和经济基础之间的矛盾还不尖锐,被剥削被压迫阶级对于未来社会制度的理想还不清晰,或不免带有空想的性质,尚不能明确提出推翻旧社会制度、建立新社会制度的革命任务,更不能形成以推翻现存社会制度为目标的革命运动。这时阶级斗争处于革命前的准备阶段。在资本主义社会,这个阶段相当于工人阶级的自发斗争阶段。反映这

种斗争的理论是空想社会主义。当现存的生产关系已经腐朽,基本不适合生产力发展的时候,生产关系与生产力、上层建筑与经济基础之间的矛盾就尖锐起来,革命阶级就有可能提出推翻旧社会制度、建立新社会制度的革命任务,并且在条件成熟时,发动以推翻旧社会制度为目标的革命运动,阶级斗争从革命前的准备阶段发展到直接进行革命的阶段。在资本主义社会,这个阶段相当于工人阶级进行自觉斗争的阶段,这个斗争在理论上的表现,是马克思、恩格斯创立的科学社会主义。当然,就是在直接进行革命的阶段,阶级斗争也是有时尖锐,有时缓和,有曲折,有反复,波浪式前进的。这种情况也是由社会基本矛盾的发展状况决定的。当反动统治阶级加紧压迫被统治阶级,被统治阶级除去起来革命,别无他路可走时,阶级斗争就尖锐;而当反动统治阶级采取某些措施,对生产关系和上层建筑进行某些调整,从而使生产力有所发展,人民群众能够勉强度日或生活水平有所提高时,阶级斗争就比较缓和。

3. 社会基本矛盾的解决,只有通过阶级斗争才能实现

生产关系必须适合生产力性质、上层建筑必须适合经济基础发展要求的规律,是人类社会发展的普遍规律。这些规律不能自发地实现,只有通过人的活动,在阶级社会里,只有通过阶级斗争才能实现。就是说,在阶级社会里,当生产关系阻碍生产力发展、上层建筑阻碍经济基础变革时,必然引起阶级斗争尖锐化,直至爆发以推翻旧政权、建立新政权为目标的政治革命,而政治革命一般说来要使用暴力。政治革命一旦成功,就实现了社会形态的更替,把人类社会从一个较低的社会形态推进到一个较高的社会形态,产生了新条件下的生产力和生产关系、经济基础和上层建筑之间的矛盾运动。阶级结构、阶级斗争的特点也相应地发生了变化。在阶级社会里,不仅社会形态的更替必须通过阶级斗争,而且在同一社会形态中,阶级斗争也是保证社会再生产正常进行、推动生产力的发展和社会进步的决定力量。

在关于社会基本矛盾和阶级斗争的关系问题上,要注意防止和反对两种片面倾向。

一种片面倾向是把阶级斗争作为社会发展的惟一动力,否认社会基本矛盾在社会发展中的作用。这种观点是不能令人同意的。我们认为,生产力和生产关系之间的矛盾,是人类社会最基本的矛盾,它是推动无阶级社会发展的最根本的动力,也是推动阶级社会发展的最根本的动力。这是因为,阶级和阶级斗争是生产力和生产关系之间的矛盾发展到一定阶段的产物;阶级斗争的发展状况是由生产力和生产关系的矛盾状况决定的;而阶级斗

争,归根结底是为了解决生产力和生产关系之间的矛盾,解放生产力,促进生产力的发展。

另一种片面倾向是认为在阶级社会中,离开阶级斗争社会也能发展。诚然,马克思主义认为,生产力和生产关系之间的矛盾,是社会发展经常的根本动力,阶级斗争是在生产力和生产关系的矛盾中产生的,只存在于历史发展的一定阶段,因而是暂时的。但是,在阶级社会里,生产活动和阶级斗争总是联系在一起的,不应当人为地把它们割裂开来。恩格斯曾经讲过:"由于文明时代的基础是一个阶级对另一个阶级的剥削,所以它的全部发展都是在经常的矛盾中进行的。"[33]马克思也讲过这个意思。他指出:"没有对抗就没有进步。这是文明直到今天所遵循的规律。到目前为止,生产力就是由这种阶级对抗的规律而发展起来的。"[34]这两段话清楚地说明,在阶级社会里,生产力和整个社会的发展总是离不开"阶级对抗"。另外,如果认为社会发展的动力,有时候是生产力和生产关系的矛盾,有时候是阶级斗争,这实际上还是把两个动力分开了。生产力和生产关系的矛盾与阶级斗争当然都可以推动社会发展,但在阶级社会里,它们是联系在一起的,是不能分开的。如果把它们分开了,就是把两个动力看作彼此孤立、互不联系的东西了,这种观点离开了社会发展动力问题上的唯物主义一元论,陷入了二元论或多元论。我们认为,生产力和生产关系之间的矛盾是社会发展的根本动力,阶级斗争是阶级社会发展的直接动力。首先是生产力和生产关系之间的矛盾决定阶级斗争的发展变化,而阶级斗争又为生产力和生产关系之间的矛盾的解决扫清障碍、开辟道路。如果离开生产力和生产关系之间的矛盾孤立地谈阶级斗争推动社会的发展,这种阶级斗争就失去了它存在的物质基础;如果离开阶级斗争孤立地谈生产力和生产关系之间的矛盾推动社会的发展,生产力和生产关系之间的矛盾就失去了解决它的手段。

二 社会基本矛盾、阶级斗争、人民群众推动社会发展作用的一致性

人民群众是历史发展的动力的理论,与社会基本矛盾、阶级斗争是历史发展的动力的理论是一致的。

人民群众是社会发展的动力,但是,在阶级社会里,人民群众是划分为阶级的。在不同国家或同一国家的不同历史时期,人民群众所包含的具体阶级内容是不同的。人民群众中的不同阶级推动社会发展的作用也是有差别的。一般说来,人民群众的主体是受剥削受压迫的劳动群众。所谓人民

群众是社会发展的动力,主要是说劳动群众是社会发展的动力。同时,上升时期的剥削阶级也属于人民群众的一部分,他们有时甚至充当革命的领导阶级。但是,他们推动社会发展的作用,只有借助于劳动人民的力量才能实现,革命的主力军始终是劳动群众。上面已经讲过,恩格斯在讲到英、法两国的资产阶级革命时曾经说:"在十七世纪的英国和十八世纪的法国,甚至资产阶级的最光辉灿烂的成就都不是它自己争得的,而是平民大众,即工人和农民为它争得的。"[35]我们说人民群众是社会发展的动力,一方面指人民群众、主要指被剥削的劳动群众从事的生产活动和科学实验,推动着社会的发展;另一方面,指劳动阶级和上升时期的剥削阶级反对反动统治阶级的阶级斗争和社会革命,推动着社会的发展。就是说,生产力的发展,生产关系的变革,上层建筑的革新,社会形态的更替,都应该归功于人民群众所从事的生产活动、阶级斗争和科学实验等实践活动。由此可见,说人民群众是社会发展的动力,和说社会基本矛盾、阶级斗争是社会发展的动力,是完全一致的。

上面我们把推动社会发展的多种多样的动力归结为三大动力,并且分析了三大动力紧密联系、相互制约的关系。同时,也应看到,在多种多样的动力中,有些动力由于其推动社会发展的特殊性,还应该单独列出来加以研究。下面我们再着重分析一下科学技术动力在社会发展中的特殊作用。

三 科学技术推动社会发展作用的特殊性

自然科学推动社会发展的特殊性集中表现在两个方面。

首先,自然科学作为生产力系统的要素之一,它对生产关系、政治上层建筑以及其他各种社会意识形式具有一定程度的决定作用;自然科学作为一种社会意识形式,它对社会存在的发展又具有巨大的反作用。自然科学所具有的这种"二重作用",决定了它在推动社会发展作用方面的复杂性。

其次,自然科学在社会发展中的"反作用"与社会科学在社会发展中的"反作用"不同。自然科学反作用的过程或途径一般为:自然科学—技术—生产力—社会进步;社会科学反作用的过程和途径一般为:社会科学—政治关系(阶级斗争)—生产关系—社会进步。自然科学一般通过技术中介而物化为生产力,从而形成社会向前发展的物质基础,推动社会进步;社会科学一般通过政治中介(在阶级社会里通过阶级斗争)反作用于生产关系而推动社会进步。在"精神变物质"的过程中,自然科学比社会科学更具有直接性。因为在"自然科学—技术"这个第一步转化关系中就实现了"精神变物质"的过程,技术已经是精神的物化;"技术—生产力"的过程,已经不是精神与物质之间形态上的变化,而是不同物质形态之间的演进。而在社会科学的反作用中,在"社会科学—政治关系"这个第一步转化关系中,则尚未实现精神到物质的转变,仍然停留在"思想的社会关系"的范围内;在"政治关系—生产关系"的转化关系中,才实现从精神到物质的转变,即转化为"物质的社会关系"。

对于技术的含义、本质及其社会作用,学术界的看法不尽一致。我们认为,从动态看,技术是人类的一种社会活动,是指技术发明过程。从静态看,技术有其自身的结构,由"硬件"和"软件"两部分构成。所谓"硬件"技术,一般指物质技术手段,即工具、机器、设备等,所谓"软件"技术,一般指与物质手段相适应的操纵、控制、运用"硬件"技术的方法、技能、技巧,以及人们规定的"硬件"技术的运转程序和生产的技术组织形式、技术管理形式等。无论在动态意义上还是在静态意义上,技术的根本性质都是物质性的。技术与科学尽管联系十分密切,但它们在性质上是不同的。从静态上说,科学是知识形态,技术是物质形态;从动态上看,科学是认识世界的活动,技术则是改造世界的活动。"软件"虽然有些内容属于知识性的技术,但是,也要看到技术知识与科学知识的差别。技术知识是科学知识的具体化,它比科学知识更接近于实践,因而它是一种实践知识或实践能力,在技术体系中带有从属的性质,整个技术体系的根本性质是物质性的。

在当代,科学、技术、生产三者之间的相互关系表现为以下两个相对独立的序列:即"生产—技术—科学"和"科学—技术—生产"。把这两个序列联结起来,生产、技术、科学三者之间就形成"生产—技术—科学—技术—生产"的完整链条。当然,这不是一条封闭的、直线的因果关系式,而是一种开放的、曲线前进的联系。在这个综合序列或关系式中,每一项的功能、属性都渗透了另一项的功能、属性。例如,生产一方面表现为科学和技术发展的源泉,另一方面又是科学化和技术性生产;技术不仅充当科学活动的物质前提,又是科学知识的物化;技术作为生产和科学的中间环节,即表现为科学潜力,又表现为生产潜力;科学既是生产和技术发展的结果,又是生产和技术发展的先导。总而言之,科学、技术、生产在现实的生产过程中形成一个互相渗透、互相联系、互相作用、互相转化的有机整体。在这个有机整体中,科学与技术的联系和统一则表现得更为突出。科学技术化,技术科学化,任何现代技术都是科学技术,任何科学活动都是以现代技术为其手段的活动。正是在这个意义上,国内外许多学者都使用"科学技术"概念和术语,如"科学技术体系"、"科学技术革命"、"科学技术是生产力"、"科技发展战略"等。

科学技术作为社会发展动力体系中一个相对独立的动力,既与社会发展的其他动力有联系,又与社会发展的其他动力有区别。首先,科学技术动力虽然可归纳到社会基本矛盾这个社会发展的根本动力之中,受社会基本矛盾、特别是受生产力发展水平的制约,同时,它对生产力的发展又具有主导作用和超前作用。其次,科学技术具有广泛的渗透性,它不仅渗透于生产力系统的各个要素之中,是社会发展的一种直接动力。同时,它又与阶级斗争这个直接动力有本质区别。阶级斗争的产生和发展是以人们的物质利益对立为基础的,而科学技术则是直接由生产力发展水平决定的,一般说来并不反映人们物质利益的对立和在生产关系中的不同地位,与阶级斗争没有必然联系。再次,科学技术本身不是纯粹的物质形态,它与生产力、生产关系等物质性动力有区别;同时,科学技术也不是纯粹的精神形态,与社会意识形式这种精神性动力也有所不同,它兼有物质形态和精神形态二重特性,是集物质性动力和精神性动力于一身的综合性动力。

注 释

〔1〕《马克思恩格斯选集》第 2 卷,人民出版社 1995 年版,第 33 页。
〔2〕《马克思恩格斯选集》第 1 卷,人民出版社 1995 年版,第 129 页。
〔3〕《马克思恩格斯选集》第 1 卷,人民出版社 1995 年版,第 344 页。
〔4〕《马克思恩格斯选集》第 3 卷,人民出版社 1995 年版,第 305—306 页。
〔5〕《马克思恩格斯选集》第 2 卷,人民出版社 1995 年版,第 32 页。
〔6〕《马克思恩格斯选集》第 3 卷,人民出版社 1995 年版,第 365 页。
〔7〕《马克思恩格斯选集》第 3 卷,人民出版社 1995 年版,第 632 页。
〔8〕《列宁选集》第 4 卷,人民出版社 1995 年版,第 11 页。
〔9〕《列宁全集》第 7 卷,人民出版社 1986 年版,第 169 页。
〔10〕《列宁选集》第 3 卷,人民出版社 1995 年版,第 128 页。
〔11〕《列宁选集》第 3 卷,人民出版社 1995 年版,第 25 页。
〔12〕《马克思恩格斯选集》第 2 卷,人民出版社 1995 年版,第 32—33 页。
〔13〕《马克思恩格斯选集》第 1 卷,人民出版社 1995 年版,第 456 页。
〔14〕《列宁全集》第 12 卷,人民出版社 1987 年版,第 302 页。
〔15〕《马克思恩格斯选集》第 1 卷,人民出版社 1995 年版,第 91 页。
〔16〕《列宁选集》第 2 卷,人民出版社 1995 年版,第 460—461 页。
〔17〕《列宁选集》第 3 卷,人民出版社 1995 年版,第 230 页。
〔18〕《邓小平文选》第 3 卷,人民出版社 1993 年版,第 370 页。
〔19〕《列宁选集》第 2 卷,人民出版社 1995 年版,第 425 页。

〔20〕《毛泽东选集》第3卷，人民出版社1991年版，第1301页。
〔21〕《马克思恩格斯全集》第18卷，人民出版社1964年版，第325页。
〔22〕《马克思恩格斯选集》第1卷，人民出版社1995年版，第432页。
〔23〕《关于建国以来党的若干历史问题的决议》，人民出版社1981年版。
〔24〕《毛泽东选集》第3卷，人民出版社1991年版，第900页。
〔25〕《毛泽东选集》第3卷，人民出版社1991年版，第899页。
〔26〕《马克思恩格斯选集》第4卷，人民出版社1995年版，第280、732页。
〔27〕《马克思恩格斯全集》第46卷下册，人民出版社1979年版，第211页。
〔28〕《马克思恩格斯全集》第49卷，人民出版社1979年版，第570页。
〔29〕《马克思恩格斯全集》第4卷，人民出版社1958年版，第135页。
〔30〕《马克思恩格斯全集》第23卷，人民出版社1972年版，第424页。
〔31〕《马克思恩格斯全集》第23卷，人民出版社1972年版，第664页。
〔32〕参见格·普·阿波斯托尔:《当代资本主义》，三联书店1979年版，第34—35页。
〔33〕《马克思恩格斯选集》第4卷，人民出版社1995年版，第177页。
〔34〕《马克思恩格斯全集》第4卷，人民出版社1958年版，第104页。
〔35〕《马克思恩格斯全集》第18卷，人民出版社1964年版，第325页。

第八章
社会形态更替和社会进步

社会形态的更替作为自然历史过程,集中体现了人类社会生活的客观物质性和规律性。在社会历史发展中,由于人的活动趋于合目的性与合规律性的统一,社会历史发展呈现出主体性与客观性、决定性与选择性、统一性和多样性的辩证关系。判断社会进步的根本标准是生产力,社会进步的评价尺度主要是历史尺度和价值尺度。社会历史的进步是在矛盾和代价中实现的,社会形态的发展趋势表明,随着社会历史的进步,人自身逐渐从束缚人的经济、社会关系中解放出来,在未来的共产主义社会,人将获得自由而全面的发展。

第一节 社会形态的划分

社会形态作为揭示社会生活整体性特征,研究社会发展阶段、社会类型及社会结构的社会历史观范畴,通常有两种划分方式:一种是以生产关系的性质为标准划分的社会形态,称之为经济社会形态;一种是以生产力和技术发展水平以及与此相适应的产业结构为标准划分的社会形态,称之为技术社会形态。

一 经济社会形态

在经济社会形态的范围内,有两种基本的划分法:一是五种社会形态划分法,另一种是三种形态划分法。

1. 五种社会形态划分法

五种社会形态划分法,就是依据生产关系的不同性质,把人类历史发展过程划分为原始社会、奴隶社会、封建社会、资本主义社会、共产主义社会五种依次更替的经济社会形态。马克思关于社会历史发展的五形态理论经历了一个形成、发展和完善的过程。

在《德意志意识形态》中,马克思、恩格斯运用唯物史观,依据生产力和生产关系特别是所有制的变化,首次对社会历史演进过程作了分析,提出部落所有制、古代公社和国家所有制、封建的或等级的所有制、资本主义所有制、共产主义所有制是人类社会由低级向高级依次更替的五个阶段。

在1847年的《雇佣劳动和资本》中,马克思指出,社会历史的发展应根据生产关系来划分社会形态,人类历史上存在三种以私有制为基础的社会形态,即古典古代社会、封建社会和资产阶级社会,这三种社会形态加上两种公有制社会形态即原始社会和共产主义社会,构成社会历史发展的五种社会形态。

1859年,马克思在《政治经济学批评导言》中总结人类社会发展的一般进程时指出:"大体说来,亚细亚的、古代的、封建的和现代资产阶级的生产方式可以看作是经济的社会形态演进的几个时代。"他同时指出,资本主义社会将被未来共产主义社会所代替。这是马克思第一次对五种社会形态的依次更替做出明确概述。

马克思、恩格斯在看到1857年发表的摩尔根的《古代社会》一书后,用"原始社会"取代"亚细亚生产方式"的地位,五种社会形态理论臻于完善。

从五种社会形态划分的角度,我们把经济社会形态概念定义为:经济社会形态是由历史上一定的生产力、生产关系、上层建筑等全部社会要素组成的完整的社会体系,是按照本身特有的规律运动、发展、变化着的活的社会有机体。

2. 三种社会形态划分法

马克思在1857—1858年写的《经济学手稿》中指出:"人的依赖关系(起初完全是自然发生的),是最初的社会形态,在这种形态下,人的生产能力只是在狭窄的范围内和孤立的地点上发展着。以**物**的依赖性为基础的人的独立性,是第二大形态,在这种形态下,才形成普遍的社会物质变换,全面的关系,多方面的需求以及全面的能力的体系。建立在个人全面发展和他们共同的社会生产能力成为他们的社会财富这一基础上的自由个性,是第三个阶段。第二个阶段为第三个阶段创造条件。"[1]在这里,马克思从现实的人的发展出发,把人类历史划分为人的依赖性社会——物的依赖性社会——个人全面发展的社会三种依次更替的社会形态。"人的依赖关系"、"以物的依赖性为基础的人的独立性"、"自由个性"三个阶段,揭示了作为主体的人的发展特别是人的能力的发展的演进过程。

在"人的依赖关系"的社会中,由于生产力极端低下,人只是在狭窄的范围内和孤立的地点上发展着,被束缚于血缘关系、宗法关系、阶级关系和等级关系之中,直接依赖于体现这些关系的各种人类共同体,作为个体没有独立的社会地位。

在"以物的依赖性为基础的人的独立性"社会中,物质生产得到一定发展,物质生产活动却表现为对人来说是异己的东西,人成为自己所创造的物的奴隶。人不再直接依赖于别人或某种共同体,而是依赖于物,依赖于货币,这样,人和人之间的社会关系可以说是颠倒地表现出来的,就是说,表现为物与物的关系。

在"自由个性"的社会中,社会生产力获得充分发展,物质财富极其富足,劳动成为人本身的内在需要,人既是目的,又是手段,人的活动本身就体现了目的和手段的统一。由此,人真正获得了自由和个性,得到了全面的发展。

这三种社会形态是分别由历史上存在的三种宏观的经济形式,即自然经济、商品经济、产品经济(或叫时间经济)决定的,因此,它们属于经济社会形态的范围。也可以说以这三种宏观的经济形式为基础,形成自然经济社会——商品经济社会——产品经济社会(或叫时间经济社会)在历史上依次更替的三种社会形态。这两个三种社会形态的序列是内在统一的:人的依赖性社会即自然经济社会,物的依赖性社会即商品经济社会,个人全面发展的社会即产品经济社会。所谓三种社会形态划分法,就是指这两个序列的社会发展三大阶段的划分法。

3. 三形态划分法和五形态划分法的关系

三种社会形态划分法和五种社会形态划分法,都是马克思提出来的,它们各自从不同角度和不同侧面说明了人类社会发展的进程和社会发展阶段的划分,共同揭示了人类社会发展的普遍规律。五种社会形态是从人们对生产资料的占有关系来划分的,三种社会形态是从个别劳动与社会总体劳动的关系来划分的,二者考察问题的角度不同,而不是互相排斥、互相代替的。这两种划分法在本质上是统一的。人的依赖性社会和自然经济社会包括原始社会、奴隶社会和封建社会;物的依赖性社会和商品经济社会在马克思、恩格斯那里指的就是资本主义社会,我国社会主义初级阶段也属于商品经济社会;个人全面发展的社会和产品经济社会则指未来共产主义社会。但值得注意的是,不能用自然经济社会——商品经济社会——产品经济社会三种社会形态的划分取代五种社会形态的划分。

首先,三种社会形态划分法有其特定的功能,比五种形态划分法具有更高的概括性。但与五种社会形态相比较,它过于笼统,既不能更细致地说明社会发展的不同阶段的区别,也不能更精确地说明社会类型的复杂结构。

其次,资本主义社会和社会主义社会的经济运行形式虽然都是商品经济,但这两种商品经济是有本质区别的,资本主义商品经济是与资本主义基本制度结合在一起的,社会主义商品经济则是与社会主义基本制度结合在一起的,因而不能以商品经济社会取代资本主义和社会主义社会的划分。

再次,我们并不否认,有些国家和民族,由于特殊的历史条件,在由一个社会形态向另一个社会形态过渡时,有可能跨越某一个或某几个社会形态。但是,五种社会形态划分法是就全世界范围而言的,它的创始人和后继者从来都没有认为,任何国家和民族,无论其具体条件如何,都必须毫无例外地依次经历五种社会形态。历史上存在的跨越情况,就世界范围而言,不仅不违背五种经济社会形态依次更替的规律,反而是以这个规律为前提的。

二 技术社会形态

1. 技术社会形态的含义

以生产力和技术发展水平以及与此相适应的产业结构为标准划分出来的社会形态,我们称之为技术社会形态。

从生产工具方面来看,人类社会迄今为止依次经历了石器时代、铜器时代、铁器时代、蒸汽时代、电器时代、电子时代等,这是对技术社会形态的一种划分。马克思指出:各种经济时代的区别,不在于生产什么,而在于怎样生产,用什么劳动资料生产。"尽管直到现在,历史著作很少提到物质生产的发展,即整个社会生活以及整个现实历史的基础,但是,至少史前时期是在自然科学研究的基础上,而不是在所谓历史研究的基础上,按照制造工具和武器的材料,划分为石器时代、青铜器时代和铁器时代的。"[2]

我们还可以从另外一个角度来考察这几个时代。在石器时代,人们靠捕鱼狩猎为生,主要的产业是渔业和狩猎业,因此,这个时代又可称作渔猎时代。在铜器和铁器时代,农耕有了很大的发展,农业是占主导地位的产业,因而这个时代又称之为农业社会。在蒸汽和电器时代,机器大工业有了很大发展,工业成了社会的主要产业,因此,这个时代也可称作工业社会。在电子时代,信息技术和信息产业在技术体系和产业结构中占主导地位,这个时代又称之为信息社会。这样,就又呈现出一个技术社会形态的序列:渔猎社会——农业社会——工业社会——信息社会。

技术社会形态的划分,在马克思、恩格斯那里是有据可查的。马克思在1857年写的《〈政治经济学批判〉导言》中曾使用"游牧民族"、"渔猎民族"、"农业民族"、"商业民族"等概念,包含了渔猎社会、农业社会、工业社会(或商业社会)划分的思想。马克思在1857—1858年写的《经济学手稿》中,引用了斯图亚特在《政治经济学原理》中的一段话,其中谈到了"非工业国"概念。"非工业国"也就是处于"非工业社会"或"前工业社会"的国家。"非工业社会"或"前工业社会"包括渔猎社会和农业社会。马克思在斯图亚特这句话后面,紧接着谈到了"工业社会"这个概念。恩格斯在给马克思的信中说:"我们理解的'资产阶级社会'是指资产阶级、中等阶级、工业和商业资本家阶级在社会和政治方面是统治阶级的社会发展阶段;现在欧洲和美洲的所有文明国家在某种程度上就是处于这种阶段。因此,我们建议用'资产阶级社会'和'工业和商业社会'这样的说法来表示同一个社会发展阶段,虽然前一种说法更多地是指这样一个事实,即资产阶级是统治阶级","而'商业和工业社会'这个说法更多地是专门指这个社会历史阶段所特有的生产和分配方式。"[3]这里的"资产阶级社会"相当于经济社会形态中的资本主义社会,而"工业和商业社会"则接近于技术形态中的工业社会。

2. 技术社会形态和经济社会形态的关系

经济社会形态与技术社会形态具有相吻合的一面。这是因为生产力决定生产关系,以生产力和技术发展水平以及与此相适应的产业结构为基本标志的技术社会形态,是以生产关系为基本标志的经济社会形态的物质技术基础。以中国古代史为例,石器时代是原始社会,青铜器时代是奴隶社会,铁器时代是封建社会。马克思主义经典作家也曾经从经济社会形态与技术社会形态相吻合的角度划分社会发展阶段。马克思在《哲学的贫困》一书中说:"手推磨产生的是封建主的社会,蒸汽磨产生的是工业资本家的社会。"[4]列宁也有类似的说法:"蒸汽时代是资产阶级的时代,电的时代是社会主义的时代。"[5]

经济社会形态与技术社会形态又有不相吻合的一面。这是因为不能把生产力对生产关系的决定作用绝对化,生产关系除去受到生产力的发展水平决定外,还受到其他多种社会因素的制约和影响。一种原有的生产关系能否被新的生产关系所取代,虽然归根结底是由生产力的发展变化决定的,但同时还受生产力和生产关系、经济基础和上层建筑之间的矛盾激化程度的制约和影响,在阶级社会里受阶级矛盾、阶级斗争、阶级力量对比状况的制约和影响,受这个国家所处时代的国际环境的制约和影响,受由于上述种种情况所造成的生产关系容纳生产力发展程度的伸缩性的制约和影响。于是,就出现了经济社会形态与技术社会形态不相吻合的情况。其突出表现,就是随着列宁领导的俄国十月革命开辟人类历史新纪元,一系列生产力落后、经济不发达的国家相继取得了社会主义革命的胜利,走上了社会主义道路,而生产力先进、经济发达的国家却仍然停留在资本主义发展阶段。在当代世界范围内,我们可以看到这样一种错综复杂的图景:在相同的生产力和技术发展水平的条件下,即在相同的技术社会形态的基础上,不同国家生产关系的性质可能是不同的,因而可能形成不同的经济社会形态,如前苏联和美国、中国和印度,就属于这种情况;在不同的生产力和技术发展水平的条件下,即在不同的技术社会形态的基础上,不同国家的生产关系的性质又可能是相同的,因而形成相同的经济社会形态,如经济发达的资本主义国家和经济不发达的资本主义国家就属于这种情况;生产力和技术发展水平较高的国家,即技术社会形态较高的国家,其经济社会形态可能处于较低的阶段,而生产力和技术发展水平较低的国家,即技术社会形态较低的国家,在特定的社会历史条件下,其经济社会形态又可能处于较高的阶段,如当今中国的生产力和技术发展水平,与西欧、北美、日本等发达资本主义国家相比,差距还不小,但这些发达国家仍然停留在资本主义阶段,中国却已进入社会主义社会。

出于善意或恶意,始终有一些人把唯物史观理解为经济决定论,认为这种经济唯物主义只承认经济是惟一的决定因素,只从经济因素的自动作用来考察社会进程,把各种各样的社会生活都归结为这个因素;进而又认为,在马克思那里,经济关系等同于生产、工艺,从而又把唯物史观说成是技术决定论和技术经济史观。这种观点是完全错误的。无论是经济社会形态的划分还是技术社会形态的划分,都不包含把全部社会生活归结为经济或技术的意思,而只是提出划分社会发展阶段的一种标准,或者是因为这种标准是社会生活的主导因素,或者是因为这种标准是显而易见、变动剧烈的因素。马克思主义认为,社会发展的动力是个复杂的系统,是包括生产力和生产关系在内的社会各因素交互作用的结果,经济社会形态和技术社会形态的划分,旨在为人们区分不同社会发展阶段提供了可靠的科学方法,使人们能够具体地、历史地、辩证地把握社会历史的发展进程。

马克思主义关于经济社会形态和技术社会形态划分的思想,在一定程度上为当代西方学者所接受。例如,美国社会学家丹尼尔·贝尔就认识到马克思的生产方式概念包括两个方面的内容:一是生产的社会关系,二是生产力或生产技术(机器)。他说:"封建主义、资本主义和社会主义这些名词,都是马克思主义结构内以财产关系为中轴的概念顺序。前工业社会、工业社会和后工业社会这些名词是以生产和使用的各种知识为中轴的概念顺序","如果我们把资本主义这个词限制在社会关系方面,而把工业这个词限制在技术方面的话,那么我们可以通过分析看到两个不同的序列如何显示出来。在这个意义上说,可以有社会主义的后工业社会,也可以有资本主义的后工业社会。"[6]丹尼尔·贝尔把经济社会形态和技术社会形态都看作是概念图式,认为每个概念图式都是在各种特征中遴选某些特征的棱镜,以便突出社会变迁,或者更具体地回答某些问题。他认为,把两个概念图式结合起来,可以避免片面决定论,如经济决定论和技术决定论,然而又能够在一个既定的概念图式中挑出一个首要的逻辑。

由于以微电子技术为主导的世界新技术革命,到20世纪50—60年代,资本主义工业化已经走到了尽头,它逐渐被一个新的发展阶段所取代。人们赋予这个发展阶段各种各样的名称:后经济社会、后文明社会、后资本主义社会、信息社会、消费社会、富裕社会、技术社会、知识社会、超工业社会、新工业社会、统一工业社会,等等。从名称可以看出,人们认识的侧重点各有不同,或者强调和工业社会的继承与超越关系,或者强调与资本主义的继承与超越关系,或者强调新的社会要素的形成和运作。对于工业社会之后的社会形态,人们习惯于笼统地称作后工业社会。丹尼尔·贝尔曾从五个方面对后工业社会做了说明:经济方面,从产品生产经济转变为服务性经济;职业方面,专业与技术人员处于主导地位;中轴原理方面,理论知识处于中心地位;未来的方向是控制技术发展,对技术做出鉴定;制定决策方面,创造新的"智能技术"。

从更广大的范围和更普遍的意义上说,把工业社会之后的新的技术社会形态,称作智能社会可能更确切些。智能社会这个概念,反映了这次世界新技术革命的本质特征是知识智力革命,反映了"知识密集型产业"代替"劳动密集型产业"而在产业结构中居于主导地位这一根本转变,反映了知识智力因素和智能技术在社会生产和社会生活中的作用日益增长的实际情况。智能社会在其发展过程中,又可以划分出若干发展阶段,如信息社会、生物社会等。目前在经济发达的国家里,信息技术和信息产业已经在技术体系和产业结构中居于主导地位,从这个意义上说,它们已经进入了信息社会。

第二节　社会发展的客观性和人的自觉活动

在马克思主义哲学产生以前,在社会历史问题上,所有的思想家都不能说明社会发展的客观规律性和人的主观能动性的一致性。主观唯心主义者或者把人类历史归结为个别人物的思想动机,或者归结为受偶然性支配,根本否认历史发展的客观规律性;客观唯心主义者如黑格尔,虽然承认历史发展具有规律性,但却认为这种规律性不是历史本身所固有的,而是"绝对观念"发展的外部表现;宿命论者则只承认历史发展的必然性,完全否认人的主观能动作用,否认历史发展中的偶然性,把历史发展神秘化,认为人只能受命运的摆布。一些有作为的思想家,虽然在某种程度上承认历史发展的规律性,并力图探讨客观规律和人的主观能动性的相互关系,提出了一些有价值的思想,但最终还是不可避免地陷入思想动机决定社会历史发展的窠臼。马克思、恩格斯的思想贡献在于,他们把历史唯物论和历史辩证法、因果决定论和交互决定论、单义决定和或然决定、线性相互作用和非线性相互作用结合起来,既承认社会发展的客观规律性,又承认人的主观能动性,把二者内在地统一起来,提出社会形态的发展是一种自然历史过程,并在此基础上阐释了人的活动的合规律性和合目的性及社会历史发展的主体性和客观性、决定性和选择性、统一性和多样性的辩证关系。

一　社会形态的发展是自然历史过程

马克思指出:"我的观点是把经济的社会形态的发展理解为一种自然史的过程。不管个人在主观上怎样超脱各种关系,他在社会意义上总是这些关系的产物。同其他任何观点比起来,我的观点是更不能要个人对这些关系负责的。"[7]马克思的这个观点具有双重意义:从肯定的方面来说,它强调人类社会发展的客观物质性和规律性;从否定的方面来说,它揭示出迄今为止的人类历史总是像一种自然过程一样地进行,采取自然规律的形态与人们对立。

1. 社会生活的客观物质性和规律性

人类社会史和自然史是不可分割的,自人类社会诞生以来,自然史和人类史就相互制约。

首先,人类和人类社会是自然界长期发展的产物,人类历史是"自然史的一个现实的部分",现实的人的物质生活过程,依然是一种自然关系。人的劳动力不过是一种自然力的表现,生产工具是人的"延长了的自然的肢体",在劳动中,人作为一种自然力与自然物质相对立。人和人之间的全部社会关系都是建立在物质生产关系的基础上的,劳动作为使用价值的创造者,作为有用劳动,是不依一切社会形式为转移的人类生存条件,是人和自然之间的物质变换即人类生活得以实现的永恒的自然必然性。

其次,在社会发展中,自然规律是根本不能取消的。在不同的历史条件下发生变化的,只是这些规律借以实现的形式。自由不在于幻象中摆脱自然规律,而在于认识这些规律,从而能够使自然规律为人类的目的服务。

再次,经济社会形态像自然界的物质那样运动、变化、发展,有其孕育、产生、发展、灭亡的过程,具有不依人的意志为转移的客观规律性。人们不能主观地取消社会发展的客观规律,只能以自己的实践活动加速或延缓客观规律的实现。正如马克思所说:"一个社会即使探索到了本身运动的自然规律……它还是既不能跳过也不能用法令取消自然的发展阶段。但是它能缩短和减轻分娩的痛苦。"[8]

马克思把经济社会形态的发展理解为一种自然史过程,表明了他从严格的必然性来看待社会历史进程,而不是用先验的或心理的、道德的原理来解释社会生活。经济社会形态的发展既然是一种自然史过程,人们也就可以用自然科学的精确性说明社会形态的变化和发展。列宁指出:马克思"探明了作为一定生产关系总和的社会经济形态这个概念,探明了这种形态的发展是自然历史过程,从而第一次把社会学放在科学的基础之上。"[9]

2. 社会历史进程的似自然性

马克思主义经典作家在把人类社会历史作为一个自然史的过程看待的时候,具有批判的向度。在迄今为止的人类历史中,个人都不是作为自由的主体,而是作为"经济范畴的人格化"出现的。资本主义社会使经济规律采取与人对立的特殊形式出现,即当生产者丧失了对他们自己社会关系和自主活动的支配权时,"生产资料和产品的社会性反过来反对生产者本身,周期性地突破生产方式和交换方式,并且只是作为盲目地起作用的自然规律强制性地和破坏性地为自己开辟道路",[10]这样,社会经济规律如同自然规律一样发挥作用,具有神秘的、宿命的性质。恩格斯指出:"社会力量完全像自然力一样,在我们还没有认识和考虑到它们的时候,起着盲目的、强制的和破坏的作用。但是,一旦我们认识了它们,理解了它们的活动、方向和作用,那么,要使它们越来越服从我们的意志并利用它们来达到我们的目的,就完全取决于我们了。"[11]

列宁指出:"客观主义者谈论现有历史过程的必然性;唯物主义者则是确切地肯定现有社会经济形态和它所产生的对抗关系。客观主义者证明现有一系列事实的必然性时,总是有站到为这些事实辩护的立场上去的危险;唯物主义者则是揭露阶级矛盾,从而确定自己的立场。客观主义者谈论'不可克服的历史趋势';唯物主义者则是谈论那个'支配'当前经济制度、促使其他阶级进行种种反抗的阶级。可见一方面,唯物主义者贯彻自己的客观主义,比客观主义者更彻底、更深刻、更全面。他不仅指出过程的必然性,并且阐明究竟是什么样的社会经济形态提供这一过程的内容,究竟**是什么样的阶级**决定这种必然性。"[12]列宁这段话从阶级对抗的角度说明了历史过程受盲目必然性的支配。

在社会历史领域中进行活动的,是具有意识的、追求某种目的的人;任何事情的发生都不是没有自觉的意图,没有预期的目的。但是,在社会历史的发展中,每个人自觉期望的东西很少如愿以偿,预期的目的在大多数场合都彼此冲突,互相矛盾,造成了一种同没有意识的自然界中占统治地位的状况完全相似的状况。马克思在谈到流通时指出:虽然这一运动的整体表现为社会过程,虽然它的各个因素产生于个人的特殊目的和自觉意志,但是,"过程的总体表现为一种自发的客观联系;这种联系尽管来自自觉个人的相互作用,但既不存在于他们的意识之中,作为总体也不受他们支配。"[13]

历史规律和历史规律对人的外在强制是不同的。历史规律是一种客观联系,但这种联系采取自发的形式并对主体实行外在的统治,却并不是历史规律之固有而永恒的品格。历史规律以"自然的必然性"为自己开辟道路,并且造成一种类似于"自然界中占统治地位的状况",只是同历史发展的一定阶段相联系的。在谈到支配整个文明时期的经济规律时,恩格斯指出:"直到今天,产品仍然支配着生产者;直到今天,社会的全部生产仍然不是由共同制定的计划,而是由盲目的规律来调节,这些盲目的规律,以自发的力量,终归是在周期性商业危机的风暴中,起着自己的作用。"[14]

二 人的活动的合目的性和合规律性

唯心主义哲学家所讲的社会历史的合规律性、合目的性,与历史唯物主义讲的人的活动的合规律性、合目的性是两个完全不同的问题。前者要解决的是历史的必然性、进步性与人的自由意志的关系问题,是从人类历史总体、从历时性来说的。例如,在维科、康德、黑格尔那里就是如此。在他们看来,特殊的个人的活动往往是不合目的的,他们追求自己的特殊目的的活动只不过神、自然或理性实现自己的无限目的的工具。因此,在他们看来,社会历史过程是合规律性与合目的性的统一。历史唯物主义的出发点是"现实的人"和"物质生产",马克思、恩格斯不是抽象谈论"社会"和"历史",他们眼中的历史指的是处于一定性质的社会、一定生产方式之中的人的活动。因而,在他们那里,合规律性与合目的性是人的有意识、有目的的活动区别于动物的本能活动的特性,社会历史发展根本不存在合规律性、合目的性的问题。

马克思引证维科的话说:"人类史同自然史的区别在于,人类史是我们自己创造的,而自然史不是我们自己创造的。"[15]动物仅仅利用自然界,单纯地以自己的存在来使自然界改变,而人则通过他所做出的改变来使自然界为自己的目的服务。在自然界中,都是盲目的动力,而一般规律就表现在这些动力的相互作用中。与此相反,"在社会历史领域内进行活动的,是具有意识的、经过思虑或凭激情行动的、追求某种目的的人;任何事情的发生都不是没有自觉的意图,没有预期的目的的。"[16]然而,历史的主体以及历史主体的意识、思虑、激情、自觉的意图和预期的目的,并没有使历史规律的客观意义消失,并没有否认历史科学的可能性,没有否认历史认识的客观性。

第一,"合规律性与合目的性的统一"的活动实质上就是"自由自觉的活动",这是人区别于动物的类特性。

自由自觉的活动和合规律性、合目的性的活动,是马克思在论述人的有意识、有目的的活动与动物的本能活动的区别时提出的,它们在实质上是同一的,都是人的类特性。马克思指出:"一个种的全部特性、种的类特性就在于生命活动的性质,而人的类特性恰恰就是自由的自觉的活动。"[17]与人的活动不同,动物和它的生命活动是直接同一的,它没有活动的自觉,不可能认识和利用规律来达到自己的目的,只能受自然必然性支配,因而动物是没有自由而言的。

自由和自觉是既相区别又有联系的。自觉是相对于自发而言的,自由是相对于必然而言的。自觉性最显著的特征就在于它的目的性和创造性。马克思认为自觉性是人的活动区别于动物活动的标志,人使自己的生命活动本身变成自己的意志和意识的对象。有意识的生命活动把人同动物的生命活动直接区别开来。自觉性还使人的活动具有创造性,通过实践创造对象世界,即改造无机界,证明了人是有意识的类存在物。

马克思的自由观扬弃了以往的自由观,它是以实践为基础的。古典经济学家把劳动和自由对立起来,他们不了解人通过劳动克服外在的障碍就是自由的实现。人的本质就是自由自觉的活动,在马克思看来,自由的根本标志在于人合乎目的地支配对象和自己。仅仅停留在对必然性的认识还不是真正的自由,以这种认识为根据去支配、改造主客体时才构成自由。也就是说,自由是主客体之间的动态的统一与和谐,是合规律性与合目的性的统一与和谐。

合规律性是指现实的人认识到了自然规律或社会历史规律,使自己的行动自觉遵循和符合客观规律的要求,自觉按规律办事,它体现了人的主体性、自觉能动性。要想使自己的行动合乎规律,首先必须认识和把握规律。合规律性、合目的性应当是人的有意识、有目的的活动区别于动物的本能活动的一种特性,是相对于人的活动而言的。离开人和人的实践活动,无所谓合规律性、合目的性问题。

合目的性是指人由于认识和把握了事物发展的规律性,在实践中能够达到自己的目的,把理想客体变成了现实。所以,"劳动是合乎目的的活动"[18]。"把内在的尺度运用到对象上去"[19],也就是说,主体的活动是从主体尺度出发,特别是根据自身生存和发展的需要出发,即人根据自身的目的和需要进行生产,这就是说人的活动应该是合目的性的。但是,马克思主义并没有肯定现实的人的活动完全具有合规律性、合目的性。

人的活动的合规律性、合目的性是对"自由自觉的活动"的进一步说明,二者是内在统一的。它们都是人区别于动物的类的特性。一个特定的个体或群体对社会历史的选择、创造活动要达到预期的目前,即做到合目的性,他的行为不仅应是自觉的,而且还应当是自由的,即要达到对规律的驾驭和超越。如果说合规律性是"真",合目的性是"善",那么,合规律性和合目的性的统一就是"美",就是"按照美的规律来建造",[20]人的活动也就是"自由自觉的活动"。

第二,人的活动要做到合规律性和合目的性的统一,必须把"类的力量统统发挥出来",并且把这种力量当作对象来对待。

在马克思看来,人和动物的根本区别在于,人把自身作为主体,把周围环境作为客体,从而发生主客体关系。"按照任何物种的尺度来进行生产",也就是说人们在自己的生产活动中,能够充分考虑客观条件和客观规律的制约,按照客体对象的属性和规律进行生产,因此人的活动具有合规律性和合目的性。但是,合目的性与合规律性所合乎的目的和规律,都不是与生俱来、一成不变的,而是在人类实践活动中不断形成和创造的。

马克思在《1844年经济学—哲学手稿》中指出,人作为现实的类存在物表现出来,必须通过异化、扬弃异化这样一个过程才有可能。现实的个人并不真正具备人的本质,只有进入共产主义以后,人的本质才能真正得到实现,而在进入共产主义之前,人所具有的只是异化了的本质。人的活动要做到合规律性、合目的性的统一,只有在人类社会进入共产主义、在人的本质真正实现之后才有可能。共产主义"是人的本质的现实的生成,是人的本质对人说来的真正的实现,是人的本质作为某种现实的东西的实现。"[21]

在《德意志意识形态》中,马克思、恩格斯指出,现实的人的特性和本质是与他们的生产活动直接一致的,只有从现实的人的活动特别是物质生产出发,才能理解人的现实的存在和现实的本质,"个人怎样表现自己的生活,他们自己就是怎样。因此,他们是什么样的,这同他们的生产是一致的——既和他们生产**什么**一致,又和他们**怎样**生产一致。因而,个人是什么样的,这取决于他们进行生产的物质条件。"[22]人只有通过自己的物质生产活动和其他对象性活动,才能确证自己作为现实的人的本质。人是环境的产物,而环境又是由人的活动创造和改变的,从现实的人的合规律性、合目的性的活动出发,才能正确理解人和环境的辩证统一关系。

人的活动做到合目的性的前提条件是要做到合规律性。这是因为,自由是对必然的认识,人在认识了自然、把握了规律之后,才能获得行动的自由。马克思指出:"劳动过程结束时得到的结果,在这个过程开始时就已经在劳动者的表象中存在着,即已经观念地存在着。他不仅使自然物发生形式变化,同时他还在自然物中实现自己的目的,这个目的是他所知道的,是作为规律决定着他的活动的方式和方法的,他必须使他的意志服从这个目的。"[23]这就是说,人们要想在实践中达到自己的目的,满足自己的需要,就必须理解客体对象的属性、本质和结构,在运用物质力量和物质手段作用于客体时,必须遵循客观规律。只有人的实践活动本身做到合规律性,才能使活动结果具有合目的性。

第三,从应然方面看,人的活动应当是合规律性与合目的性的统一,但是,从实然来看,到目前为止,现实的人的活动在很大程度上是缺乏合规律性、合目的性的,更谈不上合规律性与合目的性的统一。但是,现实的人的活动有做到合规律性与合目的性统一的可能性。

整个所谓世界历史不过是人通过人的劳动而诞生的过程,是自然界对人说来的生成过程。人类通过劳动创造了自己的历史,从而也就形成了人类社会历史的发展规律。社会历史规律,就是人的活动的规律。从这个意义上说,社会历史规律也是历史主体实践活动的规律,在作为历史主体的实践活动之外,没有社会历史的创造主,也没有社会历史规律的创造主。而且,人类社会历史的发展不能自发地实现,需要通过人的有意识、有目的的活动才能实现。离开了人类有意识、有目的的实践活动,就没有人类社会的历史,当然也就谈不上人类社会的发展规律。因此,随着人的活动的历史性的变化发展,人的活动的合规律性、合目的性也是历史地发展变化的,人的特性和本质也是历史性的变化发展的。社会历史的发展过程,实际上也就是人的活动由有目的走向合目的,由规律盲目自发地发生作用走向自觉的合规律的过程,即从必然王国走向自由王国的过程。

承认人类活动的合目的性,并不意味着接受历史目的论的观念。"社会历史过程是合规律性与合目的性的统一"是一个唯心主义的命题。马克思、恩格斯指出:"**历史什么事情**也没有做,它'并不拥有任何无穷尽的丰富性',它并'没有**在任何战斗中**作战'!创造这一切、拥有这一切并为这一切而斗争的,不是'历史',而正是人,现实的、活生生的人。'历史'并不是把人当做达到**自己**目的的工具来利用的某种特殊的人格。历史**不过是**追求着自己目的的人的活动而已。"[24]他们在批评历史目的论时说:"事情被思辨地扭曲成这样:好像后期历史是前期历史的目的,例如,好像美洲的发现的根本目的就是要促使法国大革命的爆发。"他们还批评说:"天命,天命的目的,这是当前用以说明历史进程的一个响亮字眼。其实这个字眼不说明任何问题。它至多不过是一种修辞形式,是揭示事实的方式之一。"[25]

三 社会历史发展的主体性和客观性

人类社会历史从客体方面来看,是社会物质条件的发展史,是生产方式的运动史,但从主体方面看,却是人的活动史,社会历史本身就是人的活动,人的活动受意识、目的和动机的支配,动机背后还有动因,既包括客观条件即客体尺度的因素,也包括主体尺度的因素,是二者相互作用的结果。主体性原则和客观性原则是历史发展中紧密联系、不会分割的两个基本原则,它们相互依赖,相互制约,互为前提。

1. 客观性和主体性的内涵

人与动物的显著区别之一,在于人有自我意识,能把自身与周围环境区别开来,把自身当作主体,把周围环境作为客体,从而发生主客体关系;动物则没有自我意识,它与周围环境的关系是本能的、无意识的,不是主客体关系。马克思、恩格斯在《德意志意识形态》一书中说:"凡是有某种关系存在的地方,这种关系都是为我存在的;动物不对什么东西发生'**关系**',而且根本没有'关系';对于动物来说,它对他物的关系不是作为关系而存在的。"[26]这里所说的"为我"关系,讲的就是主体性原则,即主体根据自身的目的,采取适当的手段和形式改造客体对象,创造出满足自己需要的新客体。但是,人类为了有效地改造客体对象,必须了解客体对象的状况和属性,本质和结构,必须遵从客体对象自身固有的规律,否则就会处处碰壁。这就是通常所说的"从他关系",即客观性原则。"为我关系"和"从他关系"紧密相联,相辅相成,不可分割。

马克思在《1844年经济学—哲学手稿》中说:"动物只是按照它所属的那个种的尺度和需要来建造,而人却懂得按照任何一个种的尺度来进行生产,并且懂得怎样处处都把内在的尺度运用到对象上去;因此,人也按照美的规律来建造。"[27]所谓"按照任何一个种的尺度来进行生产",就是按照客体对象的尺度来进行生产,亦即按照"外在尺度"进行生产,这是坚持客体性原则;所谓"把内在尺度运用到对象上去"、"按照美的规律来建造",就是按照人自身的目的、需要进行生产,通过对客体对象的改造,生产出适合自身生存和发展的新对象,这是坚持主体性原则。人类改造客体对象的实践活动,是将内在尺度和外在尺度结合在一起的。遵从自己的目的和需要的"内在尺度",就是"为我关系";服从客体对象的属性和规律的"外在尺度",就是"从他关系"。人类的一切历史活动,即各种认识和改造世界的实践活动,都是"为我关系"和"从他关系"的统一,"内在尺度"和"外在尺度"的统一,也就是主体性原则和客观性原则的统一。

值得强调的是,人们以前对社会历史规律客观性的理解,只局限于从客体的客观性去理解,而且对客体的理解也是片面的,即只是把客体视作在主体之外存在、不依人的意志为转移的客观实在。实际上,客体是纳入人的对象性活动的存在物,相对于主体来说,它并不是外在的。客体正是在人的活动、人的实践中确证自己的客观性的。再则,人的活动的客观性和社会历史规律的客观性,不仅在于客体的客观性,而且在于主体的客观性、对象性和现实性。主体的本质中如果不包含客观性的东西,就不能客观地活动。马克思把人理解为客观的、现实的自然存在物,并且提出,"对象性的存在物客观地活动着"。

2. 历史主客体的双向运动

社会历史发展的主体性和客观性,还表现在主客体双向运动的过程中。首先,从共时性的主客体的双向运动来看,在同一实践活动中,同时发生着主体的客体化和客体的主体化、对象化和非对象化的过程,即人和环境的双向运动。一方面是主体的客体化即对象化过程,它体现的是人的能动性、选择性、主体性和创造性。马克思指出:"正是通过在改造对象世界中,人才真正地证明自己是**类存在物**。这种生产是人的能动的类生活。通过这种生产,自然界才表现为他的作品和他的现实。因此,劳动的对象是**人的类生活**的**对象化**:人不仅像在意识中那样理智地复现自己,而且能动地、现实地复现自己,从而在他所创造的世界中直观自身。"[28]也就是说,人对客体的认识和改造,充分展示了人的生命活动的特点,这种对象化的活动是人区别于动物的特性,是人的自由自觉的活动,是人对客体的强大的物质塑造力和精神塑造力的生动表现。

另一方面是客体的主体化即非对象化,这是指客体以其客观性、对象性和社会历史性的存在限制着人的活动范围和活动方式,并以客体的本质和各种形式的规定性及本质之间的联系——客观规律——制约着现实的人的活动的性质和人的本质力量的形成。客体条件本来是人的活动的对象化,但只有重新纳入人的实践活动,它才作为客体条件制约着人的活动,并在这种实践活动中再度物化为新的客体条件。

这种连绵不绝的主客体双向运动,从主体角度看,就是主体能力不断增强的人的发展过程;从客体角度看,则是物质条件不断改善和更新的生产方式的运动。这两个过程在实践中的基础是统一的。

其次,从历史发展的连续性和阶段性来看,马克思、恩格斯运用历史发展的连续性与非连续性亦即阶段性相统一的观点和方法,在实践的基础上,科学地说明了人的能动性、主体性、选择性和规律的客观性的关系问题。他们指出:"人们自己创造自己的历史,但是他们并不是随心所欲地创造,并不是在他们自己选定的条件下创造,而是在直接碰到的、既定的、从过去继承下来的条件下创造。"[29]

一方面,历史过程是人的活动过程,历史是世世代代人们的活动及其结果的产物;历史过程和社会历史规律的客观性只不过是人的实践活动及其结果的产物。也就是说,从历史发展的连续性看,历史是人们自己创造的,人们自己创造自己的历史;社会历史中的一切物质条件都是人的实践活动创造出来的。"这些条件是个人的自主活动的条件,并且是由这种自主活动产生出来的。"[30]

另一方面,"历史的每一阶段都遇到有一定的物质结果、一定数量的生产力总和,人和自然以及人与人之间在历史上形成的关系,都遇到有前一代传给后一代的大量生产力、资金和环境,尽管一方面这些生产力、资金和环境为新的一代所改变,但另一方面,它们也预先规定新的一代的生活条件,使它得到一定的发展和具有特殊的性质。"[31]处于一定历史发展阶段的人们在创造自己的历史时,要受到前人所创造的既定的历史条件的制约,这些历史条件预先规定了人们的生活方式和活动方式。人们不能自由选择自己的生产力基础。"在人们的生产力发展的一定状况下,就会有一定的交换和消费形式。在生产、交换和消费发展的一定阶段上,就会有一定的交换和消费形式。在生产、交换和消费发展的一定阶段上,就会有相应的社会制度、相应的家庭、等级或阶级组织,一句话,就会有相应的市民社会。有一定的市民社会,就会有不过是市民社会的正式表现的相应的政治国家。"[32]

因此,社会历史的发展就表现为每一代人继承前人的活动所创造的积极成果,将其作为自己历史活动的前提条件,并通过自己的能动性、创造性的活动加以消化、吸收、扬弃、创新,创造出适合自己和下一代发展的新的前提条件的过程。正是这种连绵不断的创新过程,使社会历史呈现出进步、发展的趋势。由此,每一代人一方面在完全改变了的环境下继续从事所继承的活动,另一方面又通过完全改变了的活动来变更旧的环境。社会生活的生产和再生产的结果,一方面是人们社会生活的条件和前提,另一方面也制约着人的行动,规定其范围和方向。这是一个辩证的过程,是人和社会相互之间不断生成、相互作用的过程。人创造环境,环境也创造人,在现实的人身上,体现了历史的主体和客体、人的能动活动和客观历史规律的辩证统一。

3. 社会历史规律是一个过程

坚持社会历史发展的主体性与客观性的辩证统一,就会认识到,社会历史规律是人的实践活动创造的。社会生活本质上是实践的,人类通过实践活动创造了自己的历史,同时也就创造了社会历史的发展规律。承认社会历史发展规律是人的实践活动的产物,实际上就等于承认了社会历史规律是人的实践活动创造的,社会历史规律本质上是人的活动规律。在历史过程中,构成社会历史规律的,既有外部客体方面的因素,又有主体方面的因素。离开了现实的人的活动,社会历史过程就只能是一种无主体的抽象,社会历史规律也就成了无主体的规律。这样,人在社会历史中的地位和作用就被抹杀了。

规律只是一种趋势,是事物的固有矛盾所导致的必然发展趋势,而不是既成事实,更不是独立于人的实践活动之前或之外的某种先在之物、预成之物。所谓按规律办事,是说人们的认识和行动要符合事物的固有矛盾及其导致的发展趋势,按照我们对事物发展趋势所做的科学预见办事。社会历史规律的孕育、形成、存在和发展是一个过程。只要这个过程没有结束,这个过程的规律也就没有完全形成和实现。如果认为社会历史规律是离开人的社会实践过程先定的或预成的,就会导致认为它是由人类之外的某种神秘力量创造的,从而陷入历史宿命论和历史神秘主义。只有阐明社会历史发展的客观性和主体性,阐明社会历史规律是一个在人的活动中不断生成的过程,才能从根本上划清历史唯物主义和黑格尔思辨唯心主义、费尔巴哈人本主义的界限,才能正确理解历史决定论和主体选择的辩证统一。

四 社会历史发展的决定性和选择性

马克思主义承认社会发展具有客观规律性、必然性和因果制约性,同时又承认主体选择及其作用。所谓主体选择,是指作为主体的人,从自身的需要和知识结构、经验、技能出发,根据历史的客观条件和发展趋势,确定自己行为的方式和方向的活动。主体选择是马克思主义历史决定论的重要组成部分。历史决定性是主体选择性的客观基础,主体的选择性则是历史决定性的题中应有之义。

1. 主体选择的前提和内容

人们自己创造自己的历史,但是他们并不是随心所欲地创造,并不是在他们自己选定的条件下创造,而是在直接碰到的、既定的、从过去继承下来的条件下创造。这种条件既包括自然条件,也包括历史条件。对特定的主体来说,这些条件是惟一的、不可选择的,但是社会历史的未来发展却并非具有惟一的可能性。换言之,既定的客观条件制约着主体活动,制约着历史发展过程及其趋势,但是,这种制约不是严格的单义决定论,它给人们的活动提供的并不是通向未来的单一的、别无选择的道路,而往往是由多种可能性组成的可能性空间。在这一可能性空间中,何种可能性成为现实,取决于主体的自觉选择,取决于不同主体之间的关系。例如,在同一种生产力水平的基础上,不同国家和民族由于具体特点不同,有可能建立起不同的生产关系,这就给人们留下了选择生产关系的可能性。

在现实的社会生活中,人们总是按照自己的需要、利益和价值取向进行选择的。社会生活的未来发展具有多种可能性,但是,它们对于人们的需要和利益却不是等价的,有好坏、优劣之分。因此,人们不可能一视同仁地对待它们。再则,由于人们的需要和利益存在差别,有时甚至根本对立,这就决定了即使对于同一种可能性,人们也会做出不同的评价和取舍。但是,承认社会历史发展中主体选择的地位和作用,并不意味着这种选择是任意的、毫无限制的。承认社会历史未来发展的"可能性空间"的存在,并不意味着到底哪一种可能性成为现实,完全取决于主体的选择。马克思主义历史决定论所承认的主体选择,与唯意志论有根本性的不同,它坚持主体的选择受到多种因素的制约。

首先,主体的选择要受到主体自身状况的制约。无论是个人主体、社群主体还是人类主体,其自身状况都包括三个方面:一是需要和利益,它是由人的现实的社会存在决定的。需要和利益是人们行为的内在动因和价值坐标,它规定着选择的基本指向,是选择中起决定作用的内在因素。它既是选择的推动者,又是选择的限定者。二是人的知识和能力。这些因素既是选择的必要条件,同时又限定了选择的范围。三是人的生理素质。它是人的需要和利益、知识和能力的自然基础。以上三个方面,以生理素质为自然基础,以需要和利益为内在根据,以知识和能力为直接媒介,共同制约着主体的选择。

其次,主体的选择受到既定的客观条件的制约。这些条件包括生产力以及由它决定的生产关系、文化传统和其他从事活动的主体等。

生产力状况以及由它决定的生产关系是主体选择最根本的制约因素。"人们每次都不是在他们关于人的理想所决定和所容许的范围之内,而是在现有的生产力所决定和所容许的范围之内取得自由的。"[33]

主体选择要受到一定的文化传统的制约。"我们自己创造着我们的历史,但是第一,我们是在十分确定的前提和条件下创造的。其中经济的前提和条件归根结底是决定性的,但是政治等等的前提和条件,甚至那些萦回于人们头脑中的传统,也起着一定的作用,虽然不是决定性的作用。"[34]文化传统作为制约主体发展的精神因素,具有浓厚的民族特色。每一个民族在其发展中,都会形成一定的习惯、风俗、观念、信仰、审美情趣、价值取向、思维方式等。它们不仅物化在社会制度和意识形态中,而且深深地植根于人们的头脑中,直接或间接、自觉或不自觉地影响着主体的选择。

主体选择还受到其他从事活动的主体(它可以是国家、民族、政党、集团或个人)的制约。在现实中,所谓主体选择通常总是特定的个人、集团或国家的选择,在此之外,无疑还存在着其他个人、集团或国家的选择。它们之间相互影响、相互制约甚至相互冲突,从而使其中任何一个主体的选择都不可能是随心所欲的,而且所作选择的实现程度也不是由选择者单方面决定的。

此外，社会历史的发展具有可能性的空间，每一种可能性的实现，又会有多种多样的形式，即多种具体的途径和模式。人们对具体途径和模式的选择，可以表现出巨大的主动性和创造性。这些具体的途径和模式，在实现主体的目的和符合客观规律的程度上会有所差别，甚至可能迥然不同，然而被实现的可能性只有一个，即现实只能有一个。实现的这一个可能性是否是实现主体目的的最佳途径和模式，取决于主体对客观规律认识的正确与否和自身能动性的发挥。选择是主体发挥能动性的关键环节，它集中体现了人的自由。但是，我们的选择能力任何时候都要受到客观条件的制约，受到我们的实践能力的制约，受到我们的认识水平的制约，受到我们的意志、情感、需求和利益的制约。这些主客观条件是我们的选择永远不可能超越的前提。

2. 马克思主义历史决定论的特质

马克思主义的历史决定论，是建立在唯物主义和辩证法基础上的决定论。它既不同于机械决定论，也不同于唯心主义的决定论。它认为社会发展具有不依人的意志为转移的客观规律性，又反对人在客观规律面前无能为力的观点。它是以作为历史主体的人的实践活动为基础的能动的决定论。在历史唯物主义看来，对社会发展客观规律的认识和揭示，正是为探寻作为历史主体的人的选择活动开辟广阔的天地，使人的主体特征能得以更自由、更充分的发挥，从而能以日益合乎规律的活动，更加自觉地创造自己的历史。由此可见，承认历史决定论和承认主体选择是内在统一的，不矛盾的。

是否承认社会历史的未来发展具有一定的可能性空间，是马克思主义历史决定论与机械决定论和宿命论的本质区别之一。承认社会历史未来发展的可能性空间的存在，就意味着社会历史的发展不是一条早已预定了的、非此不可的惟一道路。过去我们的理解就带有机械性，认为社会历史发展的具体道路是没有多种可能性的，人的主观能动性只是被限定在是否能认识这条道路，只是"加速或延缓"这条道路的进程而已。其实，正因为社会历史的发展具有由多种可能性组成的可能性空间，选择的重要性才凸显出来，我们必须正确对待每一次选择。错误的选择会给社会带来灾难，给人类带来痛苦，正确的选择才会给社会带来繁荣，给人类带来幸福。

社会历史发展的决定性和选择性的统一表明，纯粹的必然性只存在于逻辑中。既然历史只能是人类的历史，既然历史与自然史的区别就在于它是有自我意识的有机体的发展过程，既然历史的必然性不是人们意志行动的排除而是其客观性的总体表现,那么,人类历史中就必定存在着偶然性,并且只有通过一系列的偶然性才成就为并表现为必然性。只有神圣的历史才是预先规定好的必然性,才无需通过偶然性而先天地设定"上帝的计划",并且只有在它"堕落"的时候才需要偶然性的补充。马克思指出:"如果'偶然性'不起任何作用的话,那么世界历史就会带有非常神秘的性质。这些偶然性本身自然纳入总的发展过程中,并且为其他偶然性所补偿。但是,发展的加速和延缓在很大程度上是取决于这些'偶然性'的,其中也包括一开始就站在运动最前面的那些人物的性格这样一种'偶然情况'。"[35]

马克思主义的历史决定论不同于经济决定论。经济决定论从强调经济因素在社会历史发展过程中所起的决定性作用出发,走向一个极端,即把经济因素看成是推动社会发展的惟一因素,忽视乃至否认了政治上层建筑、意识形态、个人意志等其他因素的作用,把一切历史的和现实的现象、事物的产生、发展,都归结为经济因素,从而忽视了产生这些现象和事物以及影响它们发展变化的其他条件。这种观点实际上否认了社会发展的多样性和复杂性,把历史看成一个仅仅由经济因素起作用的简单的直线过程,否定了其他社会因素的作用,否定了社会意识对社会存在的反作用,割裂了社会存在和社会意识之间的辩证统一关系。

恩格斯晚年对经济决定论作了深刻的批评,阐明了各种社会因素相互作用推动历史发展的历史辩证法思想。他说:"根据唯物史观,历史过程中的决定性因素**归根到底**是现实生活的生产和再生产。无论马克思或我都从来没有肯定过比这更多的东西。如果有人在这里加以歪曲,说经济因素是**惟一**决定性的因素,那么他就是把这个命题变成毫无内容的、抽象的、荒诞无稽的空话。经济状况是基础,但是对历史斗争的进程发生影响并且在许多情况下主要是决定着这一斗争的**形式**的,还有上层建筑的各种因素:阶级斗争的政治形式及其成果——由胜利了的阶级在获胜以后确立的宪法等等,各种法的形式以及所有这些实际斗争在参加者头脑中的反映,政治的、法律的和哲学的理论,宗教的观点以及它们向教义体系的进一步发展。这里表现出这一切因素间的相互作用,而在这种相互作用中归根到底是经济运动作为必然的东西通过无穷无尽的偶然事件……向前发展。否则把理论应用于任何历史时期,就会比解一个最简单的一次方程式更容易了。"[36]

社会历史发展中决定性和选择性相统一的过程,从整个人类历史的发展长河来看,也就是主体选择与客观规律愈来愈接近和符合的过程。这个过程,也就是人们在认识和实践过程中长期而艰难的探索过程,是人们的认识和实践不断深入的过程,是人们不断发现真理和修正错误的过程。人们探索的时间越长,探索的范围越广,认识和实践的水平越高,人们的选择与客观规律相符合的程度就越大。恩格斯指出:"我们所研究的领域越是远离经济,越是接近于纯粹抽象的意识形态,我们就越是发现它在自己的发展中表现为偶然现象,它的曲线就越是曲折。如果您划出曲线的中轴线,您就会发现,所考察的时期越长,所考察的范围越广,这个轴线就越同经济发展的轴线接近于平行。"[37]意识形态与经济发展的关系是如此,主体选择与客观规律的关系也是如此。

五 社会历史发展的统一性和多样性

不同国家、不同民族在历史发展过程中具有不同的特点,在经济、政治、文化发展上都有自己民族的特色,各国的历史可以说是千差万别的。这是社会历史发展的多样性。同时,不同国家、不同民族的历史又具有共同性、普遍性,即具有共同的、普遍的发展规律。这是社会历史发展的统一性。从社会历史发展的统一性与多样性的结合上研究社会形态及其发展规律,是马克思主义社会形态理论的一条重要的方法论原则,只有从这条方法论原则出发,才能科学地把握社会形态发展的规律,正确认识社会形态发展的历程,正确解决社会形态理论研究方面的现实问题。

1. 社会形态发展的统一性

社会形态发展的统一性包括横向和纵向两个方面的内容。

所谓社会形态发展的横向统一性,是指处于同一社会形态的不同国家的历史发展具有的共同性、普遍性,即具有大致相同的生产关系体系和大致相同的上层建筑。换言之,各国历史的具体情况千差万别,但凡是具有大致相同的生产关系体系和上层建筑的国家,都属于同一社会形态。我们研究各国社会历史,就是要透过千差万别的复杂现象,揭示出社会历史发展过程中的统一性,把握社会形态发展的规律。

所谓社会形态发展的纵向统一性,从五种社会形态划分的角度看,是指各个国家和民族的历史,在没有外来干涉的情况下,按其自然历史发展过程,一般都应从低级到高级依次经历原始社会、奴隶社会、封建社会、资本主义社会、共产主义社会五种社会形态。从三种社会形态划分的角度看,是指各个国家和民族都依次经历自然经济社会(或人的依赖性社会)、商品经济社会(或物的依赖性社会)、产品经济社会(或个人全面发展的社会)三大社会形态。从技术社会形态划分的角度看,各个国家和民族,按其自然历史发展过程,一般都应依次经历渔猎社会、农业社会、工业社会、信息社会等发展阶段。

2. 社会形态发展的多样性

社会形态发展的统一性并不意味着各个国家和民族历史的发展都按照同一个模式,同时同步进行的,它仅仅指明各个国家和民族的历史发展过程的共同性质、一般规律、客观必然性等等,并没有概括它们各自历史发展的全部内容,不能反映它们各自历史的全部变化和细节,不能说明它们彼此之间的各种区别。为了具体说明各个国家和民族的历史,就既要研究社会形态发展的统一性,又要研究社会形态发展的多样性。社会形态发展的多样性主要表现在以下四个方面:

第一,虽然各个国家和民族的历史,按照自然发展过程,都依次经历一些相同的社会形态,但是,处于同一社会形态的不同国家和民族的历史,除去具有共同性外,又具有各自的特点。换言之,各国、各民族在经历某种社会形态时,其经济制度、政治制度、意识形态等方面各有自己的特点,不存在一个简单的模式,而是多样化的。相同的经济基础由于无数不同的经验的事实,自然条件,种族关系,各种从外部发生作用的历史影响等等,而在现象上显示出无穷无尽的变异和程度差别。例如,同样是奴隶制社会,中国的家庭奴隶制就和古希腊的生产奴隶制不同。中国的中央高度集权的封建制,也与欧洲某些国家诸侯各霸一方、国王权力极弱的封建社会不同。同样是资本主义社会,英国是君主立宪制,美国则为联邦制的共和国,日本则是天皇制的国家。

第二,虽然一般说来,各个国家按照自身发展过程,在历史上依次经历了相同的社会形态,但是,并非一切国家在每一个社会形态中都发展得很典型。由于各个国家所处的自然条件和社会历史条件不同,受外界因素的影响不同,各国历史前进的过程不可能是整齐划一的,而是不平衡的。某一国家在某个社会形态中,发展得比较典型;在另一个社会形态中,则可能成为落伍者,发展得不够典型。各个国家在不同的社会形态中所具有的典型意义是不同的。如果说古代希腊、罗马是奴隶制社会形态发展的典型,近代英、法两国是资本主义社会形态发展的典型,那么,中国则是封建社会形态发展的典型。

第三,人类社会在由较低的社会形态向较高的社会形态转变时,所采取的过渡形式各有特点。例如,从封建社会向资本主义社会过渡,法国1789年的资产阶级大革命最为典型,反封建最为彻底,而德国和日本向资本主义过渡主要是通过改良的办法,反封建不彻底,过渡不典型。已经建立起社会主义制度的国家,由资本主义社会向社会主义社会过渡的形式也不尽相同。列宁指出:"由于开始向建立社会主义前进时所处的条件不同,这种过渡的具体条件和形式必然是而且应当是多种多样的。地方差别、经济结构的特点、生活方式、居民的素质、实现这种或那种计划的尝试,——所有这些都必定会在国家这个或那个劳动公社走向社会主义的途径的特点上反映出来。"[38]俄国十月社会主义革命采取的是城市武装起义的道路,通过剥夺剥夺者的办法建立社会主义经济制度;中国的新民主主义革命采取的则是农村包围城市、建立农村革命根据地、最后夺取城市的道路。新民主主义革命胜利以后,对官僚资本主义通过剥夺的政策,对民族资本主义通过赎买的政策,建立起社会主义经济制度。

不同国家和民族社会形态转变的多样性,还表现在有些国家和民族,由于特殊的历史条件,在由一个社会形态向另一个社会形态转变的过程中,可能跨越某一个或某几个社会形态。五种社会形态的依次更替是就全世界范围而言的,它的创始人和后继者,从来没有认为任何国家和民族,不论其具体条件,都必须毫无例外地依次经历五种社会形态。历史上出现的"跨越"现象,不仅不违背五种社会形态依次更替的规律,反而是以这个规律为前提的。换言之,离开世界范围内五种社会形态依次更替的规律,就无法理解和说明"跨越"现象。例如,美国之所以超越奴隶社会和封建社会两个社会形态,由原始社会直接过渡到资本主义社会,是以西欧资本主义文明的成果为基础的,没有西欧殖民主义的入侵并把西欧资本主义文明带进美洲,当地的土著民族是根本不可能直接跳跃到资本主义社会的。中国的藏、彝、鄂伦春等少数民族之所以能超越几个社会形态,直接进入社会主义社会,是以中华民族的绝大多数人口都已进入社会主义社会为前提的,没有中国其他地区的生产力发展水平做基础,他们是不可能直接进入社会主义社会的。因此,不能用历史上存在的"跨越"现象否认五种社会形态依次更替的规律。

第四,在每一个社会形态中,都既有占主导地位的生产力、生产关系、上层建筑,又有过去遗留下来的不占主导地位的生产力、生产关系、上层建筑的残余,而且在它发展的一定阶段上还会产生出来新社会的生产关系和上层建筑的萌芽或因素。而在较大的多民族国家中,在同一时期内,不同民族有时又处于不同的社会形态。为了掌握每一个国家在某一社会形态中的全面情况,就必须既研究这一社会形态中占主导地位的生产力、生产关系、上层建筑,又研究这一社会形态中不占主导地位的生产力、生产关系和不占主导地位的政治组织与意识形态。任何一个社会形态都不是孤立的、静止的,而是处于发展的过程中,处于同其他社会形态相联系的历史发展的链条中,只有全面考察存在于每一个国家的某个社会形态中的各种因素及其交互作用,对纵横交错的矛盾运动之网进行全面分析,才能把握住这个国家的社会发展状况,把这个国家所处的社会形态看作运动发展中的活生生的社会有机体。

3. 社会形态发展的统一性和多样性的辩证统一

社会形态发展的统一性和多样性,不是彼此孤立、互相排斥的,而是辩证地结合在一起的。社会形态发展的多样性是社会形态发展的统一性的表现形式,社会形态发展的统一性存在于社会形态发展的多样性之中。社会形态发展的统一性,体现了历史发展的重复性、一般性、客观规律性、历史必然性,是一个体现矛盾普遍性的概念。社会形态发展的多样性,体现了历史发展的个别性、具体性、偶然性,是一个体现矛盾特殊性的概念。社会形态发展的统一性和多样性的统一,就是历史发展中矛盾的普遍性和矛盾的特殊性的辩证统一。

一方面,社会形态的统一性通过社会形态的多样性而存在,正如矛盾的普遍性通过矛盾的特殊性而存在一样。社会形态发展的统一性,不是单调的统一,而是建立在社会形态发展多样性基础上的统一性。社会形态发展的统一性,正是通过多样化的形态为自己开辟道路的,通过多样化的发展实现自身的。

另一方面,矛盾的特殊性中总是包含着矛盾的普遍性,社会形态的现实表现是丰富多样的,在现实世界中,并没有普遍的社会形态,而只存在具体的社会形态。这种多样化不是历史发展的变态,而是历史发展的常态。同时,社会形态发展的多样性中又蕴含着统一性。研究社会形态发展的规律,就是通过社会形态发展的多样性,揭示社会形态发展的统一性。只看到社会形态发展的多样性,看不到这种多样性中存在的统一性,就会否认社会发展的客观规律性,把历史看作杂乱无章的偶然现象的堆积。

社会形态发展的多样性,表现为各国历史发展的不平衡性。例如,中国殷商奴隶制成熟时期,西欧仍处于原始社会;中国封建社会的盛唐时代,西方以及世界其他各国都远远落在其后;然而西方从文艺复兴开始大踏步走向资本主义社会形态时,中国仍然处于封建社会;西欧资本主义至今已有几百年的历史,仍停留在资本主义社会形态,中国资本主义虽然十分薄弱,然而却比西方发达国家更早地进入社会主义社会。尽管各个国家的历史发展存在着如此重大的不平衡性,世界历史仍然有规律可循,这主要表现在,在每一历史时期,各个国家和民族,虽然同时存在几种社会形态的因素,但其中必有一种社会形态的因素处于主导地位,决定着这个国家和民族的社会性质;在世界历史范围内,虽然各国在各种社会形态的发展中,时间上有长短,形式上有差异,但基本上还是遵循着社会发展的一般规律。历史潮流不可抗拒,历史车轮不会逆转,社会形态的发展既统一又多样,在辩证运动中前进。

把握了社会形态发展的统一性和多样性,才能科学地认识历史时代。历史时代是在世界范围内,以当时社会形态的主导趋势来划分历史发展阶段的一个综合性概念。在一定时期里,哪种社会形态走在世界历史的前面,居于世界历史的主导地位,代表世界历史的发展方向,是区分历史时代的主要标志。例如,在17世纪,英国爆发了资产阶级革命,建立了高于封建社会形态的资本主义社会形态,这就标志着世界历史进入了资本主义时代,通称近代。在一定时期里,世界历史发展的总趋势、总潮流,是划分历史时代的一个重要标志。例如,俄国十月革命在世界上建立了第一个社会主义国家,开辟了人类历史的新纪元,使人类历史进入了帝国主义和无产阶级革命的时代,通称现代。俄国的十月革命,代表了世界历史发展的总趋势、总潮流,因而成了划分历史时代的标志。在阶级社会中,哪个阶级居于中心地位,代表历史发展的方向,也是区分历史时代的一个标志。例如,在19世纪30—40年代,资产阶级开始转变为腐朽反动的阶级,无产阶级以独立的政治力量登上了历史舞台,展开了反对资本主义制度的斗争,因而成了时代的中心,决定了时代的主要特征和历史发展的方向。

确定历史时代这个范畴,有助于人们把个别国家历史发展中脱离常规的某些特殊的、例外的情况,与世界历史发展的一般规律统一起来;有助于人们认清历史发展的基本潮流和基本趋势,不被历史发展的某些暂时现象和曲折所迷惑;有助于人们正确认识当代资本主义世界发生的新变化、新特点,坚定社会主义最终必然胜利的信念。

第三节 社会进步和历史发展的总趋势

社会发展的基本趋势是进步的,还是循环往复、停滞不前乃至倒退的,是历史观中一个根本性的问题。马克思主义哲学认为,人类社会的历史是不断进步和发展的,其间可能出现暂时的曲折和倒退,但总趋势是前进的。

社会进步和人的解放历程是辩证统一的,随着社会的不断进步,人本身也不断获得解放,走向自由而全面的发展;未来的共产主义社会将是一个自由人的联合体。

一　社会进步的内涵和根据

在马克思主义产生之前,无论是东方还是西方,社会进步观念都不占主导地位;即使有些思想家提出了社会进步的思想,其阐释和理解也是不科学的。历史循环论的观念始终占据支配地位。如孟子认为历史以五百年为一周期,治乱循环。18世纪意大利历史学家维科在其《新科学》中提出,世界各民族的历史都先后经过神的时代、英雄时代和人的时代三个阶段,在第三阶段,由于"蛮族"入侵或内部纷争等原因,社会又退回到原始野蛮状态,开始了新一轮的周期性运动。在中世纪的西方社会,人们甚至把记忆中的过去看作人类的黄金时代,而把人类的现有境况说成是一种堕落。

真正确立历史进步的观念是近代以来的思想产物。近代西方资产阶级理性主义史学家大多对历史的前途抱有乐观主义的态度,认为人有一个光明的未来,笃信人类社会能够不断完善和进步,但是,他们往往把前进的动力归结为"意志"、"理性"、"绝对观念"之类的东西。进化论者则把自然界的现存秩序看作是一种量变的产物,否认质变和飞跃,并以此来解释社会历史现象,主张逐渐进化、点滴改良和阶级调和,否认阶级斗争和社会革命。当代一些资产阶级思想家则怀疑社会发展的进步趋势,认为进步的观念只不过是一种假说而已,否认历史发展的连续性、继承性和上升性。一些学者甚至提出"历史的终结"。

社会进步作为马克思主义哲学概括人类社会基本趋势的范畴,所表达的是对整个人类历史总趋势的看法,它显示了一种乐观主义的积极信念。从表面现象上看,人类社会不是一帆风顺的直线上升运动,而是在总的前进运动中包含着停滞、倒退甚至循环发展的因素,某些国家、民族在经济、政治、文化方面的发展也不尽均衡,呈现出连续性和断裂性的统一。但透过这些表面现象,可以发现,人类社会历史的运动、变化和发展,呈现出一种规律性,而且,这种规律表现出前进、上升、由低级到高级的基本趋势。

社会进步作为一种表征人类社会发展总趋势的概念,所反映的是历史发展的长时段乃至整个人类历史的本质和规律。在马克思主义看来,人类社会作为一种物质性的存在,它的发展是一种自然历史过程,其发展的决定力量是物质资料的生产活动,即生产力与生产关系、经济基础与上层建筑之间的矛盾,是贯穿人类社会始终的基本矛盾,是社会进步的最基本的动力。

与自然界的进化不同,人类社会的进步是人的活动创造和推动的,它贯穿于一代又一代人的利益、需求和历史"合力"之中。正是社会基本矛盾运动,使得人类社会由野蛮进入文明,然后通过阶级斗争和社会变革的杠杆,把人类社会不断推向更高的阶段。这种发展之所以是进步的,是由于社会从一个阶段转变到另一个阶段,是一种辩证的否定过程,后一个阶段继承了前一个阶段所获得的生产力和一切积极的、有价值的成果,并在此基础上加以发扬和光大;同时又冲破原来的不合理的社会制度束缚,抛弃陈腐过时的东西。正是这个缘故,才使得社会的运动、变化、发展具有一种内在的必然性;而后一阶段在整体上总是高于和优于前一阶段,使历史进步达到新的水平。

社会进步趋势除了表现在同一社会形态的内部发展中外,还特别突出地表现在社会形态由低级到高级的历史转折中。迄今为止,人类历史经历了原始社会、奴隶社会、封建社会、资本主义社会等社会形态,有些国家已经进入了社会主义社会。在社会形态的变化和发展所表现出来的社会进步中,有两种不同的形式:在有阶级和阶级对抗的情况下,社会进步最终只有通过阶级斗争的形式才能实现,并以政治革命作为其最终完成形式;在没有阶级和阶级对抗的情况下,社会进步表现为和平的、渐进的发展形式,以社会改革为主要手段,不会也无需爆发政治革命。

生产力是社会进步的根本的判断标准。尽管衡量历史进步可以有多种标准,但从根本上说,历史进步的标准决不能到人的精神领域如理性、知识等中去寻找,而应到整个社会生活的物质基础即经济领域中去寻找。生产力是社会发展的基础和最终决定力量,社会历史中的基本现象以及重大事件归根到底只有用生产力的发展状况才能作出正确的说明,衡量历史是否进步,归根结底要看它是否促进以及在多大程度上促进了社会生产力的发展。生产力具有客观性、可度量性和可比性,列宁指出:"只有把社会关系归结于生产关系,把生产关系归结于生产力的水平,才能有可靠的根据把社会形态的发展看作自然历史过程。不言而喻,没有这种观点,也就不会有社会科学。"[39]因此,列宁把生产力的发展看作是社会进步的"主要标准"或"最高标准"。

社会进步的标准是客观的、综合性的。对生产力发展和社会全面发展的关系,应有合理的把握。物质生产力的发展固然是历史进步的决定力量,但社会进步并不仅仅是生产力的发展,同时也必须是社会生活的全面发展。

社会进步除表现于生产力的发展之外,也反映在精神文明的发展上,而且必须最终落实到人的自由全面的发展。未来的自由人的联合体就是社会进步的综合表现。因此,在推进物质文明建设的同时,也努力推进精神文明建设,二者是内在统一的。社会的进步必然带来文化、文明的发展,文化、文明的发展又标志着社会进步的程度,但是不能把文化作为衡量社会进步的最主要的尺度。

人类社会的进步,就是先进生产力不断取代落后生产力的历史进程。社会主义现代化必须建立在发达生产力的基础之上。社会主义作为推动社会进步的运动,其根本任务就是发展生产力,增强社会主义国家的综合国力,使人民的生活不断改善,不断体现社会主义优于资本主义的特点。每一个社会主义国家,都必须大力推进和发展物质文明,同时又要努力发展精神文明,二者不可偏废。

二 社会进步的评价尺度

社会进步的评价主要有两种尺度,一是历史尺度,二是价值尺度。

所谓历史尺度,主要包含两层意思:一是对任何人物、事物和现象,都应该从其发生、发展的整个过程来看待,而不应在静止、不变的状态中来观察;二是对历史上的人物、事物和现象,应当立足其所处历史时代的总体情况加以考察,而不应用现在的条件和标准去衡量。从历史尺度出发,我们就要历史地看问题,把一切事物都放在一定的历史范围中,从客观历史现象的具体历史条件出发,辩证地分析研究。

价值是相对于事实而言的,它反映的是客体的属性、性质对主体需要的满足关系。价值总是相对于一定主体的价值,它依主体的不同而不同,依主体需要的不同而不同,同一事物对于不同主体有不同的价值,对于不同条件下的同一主体也有不同的价值,因此,价值具有主体性。主体的物质需要和精神需要都是由主体既有的肉体结构、知识结构和社会条件决定的,而非主观任意的,这就决定了一定价值客体与主体需要之间的关系也是客观的,也就是说,价值具有客观性,但这种客观性是主体性事实的客观性,不同于客体性事实和客观规律的客观性。价值作为一种社会现象,存在于人的各种活动中,它随着社会历史条件的变化而变化,并作为一种目的要素制约着人的活动。价值认识和价值意识、价值创造和价值实现也都随着实践活动的发展而发展。

所谓价值尺度,就是决定价值的有无、性质及大小的标尺和依据。价值尺度是一种主体性尺度,是主体的内在尺度,它由主体的需要结构、发展程度、社会关系所决定,在主体的实践和社会生活中形成,并随着实践和社会生活的变化而变化。不同的主体有不同的价值尺度,主体的变异性表现了主体的内在尺度的变异性。

历史尺度和价值尺度都是在人类社会发展的历程中逐步形成的。二者都具有社会历史性。历史尺度是一维的,价值尺度则是多维的,其多维性表现在以下几个方面:不同主体的价值尺度不同;同一主体的价值尺度具有多样性;历史尺度的评价主体是人类整体,价值尺度的评价主体则可以是个人、社群,也可以是整个人类。

就社会历史发展的总的趋势来看,两种尺度是一致的。随着生产力的发展,现实的人也逐渐获得发展;生产力的不断提高,同时也意味着人的逐步解放。因此,用历史尺度所做的评价与用价值尺度所做的评价终究会在社会生活的总体发展中殊途同归,达到统一。对于这种统一和一致,应当从两个方面来把握:

第一,生产力发展本身就包含着人的因素的发展。古典经济学家谈到生产力时,总是把它理解为经济发展的一种量的增长,理解为满足人类生存和发展需要的一种手段,或者是一定的技术水平和生产工具水平,而未曾重视人在生产力系统中的主体地位。马克思在生产力问题上的思想变革,就是第一次把生产力和人的本质力量联系起来,认为生产力标志着人的本质力量和人对自然的能动关系,生产力的发展就是人的本质力量的发展,亦即推动人类历史发展的社会主体力量的发展。"**工业**的历史和工业的已经产生的**对象性**的存在,是一本**打开了的关于人的本质力量的书**。"[40]"生产力和社会关系——这二者是社会的个人发展的不同方面","真正的财富就是所有个人的发达的生产力"。[41]把生产力的发展视做人的生命活动的积极展现,视做人的潜能、个性、价值的发挥和发展,就把历史尺度和价值尺度统一起来,而非互不相干或对立。

第二,看一种社会制度是否具有进步意义,不能从某种抽象的原则出发,而应放到历史发展的长河中予以考察。如从现代的眼光看,奴隶制是应受到诅咒的,但是,用历史发展的眼光看,奴隶制也代表着一种进步。从历史尺度来看,"没有奴隶制,就没有希腊国家,就没有希腊的艺术和科学;没有奴隶制,就没有罗马帝国。没有希腊文化和罗马帝国所奠定的基础,也就没有现代的欧洲。"从价值尺度来看,"对奴隶来说,这也是一种进步;成为大批奴隶来源的战俘以前都被杀掉,而在更早的时候甚至被吃掉,现在至少能保全生命了。"[42]

恩格斯指出:"马克思了解古代奴隶主、中世纪封建主等等的历史必然性,因而了解他们的历史正当性,承认他们在一定限度的历史时期内是人类发展的杠杆;因而马克思也承认剥削,即占有他人劳动产品的暂时的历史正当性;但他同时证明,这种历史的正当性现在不仅消失了,而且剥削不论以什么形式继续保存下去,已经日益愈来愈妨碍而不是促进社会的发展,并使之卷入愈来愈激烈的冲突中。"[43]

就历史发展的特定阶段、特定时期来说,两种尺度之间又存在着某种不一致、不谐和。在某种条件中观察和评价某一特殊社会生活现象或社会制度时,从历史尺度得出的结论往往不同于从价值尺度得出的结论,即从历史尺度看似乎合理的东西,从价值尺度看是不合理的,反之亦然。针对17世纪以来英国对印度的殖民统治这一历史现象,马克思指出:"不列颠人给印度斯坦带来的灾难,与印度斯坦过去所遭受的一切灾难比较起来……在程度上要深重得多。"[44]但是,从历史主义的角度来看,英国的殖民统治也并非纯粹是一场灾难,它在客观上也具有一定的积极意义,这就是马克思所说的:"如果亚洲的社会状况没有一个根本的革命,人类能不能实现自己的命运?如果不能,那么,英国不管干了多少罪行,它造成这个革命毕竟是充当了历史的不自觉的工具。"[45]这种不自觉工具的作用,就在于它摧毁了传统的印度村社制度,破坏了原有的封闭、落后的经济基础,给印度带来了先进的工业文明。因此,英国殖民主义在印度完成了双重使命:一是破坏性的使命,一是建设性的使命。这双重使命实际上也就是资本主义社会内在矛盾的一种反映:一方面是生产力的巨大发展,另一方面是对人性的重大扭曲。资本主义社会的历史进步就是在这样一种矛盾中痛苦地行进着的。

可以看出,历史尺度与价值尺度的关系是比较复杂的,二者既是统一的,又是矛盾的。所谓统一,是就长时段而言的;所谓矛盾,是就历史发展的某一阶段而言的。历史尺度和价值尺度的冲突,其根源就在于人类社会生产发展过程之中,其实质是生产力有了一定的发展而又发展不够引起的。在一定的生产力发展阶段,人类的发展往往以一部分人牺牲另一部分人为代价。这一过程的机理就是:生产力的发展必然引起分工,而分工的发展一方面促成生产力的发展,另一方面则使社会结构逐渐分化,社会职能越来越专门化,因而导致三大差别和阶级对立的出现。分工的发展,既使人类整体能力得到明显增强,同时也使个体的活动和能力固定化、片面化和畸形化。分工和生产力每一次质的革命,都必然造成所有制的重大变革,从而导致旧的社会主体的衰落和新的社会主体的崛起。

两种尺度的矛盾也就是人与物的矛盾。从本质上说,生产力是个人的力量,然而,在私有制社会里,由于生产资料的私人占有,个人受到有限的占有、有限的交往和有限的生产工具的制约,个人之间因此成为彼此分离的、彼此对立的,而本来作为个人的力量,在个人交往中形成的总体生产力反而成为与个人分离的东西。它已不是个人的力量,而是物的力量,从而成为"与各个个人同时存在的特殊世界"。既然历史尺度和价值尺度的矛盾关系产生于现实的生产过程之中,那么,实现两种尺度统一的基础,也只能是社会实践的不断发展。实践既是人改造对象世界以提高生产力水平的过程,又是人在改造对象世界中不断丰富和提升自身价值的过程。两种尺度的社会进步最终可以在实践中,而且只有通过实践达到协调和统一。

三 社会进步的代价

从整体看,人类历史是一个不断走向进步的历程,是人类在其与自然、社会和自身关系上的不断完善与发展的历程。但是,进步这个概念决不能在通常的抽象意义上来理解。真正的历史进步决不是均衡地实现的至善化过程,而是在矛盾中实现的,"与'**进步**'的奢望相反,经常可以发现**退步和循环的情况**"。[46]没有任何历史进步不是以付出代价换来的,历史上的巨大代价也无不以历史的巨大进步作补偿。一部人类发展史,也是一部代价史,是以付出代价为前提的进步史,也是以进步为结局的代价史。

1. 代价的内涵和客观必然性

所谓社会进步的代价,是与社会历史发展的价值相关联的概念,指的是人类为实现社会进步所做出的牺牲、付出,以及为实现这种进步所承担的消极后果。社会进步的代价不同于物质运动过程中的损耗,它只存在于人类历史活动之中,并构成人类历史活动的一个基本方面,亦即与人类历史活动的进步、成效相对应的否定和损失的一面。只有同历史进步相关联的牺牲、付出及消极后果,才是历史进步的代价;凡是与历史进步价值取向相违背的付出、牺牲,不能称作历史进步的代价。

按照这样的视角,衡量代价可以有几个参数:一是活动的结局是否与人的价值需求相悖,如果人们在活动中的得失不成正比,那就意味着代价的付出。二是活动结果是否给主体带来灾难,诸如人们的愿望是善良的,但因某些具体认识上的偏差和手段运用上的不合理,最后可能给活动主体自身造成不良后果,有些甚至是巨大的灾难和无法弥补的损失。像近年来谈论的环境问题、生态问题就是如此。三是活动过程中某种价值目标的实现是否抑制和阻碍其他价值目标的实现。在社会发展完整的价值目标体系中,社会把主要力量用于某个迫切问题,使得其他问题及所代表的价值受到抑制。

一般说来,代价包含成本、风险、失误、否定、人的牺牲和价值贬损等方面的含义,但不能把代价和这些方面简单地等同起来。例如,成本作为一个经济学概念,主要讲的是合算不合算的问题,代价作为一个价值论概念,主要讲的是合理不合理的问题。成本是一个事实问题,代价则是一个价值问题。社会发展总要消耗一定的成本,没有支出就不会有收益,但成本的消耗本身不能算作代价,只有成本怎样消耗、消耗的合理性与否才属于代价问题。又如,风险包括自然风险和社会风险,并非所有的风险都是代价。一般说来,自然风险无论给人带来多大的伤害和灾难,因其是由不可抗拒的自然灾害造成的,而不是由人的活动引起的,故不能称作代价。但有些自然灾害主要是人为造成的,如现在谈论的全球环境问题,就应属于代价之列。社会风险属于代价范畴,因为它是主体活动的直接后果。在社会转型和急剧变革时期,由社会风险引发的代价问题极为突出,无视社会风险可能导致社会发展的重大挫折。

在人类社会的总体发展进程中,由于自然条件、社会历史条件的制约和主体自身的局限,代价的付出是不可避免的。改造自然,发展生产,是人类历史进步的基础和根本标志,人类为此投入了自己绝大部分的能量和智慧,付出了难以计数的血汗,也在相当程度上污染了环境,破坏了生态,耗竭了资源,招致了自然界的"报复"。在社会关系领域,从原始社会到资本主义社会的漫长历史进程中,人类的发展都表现为以牺牲个体为代价,特别是在阶级社会,社会关系的进步直接表现为一部分人的价值的沦丧和异化,人受异己的社会必然性的奴役和制约。历史进步与代价的内在关联表明,进步与代价是相伴而行的,没有任何历史进步不是以代价换来的。如果说,进步是历史运动确定不移的基本趋势,那么,这一趋势是以代价作铺垫和开辟道路的。

社会发展是在进步与代价的矛盾中运动的,任何进步都伴随着代价,这是直到目前为止人类历史发展的普遍现象。代价具有客观普遍性,在以往的历史中,代价的客观必然性往往表现为强制性,自然必然性和社会必然性强制人们付出代价,这一方面反映了在不合理的社会历史条件下,客观必然性压迫和强制人的状况,人们在没有成为自己活动和社会关系的主人的条件下,代价的付出完全不由自主;另一方面,也反映了历史进步代价在社会发展中的客观必然性,历史进步的代价主要是由一定的社会历史条件所决定,具有一定程度的非选择性。

首先,人类发展的需要与满足之间总是存在一定的距离,越是在生产力不发达的阶段,人类的发展越会付出较大的代价。在生产力极端低下的社会发展状况,仅仅能满足最基本的生活需求,不得不放弃其他方面的需求。其次,无论是社会的发展还是人的发展,都是一个过程,不可能一步到位,也不可能全面展开,在一定的历史时期内,某一方面的突出发展必然抑制和延缓其他方面的发展,从而使得社会发展和人的发展片面化,由此付出代价。再次,合理的发展应当是合规律性、合目的性的有机统一,但在现实发展过程中,由于活动主体认识上的局限性和价值选择上的盲目性,最后活动的结果很难达到这种统一,人们的选择和实践难免付出代价。

在人类社会发展的不同阶段,代价的特征和表现形式是不同的。在原始社会中,人所受到的束缚主要来自自然界,人类生存的代价主要根源于自然的强大和人类自身的弱小的矛盾性。进入阶级社会后,一部分人的发展以牺牲另一部分人的发展为代价;在普遍的世界交往条件下,一个或一些地区的发达往往以另一个或一些地区的不发达为代价。

2. 代价意识和代价选择

历史进步不可避免地有代价,但如何付出代价,付出多大代价,则要通过人的活动来实现。这里,要反对两种错误倾向,一是浪漫主义的倾向,只重发展,无视代价,把任何代价的付出都看作是自然而然的事情。二是悲观主义的倾向,面对社会进步所付出的代价,尤其是比较大的代价,感到悲观、沮丧和迷惘,这特别表现在社会转型时期。人类生存和发展的具体历史制约性,并不排除他的选择性。历史发展的这个特征,在今天以更大的力量显示出来。正确的代价选择能够减少不必要的代价,以较少代价实现较快发展。

既然社会进步不可避免地要付出一定的代价,树立代价意识就是非常必要的。所谓代价意识,是指主体对社会历史过程中得失关系的判断与权衡取舍的态度和意向。它是主体意识结构中的重要组成部分,对人的历史实践有着重要的影响,直接关系到人的历史选择,影响人的历史作用的性质和方向。社会实践的合理性和有效性,离不开代价意识的判断和权衡。

代价意识的形式大致包括:成本意识、利弊意识、风险意识和牺牲精神等。所谓成本意识,就是对人类活动中必然要付出的人力、物力、财力的估价和权衡。主体必须意识到,有实践和生产运营,就要有成本投入,任何一项活动也不例外。合理的成本投入,是获取效益、实现发展的前提。成本意识是对成本付出合理性的自觉。

所谓利弊意识,是对活动结果二重性的权衡。利弊意识对利弊共生性的认识,促使主体以健康的心态,辩证地对待每一个具体的实践活动。这主要体现在面对利弊的抉择态度和意向,表现为对利弊共时态的整体推断和历时态的反弹预测,一方面,对人与事物关系的各个方面,人的实践活动的各种关系、各个环节和各个要素作全面的考察,确立整体观,从全局全过程考虑利弊,决定取舍;另一方面,在把握近期、眼前利害的同时,把握其长远效应,对人们实践活动的动态联系和因果反馈过程作超前反映和观念把握,提高实践理性的预测和引导作用。

所谓风险意识,是一种在认识到了风险之后的拼搏进取意识,其本质是以主动的创造精神争取与风险并存的机会,力求险中取胜。就风险意识敢于冒险而言,它不同于保守主义和失败主义;就其在实践中重视风险,善于化险为夷而言,又不同于冒险主义和赌徒心理。

所谓牺牲精神,是主体超越自我有限性的自觉,具有为人类正义和进步事业献身的精神。

进入文明时代以来,社会存在着地位和利益相矛盾的阶级和社会势力,历史进步对于不同的主体来说是不一样的。历史进步引起的社会结构、阶级关系、价值观念的变动,对不同的社会集团有不同的意义。进步集团的得和利,往往是反动势力的失和弊,反之亦然。因此,他们会对历史进步产生不同的代价意识。只有当历史进入到进步符合于所有人利益的共产主义阶段,人类才会有统一的进步的代价意识。

马克思主义辩证地看待历史进步代价的客观决定性和自主选择性,一方面肯定历史进步代价的客观必然性,另一方面也肯定人的选择作用。主体的代价选择,就是在既定的历史条件下,面对进步与代价的多种可能,代价付出的多种方式,主体有意识地选择的过程。马克思在肯定历史进步代价既不能取消也不能跳过时,明确指出人的努力能够缩短和减轻"分娩"的痛苦,避免一些不必要的代价。社会历史发展的可选择性,在相当程度上也就是代价的可选择性。

在现代化建设中,应当坚持辩证的观点,既要把发展置于优先的地位,正视发展的代价,承认发展代价的客观必然性和合理性,又要坚持合理适度的原则,警惕过高代价,减少和控制由不必要的代价而引发的社会压力和矛盾,控制社会发展过程中可能诱发的社会问题。人的代价选择能够减少代价,优化发展。代价选择的基本原则是"两害相权取其轻"。本着这一原则而活动,主体的自觉选择能够减轻和缩短历史痛苦,减少不必要的付出和损失,节约社会发展的成本投入,从而优化社会发展。这突出地表现在历史的跳跃式发展中。人的代价选择是历史跳跃性发展的主体根据。强调人的代价选择的作用,有助于增强人们的历史主动性和社会责任感,自觉做到代价选择和历史发展规律的统一。

在社会历史的发展长河中,进步是主旋律。尽管历史运动中有付出、牺牲、曲折乃至倒退,但进步始终是主导方向,是基本趋势,代价是从属于进步的,是为实现进步而付出的。随着人类生产力的发展和社会关系的改善,付出的代价会越来越小,取得的进步会越来越大,最终结局是共产主义,人类消除不合理不必要的代价。

四 共产主义的实现和人的全面发展

人类追求自由和争取解放的过程,也就是人本身得到发展的过程。就社会整体来说,人的自由的真正实现也就是人类的解放。社会主义社会是实现人类解放的必经阶段,共产主义社会是人类获得彻底解放的社会形态,是人类社会进步的理想境界。马克思主义的共产主义概念至少包括三个方面的规定:

首先,作为一种历史运动的共产主义。在《德意志意识形态》中,马克思、恩格斯强调:"共产主义对于我们来说不是应当确立的**状况**,不是现实应当与之相适应的**理想**。我们所称为共产主义的是那种消灭现存状况的**现实的**运动。这个运动的条件是由现有的前提产生的。"[47]立足于19世纪中期资本主义现实的考察,马克思、恩格斯探讨了这种运动的步骤。无产阶级只有在世界历史意义上才能存在,就像共产主义只有作为世界历史性的存在才有可能实现一样。而各个人的世界历史性的存在,也就是与世界历史直接相联系的各个人的存在。

其次,作为一种社会形态的共产主义。这种社会形态的基本特征,可以从多方面进行概括:从生产力方面讲,产品的极大丰富;从生产关系方面讲,全社会的社会所有制,消灭商品经济,实行各尽所能、按需分配;从阶级关系和社会分工上讲,阶级的消灭和三大差别的基本消灭;从政治上层建筑上讲,国家和政党的消亡,等等。

再次,作为一种价值目标或崇高理想的共产主义。在《共产党宣言》中,马克思、恩格斯指出:"代替那存在着阶级和阶级对立的资产阶级旧社会的,将是这样一个联合体,在那里,每个人的自由发展是一切人的自由发展的条件。"[48]在《资本论》中,马克思把共产主义描述为"以每个人的全面而自由的发展为基本原则的社会形式"。[49]

人的自由而全面的发展作为崇高的社会理想,只有在共产主义的高级阶段才能实现。这是一个在社会形态的演进过程中,从束缚人的经济、社会关系中逐步解放出来的历史过程。这一历史过程的现实起点就在当代的历史运动中,而不是远离现实的空中楼阁。实现共产主义的前提是高度发达的生产力,这是共产主义的物质基础。在生产力高度发达的物质基础上,消灭私有制,消灭剥削,消灭三大差别和旧式分工,建立自由人的联合体,并将个人和社会的发展控制在自觉的联合起来的个人手里,这是使人获得彻底解放,获得自由而全面发展的社会条件。

人自身的解放是在历史进步的过程中逐步实现的。人类社会经历了从自然经济到商品经济再到共产主义的逐步进化的三个历史阶段,与之相应,人自身的发展也经历了人对人的依赖关系、人对物的依赖关系、人的自由而全面发展三个历史进程。在未来的共产主义社会,人在一定意义上才最终地脱离了动物界,从动物的生存条件进入真正人的生存条件,人们第一次成为自然界的自觉的和真正的主人,人们自己的社会行动的规律,被人们熟练地运用,因而将听从人们的支配。"只有从这时起,人们才完全自觉地自己创造自己的历史;只有从这时起,由人们使之起作用的社会原因才大部分并且越来越多地达到他们所预期的结果。这是人类从必然王国进入自由王国的飞跃。"[50]

人的自由而全面的发展,归根到底取决于劳动本身的发展。在共产主义社会里,劳动成为人们生活的第一需要,成为自由自主的活动,人将自身的发展作为目的,有充裕的时间来从事发展个人才智、体力、品格和个性的活动,才越来越成为具有全面性的人。马克思指出:"在共产主义社会中,即在个人的独创的和自由的发展不再是一句空话的**惟一**的社会中","'自由活动'——在共产主义者看来这是'完整的主体'的从全部才能的自由发展中产生的创造性的生活表现。"[51]但是,我们不能把前共产主义阶段的人都看作"非人",似乎他们的存在就是为了等待真正的人的时代的到来,似乎他们的全部意义就在于为这一时代的到来铺垫道路。这种认识的危害在于,有些人以此为借口,在现实生活中,不重视人的合理需要,不尊重人的特长、个性和自由。

共产主义只有在社会主义社会充分发展和高度发达的基础上才能实

现。共产主义社会,将是物质财富极大发展,人民精神境界极大提高,每个人自由而全面发展的社会。必须看到,实现共产主义是一个非常漫长的历史过程。过去,我们对这个问题的认识比较肤浅、简单。对社会未来发展的方向可以做出科学上的预见,但未来的事情具体如何发展,应该由未来的实践去回答。我们要坚持正确的前进方向,但不可能也不必要去对遥远的未来作具体的设想和描绘。

注　释

〔1〕《马克思恩格斯全集》第46卷上,人民出版社1979年版,第104页。
〔2〕《马克思恩格斯全集》第23卷,人民出版社1972年版,第204页注(5a)。
〔3〕《马克思恩格斯全集》第28卷,人民出版社1973年版,第139—140页。
〔4〕《马克思恩格斯选集》第1卷,人民出版社1995年版,第142页。
〔5〕《列宁全集》第38卷,人民出版社1986年版,第117页。
〔6〕丹尼尔·贝尔:《后工业社会的来临——对社会预测的一项探索》,新华出版社1997年版,第11、126页。
〔7〕《马克思恩格斯选集》第2卷,人民出版社1995年版,第101—102页。
〔8〕《马克思恩格斯选集》第2卷,人民出版社1995年版,第101页。
〔9〕《列宁选集》第1卷,人民出版社1995年版,第10页。
〔10〕《马克思恩格斯选集》第3卷,人民出版社1995年版,第629页。
〔11〕《马克思恩格斯选集》第3卷,人民出版社1995年版,第754页。
〔12〕《列宁全集》第1卷,人民出版社1984年版,第362—363页。
〔13〕《马克思恩格斯全集》第46卷上,人民出版社1979年版,第145页。
〔14〕《马克思恩格斯全集》第21卷,人民出版社1965年版,第199页。
〔15〕《马克思恩格斯全集》第23卷,人民出版社1972年版,第409—410页注(89)。
〔16〕《马克思恩格斯选集》第4卷,人民出版社1995年版,第247页。
〔17〕《马克思恩格斯全集》第42卷,人民出版社1979年版,第96页。
〔18〕《马克思恩格斯全集》第46卷上,人民出版社1979年版,第271页。
〔19〕《马克思恩格斯全集》第42卷,人民出版社1979年版,第97页。
〔20〕《马克思恩格斯全集》第42卷,人民出版社1979年版,第97页。
〔21〕《马克思恩格斯全集》第42卷,人民出版社1979年版,第175页。
〔22〕《马克思恩格斯选集》第1卷,人民出版社1995年版,第67—68页。
〔23〕《马克思恩格斯全集》第23卷,人民出版社1972年版,第202页。
〔24〕《马克思恩格斯全集》第2卷,人民出版社1957年版,第118—119页。
〔25〕《马克思恩格斯选集》第1卷,人民出版社1995年版,第150页。
〔26〕《马克思恩格斯选集》第1卷,人民出版社1995年版,第81页。

〔27〕《马克思恩格斯全集》第 42 卷,人民出版社 1979 年版,第 97 页。
〔28〕同上。
〔29〕《马克思恩格斯选集》第 1 卷,人民出版社 1995 年版,第 585 页。
〔30〕《马克思恩格斯选集》第 1 卷,人民出版社 1995 年版,第 123 页。
〔31〕《马克思恩格斯全集》第 3 卷,人民出版社 1960 年版,第 43 页。
〔32〕《马克思恩格斯选集》第 4 卷,人民出版社 1995 年版,第 532 页。
〔33〕《马克思恩格斯全集》第 3 卷,人民出版社 1960 年版,第 507 页。
〔34〕《马克思恩格斯选集》第 4 卷,人民出版社 1995 年版,第 696 页。
〔35〕《马克思恩格斯全集》第 33 卷,人民出版社 1973 年版,第 210 页。
〔36〕《马克思恩格斯选集》第 4 卷,人民出版社 1995 年版,第 695—696 页。
〔37〕《马克思恩格斯选集》第 4 卷,人民出版社 1995 年版,第 733 页。
〔38〕《列宁全集》第 34 卷,人民出版社 1985 年版,第 140 页。
〔39〕《列宁选集》第 1 卷,人民出版社 1995 年版,第 8—9 页。
〔40〕《马克思恩格斯全集》第 42 卷,人民出版社 1979 年版,第 127 页。
〔41〕《马克思恩格斯全集》第 46 卷下,人民出版社 1980 年版,第 219、222 页。
〔42〕《马克思恩格斯全集》第 3 卷,人民出版社 1995 年版,第 524、525 页。
〔43〕《马克思恩格斯全集》第 21 卷,人民出版社 1965 年版,第 557—558 页。
〔44〕《马克思恩格斯选集》第 1 卷,人民出版社 1995 年版,第 761 页。
〔45〕《马克思恩格斯选集》第 1 卷,人民出版社 1995 年版,第 766 页。
〔46〕《马克思恩格斯全集》第 2 卷,人民出版社 1957 年版,第 106 页。
〔47〕《马克思恩格斯选集》第 1 卷,人民出版社 1995 年版,第 87 页。
〔48〕《马克思恩格斯选集》第 1 卷,人民出版社 1995 年版,第 294 页。
〔49〕《马克思恩格斯全集》第 23 卷,人民出版社 1972 年版,第 649 页。
〔50〕《马克思恩格斯选集》第 3 卷,人民出版社 1995 年版,第 634 页。
〔51〕《马克思恩格斯全集》第 3 卷,人民出版社 1960 年版,第 516、248 页。

参 考 文 献

《马克思恩格斯全集》第 1—50 卷,中文第 1 版,人民出版社 1956—1985 年版。
《马克思恩格斯全集》第 1、11—13、25、30—32、44 卷,中文第 2 版,人民出版社 1955—2001 年版。
《马克思恩格斯选集》第 1—4 卷,人民出版社 1995 年版。
马克思、恩格斯:《费尔巴哈》,人民出版社 1995 年版。
《卡尔·马克思历史学笔记》,红旗出版社 1992 年版。
《列宁全集》第 1—60 卷,人民出版社 1984—1990 年版。
《列宁选集》第 1—4 卷,人民出版社 1995 年版。
《斯大林全集》第 1—13 卷,人民出版社 1953—1956 年版。
《斯大林选集》上、下卷,人民出版社 1979 年版。
《毛泽东选集》第 1—4 卷,人民出版社 1991 年版。
《毛泽东著作选读》上、下卷,人民出版社 1986 年版。
《邓小平文选》第 1—3 卷,人民出版社 1993、1994 年版。
《亚里士多德选集·形而上学卷》,中国人民大学出版社 2000 年版。
康德:《纯粹理性批判》,商务印书馆 1960 年版。
康德:《道德形而上学原理》,上海人民出版社 1986 年版。
黑格尔:《哲学史讲演录》第 1—4 卷,商务印书馆 1959 年版。
黑格尔:《小逻辑》,商务印书馆 1980 年版。
《费尔巴哈哲学著作选集》,商务印书馆 1984 年版。
《普列汉诺夫哲学著作选集》,三联书店 1962 年版。
卢卡奇:《历史与阶级意识》,商务印书馆 1992 年版。
柯尔施:《马克思主义和哲学》,重庆出版社 1989 年版。
葛兰西:《实践哲学》,重庆出版社 1990 年版。

阿尔都塞:《保卫马克思》,商务印书馆1984年版。
弗罗洛夫主编:《哲学导论》,苏联国家政治书籍出版社1989年版。
斯杰平主编:《哲学概论》,莫斯科大学出版社1993年版。
布奇拉、丘玛科夫:《哲学·教学参考书》,莫斯科知识出版社1998年版。
列维:《马克思恩格斯著作的发表和出版》,苏联国家政治书籍出版社1948
  年版。
谢马什柯编:《马克思恩格斯论社会主义和共产主义社会》,河南人民出版社
  1994年版。
《当代美国资产阶级哲学资料》,商务印书馆1978—1980年版。
沃勒斯坦:《历史资本主义》,社会科学文献出版社1999年版。
波普尔:《猜想与反驳》,上海译文出版社1986年版。
邦格:《科学唯物主义》,上海译文出版社1989年版。
希尔:《现代知识论》,中国人民大学出版社1989年版。
阿波斯托尔:《当代资本主义》,三联书店1979年版。
罗蒂:《后哲学文化》,上海译文出版社1992年版。
罗蒂:《哲学和自然之镜》,三联书店1987年版。
卡弘:《哲学的终结》,江苏人民出版社2001年版。
格卫芬:《后现代科学》,中央编译出版社1995年版。
哈贝马斯:《交往与社会进步》,重庆出版社1994年版。
哈贝马斯:《重建历史唯物主义》,社会科学文献出版社2000年版。
德里达:《马克思的幽灵》,中国人民大学出版社1999年版。
德赖弗斯、拉比诺:《超越结构主义与解释学》,光明日报出版社1992年版。
北京大学哲学系外国哲学史教研室编译:《西方哲学原著选读》,商务印书馆
  1981—1982年版。
北京大学哲学系外国哲学史教研室编译:《古希腊罗马哲学》,商务印书馆
  1962年版。
北京大学哲学系外国哲学史教研室编译:《十八世纪末——十九世纪初德国
  哲学》,商务印书馆1975年版。
黄楠森、庄福龄、林利主编:《马克思主义哲学史》第1—8卷,北京出版社
  1996年版。
肖前、黄楠森主编:《马克思主义哲学原理》,中国人民大学出版社1994年
  版。
肖前等主编:《实践唯物主义研究》,中国人民大学出版社1996年版。

庄福龄主编:《马克思主义史》第1—4卷,人民出版社1995年版。
高清海主编:《马克思主义哲学基础》,人民出版社1985年版。
赵光武主编:《辩证唯物主义原理》,北京大学出版社1989年版。
赵家祥等主编:《历史唯物主义教程》,北京大学出版社1999年版。
赵家祥主编:《马克思主义哲学原理》,经济科学出版社1999年版。
李秀林等主编:《辩证唯物主义和历史唯物主义原理》第4版,中国人民大学出版社1995年版。
辛敬良主编:《马克思主义哲学导论》,复旦大学出版社1991年版。
齐振海主编:《认识论新论》,上海人民出版社1988年版。
陈晏清等:《马克思主义哲学高级教程》,南开大学出版社2001年版。
赵家祥、丰子义:《马克思东方社会理论的历史考察及其当代意义》,高等教育出版社2002年版。
王锐生等:《社会哲学导论》,人民出版社1994年版。
张尚仁:《社会历史哲学引论》,人民出版社1992年版。
陈铁民:《现代认识论研究》,厦门大学出版社1993年版。
陆剑杰:《实践唯物主义理论体系的历史逻辑分析》,河南人民出版社1994年版。
周文彰:《狡黠的心灵——主体认识图式概论》,中国人民大学出版社1991年版。
俞可平主编:《全球化时代的"马克思主义"》,中央编译出版社1998年版。

后 记

我们编写这部马克思主义哲学原理教材,遇到了良好的机遇,应该说是十分幸运的。2000年,它被列为北京大学哲学系系列教材之一,并着手编写。2001年先后申报"北京市高等教育'精品教材'"立项和教育部"普通高等教育'十五'国家重点教材"立项,两项申报均获批准。这部教材的写作和出版,得到北京大学哲学系、北京大学教务部和北京大学出版社、北京市和教育部有关部门的支持和帮助。在这部书完稿和出版之际,对上述有关部门和同志一并表示衷心的感谢。

这部教材的编写,借鉴了国内同行教材中的一些观点,并移植了我们所在的教研室的同志及我们自己过去编写的教材的一些相关内容。主要有:第二章借鉴和移植了赵光武教授主编的《辩证唯物主义原理》(北京大学出版社1989年版)中的一些相关内容;第三章借鉴和移植了赵家祥教授主编的《马克思主义哲学原理》(经济科学出版社1999年版)中的一些相关内容;第一、五、六、七章则主要借鉴和移植了赵家祥教授主编的《历史唯物主义教程》(北京大学出版社1999年版)中的相关内容;第八章借鉴了刘曙光博士的专著《人的活动与社会历史发展规律的关系》(民族出版社2002年版)和丰子义教授一些学术论文中的相关观点。我们对上述同仁致以诚挚的谢意。

本书引言和第二、三、四章由聂锦芳编写;第一、五、六、七章由赵家祥编写;第八章由张立波编写。最后由赵家祥统稿定稿。

由于编者水平有限,书中难免有缺点、错误或疏漏之处,恳请读者和学术界同行批评指正。

编 者
2002年9月

博雅大学堂·哲学

西方哲学简史
赵敦华 著
定价:29.50元
书号:04510-7/B·0187

现代西方哲学新编
(面向21世纪课程教材) 赵敦华 著
定价:27.50元
书号:04511-5/B·0188

宗教研究指要
张志刚 主编
(教育部十五规划教材)
定价:39.00元
书号:09920-0/B·0320

印度宗教哲学概论
姚卫群 著
定价:28.00元
书号:10717-X/B·0364

中国哲学史
北京大学哲学系中国哲学史教研室
定价:38.00元
书号:04930-7/B·0204

语言哲学
(北京市精品教材)
陈嘉映 著
定价:29.80元
书号:06174-9/B·0256

西方美学史教程
李醒尘 著
定价:35.00元
书号:02608-0/B·0141

逻辑哲学
陈波 著
(北京市精品教材)
定价:28.00元
书号:06615-5/B·0263

西方美学史
凌继尧 著
定价:35.00元
书号:08211-8/B·0294

哲学导论
张世英 著
定价:28.00元
书号:05342-8/B·218

该丛书其他作品:

历史唯物主义教程
(国家"九五"重点教材北大第三届优秀教材奖)
赵家祥 主编 1999 定价:25.00元
书号:04105-5/B·0174

中国现代哲学
张文儒 郭建宁 主编 2001.05 定价:22.00元
书号:04615-4/B·0198

宗教社会学
孙尚扬 著 2002.07(重) 定价:15.00元
书号:05013-5/B·210

东方哲学概论
楼宇烈 著 2001(重) 定价:19.80元
书号:03545-4/B·0167